ENTERPRISE STRATEGIC MANAGEMENT:
THEORY AND CASES

企业战略管理
理论与案例

方 齐 主编

浙江大学出版社
·杭州·

图书在版编目（CIP）数据

企业战略管理：理论与案例 / 方齐主编. -- 杭州：浙江大学出版社，2024.5. -- ISBN 978-7-308-25138-9

Ⅰ.F272

中国国家版本馆 CIP 数据核字第 2024CU6567 号

企业战略管理——理论与案例
QIYE ZHANLÜE GUANLI——LILUN YU ANLI

主编 方 齐

策划编辑	曾 熙
责任编辑	曾 熙
责任校对	李 晨
封面设计	春天书装
出版发行	浙江大学出版社
	（杭州市天目山路148号　邮政编码310007）
	（网址：http://www.zjupress.com）
排　　版	杭州朝曦图文设计有限公司
印　　刷	杭州捷派印务有限公司
开　　本	787mm×1092mm　1/16
印　　张	17.5
字　　数	404千
版 印 次	2024年5月第1版　2024年5月第1次印刷
书　　号	ISBN 978-7-308-25138-9
定　　价	55.00元

版权所有　侵权必究　印装差错　负责调换

浙江大学出版社市场运营中心联系方式：0571-88925591；http://zjdxcbs.tmall.com

前言

党的二十大报告指出:"加快实施创新驱动发展战略","加强企业主导的产学研深度融合,强化目标导向,提高科技成果转化和产业化水平。强化企业科技创新主体地位,发挥科技型骨干企业引领支撑作用,营造有利于科技型中小微企业成长的良好环境,推动创新链产业链资金链人才链深度融合"。① 企业战略管理是现代商品经济发展的产物。20世纪60年代以来,伴随着全球化进程的不断深入,企业的内外部环境日益复杂多变,竞争日趋激烈,企业面临愈来愈严峻的挑战。管理者越来越深刻地认识到,企业要获得持续竞争优势,就必须不断超越已有的观念、超越内部控制、超越企业边界,主动地适应环境。这就要求把企业作为一个开放的系统,对复杂动荡的内外部环境进行深入分析,采用全新的管理理念和管理方法,以谋求企业的长期生存和不断发展。在这种背景下,企业战略管理的理论和应用迅速起步,并蓬勃发展。

本书运用理论与实践相结合的原则与方法,遵循企业战略管理的一般过程,沿着战略分析—战略选择—战略实施与评价的步骤展开,系统讲述战略管理的基本理论与方法,并结合大量中国本土企业的案例,阐述战略管理的研究成果与实践经验。全书以战略分析、战略选择及战略实施与评价三部分为主线,分为12章,主要内容包括:企业战略管理概述、企业外部环境分析、企业内部条件分析、公司层战略、业务层战略、并购与重组战略、合作战略、国际化战略、战略方案评选、公司治理与组织结构、企业文化与战略实施、战略领导者与公司创业。每章配备导入案例、应用案例和实践链接,以提高学生对实际战略问题的分析和处理能力。讨论题与部分案例等以二维码形态呈现,方便内容更新迭代。本书旨在通过讲述中国企业的管理故事来反映中国本土企业的战略管理特色,促进学生联系各自的环境背景与工作经验,更好地发挥主观能动性,以期对知识点有更全面地理解和把握。

企业战略管理是制定战略和实施战略的一系列管理决策和行动。"企业战略管理"课程的教学目的在于用战略管理的理念和思想浸润学生,培养和提升学生的战略性思维能力,使其既能从系统全局的角度看待企业面临的环境和未来的发展问题,又能从个人和部门的具体活动和事务入手,创造出基础战略单元的独特价值,进而培育出企业的

---

① 习近平.高举中国特色社会主义伟大旗帜 为全面建设社会主义现代化国家而团结奋斗:在中国共产党第二十次全国代表大会上的报告[N].人民日报,2022-10-26(01).

竞争优势。

企业战略管理是一门年轻的边缘学科，涉及管理学和经济学的很多领域。企业管理通常只涉及企业系统的某一个职能，如生产运作管理、人力资源管理、财务管理、市场营销管理、国际贸易等，而战略管理是从全局的、统领的视角研究企业管理问题。建议在学习这门课程之前，先修完"管理学""经济学"及其他的微观企业管理类课程，以便综合运用先前所学过的基础知识。

本书编写者从事战略管理教学与研究实践已有十余年，在使用浙江大学出版社魏江教授、科学出版社张阳教授及迈克尔·希特的英文版教材之外，一直尝试挑选、提炼和整合国内外企业战略管理的最新研究成果，将其融入课堂讲述，并将中国本土的代表性企业战略实践案例作为学生上课的素材，收到了很好的教学效果，因此，逐渐萌生了进一步提炼、整合并编撰《企业战略管理——理论与案例》教材的想法。本书可作为高等院校工商管理专业本科生的教材，也可供研究生(包括MBA学生)使用。对工商企业界的经营者和管理者也具有参考价值。

本书编写团队为浙江理工大学经济管理学院的教师，具体分工为：第一、五、十一章由方齐副教授负责编写，第六至八章由张宏教授负责编写，第九至十章由彭学兵教授负责编写，第十二章由梅胜军副教授负责编写。全书由方齐副教授设计及统稿，并对其他作者编写的内容做了部分修改。

学者们对战略管理的理论和应用，从未停止过探索。从强调精心计划和设计，到承认战略的弹性；从关注企业所在的行业结构，将竞争优势建立在企业的行业定位上，到注重企业内部的资源和能力，将竞争优势建立在培育企业的核心竞争力上；从强调企业间的竞争到探求共同发展，战略管理的研究已形成诸多流派。不同的学者自身对战略管理理论与实践的理解不同，因而在内容上有较大的差别。在编写本书的过程中，编者学习、借鉴和参考了国内外大量相关文献资料及研究成果，部分通过参考文献加以标注。由于篇幅所限，未能一一列举，谨向各位作者表示衷心的感谢！

本书为新形态教材，受到浙江省一流本科专业建设点项目支持。

限于编者的学识水平，书中难免有错漏和不妥之处，恳请广大教师和读者批评、指正。

编者
2024年3月

第一篇 战略分析

第一章 企业战略管理概述 / 2

第一节 战略管理的基本概念 / 2
第二节 战略管理的过程 / 8
第三节 战略问题管理 / 11
第四节 企业战略管理理论的演变 / 12
第五节 战略管理相关概念 / 21

第二章 企业外部环境分析 / 28

第一节 企业外部环境的构成 / 28
第二节 宏观环境分析 / 29
第三节 行业环境分析:五力模型 / 34
第四节 行业环境分析:战略集团 / 43
第五节 竞争者和竞争动态 / 45
第六节 关键成功因素分析 / 52

第三章 企业内部条件分析 / 56

第一节 企业内部条件分析框架的理论根源 / 56
第二节 企业的资源和能力 / 57
第三节 企业组织因素 / 68
第四节 企业内部条件分析方法 / 70

第二篇 战略选择

第四章 公司层战略 / 80

第一节 企业总体战略概述 / 80
第二节 一体化战略 / 86
第三节 多元化战略 / 94
第四节 平台化战略 / 105

第五章 业务层战略 / 111

第一节 成本领先战略 / 112
第二节 产品差异化战略 / 118
第三节 集中化战略 / 126
第四节 综合成本领先/产品差异化战略 / 129
第五节 不同产业环境下的竞争战略 / 133

第六章 并购与重组战略 / 142

第一节 并购战略 / 142
第二节 重组战略 / 154

第七章 合作战略 / 158

第一节 合作战略 / 158
第二节 战略联盟 / 159
第三节 共谋战略 / 166

第八章 国际化战略 / 171

第一节 企业国际化经营的动机与类型 / 171
第二节 企业进入国际市场的方式 / 176
第三节 国际化战略 / 181

第九章 战略方案评选 / 192

第一节 影响战略方案评价与选择的因素 / 192
第二节 战略方案评价的方法 / 197

第三篇　战略实施与评价

第十章　公司治理与组织结构 / 208

　　第一节　公司治理的战略意义 / 208
　　第二节　组织结构调整的战略意义 / 218

第十一章　企业文化与战略实施 / 235

　　第一节　企业文化内涵 / 235
　　第二节　企业文化的形成与学习 / 237
　　第三节　企业文化与战略的关系 / 239
　　第四节　企业文化与战略的协调 / 242
　　第五节　实现企业文化变革的策略 / 243
　　第六节　企业战略实施与绩效评价 / 245

第十二章　战略领导者与公司创业 / 253

　　第一节　战略领导者与战略实施 / 253
　　第二节　公司创业与战略实施 / 259

参考文献 / 270

第一篇
战略分析

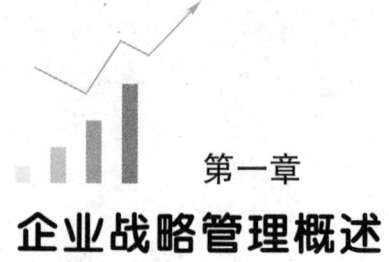

第一章 企业战略管理概述

第一章导入案例

第一节 战略管理的基本概念

战略(strategy)一词起源于希腊语"strategos",指"将军指挥军队的艺术"。到中世纪,这个词演变为军事术语,指对战争全局的筹划和谋略。《简明不列颠百科全书》称战略是"在战争中运用军事手段达到战争目的的科学与艺术"。德国著名军事战略家卡尔·冯·克劳塞维茨(以下简称克劳塞维茨)在《战争论》中提出,"战略是为了达到战争目的而对战斗的运用。战略必须为整个军事行动规定两个适应战争目的的目标"。

西方的传统战略思想最早出现于公元前四五百年,可追溯到古希腊历史学家希罗多德、修昔底德等记载战略思想的历史著作。西方战略思想在19世纪前后逐渐进入一个全盛的时期。克劳塞维茨的《战争论》、安托尼·亨利·约米尼的《战争艺术》等构筑了西方战略思想的主体。随后发展起来的战略思想学派,大大丰富了西方的战略思想体系,使之成为一个庞大的体系。

东方的传统战略思想以中国的最具代表性。中国传统战略思想发展成熟较早,在先秦时期就已达到高峰。春秋时期孙武的《孙子兵法》最具有代表性,被认为是中国最早对战略进行全局筹划的著作。在中国,"战"指战斗、战争,"略"指谋略、策略。战略一词后在《左传》和《史记》中有合并使用。西晋史学家司马彪所著《战略》是中国历史上第一部明确提出"战略"概念并以"战略"命名的专著。

在早期应用于兵法和军事领域之后,战略一词逐渐被引入政治、经济和社会发展等领域。其含义演变为泛指统领性的、全局性的、长远性的谋划。而将战略思想运用于企业经营管理之中,便产生了企业战略这一概念。

一、企业战略的定义

企业战略的概念来源于企业生产经营活动的实践。不同的管理学家或实际工作者因自身的管理经历和对管理认识的差异,对企业战略赋予了不同的定义,包括广义的(包含目标)定义和狭义的(不包含目标)定义。例如,彼得·德鲁克(以下简称德鲁克)认为,战略是规划几个问题:做什么(什么行动)、由谁做和为谁做(行动的主体和客体)、怎么做(行动的方法)、何时做和在哪里做(行动的时空范围)。加拿大麦吉尔大学教授亨利·明茨伯格(以下简称明茨伯格)将战略的定义归纳为5种,即5P——计划(plan)、计策(ploy)、模式(pattern)、定位(position)、观念(perstective)。哈佛大学教授迈克尔·波特(以下简称波特)则认为,战略就是有所为和有所不为,其中更为重要的是选择不做什么。

(一)广义定义

在广义概念中,企业战略的概念包含企业目标。如美国哈佛大学商学院教授肯尼斯·R.安德鲁斯(以下简称安德鲁斯)认为:战略是目标、意图或目的,以及为达到这些目的而制定主要方针和计划的一种模式,界定企业正在从事的或者应该从事的经营业务,以及企业所属的或应该属于的经营类型。波特教授也认为,战略是企业为之奋斗的一些结果与企业为达到它们而寻求的途径的结合。

(二)狭义定义

在狭义概念中,企业确定目的的过程与战略制定的过程虽然相互联系,但却截然不同。如美国著名管理学家伊戈尔·安索夫(以下简称安索夫)认为,企业战略是贯穿企业经营、产品及市场之间的一条"共同经营主线",决定着企业目前所从事的,或者计划要从事的经营业务的基本性质。

企业战略的广义概念和狭义概念尽管有所不同,但都强调企业战略的计划性、长远性和全局性。但是,由于近年来企业内外部环境变化速度加快,企业中许多成功的战略是在事先无计划的情况下产生的,因此,原有以计划为重点的定义已经不能准确概括企业战略的内涵。很多学者开始研究组织的有限理性,并将研究重点放在组织在不可预测或未知的内外部因素约束下的适应性上。

明茨伯格于1989年提出的战略概念是具有代表性的现代企业战略的定义。明茨伯格把战略定义为"一系列或整套的决策或行动方式"。这套方式包括刻意安排的(或计划性)战略和任何临时出现的(或非计划性)战略。明茨伯格借鉴市场营销学中营销四要素(4P)的提法,创立了企业战略的5P模式,即计划、计策、模式、定位、观念,来对企业战略进行描述。其中,"计划"强调战略是一种有意识、有组织的行动方案;"计策"强调战略可以作为威慑和战胜竞争对手的一种手段;"模式"强调战略最终体现为一系列具体行动及其实际结果;"定位"强调战略应使企业根据环境的变化进行资源配置,从而获得有利的竞争地位和独特的竞争优势;"观念"强调战略作为经营哲学的范畴体现其对客观世界的价值取向。

(三)企业战略的定义

综合国内外各位学者的定义,结合我国企业的具体情况,可对企业战略概念做如下表述:企业战略是指企业为谋求长期生存和不断发展而进行的总体性、全局性的谋划。它是企业为实现其宗旨和目标而确定的有关组织行动方向和资源配置的纲要。具体而言,企业战略是在符合和保证实现企业宗旨的条件下,在充分识别和利用环境中存在的各种机会和不断创造新机会的基础上,确定企业从事的经营范围、成长方向和竞争对策,合理地调整企业结构和配置企业的资源,从而使企业获得持续竞争优势。如表1-1所示。

表 1-1　企业战略的定义

学者	概念
肯尼斯·R.安德鲁斯	战略是目标、意图或目的,以及为达到这些目的而制定的主要方针和计划的一种模式,这种模式界定了企业的业务范围和经营类型
詹姆斯·布赖恩·奎因	企业战略是一种计划,它将企业的主要目标、政策与活动按照一定的顺序结合成一个紧密的整体
伊戈尔·安索夫	企业战略是贯穿企业经营、产品及市场之间的一条共同经营主线,它主要包括4个要素:产品与市场范围、增长向量、竞争优势、协同作用
亨利·明茨伯格	企业战略是一种组合,即计划、计策、模式、定位、观念等的某种适当组合
迈克尔·波特	企业战略的本质在于它是一种选择,战略的目标是为了企业获得相对于竞争对手的持续竞争优势
查尔斯·霍弗	界定外在环境的机遇与风险,为利用这些机遇寻求组织内能力与资源之间的切实可行的匹配方案
弗雷德·戴维	战略就是实现长期目标的方法,它把企业经营战略归纳为地域扩张、多元化经营、收购兼并、产品开发、市场渗透、收缩、剥离、清算及合资
伊丹敬之	战略决定公司业务活动的框架并对协调活动提供指导,以使公司能应付不断变化的环境

二、企业战略的特性

(一)全局性

全局性表现在空间上。整个世界、一个国家、一个地区、一个独立的战略方向,都可以是战略关注的全局。企业战略立足于未来,通过对国内外的政治、经济、文化及行业等经营环境的深入分析,结合自身资源,站在系统管理的高度,对企业的远景发展轨迹进行全面的规划。全局性还表现在时间上,贯穿指导战争准备与实施的各个阶段和全过程。战略的领导者和指挥者要把注意力摆在关照全局上面,胸怀全局、统观全局、把握全局,处理好全局中的各种关系,抓住主要矛盾,解决关键问题;同时注意了解局部,关心局部,特别是注意解决好对全局有决定意义的局部问题。

(二)长远性

长远性表现在时间上。企业战略着眼于长期生存和长远发展,通过确立远景目标,兼顾企业短期利益,谋划实现远景目标的发展轨迹及宏观管理的措施和对策。企业战略管理关心的是企业长期、稳定的发展,其时间跨度一般在3年以上,多为5～10年。此外,围绕远景目标,企业战略必须经历一个持续、长远的奋斗过程,除根据外部环境变化进行必要的调整外,制定的战略通常不能朝令夕改,应具有较长的实施期限。

(三)预见性

预见性是谋划的前提,也是决策的基础。在广泛调查研究的基础上,全面分析、正确判断、科学预测境内外战略环境和竞争关系,以及竞争双方关系诸因素等可能的发展变化,把握时代的特征,明确现实的和潜在的竞争对象,判明面临威胁的性质、方向和程度,科学预测未来竞争的时机、样式、趋势、规模、进程和结局,揭示未来竞争的特点和规律,是制定、调整和实施战略的客观依据。

(四)谋略性

战略是基于客观情况而提出的克敌制胜的斗争策略。它是在一定的客观条件下,变被动为主动,化劣势为优势,以少胜多,以弱制强,乃至不战而屈人之兵的重要方法。运用谋略,重在对全局进行谋划。制定战略强调深谋远虑,尊重竞争的特点和规律,多谋善断,灵活多变,以智谋取胜。

案例1-1 青岛啤酒

青岛啤酒股份有限公司(以下简称青岛啤酒),前身为日耳曼啤酒公司青岛分公司,创立于1903年。120余年来,青岛啤酒以"为生活创造快乐"为使命,秉承"好人酿好酒"的百年世训,守正创新,行信致远。

1906年,建厂仅3年的青岛啤酒在慕尼黑国际博览会上斩获金奖,这是中国啤酒行业获得的第一枚国际大奖。1963年,在首次全国啤酒质量评比会上,青岛啤酒荣获国家名酒称号和啤酒质量唯一金奖。1980年、1985年青岛啤酒两获国家金质奖章。

从那时起到今天,青岛啤酒几乎囊括了新中国成立以来所举办的啤酒质量评比的所有金奖。2018年、2021年青岛啤酒两度荣获中国质量奖提名奖,并多次在国际大赛如"世界啤酒锦标赛"和"欧洲啤酒之星"上摘金夺银。

探究青岛啤酒的发展史,"质量第一"的匠心传承筑牢了企业发展的"根基"。青岛啤酒一直把质量管理作为一项基础性、长期性、全局性、战略性的任务,从卫生第一、质量第一,到高精严细,再到基础质量、特色质量、魅力质量、魅力感知质量,青岛啤酒对质量的认识不断升华。

改革开放之初,青岛啤酒率先在全国啤酒行业中发起质量月活动,并将每年4月10日定为"提升质量纪念日",确立了以"质量为根基"的发展理念,这一理念40多年来从未改变。

1994年,青岛啤酒建立国家级科研技术中心;2012年,酿酒领域唯一的"啤酒生物发酵工程国家重点实验室"落户青岛啤酒;2017年,青岛啤酒有效解决了啤酒风味解码技术等行业技术难题;2024年,青岛啤酒四获国家科技进步奖二等奖……凭借科技创新和对啤酒前沿技术的研究,青岛啤酒始终站在世界啤酒行业的前沿。

2014年,中国啤酒行业结束了连续25年的快速增长,整体步入下滑通道。基于对互联网时代特点及新时代消费升级趋势的认识,青岛啤酒在业内率先提出了"有质量的增长"战略,以能力提升为根基推动改革,改变传统啤酒的生产方式、销售方式。

2017年,青岛啤酒实施以创新驱动的"高质量发展"战略,使生产围着消费者喜好这个"指挥棒"运转。比如,制造体系从单品种大规模的传统制造向多品种小批量的柔性制造转变。

2019年,随着啤酒市场开始向高端化、场景化、社交化演进,青岛啤酒适时提出了

"高质量跨越式发展"的新战略：通过快乐、健康、时尚三大业务板块和智慧供应链的耦合互动，推动企业高质量发展。

几年来，青岛啤酒的经营业绩连创历史新高，2022年实现产品销量807.2万千升、营业收入321.70亿元，同比增长6.65%；实现归属于上市公司股东的净利润37.10亿元，同比增长17.6%；营业收入、净利润双创历史新高。2024年，在由世界品牌实验室(World Brand Lab)发布的"中国500最具价值品牌"榜单上摘得中国啤酒品牌第一桂冠，品牌价值2646.75亿元。

（资料来源：整理自青岛啤酒官网，https://www.tsingtao.com.cn。）

三、企业战略的要素

从狭义战略的角度来讲，企业战略由以下4个要素组成。

（一）经营范围

经营范围是指企业从事生产经营活动的领域。它反映出企业与其外部环境相互作用的程度，也反映出企业计划与外部环境发生作用的领域。企业应该根据自己所处的行业、自己的产品和市场来确定自己的经营范围。

（二）资源配置

资源配置是指企业过去和目前对资源和技能进行配置、整合的能力与方式。资源配置的好坏极大地影响着企业战略的实施能力。企业只有注重对异质战略资源的积累，形成不可模仿的自身特殊能力，才能很好地开展生产经营活动。如果企业的资源匮乏或对资源缺乏有效配置，企业对外部机会的反应能力会大大削弱，企业的经营范围也会受到限制。因而，战略资源学派强调资源配置是企业战略最重要的构成要素。

（三）竞争优势

竞争优势是指企业通过其资源配置模式与经营范围的决策，在市场上所形成的优于其竞争对手的竞争地位。竞争优势既可以来自企业在产品和市场上的地位，也可以来自企业对特殊资源的正确运用。

（四）协同作用

协同作用是指企业从资源配置和经营范围的决策中所能寻求到的各种共同努力的效果。就是说，分力之和大于各分力简单相加的结果。协同作用作为战略要素极具抽象性，从广义的角度来讲，它可被看作资源配置与整合的规模优势。在企业管理中，协同作用主要表现为以下4个方面。

1. 投资协同作用

这种协同作用体现在企业各经营单位联合利用企业的设备、原材料储备、研发投资，以及专用工具和专有技术。

2. 作业协同作用

这种作用体现在充分利用现有的人员和设备，共享由经验曲线带来的优势等。

3. 销售协同作用

这种作用是由于企业的产品使用共同的销售渠道、销售机构和促销手段而产生的。

4. 管理协同作用

这种作用来源于管理过程中的经验积累及规模效应等。如对于企业的新业务,管理人员可以利用过去积累的经验减少管理成本。

协同作用的值可以是正值,即实现 1+1>2 的效应,也可能出现负值。从大量的实践可以看出,当一个企业进入全新的行业并进行多种经营时,如果新行业的环境条件与过去的经营环境截然不同,则以往的管理经验发挥不了作用。在这种情况下,管理协同作用的值便为负值。

四、企业战略的层次

企业的目标是多层次的。它包括企业的总体目标、企业内各个层次的目标及各经营项目的目标,各层次目标形成了一个完整的目标体系。企业的战略,不仅要说明企业整体目标及实现这些目标的方法,而且要说明企业内每一层次、每一类业务及每个部门的目标及其实现方法。因此,企业战略同样是多层次的,包括总体战略(corporate strategy)、经营战略(business strategy)和职能战略(functional strategy)。一般而言,企业的总部负责制定总体战略,各经营单位负责制定经营单元战略(也称为业务战略),部门负责制定职能战略,如图 1-1 所示。

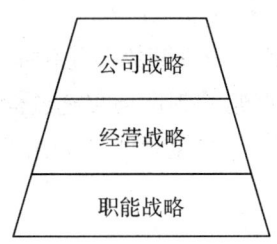

图 1-1　企业战略的层次

(一)公司战略

公司战略又称总体战略,是企业的战略总纲,是企业最高管理层指导和控制企业的一切行为的最高行动纲领。它是企业在对内外部环境进行深入调查研究的基础上,对市场需求、竞争状况、资源供应、企业实力、国家政策、社会需求等主要因素进行综合分析后,所确定的统率和指导企业全局和长远发展的谋划和方略。

公司战略主要有发展战略、稳定战略和收缩战略。在 3 种战略中最重要的是发展战略,包括决定发展方向,比如是在原行业中进行产品或市场的扩张,还是通过一体化、多元化进入新的经营领域;决定发展方式,比如在内部创业、并购、合资等发展方式中做出战略选择。对于多元化企业,要决定企业整体的业务组合和核心业务。

(二)经营战略

经营战略也称为经营单元战略或事业部战略,是各经营单位在总公司或集团公司总体战略的指导下,为实现总公司发展目标,对所从事的某一经营事业的发展做出的长远性谋划和方略。经营单元是战略事业单位的简称,是指公司内其产品和服务有别于其他部分的一个单元。各个战略经营单元一般有着自己独立的产品和细分市场。

总体战略是涉及企业的全局发展的、整体性的、长期的战略计划,会对企业的长期发展产生深远的影响。而经营战略则着眼于企业整体中的有关事业部或子公司,影响着某一类具体的产品和市场,是局部性的战略决策,只能在一定程度上影响总体战略的实现。所以,总体战略主要由企业的最高层参与决策、制定和组织实施;而经营战略的决策者主要是具体的战略事业部或子公司的决策层。

(三)职能战略

职能战略又称职能部门战略或分战略,指为保证企业总体战略和经营单位战略的实现,运用各种专业的职能,使企业开展经营活动时能更加有效地适应内外部环境的要求所制定的长远性谋划和方略。它描述了在执行公司战略和经营战略的过程中,企业的每一职能部门所采用的方法和手段。职能战略一般可分为生产战略、营销战略、研发战略、人力资源战略、财务战略等。

军事上习惯用战略和战术(策略)来区分不同层次和范围的决策。因此,有学者认为,职能战略属于战术层面。与企业总体战略相比,职能战略用于确定和协调企业短期的经营活动,期限较短,一般在一年左右;职能战略为负责完成年度目标的管理人员提供具体指导,所以较总体战略而言更为具体;职能战略通常由职能部门的管理人员在企业总部的授权下制定。

对于大型企业来说,尤其是跨行业经营的多元化企业,3个战略层次十分清晰,共同构成企业的战略体系。3个层次战略的制定与实施过程是各管理层充分协商、密切配合的结果。对于中小型企业而言,它们的经营业务通常相对单一,战略层次也相对简单。竞争战略往往是其关注的焦点。

第二节 战略管理的过程

战略管理是为一个企业的未来发展方向制定决策,以及为实施这些决策而进行动态管理的过程。一个规范性的、系统性的和全面性的战略管理过程由战略分析、战略选择和战略实施与评价3个阶段组成。

阿瑟·汤姆森和A.J.斯迪克兰德提出,在整个战略管理过程中,涉及5项基本的管理任务。

第一,制定愿景与使命。明确企业未来的业务组成和前进方向,描绘企业所要从事的事业,使整个企业具有目标感。

第二,设置目标体系。将企业的愿景和使命转换成具体的业绩指标。

第三,制定战略。分析并明确企业的外部机会与威胁、内部优势与弱点,选择并形成战略,以实现目标。

第四,实施战略。包括制定战术和政策,配置资源,建立有效的组织结构、控制体系和报酬激励制度,培育支持战略实施的企业文化等,以有效地执行所制定的战略。

第五,评价与控制。由于内外部因素均处于不断变化之中,所有战略都必须进行不断的动态调整,包括重新审视内外部因素、评价绩效、采取纠正战略等。

可以认为,战略管理的5项任务只是3个阶段的更具体的表述。在这里,3个阶段中的战略分析阶段被进一步分解成为制定愿景与使命、设置目标体系和制定战略3项任务。这有助于人们更清晰地把握战略分析阶段所涉及的活动环节。

将上述战略管理过程的3个阶段与5项任务结合起来,就形成了战略管理模型(见图1-2)。该模型清楚地描述了战略管理的整个过程和战略管理过程中主要要素之间的关系。

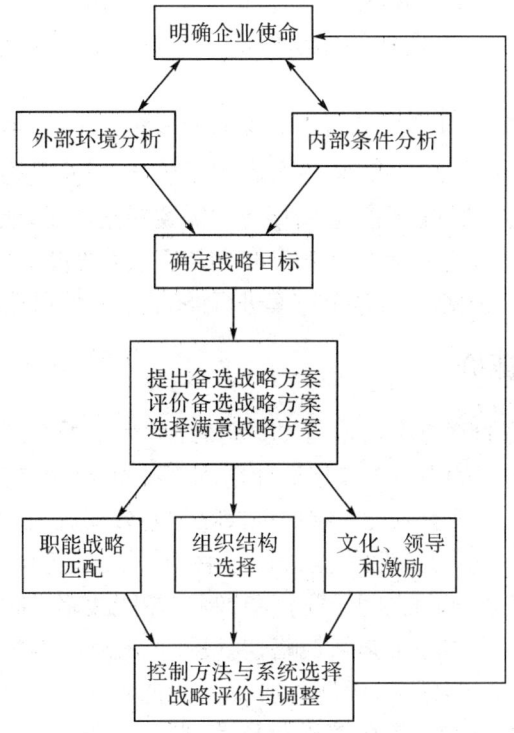

图1-2　企业战略管理的模型

一、战略分析

战略分析的主要任务是对保证组织在现在和未来始终处在良好状态的那些关键性影响因素(即对企业的战略形成有影响的关键因素)进行分析,并根据企业目前的"位置"和发展机会来确定未来应该达到的目标。这个阶段的主要工作如下。

第一,明确企业当前宗旨、目标和战略。首先要明确企业当前的宗旨、目标和战略,这些是指导企业目前行动的纲领性文件,是战略分析的起点。

第二,外部环境分析。外部环境分析的目的是了解企业所处的战略环境,掌握各环境因素的变化规律和发展趋势,发现环境的变化将给企业带来哪些发展机会和生存威胁,为制定战略打下良好的"知彼"基础。

第三,内部条件分析。战略分析还要了解企业自身所处的相对地位,分析企业的资源和能力,明确企业内部条件的优势和劣势;了解不同的利益相关者对企业的期望,理解企业的文化,为制定战略打下良好的"知己"基础。

第四,重新评价企业的宗旨和目标。当掌握了环境的机会和威胁,并且识别了自身的优势和劣势之后,需要重新评价企业的宗旨,必要时要对它做出修正,以使它们更具有导向作用。进而确定下一步的战略目标。

二、战略选择

战略选择阶段的任务是决定达到战略目标的途径,为实现战略目标确定适当的战略方案。企业战略管理人员在战略选择阶段的主要工作如下。

第一,产生战略方案。根据外部环境和企业内部条件、企业宗旨和目标,拟订可供选择的几种战略方案。

第二,评价战略方案。评价战略备选方案通常使用两个标准:一是考虑选择的战略是否发挥了企业的优势、克服了劣势,是否利用了机会,以及是否将威胁削弱到最低程度;二是考虑该战略能否被利益相关者所接受。需要指出的是,最佳的选择标准实际上并不存在,管理人员和利益相关者的价值观和期望在很大程度上影响着战略的选择。

第三,选出最满意的战略。对各个方案进行评估以后,便可选出最满意的方案。

三、战略实施与评价

战略实施过程是将战略方案付诸行动,保持经营活动朝着既定战略目标与方向不断前进的过程。这个阶段的主要工作包括计划、组织、领导和控制4种管理职能的活动。

战略实施的关键在于其有效性。要保证战略的有效实施,首先要通过计划活动,将企业的总体战略方案从空间上和时间上进行分解,形成企业各层次、各子系统的具体战略、策略或政策,在企业各部门之间分配资源,制定职能战略。制订年度计划,分阶段、分步骤地贯彻和执行。为成功实施新战略,要设计与战略相匹配的治理组织结构。这些组织结构应该能保证战略任务、责任和决策权在企业中的合理分配。一个新战略的实施对组织而言是一次重大的变革,变革就会遇到阻力,所以如何领导变革很关键。这包括培育支持战略实施的企业文化、提升战略领导能力、克服变革阻力、鼓励企业创新与创业等。

战略实施的成功与否取决于管理者激励员工的能力大小和人际技能的优劣。战略实施活动会影响到企业中的所有员工和管理者。每个部门都必须回答以下问题:为了实施企业战略中属于我们责任的部分,我们必须做什么?我们如何才能将工作做得更好?战略实施是对企业的一种挑战,它要求激励整个企业的管理者和员工以主人翁的精神和热情为实现明确的目标而努力工作。

图1-2总结了上述企业战略管理的一般过程。需要指出的是,在战略管理实践中,战略管理过程并不一定按照各阶段的顺序开展。由于各项工作是直接相联系的,很可

能战略分析和战略决策重叠在一起;也可能在评估战略时就开始实施战略了。所以,以上的步骤更是为了理论上讨论问题的方便。

第三节 战略问题管理

一、战略问题管理的含义

战略问题是指那些对企业实现战略、达到目标的能力有重大影响的企业内部或外部即将出现的问题。它们可以是企业外部环境中新出现的机会或威胁,也可以是企业内部可以开发的优势或足以危害企业绩效以至生存的劣势。

针对这些战略问题单独制定战略并付诸实施,就是战略问题管理。战略问题管理可以较好地处理企业战略的属性,即计划性、长期性、全局性、应变性、风险性、竞争性之间的矛盾,将一些应变性的、临时性的重大战略问题从企业的长期战略规划中分离出来,单独进行分析和管理。这样,既可以避免对长期战略规划进行繁杂的、经常性的修订,又可以对战略问题迅速做出反应。

二、战略问题的判定标准

判定战略问题是战略问题管理的重要组成部分。它要求充分利用各种信息,在众多问题中筛选出战略问题,并在问题完全形成、发展或巩固之前就加以解决,以保证战略管理的顺利进行。判定战略问题可以依据以下4条标准。

第一,问题的重要性。如果问题对企业或社会影响不大,不是很重要,就没有必要当作战略问题处理。

第二,问题与战略相关的程度。如果出现的问题与企业战略不相关,即使它对整个社会很重要,企业也不需要考虑去对它进行管理。例如,对于一些政治事件,如2001年的"9·11"事件等,即波特称之为"临时性变故"的一些问题,虽然对整个社会影响很大,但是对大多数企业来说,这些问题不是战略相关的,因而不是战略问题;而另一些问题,虽然对整个社会影响不大,但是对具体企业来说是战略相关的,就应作为战略问题对待。例如,行业中的并购活动,对于整个社会的影响并不大,但对于行业中的企业而言,就是一个重大的战略问题。

第三,能否对问题采取行动。如果问题具有战略的相关性,但不能对它采取行动或暂时不能采取行动,则只能关注这一问题的发展,等待解决的时机。例如,2003年美国发动伊拉克战争,对于伊拉克周边国家的旅游业来说,虽然面临着巨大的威胁,但它们无能为力,没有可能作为战略问题加以处理。

第四,问题的紧迫性。在问题性质重要、与战略有关、可采取行动的情况下,企业应优先处理比较紧急的问题。例如,1999年,在对中国是否能加入WTO和人民币是否会贬值等重大问题的判断上,一些企业能抓住问题的核心做出正确的判断,而一些企业却判断失误。

三、战略问题管理的过程

(一)判定问题

在企业中,即将发生的战略问题会有3种信息来源,即企业外部环境变化趋势、企业内部演变趋势和企业的效益发展趋势。企业可以从相互依存和影响的环境因素与内部各职能领域之间的变化上找出问题,并按前述的判定标准分析问题对整个企业可能的影响。

(二)评估问题的重要性

将所判定的战略问题整理分类,按重要程度加以排序。最重要的战略问题应由企业总部详尽分析;一般重要的战略问题可放在经营单位或事业部层次详细分析;而一般性的问题只须加以重视,不必详加分析。

(三)分析问题

分析的方法有:①战略问题生命周期分析。从过去、现在和将来,分析问题的发展趋势。这种方法适合于企业全面综合地描述比较大的问题。②战略问题分析。将战略问题逐层分解,有针对性地收集有助于做出判断的数据,研究各个层次的问题及它们对企业战略的影响,系统、翔实地掌握企业的战略问题。③假设分析。从相关利益群体角度,对战略问题提出正反两方面的假设,然后,评估这些假设的重要程度和可靠程度。

(四)提出与战略问题相关的战略

企业对战略问题进行分析后,就应考虑是否需要提出战略。如果这些问题所涉及的面较广,则应考虑制定总体战略;如果问题只涉及局部单位,则可只制定相应的局部战略。

(五)战略的实施

企业提出的战略,要及时付诸实施,从而提升或避免降低企业的绩效。

(六)战略控制

企业管理人员对战略的实施结果,要以一定的手段加以衡量,并向企业反馈,以改进对战略问题的管理。

第四节 企业战略管理理论的演变

一、企业战略的萌芽

企业战略是商品经济发展的产物,是企业在外部环境范围不断扩大、内容日益复杂、变化趋于频繁的情况下,面临严峻的生存和发展挑战而产生的。企业战略理论在20

世纪 50 年代首先产生于美国,之后传播至其他发达国家,现在已在更大范围内传播开来。

美国在 20 世纪上半叶,经历了两个时期。第一个时期是大批量生产时期(前 30 年)。这个时期从经济发展上看,主要是巩固和发展 19 世纪工业革命的成果。对企业而言,主要是完成大批量生产,促使单位产品成本降低。当时的企业管理者对企业的发展前景十分满意,认为只要能提供低价的、标准的产品,就能获得盈利和发展,所以企业把主要精力放在提高内部生产效率上,企业实行的是控制性的管理方式。以弗雷德里克·泰罗为首的科学管理理论学者将管理纳入了科学的轨道。亨利·法约尔对企业内部的管理活动进行整合,将工业企业中的各种活动划分成六大类:技术活动、商业活动、财务活动、安全活动、会计活动和管理活动,并提出了管理的五项职能——计划、组织、指挥、协调和控制,其中计划职能是企业管理的首要职能。这可以说是最早出现的企业战略思想。但古典管理理论主要将研究的重点放在企业内部的管理活动上,很少涉及对环境的研究和企业战略理论的研究。

第二个时期是大批量销售时期(后 20 年)。从经济发展上看,这个时期基本消费品的需求正逐步趋向饱和,当时工业的主要任务是满足基本消费品以外的更高层次的需求,市场也进一步国际化。对企业而言,应对环境的变化、满足市场多样化的需求,成为最重要的问题。所以,在这个时期,企业不得不面向外部、转向市场,在更广阔的市场中进行更加激烈的竞争。进入国际市场的企业又要经受关税、金融汇率、保护政策、文化差异等因素带来的变化。总之,与过去相比,企业的环境更加复杂,更富有挑战性,竞争更加激烈,企业仅靠内部控制式管理,已无法应付未来的挑战和实现自己发展的愿望。正因为如此,在这个时期产生了以销定产和产品差异等新的经营观念。也正是在这种条件下,企业产生了筹谋未来发展的要求和行动,采用计划式管理方法,如目标管理、预算管理和长远计划等。

20 世纪 50 年代以后,美国的经济在经过高速发展之后,进入了高度竞争的阶段。其主要特点是:需求结构发生变化,科技水平不断提高,全球性竞争日趋激烈,社会、政府和顾客提高了对企业的要求和限制,资源短缺,突发事件不断等。这些特点造成企业外部环境庞大复杂、变化频繁、难以预料,使企业经常面临着许多生死攸关的挑战。仅靠计划式的管理,企业也无法保证自己的生存和发展了,而必须对新的环境进行深入分析,做出新的响应,采用新的管理方式,来谋求自己的生存和发展。企业战略管理就是在这种条件下应运而生的。

二、战略管理研究的主要学派

(一)设计学派(design school)

1962 年,美国著名管理学家艾尔弗雷德·D. 钱德勒(以下简称钱德勒)出版了《战略与结构》一书,被普遍认为正式揭开了近代战略研究的序幕。在这本著作中,钱德勒较为全面地分析了环境、战略及组织结构之间的相互关系,提出"结构追随战略"的论点。他认为,企业战略应适应环境的不断变化,满足市场的需求,而企业的组织结构又必须适应企业战略,随着战略的变化而变化。因此,他被公认为提出"环境—战略—组织"理论的第一位企业战略专家。1971年,哈佛商学院教授肯尼斯·安德鲁斯在《公司战略概念》中提出,企业的外部环境对企业战略的形成有着重大的影响,战略形成过程实际上是把企业内部条件与企业外部环境进行匹配的过程,这种匹配能够使企业内部的强项和弱项与企业外部环境的机会和威胁相协调。设计学派还构建了著名的SWOT[优势(strength)、劣势(weakness)、机会(opportunity)、威胁(threat)]战略模型,同样构成设计学派的重要基础。设计学派认为,企业战略的形成必须由企业高层经理负责,而且战略的制定应当是一个精心设计的过程,而不是一个直觉思维或规范分析的过程,战略应当清晰、简明,易于理解和贯彻。

(二)计划学派(planning school)

计划学派的产生以安索夫1965年出版《企业战略》一书为标志。其中,他在研究多元化经营企业的基础上,提出企业战略分为总体战略和竞争战略两大类,并且战略由4个要素构成,包括产品与市场范围、增长向量、协同效应和竞争优势。这些观点广为后人接受,大大推动了企业战略管理理论的发展。计划学派认为,高层管理者应研究、制定、实施组织的长期目标、成长方式与组织架构的调整。在制定战略时,企业应当首先明确自己的经营性质,以便使企业战略一方面为企业的生产经营活动提供指导,另一方面为企业的发展提供空间。计划学派还认为,战略的形成是一个受控的、有意识的、规范化的过程,原则上由主要领导承担责任,但在实践中则由计划人员负责实施,因此,企业战略应当详细、具体,包括企业目标、资金预算、执行步骤等实施计划,以保证企业战略的顺利实现。

(三)定位学派(positioning school)

这一学派的观点开始流行于20世纪80年代初,其代表人物为波特。1980年,波特在肯·哈顿和丹·申德尔等人关于战略定位问题研究的基础上,明确地提出企业在考虑战略时必须考虑其所处的环境,而行业是企业经营的最直接环境;行业的结构决定了企业的竞争范围,从而决定了企业的潜在利润水平。企业在制定战略的过程中必须要做好两个方面的工作:一是对企业所处行业的结构进行分析,二是对企业在行业内的相对竞争地位进行分析。通过这些分析,可以大大减少企业之间由于程序化的产业结构分析而带来的定位趋同,降低企业之间竞争的强度。因此,企业战略制定人员应该是"分析家",其主要任务是选择利润潜力比较大的行业并在其中进行正确的定位。企业的定位决定了其盈利水平是高于还是低于行业的平均水平。同时,波特为开展上述分析提供了一些方法和工具,如5种竞争力量模型、公司地位和行业吸引力分析矩阵、价值链等。

(四)创业学派(entrepreneurial school)

创业学派研究的侧重点是企业高层管理者,这一点与设计学派极为相似,但与设计学派不同和与计划学派完全相反的是,它从根本上认为战略形成过程是一个以直觉思维寻找灵感的过程。这就使得战略从精妙的设计、周密的计划或者准确的定位转而成为某种隐约可见的"愿景"(visions)。为了让人理解,创业学派常常通过隐喻来从某种意义上阐释其观点。企业必须要有一个极富创新精神的领导者,由其提出有关企业创办、利基(niche)确立、产权安排、企业转型等方面的创意。

(五)认知学派(cognitive school)

一些研究者关心战略的产生问题。假如战略是以诸如结构、模式、图形、概念或纲要等形式产生于人们的意识,那么怎样理解这些心理过程呢?从20世纪80年代开始,研究人员通过多年的摸索,使认知学派得到了持续稳定的发展,其影响越来越大。认知学派认为,战略的形成基于处理信息、获得知识和建立概念的认知过程,而建立概念是战略产生的最直接、最重要的因素,而在哪一阶段取得进展并不重要。同时,在另一方面,这一学派另一新的分支接受了关于战略形成过程更具主观解释性(interpretative)或结构主义者(constructivist)的观点,即认知是通过对企业组织的内外部环境条件的理解,借助所掌握的方法和手段,来构造具有创造性解释功能的战略,而不是用更客观或更不客观的方法来简单地描绘已被扭曲了的事实。

(六)学习学派(learning school)

由于组织外部环境变化的不可预测性和组织本身所固有的适应性,一些通过严格程序制定的战略并未得到实现,而一些未经正式制定、自然显现的战略却得以实现。因此,一些学者开始把研究的重点转向组织在各种不可预测的环境因素约束下的战略形成上,由此产生了学习学派。学习学派的形成与发展是一次名副其实的浪潮,从查尔斯·林德布罗姆的早期不成系统的关于渐进主义的著作、贯穿詹姆斯·奎因理论始终的逻辑渐进主义,到约瑟夫·鲍尔波瓦和罗伯特·伯格曼的突破思维定势观点、明茨伯格的关于战略是通过自然选择而形成的观点,再到卡尔·韦克的战略是总结过去的经验教训而形成的观点,等等,体现了学习学派理论的演进。学习学派与以往学派的不同之处在于,它认为战略是通过渐进学习、自然选择形成的,可以在组织上下出现,并且战略的形成与贯彻是相互交织在一起的。

(七)权力学派(power school)

权力学派把权力看成是战略形成的不可缺少的基础,认为战略的形成是一个组织内部权力与权力之间政治斗争的结果。权力学派之所以要强调权力,是因为在企业战略制定的过程中,战略形成不仅受到"经济"因素的影响,而且还受到"政治"因素的影响。权力学派大体上有两种不同的观点。微观权力观把企业组织的战略制定看作是一种实质上的政治活动,是组织内部各种正式和非正式利益团体运用权力、施加影响,进行讨价还价、游说、妥协,最后在各派权力之间达成一致的过程。宏观权力观则把组织看作是一个整体——运用其力量作用于其他各种相关的利益群体,包括竞争者、同盟者、合作者及其他涉及企业战略利益的网络关系等。因此,权力学派认为,战略制定不仅要注意行业环境、竞争力量等经济因素,而且要注意利益团体、权力分享等政治因素。

(八)文化学派(cultural school)

权力学派着眼于自我利益和局部,文化学派则注重团队利益和整体。文化学派认为,企业战略根植于企业文化及其背后的社会价值观念,其形成过程是一个将企业组织中各种有益的因素进行整合以发挥作用的过程。文化学派的观点在解释许多企业在同等条件下的经营行为和经营业绩存在很大差异方面,具有很强的说服力。一些企业之所以能够在激烈的市场竞争中立于不败之地,并获得长足发展,可以归结于企业文化的作用。20世纪80年代,当日本管理模式在世界广受推崇时,企业文化在美国成为一个热门话题。如今,企业文化的概念已深入人心,企业文化对企业经营业绩和社会形象的作用与影响正日益增强,人们对影响企业战略形成的文化方面的因素越来越重视。

(九)环境学派(environmental school)

从严格意义上来讲,环境学派还不能算是一种战略理论学派。环境学派强调的是企业组织在其所处的环境里如何获得生存和发展,其所起的作用是让人们关注环境因素。在环境学派中,主要存在着这样两种不同的发展方向:一种是"权变理论"(contingency theory),它侧重于研究企业在特别的环境条件下和面临有限的战略选择时所做的预期反应。权变理论要求企业发挥主观能动性,因为企业可以在一定的环境条件下,对环境的变化采取相应的对策以影响和作用于环境,争取企业经营的主动权。另一种是"规制理论"(institutional theory),它强调的是企业必须适应环境,因为企业所处的环境往往是其难以把握和控制的,企业战略的制定必须充分考虑环境的变化,了解和掌握环境变化的特点。只有如此,企业才能在适应环境的过程中找到自己的生存空间,并获得进一步的发展。

(十)结构学派(configuration school)

结构学派是一种比较特殊的学派,它博采众长,集诸种学派观点之大成,同时,它更加注重学术性和描述性。因此,结构学派也更像是一个混合体,它把企业组织看成是一种结构,即由一系列行为和特征组成的有机体;把战略制定看成是一种整合,即由其他各种学派的观点综合而成的体系。实际上,几乎每一个学派都可以在结构学派的观点中找到自身的影子。譬如,面对相对稳定的环境,在企业战略形成过程中计划学派就占有重要地位;而面对比较动态的环境,创业学派对企业制定战略起着更大的作用。但如果企业组织可以用"状态"来描述,组织环境的变化就一定可以用更富戏剧性的"转型"来描述。所谓"转型",即从一种状态跳跃到另一种状态。当企业处于某种"状态"时,战略就应该能够反映并适应相应的"转型"。

三、战略管理的产业组织模式与资源基础模式

在企业战略理论的发展过程中,前面提到的10种战略学派都曾在一定时期内发挥过一定的作用。但随着企业战略理论和企业经营实践的发展,企业战略理论的研究重点逐步转移到企业竞争方面,即企业如何获得持续竞争优势的研究上。特别是20世纪80年代以来,西方经济学界和管理学界将企业竞争战略理论置于学术研究的前沿地位,从而有力地推动了企业竞争战略理论的发展。战略管理理论涌现出了两大主要战略学派:产业组织学派和资源基础学派,衍生出战略管理的两种思维模式。

(一)产业组织模式

从20世纪60年代到80年代,外部环境被认为是企业选择战略取得成功的主要决定因素。行业组织模式[industrial organization (I/O) model]解释了外部环境对企业战

略行动的重要影响。该模型认为企业所选择从事的行业比企业内部决策对企业绩效有更大的影响。企业的绩效主要由一个行业的特征所决定，包括规模经济、进入障碍、多元化程度、产品差异化程度和行业集中程度等。如表1-2所示。

表1-2 产业组织模式

影响	环境
分析外部环境，特别是行业环境	外部环境： 一般环境 行业环境 竞争环境
选择具有高于正常收益前景的行业	有吸引力的行业： 具有能带来高于正常收益结构特征的行业
确定这一有吸引力的行业所要求的战略以取得高于正常的收益	战略制定： 选择与一个特定行业的高于正常收益相关联的战略
开发或获取实施战略所需的资源和能力	资源和能力： 实施既定战略所需的资源和能力
利用企业优势（已开发或已取得的资源和能力）实施战略	超额利润： 取得高于正常收益的利润

20世纪80年代，波特教授出版了两本代表作《竞争战略》(1980年)和《竞争优势》(1985年)。在书中，波特提出了战略定位的观点，从产业组织理论的角度分析了企业的竞争战略，并且将战略制定与实施两个过程有机结合起来。波特认为，企业战略的核心是获取竞争优势，而影响竞争优势获取的因素有两个，一是行业吸引力，即企业所在行业的获利能力；二是企业在行业中的相对竞争地位。其中，企业所处的行业环境是企业外部环境的关键因素，行业结构对竞争规则的确定和竞争战略的选择影响极大。与此相应，产业组织模式的战略管理也有两项明确的任务：第一项任务是，企业组织要通过对行业结构的正确分析，选择进入潜在高利润水平的行业，这是制定成功竞争战略的基石。为此，波特提出了著名的5种竞争力量的行业竞争分析模型，作为行业结构分析的工具。该模型旨在说明，行业的获利能力主要受潜在进入者、替代品、供应商、购买者及行业内现有竞争对手5个因素的影响。在此基础上，波特提出了可供选择的基本竞争战略：成本领先战略、产品差异化战略和集中化战略。第二项任务是，要求企业在既定行业中进行自我定位，力争通过竞争优势的创造与维持，取得高于行业平均利润率的超额利润。为了系统识别和分析企业竞争优势的来源，波特提出了"价值链"的理论概念与分析方法。他认为，企业的价值链由基本价值活动和辅助价值活动联结而成。一个企业与其竞争对手的价值链差异构成企业竞争优势的潜在来源。企业正是通过比其竞争对手更廉价或更出色地开展这些重要战略活动来赢得竞争优势的。

产业组织模式是以经济学为基础的，有4个基本假设：第一，外部环境是选择能够带来高于正常绩效战略的约束条件。第二，在某一行业或细分行业中相互竞争的大多数企业具有相似的战略资源，并依据这些资源追求相似的战略。第三，用来实施战略的资源在企业之间具有高度流动性。由于资源的流动性，企业之间的任何资源差异性都是短暂的。第四,企业决策者是理性的,追求企业利益最大化。

(二)资源基础模式

20世纪90年代,西方经济进入衰退期,美国航空业因此受到了极大的影响。20世纪90年代初,美国航空公司的赤字总额累计达80亿美元。曾经盛极一时的环球、大陆、西北三家航空公司均因经营不善而宣告破产。但一家名叫西南航空公司的小企业却在一片萧条的气氛中异军突起,并取得了营业收入增长25%的令人难以置信的佳绩。对于企业内部资源的研究逐渐受到关注,企业战略的研究范式逐渐从产业环境分析转向内部环境分析,即研究企业自身独特的资源和知识(技术),以及独特竞争能力(核心竞争力)对企业利润的影响。

1984年,伯格·沃纳菲尔特在美国的《战略管理杂志》上发表了《公司资源学说》一文,指出了公司内部资源对公司获利并维持竞争优势的重要意义。他认为,公司内部环境同外部环境相比,具有更重要的意义,对企业创造市场优势具有决定性的作用;企业内部的组织能力、资源和知识的积累是解释企业获得超额利润、保持竞争优势的关键。1990年,C. K. 普拉哈拉德(以下简称普拉哈拉德)和加里·哈默尔(以下简称哈默尔)在《哈佛商业评论》上发表了《企业核心能力》一文,提出企业的竞争是基于能力的竞争,企业战略的核心不在于对产品和市场结构的分析,而在于行动反应的能力。企业战略的目标是识别和开发竞争对手难以模仿的核心能力。此后,关于企业内部资源和核心能力的研究热潮开始兴起,并且形成了战略理论中的资源基础学派。

资源基础学派认为,每个企业都是独特的资源和能力的结合体,这一结合体形成了企业竞争战略的基础。因此,企业战略管理的主要内容就是如何最大限度地培育和发展企业独特的战略资源及优化配置这种战略资源的独特能力,即核心能力。核心能力的形成需要企业不断地积累战略制定所需的各种资源,需要企业不断地学习、超越和创新。只有核心能力达到一定水平后,企业才能通过一系列组合和整合形成自己独特的、不易被模仿的、稀缺的、有价值的战略资源,才能获得和保持持续的竞争优势。同时资源学派也承认产业分析的重要性,认为企业能力只有在产业竞争环境中才能体现出重要性。因此资源基础模式的战略思想可以概括为:企业内部资源和能力分析—制定竞争战略—实施战略—积累战略资源并建立与产业环境相匹配的核心能力—赢得竞争优势—获得超额利润,如表1-3所示。

表1-3 资源基础模式

步骤	关注点
确定企业的资源。分析与竞争对手相比的企业优势和弱点	资源: 企业生产过程中的投入
确定企业的能力。这些能力允许企业比竞争对手在什么方面做得更好	能力: 一组资源相互结合来执行一项任务或活动的能力
确定企业资源和能力产生竞争优势的前景	竞争优势: 一个企业胜过其竞争对手的能力

续 表

步骤	关注点
选择有吸引力的行业	有吸引力的行业： 拥有能被企业资源和能力所利用的机会的行业
选择能让企业最好地利用与外部环境中的机会相关的资源和能力的战略	战略制定和实施： 取得高于正常收益的战略行动 超额利润： 取得高于正常收益的利润

资源基础模式假设每个企业都是独特资源和能力的集合体，它们是企业战略的基础和企业收益的主要来源。在21世纪的竞争背景下，这一模式认为企业是被用来动态地追求高于正常收益的不断演进的能力集合体。因此，根据该模式，企业绩效随时间的差异主要是由企业的独特资源和能力而不是由行业的结构特征所推动的。该模式还假定随着时间的推移，企业能获取不同的资源并建立独特的能力。因此，并非所有在一个特定行业中相互竞争的企业都拥有同样的战略资源和能力。该模式的另一个假设是资源在行业间不具有高度流动性。这种资源差异构成竞争优势的基础。

（三）战略管理理论的新发展

有学者认为，美国学者詹姆斯·穆尔（以下简称穆尔）1996年出版的《竞争的衰亡》标志着战略理论的新探索。穆尔从生物学生态系统的视角描述了当今市场的企业活动，提出"商业生态系统"的概念，从企业生态系统均衡演化的层面上，把商业活动分为开拓、扩展、领导和更新4个阶段。穆尔建议高层经理人员从顾客、市场、产品、过程、组织、风险承担者、政府与社会等7个方面来考虑商业生态系统和自身所处的位置；系统内的公司可以通过竞争将毫不相关的贡献者联系起来，创造一种全新的商业模式。在这种全新的模式下，制定战略应着眼于创造新的微观经济和财富，即以发展新的循环以代替狭隘的以行业为基础的战略设计。打破了传统的以行业划分为前提的战略理论的限制，提出了企业生态系统"共同进化"的观点。商业生态系统理论不同于将生物学的原理运用于商业研究的狭隘观念。生物学的原理认为，在市场经济中，达尔文的自然选择似乎仅仅表现为最合适的公司或产品才能生存，经济运行的过程就是驱逐弱者。

四、企业战略管理理论的演进规律和发展趋势

（一）企业战略理论演进的基本规律

首先，从战略理论的内容上看，各学派理论是从不同的角度来丰富安德鲁斯所提出的SWOT模型，即关注企业内部（强调战略是一个计划、分析的过程）—关注企业外部（强调对行业结构的分析）—关注企业内部（强调核心能力的构建、维护与行业环境分析相结合）—关注企业外部和企业内部（资源基础学派试图在企业外部和企业内部间架起桥梁）—关注企业外部（强调企业间的合作，创建优势互补的企业有机群体）。

其次，从竞争的性质上看，竞争的程度遵循由弱到强，直至对抗，然后再到合作乃至共生的发展脉络。计划学派源于较弱的竞争性，设计学派则建立在竞争性趋强的基础

上;到了结构学派、能力学派、资源基础学派时代,尽管他们对竞争优势的认识各不相同,但都更多地强调了对抗性竞争;商业生态系统的理论则主张通过企业间合作建立共生系统以求得共同发展。

最后,从竞争优势的持续性来看,是从追求有形(产品)、外在、短期的竞争优势逐渐朝着追求无形(未来预期)、内在、持久的竞争优势发展。如结构学派的战略始于对产业结构的分析,形成于对3种基本战略的选择,而这3种战略主要是基于产品的差异性所做出的。能力学派则将战略的核心转向了企业内部的经验和知识的共享与形成,这些都是内在的、无形的要素,但是对竞争优势形成长远的影响。

(二)企业战略理论的发展趋势

第一,企业战略制定的竞争空间不断扩展。行业的界限、企业间的界限日趋模糊,竞争已不在某一特定的区域或行业界限内进行,企业必须从全球的角度、从跨行业的角度来考虑自身的资源配置,在资金、人力资源、产品研发、生产制造、市场营销等方面进行有机的组合,以获得最佳的管理整合效果。

第二,企业的战略具有高度的动态性。企业面临的经营环境快速变化,在不确定的风险下,在要求企业战略与外部变化节奏保持同步的条件下,企业要具备对不确定情况的快速应变能力,必须依赖战略的弹性才能伸缩自如。

第三,不过多考虑战略目标是否与企业所拥有的资源相匹配,而是较多地追求建立扩展性目标。因为在未来的市场竞争中,制胜的手段正在发生变化,由单纯地寻找稀缺资源过渡到寻找稀缺智力和由此产生的稀缺知识的结合,寻找的范围不局限于企业内部,而是着眼于对离散的创造价值的活动的识别与整合,通过这种方式来为价值增值或扩大稀缺价值的产出。这种战略取向要求企业不能平均分配资源,而是要创造性地通过各种途径来整合资源,通过与知识的组合来克服资源的限制,从而为顾客创造价值。

第四,由企业或企业联盟组成的商业生态系统逐渐成为企业参与竞争的主要形式。对一个单独的企业来讲,竞争更体现在加入或营造有影响力的、能为自己带来实际价值的企业生态系统,并且在系统中寻求更为有利的地位,当然也包括争取核心企业地位。在竞争与合作的和谐环境中,使优势潜能充分发挥,降低经营成本和经营风险。

第五,制定战略的主体趋于多元化。由于信息技术的日益发展和应用,使得组织结构扁平化,导致了在整个企业内部拥有信息的权力趋于平等。每一个个体在整个网络系统中都是信息传播的一个节点,高层主管不再居于信息传播的中心,普通员工可以有更多的机会参与企业的战略制定,他们具有决策参与者和决策执行者双重身份的特征。

第六,战略的制定从基于产品或服务的竞争,演变为在此基础之上的标准与规则的竞争。在企业立足于产品或服务的时期,对外部环境采取的是一种规避风险、抓住机遇的做法,被动应对的色彩更浓厚一些。而当企业跨入以标准为核心的竞争阶段后,企业除了对外界变化积极主动地做出反应之外,还需要有意识地制造变革,与行业中具有重要影响的对手或企业联盟和共同合作,创造和制定指导整个行业的技术标准或者是竞争规则。通过对标准或规则的掌握来获取高额的利润,确定企业的竞争优势地位。

第五节 战略管理相关概念

一、愿景、使命和目标

(一)愿景和使命的概念

1. 愿景

普拉哈拉德和哈默尔曾提出:"企业的愿景是一个雄心勃勃的宏伟梦想,它是企业的动力之源,能够为企业带来情感和智能上的双重能量,借此企业才能实现未来的成功之旅。"愿景(vision)是"鼓舞人心的伟大梦想",充满探索精神和使命感,体现组织未来的理想状态和愿望。它主要回答"我们想要成为什么"。愿景是企业对其前景所进行的广泛的、综合的和前瞻性的设想。它是企业为自己制定的长期奋斗目标。

管理者制定战略愿景时需要综合考虑企业面临的各种新的发展态势和即将出现的环境变化,时刻关注各种迹象,敏锐把握稍纵即逝的成长机会。同时,战略愿景要以一种清晰、激动人心、催人奋进的方式进行传播,激励员工竭尽全力为实现企业的战略愿景做出自己的贡献。

2. 使命陈述

企业使命(mission)又称企业宗旨。关于企业宗旨的思想主要是以德鲁克于20世纪70年代中期创立的一整套理论为基础提出的。德鲁克认为,确定企业的宗旨就是要明确:"我们的企业是什么及它应该是什么?"使命陈述(mission statement)就是阐明企业的根本性质与存在的目的或理由,说明企业的经营领域、经营思想,为企业目标的确定和战略的制定提供依据。它是对企业业务的高度概括和正式表述。使命陈述是对一个企业区别于其他类似企业的持久性目的的陈述,它明确了企业所经营的产品种类和市场范围,描述了企业的共同价值观和业务重点。制定企业宗旨是进行战略管理的起点和基础。

一项完善的使命陈述应阐明企业的经营目的、顾客、产品或服务、市场及采用的基本手段和方式。韦恩·麦金尼斯认为,使命陈述应当:①对企业进行定义并表明企业的追求;②内容要窄到足以排除某些风险,宽到足以使企业能创造性地实现增长;③将本企业与其他企业相区别;④可作为评价现时及将来活动的基准体系;⑤表述足够清楚,能被企业上下广泛理解。

使命陈述的目的在于:①保证整个企业经营目的的一致性;②为企业资源配置提供基础和标准;③有助于推动实现统一的企业精神;④让员工了解企业的目的和发展方向,防止他们在不明确企业目的和方向的情况下参与企业活动;⑤有助于将目标转变为工作组织结构,包括向企业内各责任单位分配任务;⑥使企业的经营目的具体化,并将这些目的转变为目标,以便评估和控制成本、时间和绩效参数。

3. 两者的区别

使命往往是对企业当前业务的清晰表达,较少涉及企业未来的业务和发展方向。而企业的愿景更加立足长远,面向未来,同时更加笼统和抽象。有些企业将愿景和使命分开表述,有些则合二为一。

表1-4给出了几个企业愿景和使命表述的实例。

表1-4 企业的愿景和使命表述实例

公司	愿景和使命
麦当劳公司	麦当劳公司的愿景是占领全球食品服务业。在全球范围内处于统治地位并在建立客户满意度标准的同时,通过执行"服务便利、增加价值、履行承诺"战略,提高市场占有率和盈利水平
奥的斯电梯公司	其业务使命是:以比世界上任何一家同类公司都要高的可信度,为任何一家客户提供一种将人和物做上下短程移动的搬运工具
柯达公司	在化学影像和电子影像方面成为世界一流
华为公司	全球领先的电信解决方案供应商
英特尔公司	英特尔公司为计算机行业提供芯片、主板、系统和软件。英特尔的产品一向被看作是"建筑砖块",被用来为个人电脑用户建立高级的计算机系统。英特尔的业务使命是要成为全球计算机行业最重要的供应商
美的电器	按国际惯例和规范的股份公司模式运作,以科学、高效的管理,发挥股份化、多元化、集约化和国际化的集团经营优势,逐步建成以家电制造业为主,多种经营并存的国际化大型企业集团,为股东谋取最大的利益和创造良好的社会效益

第一章
实践链接

(二)目标

目标(objectives)是企业在实现使命的过程中必须达到的明确的业绩目标,由多项指标构成,形成一个目标体系。建立目标体系的目的是将企业的愿景和使命转换成明确具体的业绩目标,从而使企业的发展具备可以衡量的标准。目标,通常需要符合SMART标准,即具体(specific)、可考核(measurable)、既有挑战性又有可行性(attainable)、与总目标协调一致(relevant)、可周期衡量(time-bound)等特征。企业中的每一个业务单位都必须有一个具体的、可测度的业绩目标,从而在整个企业中形成一种以结果为导向的氛围。如果每个单位都完成了具体的分目标,就是为整个企业目标的完成和企业使命的实现做出了应有的贡献。

1. 目标的类型

从整个企业的角度来看,需要建立两种类型的业绩目标:财务业绩目标和战略业绩目标。这两类目标都十分重要。如果没有良好的财务结果,企业的长期健康发展乃至生存都将受到威胁。但仅仅取得满意的短期财务业绩也是不够的。必须同时兼顾企业的长远发展——企业的竞争优势和竞争能力,以使企业具备长期赢利的本领。要同时达到这两个目标就要求企业既建立财务目标体系又建立战略目标体系。财务目标体系的建立旨在取得满意的收益增长率和投资回报率、良好的现金流等结果;而战略目标体系的建立旨在取得足够的市场份额、良好的声誉、技术领先、竞争中的有利地位、持续竞争优势等结果。

从时间跨度上来看,目标可分为短期目标和长期目标。短期目标通常为1~3年,长期目标通常为3~5年。每一项长期目标都需要分解为一系列的短期目标。短期目标对战略的实施更为重要,而长期目标则对战略的制定更为重要。如果必须在长期目标和短期目标之间做出选择的话,通常应该优先考虑长期目标。

2. 战略目标体系

(1)战略目标体系是企业制定战略的基本依据和出发点,反映企业战略的整体要求和总体方向,表明企业的具体期望和行动纲领。

(2)战略目标体系是企业实施战略的指导原则,将企业中的各项资源和力量集中起来,有利于缓解企业内部的冲突,营造和谐的工作氛围,提高管理效率和经济效益。

(3)各层次的战略目标是企业实施战略控制的评价标准,这些具体和可衡量的目标,有利于及时发现预设目标和实施结果间的差异,尽早找出导致差异出现的原因和相应的解决办法。

(4)建立企业战略目标体系是企业战略管理的前提和关键,对企业行为有着重大的作用。

战略目标体系通常按照企业的经营层次进行设置,如图1-3所示。

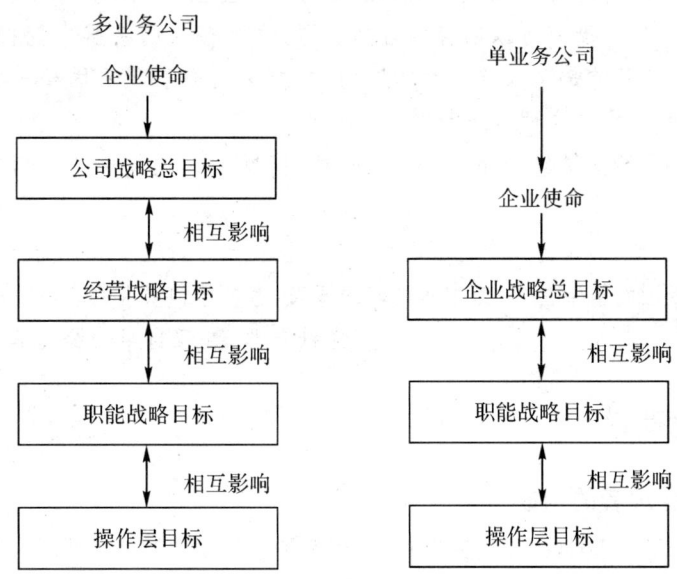

图1-3 多业务公司与单业务公司的战略目标制定

案例1-2 华为基本法(核心价值观)

华为技术有限公司(以下简称华为)的核心价值观如下。

第一条[追求]华为的追求是在电子信息领域实现顾客的梦想,并依靠点点滴滴、锲而不舍的艰苦追求,使我们成为世界级领先企业。

为了使华为成为世界一流的设备供应商,我们将永不进入信息服务业。通过无依赖的市场压力传递,使内部机制永远处于激活状态。

第二条[员工]认真负责和管理有效的员工是华为最大的财富。尊重知识、尊重个性和不迁就有功的员工,是事业持续成长的内在要求。

第三条[技术]广泛吸收世界电子信息领域的最新研究成果,虚心向国内外优秀企业学习,在独立自主的基础上,开放合作地发展领先的核心技术体系,用我们卓越的产品自立于世界通信列强之林。

第四条[精神]爱祖国、爱人民、爱事业和爱生活是我们凝聚力的源泉。责任意识、创新精神、敬业精神与团结合作精神是我们企业文化的精髓。实事求是我们的行为准则。

第五条[利益]华为主张在顾客、员工与合作者之间结成利益共同体。努力探索按生产要素分配的内部动力机制。我们决不让雷锋吃亏,奉献者定当得到合理回报。

第六条[文化]资源是会枯竭的,唯有文化才会生生不息。一切工业产品都是人类智慧创造的。华为没有可以依存的自然资源,唯有在人的头脑中挖掘出大油田、大森林、大煤矿……精神是可以转化为物质的,物质文明有利于巩固精神文明。我们坚持以精神文明促进物质文明的方针。

这里的文化,不仅仅包含知识、技术、管理、情操……也包含了一切促进生产力发展的无形因素。

第七条[社会责任]华为以产业报国和科教兴国为己任,以公司的发展为所在社区做出贡献。为伟大祖国的繁荣昌盛,为中华民族的振兴,为自己和家人的幸福而不懈努力。

(资料来源:整理自华为公司官方相关报导。)

二、战略管理者

(一) 战略管理者的构成

战略管理者是企业中对战略管理过程承担直接责任的管理人员。企业的战略管理者通常由几种群体构成:董事会、高层管理者、中层管理者、战略管理部门、智囊团、非正式组织的领导。

董事会作为企业的最高战略决策机关,必须确保对企业的战略性指导,保证战略决策的科学性。董事会对公司战略决策的参与覆盖了从战略目标制定、实施到控制与评价的全过程。董事会的主要任务是:提出企业的宗旨,为企业高层管理者制定战略确立具体选择范围;审批企业高层管理者的建议、决策、行动,为其提供参考建议;监视企业内外部环境变化,提醒企业高层管理者注意这些变化给企业带来的影响。近年来,人们越来越强调董事会应当对企业所采取的战略行动承担最终的责任。

高层管理者是指企业组织顶层相对较少的一群人,战略管理主要由少数的高层管理人员负责,他们善于从企业整体层面考虑企业的发展问题,决定企业的发展方向和战略。高层管理者的主要任务是:领导企业的战略制定和战略实施,并扮演企业管理的十大角色:①名誉代表;②领导者;③联络人;④传播者;⑤监督者;⑥故障排除者;⑦发言人;⑧资源分配者;⑨谈判者;⑩企业家。

中层管理者往往是职能部门经理,是具体实施企业战略的人。传统的观点认为中层管理者负责监视和控制各部门的生产经营活动。新的观点认为中层管理者应当参与战略备选方案的提出,并促进战略实施。

在小企业中,企业管理者可能会安排一个助手,帮助制订战略计划和组织战略实施。在大中型企业中,企业管理者一般会建立一个由高层管理人员协调的,集合企业中层管理者和外部专家的战略委员会或战略部门来负责企业战略的制定和实施。

非正式组织是指因员工的社会关系形成的,并以社会习俗、惯例、感情等规范成员行为的,与正式组织并存的社会团体。其核心人物由于个人威望或影响力等原因而成为自然领袖,其思想基础与行为准则往往是一些共同的习惯、观点等。

智囊团则是企业组建的由外部专家构成的参谋集团。智囊团通常由一些学有专长、富有知识和才干的外部高级咨询人员构成,其主要职责是运用科学的理论、方法和手段为企业的高层管理者充当参谋。智囊团一般不是企业的常设机构,而是任务型组织,当企业在战略管理中遇到内部难以解决的问题时,或者为了使战略管理能够更完善地实施,就会临时召集智囊团提供建议或做出判断。

在董事会、高层管理者、中层管理者、战略管理部门、智囊团、非正式组织的领导这6类战略管理者中,董事会和高层管理者最为重要。

(二)不同层级战略管理者的职责

由于战略具有层次结构,不同层次的管理人员在战略管理过程中也担负着不同的分工和职责,如表1-5所示。

表1-5 多元化公司中各层次战略管理者的主要责任

战略层次	主要责任人	关注重点
公司战略	首席执行官(cheif executive officer,CEO)及其他高层经理(所做决策通常由董事会批准)	·建立和管理高效的经营业务组合 ·促进事业部之间的协同,并将其转化为竞争优势 ·确定投资优化顺序,将资源导向最有吸引力的事业部 ·评价/改进/统一事业部总经理所建议的经营方式和行动方案
经营战略	事业部总经理(所做决策通常由公司高级经理/董事会评审/批准)	·设计恰当的经营方式和行动方案,以获取竞争优势,取得超过行业平均水平的利润 ·对外界环境变化做出反应 ·协调职能部门所采取的战略行动 ·采用恰当的措施解决本事业部门的特有问题

25

续 表

战略层次	主要责任人	关注重点
职能战略	职能部门经理(所做决策通常由事业部经理评审/批准)	·制定恰当的行动方案和经营策略,以支持经营战略,完成职能/部门业绩目标 ·评价/改进/统一基层管理者所提出的与战略相关的行动方案和经营策略
运作战略	职能领域内的基层/现场管理者(所做决策通常由职能部门经理评审/批准)	·制定更窄、更具体的行动方案/经营策略,支持职能战略和经营战略,完成运作单元的业绩目标

CEO是企业中重要的战略管理者,主要的战略制定者和战略实施者。虽然企业其他高层管理者也负有重要的领导责任,但整个企业战略制定和实施的最终责任通常由CEO来承担。企业副总裁、部门负责人、基础管理者也负有重要的战略管理责任。他们在上级的领导下,负责各自职能领域或部门的部分甚至大部分的战略制定工作,并选择执行战略的途径和方式,因此,企业的每一个管理者在战略制定和执行过程中都扮演着一定的角色。强调各个层次管理者对战略管理过程的参与,有助于制定出更加合理、得到更广泛理解和支持的战略,有利于战略的有效执行。

三、利益相关者

利益相关者是能够影响企业绩效或受企业绩效影响,并对企业绩效有索取权的个人或团体。利益相关者往往为企业提供某种资源,如资金、劳动力、环境等。因此,他们关心这些资源的运用方式与运用结果,并有要求取得利益的权利。这种权利可以通过撤回对企业生存、竞争和盈利至关重要的资源而实施。当企业绩效达到或超过利益相关者的期望时,他们就会继续支持该企业。利益相关者大致可分为3类,如图1-4所示。

```
资本市场利益相关者
·股东
·债权人
```

```
产品市场利益相关者
·主要顾客
·供应商
·社区
·工会
```

```
企业内部利益相关者
·员工
·经理
·非经理
```

图1-4 3类利益相关者群体

本章小结

战略现象是复杂而多面的,不同的学者对战略的认识和理解各有侧重,所提出的战略与战略管理的定义各不相同,但本质上,这些定义不是相互矛盾而是互为补充的。

本章介绍了主要的战略管理研究学派,以及战略管理的主要模式:产业组织模式和资源基础模式。它们都认为在战略制定的实施过程中应同时考虑外部环境和内部条件,但出发点和优先序则不同。产业组织模式认为应先选择有吸引力的行业,再建立所需的资源和能力;资源基础模式则相反。

正式的战略管理过程包括3个阶段——战略分析、战略选择、战略实施与评价,以及5项任务——制定愿景与使命、设置目标体系、制定战略、实施战略、评价与控制。

企业的愿景是企业对其前景所进行的广泛的、综合的和前瞻性的设想。企业的使命是阐明企业的根本性质与存在的目的或理由,说明企业的经营领域、经营思想,为企业目标的确定和战略的制定提供依据。战略管理的利益相关者主要包括资本市场、产品市场、企业内部利益相关者3类。本章还讨论了战略管理者的构成与角色。

思考题

1. 战略管理的含义是什么?包括哪些最基本的概念?
2. 企业战略的主要要素有哪些?描述企业的战略管理过程图。
3. 基于资源的模式,企业应该如何做以获得高于平均水平的利润?
4. 何谓企业的愿景和使命?它们对于战略管理过程有什么意义?
5. 战略管理者主要包括哪些群体?在战略管理中,各级战略管理者的职责是什么?
6. 结合我国企业现阶段某方面发展的实际问题,谈谈如何从战略角度来分析该问题。

第一章讨论题

第二章
企业外部环境分析

第二章案例导入

  企业总是在一定的环境中运行,环境的特点及其变化必然会影响组织活动的方向、内容及方式的选择。外部环境既为企业的生产经营活动提供了必要的条件,同时也对其生产经营活动起着制约的作用。企业生产经营所需的各种资源都需要从外部环境获取。任何企业都需要根据外部环境能够提供的资源种类、数量和质量来决定其生产经营活动的具体内容和方向。与此同时,企业利用上述资源经过自身的转换提供产品和劳务,也要在外部市场进行销售。因此,企业必须在生产计划和生产制造的过程中,考虑到产品能否被用户所接受,是否受市场欢迎。对环境的分析成为企业制定和调整战略方向的基本前提。广义的环境包括外部环境和内部环境,本章主要介绍外部环境的知识。

第一节　企业外部环境的构成

  企业的外部环境是指存在于企业之外,企业不能控制,但是能对企业决策和绩效产生影响的外部因素的总和。外部环境分为不同的层次,包括宏观环境、行业环境、竞争环境等(见图2-1)。

  宏观环境是对所有行业和企业的运行产生影响的环境因素。除自然环境外,一般环境因素大致可分为6类:政治、经济、社会文化、技术、人口和全球化因素。这些因素对企业战略的制定和实施产生间接影响。

  行业环境是直接影响一个企业及其竞争行动与反应的一组因素,包括竞争者、潜在进入者、供应商、购买者、替代品和竞争强度。这些因素一般称为决定行业盈利性的5种力量。

  竞争对手分析是指收集并解释竞争对手的信息。严格来说,竞争对手分析已经包含在行业环境分析之中。但是,随着近来对动态竞争的日益重视,有必要对竞争对手进行专门的分析。了解企业的竞争环境是对行业环境分析的重要补充(详见第五章的讨论)。

  外部环境分析连同企业内部条件分析的结果,是有效地选择和制定战略的基础和依据。外部环境分析的目的是明确外部环境中存在的主要威胁和机会。所谓威胁,是指妨碍企业取得竞争优势和高于正常绩效的环境因素,而机会是指有利于企业取得竞争优势和高于正常绩效的环境因素。

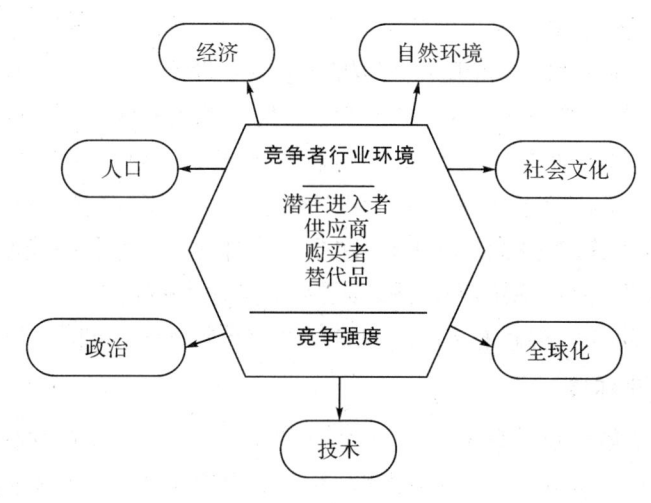

资料来源：整理自 HITT M，LRELAND D，HOSKISSON R. Strategic management. South-Western College Publishing, 2001.

图 2-1　外部环境构成

第二节　宏观环境分析

一、宏观环境因素

（一）政治环境

政治环境泛指一个国家的社会制度，执政党的性质，政府的方针、政策，以及国家制定的有关法律、法规等。不同的国家有着不同的社会制度，不同的社会制度对企业生产经营活动有着不同的限制和要求。即使在社会制度没有发生变化的同一个国家，政府在不同时期的基本路线、方针、政策也是在不断变化的。政治、法律因素是各种组织和政府之间相互影响的结果，主要体现为对企业等的经营活动具有直接或者潜在作用力的政治力量和法律法规。企业必须进行分析研究。通过对政治环境的研究，组织可以明确其所在的国家和政府目前禁止企业干些什么，允许企业干什么，以及鼓励企业干什么，以便使企业活动符合社会利益并受到有关方面的保护和支持。

（二）经济环境

对于企业来说，经济环境是影响组织行业诸多因素中最关键、最基本的因素。经济环境主要指企业所在的或者可能参与的经济体的经济特征和发展方向。包括经济政策、社会经济结构、经济体制、宏观经济发展水平、宏观经济政策等要素。其中影响最大的是宏观经济的发展状况和政府所采取的宏观经济政策，如利率、通货膨胀率、汇率等。

衡量宏观经济发展的指标有国民收入、国民生产总值及其变化情况,以及通过这些指标能够反映的国民经济发展水平和发展速度。宏观经济的发展和繁荣显然会为企业的生存和发展提供有利机会,而萧条、衰退的形势则可能给所有企业带来生存的困难。宏观经济的发展又会导致企业所在区域和所服务市场区域的消费者收入水平、消费偏好、储蓄情况和就业程度等因素的变化,这些因素直接决定着企业目前及未来的市场规模。

政府的宏观经济政策主要指国家经济发展战略、产业政策、国民收入分配政策、金融货币政策、财政政策、对外贸易政策等,往往从政府支出总额和投资结构、利率、汇率、税率、货币供应量等方面反映出来。例如,国家实施信贷紧缩会导致企业流动资金紧张,周转困难,投资难以实施;而政府支出的增加,则可能给许多企业创造良好的销售机会。

(三)社会文化环境

社会文化环境包含的内容十分广泛,如人民的文化传统、教育文化水平、信仰和价值观念、行为规范、生活方式、风俗习惯等。社会文化蕴涵着一个社会的态度和价值,推动着政治、经济、人口、技术的变革。社会文化因素强烈地影响着企业的经营方式和人们的购买决策。例如,中国乳制品业在近年来发展十分迅速,生产规模不断扩大,这有着多方面的原因,如人们的消费观念和习惯的改变、可支配收入的增多、人口结构的变化等。

社会环境中还包括一个重要的因素是企业所处地理位置的自然资源与生态环境,包括土地、森林、河流、海洋、生物、矿产、能源、水源等自然资源,以及环境保护、生态平衡等方面的发展变化对企业的影响。

(四)技术环境

技术环境是指与企业生产经营活动相关的科学技术要素的总和,它既包括导致社会巨大发展的、革命性的产业技术进步,也包括与企业生产直接相关的新技术、新工艺、新材料的发明情况、应用程度和发展趋势,以及国家和社会的科技体制、科技政策和科技水平。科学技术是第一生产力,它可以创造新的产品、新的市场,降低成本、缩短生产周期,改变企业的竞争地位和盈利能力,世界上成功的企业无一不对新技术的采用予以极大的重视。当前,技术变革正在对企业产生深远的影响,技术进步可以创造新市场,促使产品的改进和诞生新的产品,改变企业的成本状况在行业中的相对位置,改变企业的竞争优势。技术的变革可以减少或消除企业间的成本壁垒,改变员工、管理者和消费者的价值观和预期。

(五)人口环境

人口的数量、结构及地理分布、民族构成等因素对企业的市场容量、市场结构和市场潜力都有着重要的影响。人口数量制约着个人或家庭消费品的市场规模,如我国的移动电话起步较晚,但现在移动电话的用户数量居世界第一位。人口的地理分布决定消费者的地区分布,消费者的地区分布范围越广,消费者的嗜好也越多样化,这就意味着会出现多种多样的市场机会。年龄分布决定以某年龄层为对象的产品的市场规模,如我国有大量的独生子女和老年人,这些都分别形成了独特的消费市场。

(六)全球化环境

全球化是当今时代的重要特征。科技的进步使通信方式不断得到改善,越来越多的国家敞开门户,跨国贸易、跨国投资已经成为许多大型企业对外扩张、实现全球经营的首要手段。

上面提到的6类一般环境因素还可以进一步细分。表2-1列出了最常用的一些细分因素。

表 2-1 宏观环境因素细分

宏观环境因素	细分因素	
政治	· 反垄断法规 · 税收法规 · 政府管制	· 劳动法 · 教育政策 · 环保法规
经济	· 通货膨胀率 · 利率 · 贸易赤字或盈余 · 财政赤字或盈余	· 个人储蓄率 · 企业储蓄率 · GDP及增长率
社会文化	· 妇女地位 · 工作态度 · 职业偏好变化	· 产品和服务偏好变化 · 环保关注程度
技术	· 产品创新 · 知识应用	· R&D投资重点 · 新技术
人口	· 人口数量 · 年龄结构 · 地理分布	· 收入分布 · 民族构成
全球化	· 重要政治事件 · 主要全球市场	· 新兴工业国家 · 文化与制度特点

注:①GDP:gross domestic product,国内生产总值。
②R&D:reserch and development,研究与开发。
资料来源:HITT M,LRELAND D,HOSKISSON R. Strategic management. South-Western College Publishing,2001.

案例 2-1 诺基亚的成败历史

芬兰有着丰富的自然资源,70%的土地被森林覆盖。1865年,诺基亚创始人弗雷德里克·艾德斯坦在芬兰的"诺基亚河"沿岸创建了一家木材纸浆厂,取名诺基亚。在不同的历史时期,诺基亚曾进军不同的行业,包括造纸、物业、橡胶、机械、电缆等。1992年,诺基亚开始进行战略转型,即由造纸、橡胶、电缆等传统行业向计算机、电子消费品和电信等高科技领域转型。这些领域的繁荣,为诺基亚进军电信、手机行业奠定了充分的资金基础。

北欧有着先进的电信科学技术。随着工业化浪潮不断兴起,其移动电话服务网络于1981年开通,频率为450兆赫兹,这是当时世界上第一个,同时也是横跨数国覆盖面最大的蜂窝式电话公用网络。随着NMT(Nordic Mobile Telephony,北欧移动电话标准)的开通,移动电话也开始迅猛发展。诺基亚第一台 NMT450 移动电话 Senator 于 1982 年生产。随后开发了 Mobira Talkman,这是当时最先进的产品。该产品在北欧移动电话网市场中一炮打响,并为诺基亚开拓了包括英国和美国在内的新市场。

诺基亚真正的大发展是在约玛·奥里拉 1992 年上任之后。这家原本生产造纸机、纸浆、橡胶轮胎、电线电缆的企业,在 1992 年之前几乎没有什么名气,处于风雨飘摇之中。诺基亚曾经疯狂地收购了欧洲很多电视机厂,但效益很不理想,导致当任总裁自杀身亡。约玛·奥里拉上任后,敏锐地抓住了政府开放电信和金融的大好机会,在 1994 年的香港董事会上成功地说服股东,把诺基亚所有传统产业全部卖掉,专攻通信。这是一个非常冒险的举动。因为芬兰的资源就是森林和矿产,放弃资源似乎是自寻死路。然而,约玛·奥里拉很固执,最后他凭借丰富的经验,通过创新的、用户友好的及可靠的解决方案,在短短的 10 年内把诺基亚打造成为全球著名的企业,年销售额超过 300 亿欧元。1996—2011 年,诺基亚手机连续 15 年牢牢占据全球手机市场第一名的位置。在鼎盛时期,全球每 10 个人中就有 4 个人使用诺基亚手机。

然而,自 2007 年初代 iPhone 发布之后,尤其是在 2010 年,全球智能手机市场呈现百花齐放的格局,在手机领域拥有巨大技术和声誉优势的诺基亚,却陷入了"船大难掉头"的转型困境。2012 年,诺基亚的全球手机市场份额被三星反超,诺基亚手机的辉煌时代就此终结。2013 年,诺基亚手机业务被微软收购。

(资料来源:整理自《150 年历史——诺基亚兴衰启示录》,https://finance.huanqiu.com/article/9CaKrnJOv1s。)

二、宏观环境的分析

(一)宏观环境分析的构成

宏观环境分析涉及对一般外部环境的扫描(scanning)、监测(monitoring)、预测(forcasting)和评价(assessing),如表 2-2 所示。

表 2-2 宏观环境分析的构成

构成	分析
扫描	发现环境变化及其趋势的早期信号
监测	通过对环境变化及其趋势的持续观察查明变化的意义
预测	根据所监测到的变化预期其发展结果
评价	明确环境变化及其趋势对企业战略管理的重要性与时效性

资料来源:HITT M, LRELAND D, HOSKISSON R. Strategic management. South-Western College Publishing, 2001.

扫描是对宏观环境中所有的细分因素所进行的研究,是一种全景式的环境审视。通过扫描,企业可以发现一般环境正在发生和将要发生的变化的早期信号。在进行扫描时,企业往往要面对并处理大量不完全、模糊、缺乏联系的数据和资料。环境扫描对处于急剧变化环境中的企业尤为重要。

监测是观察由扫描所发现的环境变化,看是否有新的重要变化趋势发生。成功的监测关键在于使企业能够查明各种环境事件对企业经营的意义。

扫描和监测主要关心某一时刻已发生的环境事件,而预测则主要对扫描和监测所发现的变化及其趋势的结果,即什么将会发生、何时将会发生进行推测。

评价的目的在于明确环境变化及其趋势对企业战略管理的重要性和时效性。扫描、监测和预测使企业能够了解一般环境;而评价则更进一步,力图确定这些了解对企业的意义。离开了评价,所收集的各种外部信息都只是一堆素材,而不能为企业战略管理提供指导。

(二)宏观环境分析的方法

宏观环境的分析并没有结构化的方法。在进行分析时,重点考虑哪些方面的环境因素,如何评价这些环境因素的重要性和影响力,带有相当大的主观性。可能的解决办法是借助德尔菲法之类的专家意见法来辅助评价。比较有代表性的方法是外部因素评价矩阵[external factor evaluation(EFE) matrix]。

建立 EFE 矩阵的 5 个步骤如下。

第一,列出在外部分析过程中确认的外部因素。因素总数在 10~20 个之间。因素包括影响企业和其所在行业的各种机会与威胁。首先列举机会,然后列举威胁。要尽量具体,可能时要采用百分比、比率和对比数字。

第二,赋予每个因素以权重,其数值由 0(不重要)到 1.0(非常重要)。权重标志着该因素对企业在行业中取得成功的影响的相对大小。机会往往比威胁得到更高的权重,但当威胁因素特别严重时也可得到高权重。确定恰当权重的方法包括对成功的竞争者和不成功的竞争者进行比较,以及通过集体讨论而达成共识。所有因素的权重总和必须等于 1。

第三,按照企业现行战略对各关键因素的有效反应程度为各关键因素进行评分,范围为 1~4 分。"4"代表反应很好,"3"代表反应超过平均水平,"2"代表反应为平均水平,而"1"则代表反应很差。评分反映了企业战略的有效性,因此它是以公司为基准的,而步骤 2 中的权重则是以行业为基准的。

第四,用每个因素的权重乘以它的评分,即得到每个因素的加权分数。

第五,将所有因素的加权分数相加,以得到企业的总加权分数。

无论 EFE 矩阵所包含的关键机会与威胁数量多少,一个企业所能得到的总加权分数(total weighted score)最高为 4.0,最低为 1.0,平均总加权分数为 2.5。总加权分数为 4.0 反映企业在整个产业中对现有机会与威胁做出了最出色的反应。换言之,企业的战略有效地利用了现有机会并将外部威胁的潜在不利影响降至最小。而总加权分数为 1.0 则说明公司的战略不能利用外部机会或回避外部威胁。

外部因素评价矩阵评价外部环境因素的有利、不利影响并对其绩效环境分析,是一种较为有效的辅助分析工具。不过,该方法也具有一定局限性:①列出哪些、不列出哪些因素,带有相当大的主观性;②各因素权重和评分的确定取决于个人或集体主观判断,而且对结果影响很大;③不能辨识出关键环境因素,而有时关键环境因素的确定比总体评价结果更有意义。所以,虽然该方法的评价结果是量化的,但我们只能将其作为一种参考而非完全客观的依据。

以波特提出的五力模型为代表的行业环境分析结构化框架受到普遍的认同。接下来,将重点阐述如何进行行业环境分析。

第三节 行业环境分析:五力模型

一、分析框架的理论根源

行业环境对企业行为和绩效产生直接的影响,是企业所处的直接环境(相应地,一般环境是企业的间接环境)。行业环境分析的基本目的是评价一个行业的总体经济吸引力。处于经济上极具吸引力行业(威胁程度低而机会程度高的行业)的企业,其平均绩效将优于处在经济上缺乏吸引力行业(威胁程度高而机会程度低的行业)的企业的平均绩效。当然,行业分析不应是对行业威胁和机会的随意罗列,这样的罗列将是不全面且不能抓住关键要素的。我们需要一种具有理论基础的行业分析方法。

在 20 世纪 30 年代,一群经济学家受美国政府委托,研究具有哪些特征的行业更倾向于垄断的形成,以帮助政府确定应对哪些行业加强反垄断和竞争管理。这些研究的结果建立起了一个被称为结构—行为—绩效(structure-conduct-performance,S-C-P)模型的理论框架(见图 2-2)。

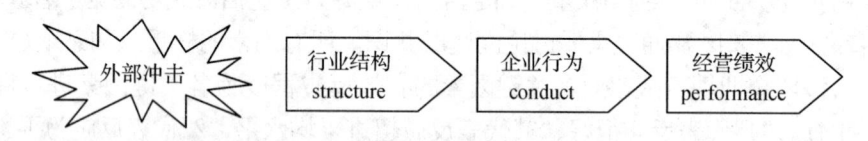

外部冲击 → 行业结构 structure → 企业行为 conduct → 经营绩效 performance

图 2-2　S-C-P 模型

S-C-P 模型可以帮助理解企业环境、行为与绩效之间的关系。企业所在行业的结构特征决定了企业所面对的选择与约束的范围。在完全竞争行业中,企业是单纯的价格接受者,它们对供求变化做出反应而不能影响供求水平——它们可做的选择很少而受到的约束甚多。处于完全竞争行业中的企业至多能产生正常绩效,而社会福利达到最大化。因此,如果一个行业的结构为完全竞争,则企业行为是确定的(价格接受者),企业长期绩效也是确定的(正常绩效)。

在竞争性较低的行业,企业面对较少的约束而有更多的选择。有些选择可以使企业获得竞争优势并取得高于正常绩效的业绩。而进入障碍等行业结构特征决定了一个行业中的企业能在多长时期内取得高于正常绩效的业绩。即使在这种情况下,行业结构也决定了企业行为和企业绩效。

根据 S-C-P 模型,有些行业的结构特征将使其竞争性低于完全竞争,从而使得社会福利低于完全竞争条件下的社会福利。因此,政府应对这些行业采取反托拉斯诉讼、强制解体等措施来加以干预。

以波特为代表的战略研究者则反其道而行之。他们不是为了寻求提高行业竞争性的方法,而是用 S-C-P 模型来描述竞争程度低于完全竞争的行业的特征,从而帮助企业寻找竞争程度较低的行业和取得高于正常绩效的途径。

二、五力模型

波特在 20 世纪 70 年代发表了一系列文章,并在 1980 年出版了开拓性的著作《竞争战略》。在书中,波特借鉴产业经济学中的 S-C-P 模型,建立了分析影响行业盈利性的经济因素的框架。他的主要贡献是将众多的经济因素归结为 5 种主要力量,提出了五力模型,为行业竞争分析提供了简明、实用且具有理论基础的强有力的分析工具。根据波特的五力模型,我们可以建立行业环境威胁的五力模型(见图 2-3)。

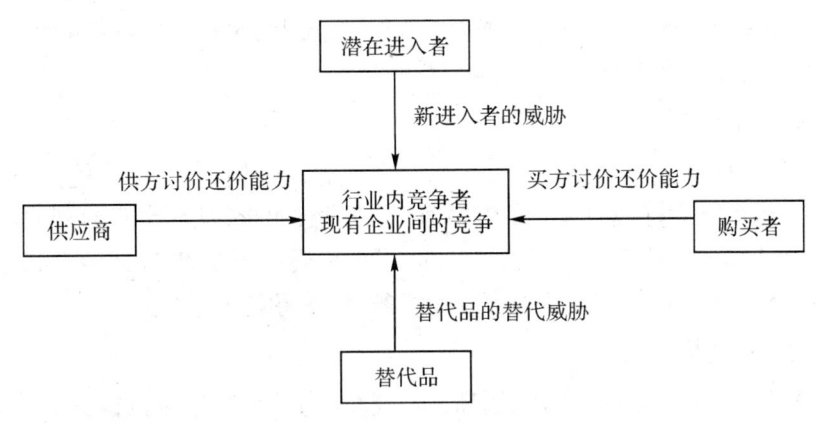

图 2-3 驱动产业竞争的力量

(一)竞争者威胁

行业中现有企业之间的竞争是最直观、最直接也是最重要的威胁因素。企业间的竞争一般采取两种方式:价格竞争和非价格竞争。价格竞争通过降低价格,减小毛利率而侵蚀利润,导致大多数企业盈利下降甚至亏损,是最惨烈的竞争形式。非价格竞争,如加快新产品开发、提高产品质量和性能、增加服务内容等,则通过提高成本而减少利润。由于高成本往往可能通过高价格的方式转嫁到顾客身上,非价格竞争侵蚀利润的程度一般不及价格竞争。

1. 现有企业数量

经济学理论和经营实践都证明,当一个行业中企业数量众多且规模相当,又拥有大致相同的资源和能力时,竞争将趋于激烈。

2. 产品差异化

当一个行业的产品差异化困难,企业生产大致相同的标准化产品时,顾客有多种选择,缺乏品牌忠诚;而且,顾客的选择往往以价格为基础,迫使企业不得不进行激烈的价格竞争。

转换成本与产品差异有直接联系。如果两种产品有较大的差异,当顾客从现在的产品转而使用其他产品时,需要重新投资并花费大量的时间和精力去重新培训、学习,这会造成顾客的转换成本。例如,已经在 GSM(Global System for Mobile Communication,

全球移动通信系统)系统上大量投资的中国电信很难下决心转向 CDMA (Division Multiple Access,码多分址);虽然 Linux 可能在技术上比 Windows 更先进,而且几乎可以免费得到,但是用户已经习惯了 Windows 操作系统,许多应用软件也是在该平台上开发的,大量的重新培训和开发投资可能会阻碍用户从 Windows 转向 Linux。如果缺乏产品差异,顾客的转换成本就会很低,可以很容易地从一种产品转向另一种产品,从而使产品和企业间的竞争加剧。

3. 行业成长性

在快速成长的行业中,市场容量不断增大,市场空白点也很多,每个企业都有增长的机会。所以,企业关注的是如何充分利用自己的资源去满足现有或潜在客户的需求,而不是去挖竞争对手的客户。但是,当行业增长缓慢时,蛋糕很难继续做大,力图增长的企业必须从对手手中去抢夺市场份额。

4. 规模经济

在某些行业(如化工、钢铁业)中,由于存在显著的规模经济,生产能力每次只能大规模的增加,这可能会打破原来的供求平衡,造成供过于求,从而带来激烈的价格竞争。例如,国内摩托车的年生产能力已超过 2000 万台,还在不断增加,而年需求量大约为 1500 万台。摩托车行业的过度竞争已经持续多年,并将继续下去。

5. 行业成本结构

如果总成本中固定成本所占比例高,企业将尽力扩大产量以分摊固定成本。即使当需求萎缩时,企业也不愿减少产量。因为如果只有一家企业减少产量而其他企业都保持高产量,这家企业将面对很大的成本劣势。由于这种原因而形成的过剩能力往往不得不以降价、打折的方式消化。对于易腐品、季节品和其他存储成本高的产品,企业常常被迫降价促销以尽快出手。

6. 企业多样性

行业中不同企业的战略愿景、使命、目标、拥有的资源、所采用的战略及所依据的文化和价值观各不相同。企业的多样性越大,竞争的多变性和不确定性就越大。行业中常常总有一家或多家"独行侠",它们往往会采取非传统的战略和竞争行动,从而使得行业竞争的可预见性降低,竞争更加活跃。有时,有些企业为了试探竞争对手的反应而采取某些竞争行动;有时,一场波及全行业的惨烈竞争只是由于对某些企业战略意图的误解而引发。

7. 战略回报

某一战略的回报越高,企业就越可能采用这一战略;而其他企业采取回应行动的可能会越大,速度会更快。如果某一订单数量很大,而且机会少有,那么竞争者将会不惜代价拼命去争夺;相反,如果每单生意都不是很大,而且机会经常有,对手之间的竞争就会比较平和。当进入一个新的行业或新的地区市场对一个企业在战略上特别重要,该企业将会采取激烈的竞争手段。

8. 退出壁垒

有时,即使一个行业的盈利性很低甚至亏损,企业仍会继续留在该行业中相互竞争。这很可能是因为退出壁垒和退出成本很高,企业没有其他选择。由于竞争者数量不能减少,行业中的激烈竞争将会持续下去。常见的退出壁垒如下。

(1)专用资产(只在特定业务上具有价值的资产,如航空业中的飞机)。

(2)战略相关性(一项业务与其他业务的相互依赖性,如共享设施等)。

(3)情感障碍(如经理对职位变化的顾虑、对员工安置的担忧等)。

(4)政府与社会限制(如政府或公众出于对就业、地区经济发展和社会安定的关心而对企业关停进行的限制)。

(二)潜在进入者威胁

潜在进入者是有可能进入一个行业的企业,是企业潜在的竞争对手。新进入者会带来新的生产能力,瓜分现有企业的市场份额,减少市场集中度,从而加剧行业竞争,降低行业利润。

一般来说,潜在进入者进入某一行业的诱因是该行业或该行业中某些企业正在赚取高于正常水平的利润。如果没有任何阻碍,只要该行业存在超额利润,进入者就会继续增多,直到该行业的利润趋于正常水平。当然,进入总会产生进入成本。如果进入一个行业的成本高于可能获得的利润,进入就不会发生;如果进入成本低于进入收益,进入就会发生,直到由进入该行业所带来的利润低于进入成本。

潜在进入者威胁取决于进入成本,而进入成本又取决于进入壁垒的高低和行业中现有企业对新进入者的预期反应。进入壁垒是结构性的进入障碍,由行业结构特征所决定。现有企业的预期反应是战略性的,是现有企业针对进入所采取的行动和反应。

1. 进入壁垒

进入壁垒也称进入障碍,是指那些能起到阻止行业外企业进入的因素。常见的进入壁垒主要有以下几种。

(1)规模经济

规模经济是指某种产品的单位生产成本随着产量的增加而下降的现象。典型的规模经济曲线呈 U 形,如图 2-4 所示。单位生产成本最低点(X)所对应的产量水平叫做经济规模。低于最低点产量(X)所对应的是规模经济,高于最低点产量(X)所对应的是规模不经济。

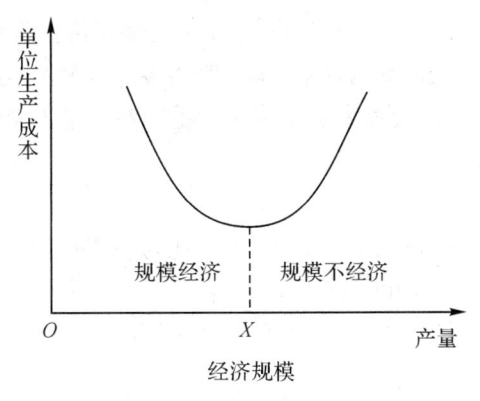

图 2-4　规模经济曲线

例如，某个国家的钢铁行业现有 4 家企业（每家企业只有一家工厂），经济规模为 500 万吨，行业总需求为 2300 万吨。目前，行业总需求（2300 万吨）高于总供给（4×500 万吨＝2000 万吨），供不应求，现有企业将赚取高于正常水平的利润。当然，这会刺激新的进入者的增加。

对于潜在进入者而言，有两种可能的选择。一是以 500 万吨的经济规模进入，不过，此时行业总供给将会提高到 2500 万吨（5×500 万吨＝2500 万吨）。如果行业总需求不相应增加，仍为 2300 万吨，将出现供过于求的情况，行业中所有企业（包括现有企业和新进入者）的利润都将下降到正常水平以下。二是以低于经济规模的水平（比如 200 万吨）进入，行业总需求仍高于总供给（2200 万吨），现有企业仍可盈利，但是，新进入者的生产成本将大大高于现有企业，极有可能亏损。面对这种不利的前景，潜在进入者将会选择不进入。

当然，潜在进入者至少有 3 种方法可以克服规模经济的制约：一是提高行业总需求；二是采用新的生产技术，降低经济规模（即将规模经济曲线向左移动）；三是使产品差异化，从而能够提高产品价格来抵消高成本。但 3 种方法都需要大量的投资，要承担很大的风险。第一种方法还很可能存在所谓的"搭便车"的问题。

(2) 产品差异

产品差异意味着顾客相信某些企业的产品是独特的。差异化的产品通常体现为特定的品牌。顾客往往忠诚于一定的现有品牌。这种品牌认同和顾客忠诚的建立是一个缓慢的、代价高昂的过程。同时，与产品差异相伴的转换成本往往也是难以克服的。为打破对现有企业的品牌认同和顾客忠诚，克服转换成本，新进入者必须花费大量的资金用于产品开发、广告。建立分销渠道，常常还需给予顾客一定的价格折扣或提供更高质量的产品和服务。即使这样，建立起自己的品牌认同和顾客忠诚也非一夕之功。新进入者在相当长的一段时期内，将不得不承受缓慢的收入增长、较高的成本和较低的利润，甚至亏损。

(3) 资源要求

成功进入某一市场所需的总资本投入额和其他资源条件越高，符合条件的进入者就越有限，最明显的资本要求体现在以下一些方面：制造工厂及设备、分销设施、为存货及用户信用提供资金的营运资本、为新产品建立客户群的支出（新产品推出的广告和促销费用）、为弥补业务起步时产生的亏损而设置的现金储备。其他资源壁垒还有：技术、专业技能和诀窍、研发要求、劳动力要求、客户服务要求。特别是，由于新进入者面临更多的不确定性，融资成本可能会大大高于现有企业。缺乏新行业中足够的人力资源、客户资源也会形成进入障碍。

(4) 与规模无关的成本优势

现有厂家可能拥有潜在进入者难以直接复制的成本优势。这些优势可能是：有利的原材料渠道、可以获得专利和专有技术、拥有学习及经验曲线效应所带来的利益、有利的地理位置、分销渠道完善、现有厂家的生产工厂和设备在几年前就以低成本建立、购买成本低等。

①有利的原材料渠道

优质原材料特别是优质自然资源总是有限的,先到者一般总是首先占据了这些优质资源。而且,如果在原材料渠道建立时,资源的全部价值还不为人所知,它们还能以低于其实际价值的价格得到这些资源。与现有企业相比,新进入者很少有可能以较低的价格获得有利的原材料渠道。当储量丰富、开采方便的陆地油田开采权已经被现有石油公司取得时,新成立的石油公司可能不得不在条件恶劣的大陆架上开采海上石油。显然,后者的代价要高昂得多。

②专利和专有技术

在许多行业中,必需的技术往往受到专利保护,或被现有企业严格保密,新进入者不能轻易得到,这为现有企业带来了重要的成本优势。新进入者无论是开发替代技术还是模仿专利技术,都可能是代价高昂的。一个受到专利技术保护行业的典型例子是医药行业。一种新药从研发到投产,至少需要数亿美元的投入和十多年的时间,一旦得到批准即能获得15年的专利保护。在专利保护期中,企业可以通过高昂的药价收回投资并赚取丰厚的利润。新进入者一般难以承受这样巨大的研发投资和漫长的等待,同时往往也缺乏相应的研发能力,只有望而却步。因此,从世界范围来看,多年来医药行业没有大的进入者,虽然医药行业的绩效水平位居前列。

③学习曲线效应

实践证明,单位生产成本随经验(可用累积产量来表征)的增加而下降,这就是所谓的学习曲线效应(见图2-5)。现有企业具有多年的生产经营经验,其成本将低于新进入者。新进入者可能需要花费很长的时间才能积累起高效运作所需的知识、技能和诀窍。在此期间,新进入者将承受高成本所带来的不利竞争地位的压力。

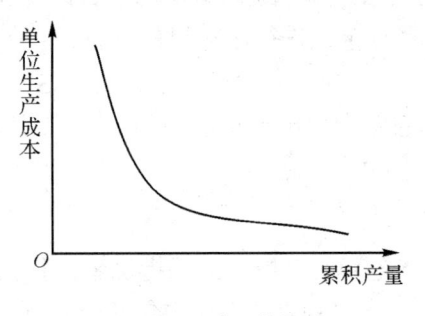

图 2-5 学习曲线

④有利的地理位置

地理位置对于企业运作的重要性是不言而喻的,特别是对于房地产和商业企业来说,更是如此。现有企业总是以较低的价格锁定了有利的地理位置。排名世界500强第一位的零售业巨头沃尔玛的成功很大程度要归功于其早期的选址策略。在大多数廉价连锁商场在大城市中拼得你死我活时,沃尔玛另辟蹊径,将商场首先开在偏远的中小城镇。这样,既避开了竞争,又得到了低廉的土地,降低了人工成本,从而奠定了下一步的发展基础。当后来者认识到这一点时,几乎所有的中小市场都已被沃尔玛布点完毕。当然,对于都市市场而言,沃尔玛则是后来者。这是沃尔玛进一步增长所面临的问题之一。

⑤分销渠道获完善

分销渠道的建立涉及与作为独立实体的分销商的复杂的商业与人际关系。有效的分销渠道需要花费很大的努力和相当长的时间才能建立起来。这种合作关系一旦建立,双方都存在一种相互依赖的关系和较高的转换成本。分销商往往不愿意与缺乏了解的生产商合作,销售尚未得到顾客认可的产品。新进入者在建立分销网络时,必须说服分销商给予它们新的货架空间和试销期。新进入者可能不得不花钱购买分销渠道的准入权,给予分销商价格折扣、广告支持和其他激励。这些都会提高新进入者的成本,降低其潜在利润。

(5)政府管制

政府往往对事关国计民生的行业(如金融、通信、能源、交通、医药)、公用事业(如广播、水电、公交)及对财政收入有重要意义的行业(如烟酒)实行严格的许可和准入制度。在国际贸易中,形形色色的关税和非关税壁垒是对进入该国市场的一种限制。有时,准官方机构和行业协会也能在限制进入上发挥作用。如注册会计师、执业医师、律师资格制度也是对欲进入这些行业者的一种限制。

2.现有企业的预期反应

新进入者会对现有企业的竞争地位和盈利水平造成损害,因此现有企业势必会对此做出反应。如果预期现有企业会容忍进入,或者只对进入进行消极抵抗,将会鼓励进入。如果预期现有企业很可能会迅速采取报复手段,如降价、加大广告力度、推出新产品、改善服务等,则潜在进入者将会慎重考虑,甚至决定不进入。

一般说来,现有企业总是会对潜在进入者发出警告以阻止其进入。但是,这种威胁并不总是可信的。只有当现有企业进行了充足的准备,这种威胁才可能是有效的。比如,当现有企业故意保持了一定的过剩生产能力,而且,这些过剩生产能力具有很强的专用性,也就是说,这些产能除了用作与进入者交战外别无其他用途,那么,进入者肯定会遭受到猛烈的反击。

(三)供应商议价能力

供应商是一个企业生产经营所需投入品的提供者。狭义的供应商是指原材料、零部件和转售商品的供应企业,广义的供应商还应包括资金、劳动、技术等要素的提供者。供应商与生产商之间的关系从根本上来讲是一种买卖关系(有时可演变成合作关系),双方总是力图通过谈判和讨价还价取得对自己有利的交易条件。如生产企业总是想得到低价格、高质量、快交货、迟付款、零库存的供应品,供应商的想法则正好相反。谁能得到优惠的交易条件取决于双方讨价还价的能力。供应商的力量是指投入要素的供应者通过谈判从客户手中榨取利润的能力。供应商议价能力越强,对生产企业的威胁就越大。供应商力量的强弱取决于供应商所在行业的市场条件和所提供产品的重要性。如果供应品市场是完全竞争市场,供应商的力量就很弱;反之,供应商的力量就会增强。供应商议价能力与以下条件有关。

1. 供应商数量

如果供应商所在行业被少数企业所支配,这些企业便会借助其高度垄断地位,通过收取高价、降低质量等方式榨取客户大量利润。如计算机芯片行业一直被英特尔公司垄断,即使后来出现了一两家竞争者,与英特尔相比,其实力也相差甚远。此时,英特尔就能依靠高价销售、快速推出换代产品等手段从计算机生产商和用户手中赚取大量利润。计算机生产商别无选择,只能被动承受。相反,如果一个企业拥有从众多供应商中进行选择的余地,供应商威胁企业利润的力量就较弱。

2. 产品差异化

供应品是高度差异化的产品,甚至是独一无二的,企业很难找到其他的供应来源,或者转换成本很高,那么企业对供应商的依赖性就很大,供应商威胁就高。如果从供应商处购买零部件比自己制造便宜而且质量高,供应商的议价能力也会增强。

3. 替代品情况

现有供应品缺乏有效的替代品,则供应商的威胁较大。比如,生物芯片等技术远未达到商业化程度,所以"传统"硅芯片优势地位目前尚难以动摇。不过,网络 PC 的发展趋势正在对英特尔等芯片制造商形成压力。如果英特尔不能正确应对,更多的网络芯片供应商就会趁虚而入,其垄断地位将会受到威胁。当然,这对于 PC 生产商来说则是一个好消息。

4. 前向一体化可能

比如,英特尔如果不满足于仅作为芯片供应商而进行 PC 生产,它对现有客户的依赖性将会下降,对现有企业讨价还价的能力就会更强。当然,供应商前向一体化进入一个新行业时会面对进入障碍。如果预料供应商缺乏足够的资源和能力克服这些进入障碍,那么供应商进行前向一体化的可能性就比较小。

5. 企业对供应商的重要程度

如果企业不是供应商的重要客户,它对供应商的议价能力就比较弱。例如,顾客在家装时总喜欢自行采购建材,但是建材商并不在乎失去一位这样的顾客,顾客就难以得到真正的优惠。如果建材商面对的是一家有长期业务往来的大型装饰公司,就会以更多的让利来维护重要客户。

(四)购买者议价能力

生产商与顾客之间的关系同生产商与供应商之间的关系本质上是相同的。只不过在这里,买卖关系颠倒了,生产商成为其产品购买者的供应商。一般而言,具有以下特征的行业购买者议价能力比较强。

1. 购买者数量

如果一个企业产品的购买者数量少,但客户每次购买的数量多,则购买者的议价能力很强。比如,生产汽车零配件的厂家众多,而整车生产厂的数量要少得多,配件厂往往不得不屈从于整车厂所提出的苛刻条件。又如大型连锁零售商会进行批量采购,国美电器甚至对某些型号的家电产品实行买断销售,它们总是能够得到很大的价格优惠。有时,最终用户的议价能力不强,但是中间商的议价能力却很强,这是值得注意的一个趋势。

2. 产品差异化

如果企业所出售的产品是无差异的或标准化的,那么购买者有很大的空间选择替代来源。同时,购买者改变供应商的转换成本也很低,这样,购买者的威胁就很大。

3. 采购成本

有时,购买者所购买的产品是用于生产自己的产品,如果它们所采购的该供应品占其生产产品成本的比重很高,那么购买者势必对它进行重点管理,严密控制其价格和质量。在易拉罐饮料的生产成本中,罐体的成本要占到一半以上。因此,饮料生产厂家为降低成本,必然会对制罐厂提出更苛刻的要求。

4. 利润空间

当购买者的利润很低,甚至处于亏损状况时,它们对成本控制会非常敏感,将要求供应商所出售的供应品价格更低、质量更高、付款条件更优惠,以从供应商手中获取一部分利润。

5. 后向一体化可能

当购买者具有后向一体化的动机和能力时,会限制企业的议价能力。例如,汽车整车厂如果觉得配套的发动机生产商所提出的条件是不可接受的,很可能会威胁进行后向一体化,投资自行生产发动机。一旦实现投资,就会对发动机生产商构成实质的威胁。

在实际应用时,应当超越对购买者议价力量强弱的分析。对购买者的分析本质上是对市场的分析,包括对市场总体状况和顾客需求状况的分析。市场总体分析涉及市场容量、市场结构、市场增长率等因素。顾客需求分析则应考虑顾客类型、需求偏好、购买渠道、购买决策模式等方面。广义的购买者分析更有助于把握市场中威胁和机会具体何在。

(五)替代品威胁

替代品是可以与该行业的产品一样满足消费者相同需求的其他行业的产品。例如,我国铁路运输业虽然近乎独家经营,但仍要面对公路运输、航空业的竞争;电视、报纸、网络等各类媒体渠道也相互展开竞争。来自替代品的竞争压力的强度取决于3个方面的因素。

1. 价格吸引力

容易获得并且价格上有吸引力的替代品往往会产生竞争压力,替代品会给行业中的企业定出一个最高限价,超过这一限价,就会冒着已有顾客转向替代品的风险。

2. 性能满意程度

替代品的易得性会不可避免地刺激顾客去比较彼此的质量、性能和价格。例如,人们在购买热水器时,往往会对电热水器、太阳能热水器和燃气热水器进行全面的比较。

3. 转换成本

最常见的转换成本有:可能的额外价格、可能的设备成本、测试替代品质量和可靠性的时间和成本、建立新供应关系的成本、转换时获得技术帮助的成本、职员培训的成本。如果转换成本不高,那么替代品的生产商说服购买者转向它们的产品就容易得多。

因此,一般来说,替代品的价格越低、替代品的质量和性能越高、用户的转换成本越低,替代品所带来的竞争压力就越大。测评替代产品竞争优势的指标有销售额及利润的增长速度、所渗透进入的市场及其产品生产能力的扩大计划等。

一般而言,新的替代品的出现往往是以新技术的发展为基础的,它们代表着新的技术。如果一种新产品在许多主要方面明显优于现有产品,现有产品就会被替代。因此,我们应审慎地评估新技术的发展趋势。即使有些替代品在现在看来无关紧要,但在不久的将来,这些替代品有可能对现有企业及其产品带来很大的威胁。

第四节 行业环境分析:战略集团

五力模型所做的分析主要是对行业进行整体的分析。要想深入地研究行业环境,还要对行业内的竞争者做进一步的分析。最后,总结出行业成功的关键因素。

一个行业中的企业在很多方面是不相同的。在大多数行业中都可以观察到不同的战略集团。所谓战略集团,是指行业内执行同样或类似战略,并具有类似战略特性的一组企业。

一、战略集团的划分

(一)划分战略集团的特性

对于战略集团的划分,波特做了细致的研究,认为可以考虑以下特性的组合来划分战略集团。

(1)产品(服务)的差异化程度。

(2)各地区交叉的程度。

(3)细分市场的数目。

(4)所使用的分销渠道。

(5)品牌的数量。

(6)营销的力度(如广告覆盖面、销售人员的数目等)。

(7)纵向一体化的程度。

(8)产品的服务质量。

(9)技术领先程度(是技术领先者不是技术追随者)。

(10)研究开发能力(生产过程或产品的革新程度)。

(11)成本定位(为降低成本所做的投资大小等)。
(12)能力的利用率。
(13)价格水平。
(14)装备水平。
(15)所有者结构。
(16)与政府、金融界等外部利益相关者的关系。
(17)组织的规模。

(二)绘制战略集团坐标图

为了清楚地识别不同的战略集团,通常在上述特性中选择两项有代表性的特性,绘制两维的战略集团坐标图。一般过程如下。
(1)辨析行业中将各个厂商区别开来的特性或因素。
(2)按上述选定的两个特性把行业内的厂商列在坐标图上。
(3)把大致落在相同战略空间内的厂商归为同一个战略集团。
(4)给每一个战略集团画一个圆,使其半径与各个战略集团所占整个行业销售收入的份额成正比。

这样可以得到一个双变量的战略集团图。例如,可以选择"营销力度"和"地区覆盖"两项特性,得到如图2-6所示的战略集团分析图。

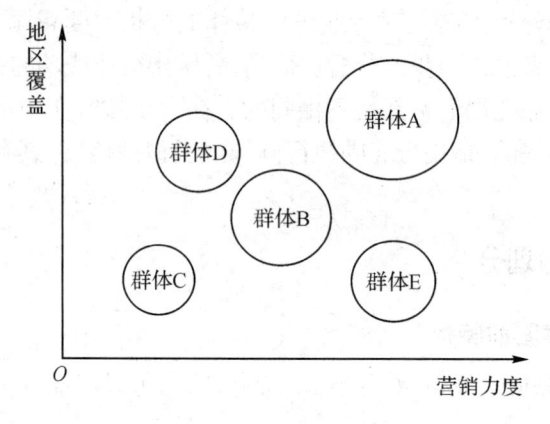

图 2-6　战略集团分析示意

作图时有几点需要注意。第一,被选定的两个变量不能具有强相关性;第二,被选定的变量应该能体现各企业之间所定位的竞争目的之间较大的差异;第三,如果比较合适的竞争变量大于两个,那么可以多绘制几张图,从不同角度来反映行业中的竞争地位的相互关系。

二、战略集团分析可以给出的战略信息

战略集团的概念对行业分析有几个方面的意义,并且可以帮助企业确定环境的机会和威胁。一般来说,在战略集团图上,战略集团之间相距越近,成员之间的竞争越激烈。同一战略集团中的厂商是最直接的竞争对手,其次是相距最近的两个集团中的成

员厂商。通常,在图上相距很远的两个企业几乎没有多少竞争。

对每一种竞争力量来说,不同的战略集团处境不同,即各个战略集团之间往往存在利润上的差异。因为各个战略集团内部的竞争程度不同,各个群体所服务的主要客户群的增长率也不一样。驱动因素和竞争力量对各个群体并不相同。

如果企业发现另一个战略集团的竞争形势更有利,那么就存在着向那个群体转移的可能。但是,这种机会不可能不付出成本,主要的原因是在群体之间转移存在转移壁垒。转移壁垒是限制企业在一个行业内不同的群体之间转移的因素。这些因素包括进入一个群体的进入障碍和从目前经营的群体退出时的退出障碍。例如,在一些国家的制药行业中,生产普通药的群体的利润率较低,而大规模研究和开发新药的群体的利润率较高。但是,基础医药研究的成本很高、风险较大,进入很不容易。转移壁垒也可用于评估一个特定群体的企业受到其他群体企业进入威胁程度的大小。如果转移壁垒较低,其他群体企业的进入威胁就大,这在很大程度上限制了企业的价格和利润;如果进入壁垒高,进入威胁就小,在这个受保护的群体中的企业就有机会提高价格,获得更多的利润。

第五节 竞争者和竞争动态

一、竞争者分析

主要竞争对手是指那些对企业现有市场地位构成直接威胁或对企业目标市场地位构成主要挑战的竞争者。如果一个企业不去监测其主要竞争对手的各种行动,不去理解它们的战略,不去预测它们下一步最可能采取的行动,它就不可能战胜竞争对手。从这一点上说,力求更加深刻地理解竞争对手甚至比了解企业自身更加重要。

(一)识别主要竞争对手

现在,谁是主要的竞争对手,这一点通常很明显。但是,在今后一段时间内,情况可能会有变化。有些企业可能会失去锐气,有些新的竞争者可能会加入进来,有些企业可能会快速成长。所以,要注意下列潜在的竞争对手:可以轻易克服进入壁垒的企业;进入本行业后可产生明显协同效应的企业;其战略的延伸决定其必将进入本行业的企业;可能通过一体化进入行业的客户或供应商;可能通过并购而快速成长的企业等。

对于主要竞争对手,要进行有效的信息收集和分析活动。企业进行战略决策所需要的信息中,有95%都可以从公开渠道得到。一些竞争信息的来源包括行业杂志、招聘广告、报纸、政府文件、行业资料、用户、供应商、分销商和竞争者本身。

(二)主要竞争对手分析内容

对主要竞争对手的分析包括4个方面:主要竞争者的目标、战略假设、现行战略、资源和能力,如图2-7所示。

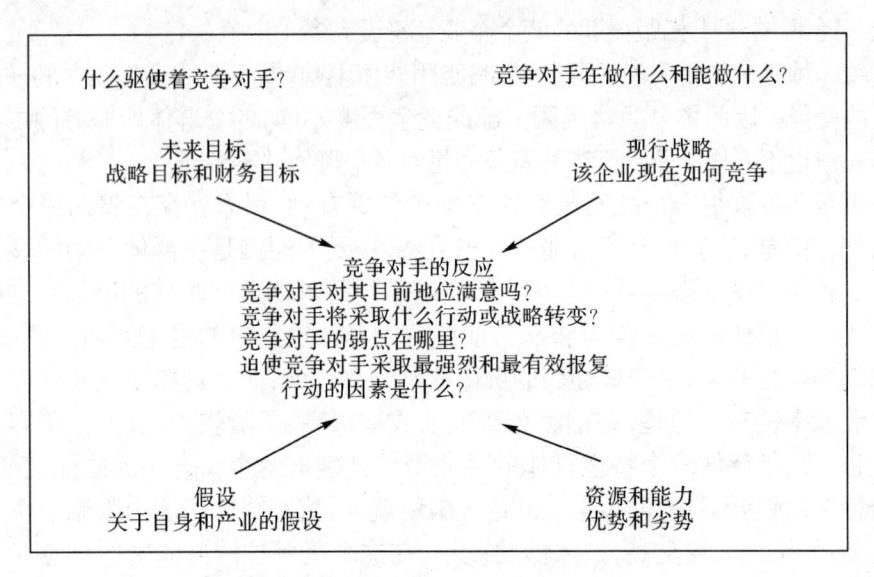

```
         什么驱使着竞争对手?              竞争对手在做什么和能做什么?

         未来目标                         现行战略
         战略目标和财务目标                该企业现在如何竞争

                         竞争对手的反应
                     竞争对手对其目前地位满意吗?
                     竞争对手将采取什么行动或战略转变?
                     竞争对手的弱点在哪里?
                     迫使竞争对手采取最强烈和最有效报复
                         行动的因素是什么?

         假设                              资源和能力
         关于自身和产业的假设                优势和劣势
```

图 2-7　主要竞争对手分析的内容

大部分企业至少对于他们对手的现行战略、优势和劣势有一定的直观感觉,即能够大致了解竞争对手在做什么和能够做什么。而对图2-7左边的关注要少得多,他们对竞争对手的未来目标和战略假设知之甚少,因为对这两个因素的观察要比对竞争对手的实际行为的观察难得多,但这却是确定竞争对手将来行动的主要因素。

1. 主要竞争者目标分析

了解竞争者的目标就可以了解每位竞争对手对其目前的地位和财务状况是否满意,推断出竞争者的战略发展方向和可能采取的行动,从而在战略管理一开始就能针对主要竞争者可能采取的行动设计应对方案。对竞争对手目标的了解也有助于预测它们对战略变化的反应,从而帮助企业避免那些会招致引发激烈竞争的战略行动。竞争对手的公开战略目标可以通过各种公开资料获得,如上市公司的公告。即使是通过不公开的途径来获得,也不太困难。因为,战略目标总是要让很多人知晓。困难的是,竞争者不愿公开的目标,以及各种目标的权重。以下信息有助于弄清竞争者的目标体系:竞争对手的价值观或信念、对待风险的态度、组织结构、控制和激励系统、领导层的构成、该业务单位在母公司中的地位、母公司的业务组合等。

2. 主要竞争者的假设分析

竞争者的目标是建立在其对环境和对自己的认识之上的,这些认识就是竞争者的假设。竞争者的战略假设有两类:第一类是竞争者对自己的力量、市场地位、发展前景等方面的假设,称为竞争者自我假设。第二类是竞争者对自己所在行业及行业内其他企业的假设,包括竞争者对产业构成、产业竞争强度和主要产业威胁、产业发展前景、产业潜在获利能力等方面的认识和判断。

竞争者的战略假设主要与下列因素有关:企业的历史和文化、最高管理者的职业经历和背景、在市场上成功或失败的经验、行业中的传统思路等。对假设的分析不是一件容易的事,但是仍旧可以从竞争对手的公开宣传、领导层和销售队伍的言论、价值观念、过去的战略行动和现行战略等信息中体察到这些假设。

应分析竞争对手的战略假设是否正确,其错误的或过时的假设常常会帮助企业找到战略契机。例如,竞争对手相信它的产品拥有极高的顾客忠诚度,而事实并非如此,此时刺激性降价就是抢占市场的好办法。这个竞争对手很可能拒绝进行相应的降价,因为它相信该行动不会影响它的市场占有率,只有在发现已丢失一大片市场时,它才会认识到其假设是错误的。了解竞争对手的战略假设,不但可以理解竞争对手当前的战略,进而推断它可能采取的战略行动,还可以了解它的认识方式,针对其特定的认识方式选择自己针对它的竞争方式。

3. 竞争对手现行战略分析

对竞争者现行战略进行分析的重点在于,通过竞争者的产品和市场行为推断其现行战略、预计目前战略的实施效果、分析竞争者现行战略对本企业的影响。分析该企业当前的业绩、分析它继续实施当前战略的前景及竞争者改变目前战略的可能性。对当前业绩及前景持满意态度的企业可能会继续实施现行战略,当然,也可能做一些调整,这与它的目标和假设有关。但是,业绩很差的竞争对手一般会推出新的战略行动。

4. 竞争对手的资源和能力

最后,要对竞争对手的资源和能力做实事求是的评估,把握它的优势和劣势。竞争对手的目标、假设和现行战略会影响它反击的可能性、时间、性质和强度。而它的优势和劣势将决定它发起战略行动的能力及处理所处环境中突发事件的能力。

(三)预测主要竞争对手的下一步行动

在对以上4个方面因素进行分析的基础上,应对各个竞争对手可能发动的战略行动和防御能力做出判断。

1. 预测竞争对手的下一步行动

(1)对现行地位和业绩的满足。将竞争者的目标与其现行地位和业绩相比较,谁可能想要实行战略性转变?

(2)可能采取的行动。根据竞争者的目标、假设、资源和能力,它最有可能做出什么样的战略变化?

(3)行动的强度和严肃性。对某个竞争者的目标、资源和能力进行的分析,能够被用来评估这类可能采取的行动的预期强度。

2. 分析竞争对手的防御能力

(1)易受攻击性。竞争者最易受到攻击的是哪些战略行动和哪些事件?什么事件具有不对称的获利后果,即对某个竞争者的利润影响比对发起行动的企业的利润的影响是大还是小?哪些行动可能需要较大的代价去报复或仿效,以至于使该竞争者无法冒险去采取这类行动?

(2)什么行动或事件将会挑起竞争者们之间的报复?

(3)报复的有效性。报复会不会迅速进行?报复可能以什么形式展开?采取何种行动能使竞争者的报复的有效性下降?

二、竞争动态

当今企业所面临的竞争环境与以前相比已发生了巨大的变化,技术进步、经济全球化和竞争多样化等是主要的影响因素。第一,技术进步。新技术的出现和技术的革新,特别是通信技术、信息技术的广泛应用使企业对跨市场的经营管理变得更为有效,同时也使企业对外部竞争环境的反应更敏捷,决策更迅速。第二,经济全球化。在网络技术和信息技术的支持下,各国为更好地发展本国经济,纷纷打开国门,走向世界,随着国与国之间签订的双边自由贸易合约的增多(例如1993年签订的北美洲自由贸易合约),跨国经济的发展也越来越快,各国市场之间的联系越来越紧密,使得企业不仅要受到国内市场竞争的压力,还会受到国际市场的压力。第三,竞争多样化。企业竞争已经不像原来那样,仅仅局限于单个企业之间,以单一的形式开展,而是形成战略联盟或者是战略集团,企业间的兼并重组也十分常见。由于目前国内的许多企业在竞争实力和经营规模上与国外著名的大公司仍有着巨大的差距,为了能缩短提升国内企业竞争能力的时间,许多企业谋求与国内大公司或国外公司的整合与合作。此外,战略联盟或战略集团在与对手竞争时,不仅要考虑来自市场方面的外部竞争,还必须考虑来自战略联盟或战略集团内部成员的竞争压力。总而言之,企业间竞争变得更为复杂,而且难以预测。普拉哈拉德提出把市场看作是企业竞争的战场,认为在新的竞争环境下,企业应当采用新的战略思维。

(一)动态竞争

迈克尔·希特充分分析了企业所面临的新时代竞争环境的特点,提出了动态竞争的概念,并用动态竞争来描述在新环境下企业的竞争行为,他指出动态竞争就是企业为应对竞争环境和追求市场优势而做出的竞争性行为,它表示企业的战略和战略实施在本质上都是动态的。动态竞争是由行业中某企业的行动和其竞争对手的反应行动引起的,即一个企业的竞争行为会引起其竞争对手的反应行为;同样的,竞争对手的反应行为又会再次引起先动企业的一系列反应。企业之间的这种竞争是一个动态的过程。

动态竞争有两个显著的特点:对抗性(rivalry)和动态性(dynamics)。其中对抗性体现了竞争企业之间的互动关系和博弈过程;而动态性则体现了竞争随时间和环境的变化而变化的过程。

1. 对抗性

对抗性是指企业针对其竞争对手的市场行为,采取针锋相对的战略,目的是节制竞争对手的发展,体现的是竞争者之间的不相容性,而非人们常说的"双赢"。对抗性是由不对称竞争引起的,归根到底是由于企业在资源、能力和核心竞争力,以及企业所面临的机会、威胁和所处的环境等方面的差异所引起。企业的战略设计,特别是企业的业务层战略设计,应该充分利用竞争者之间的这种不对称关系。随着市场的完善和行业的发展,企业对抗会日趋激烈,企业对抗的强度,不仅受到竞争者数量的影响,还受市场结构和竞争者所采用的战略影响。

2. 动态性

动态性强调了企业之间的竞争是一个动态的、变化的过程,这与竞争环境的多变和难以预测是相适应的,它包含有3层意思:第一,时间概念上的动态性。在动态竞争中,先动企业根据市场环境选择某一种竞争行为,从而引发了其竞争对手的后续反应行为;反过来,竞争对手的反应行为又会引起先动者的反应行为,这个过程一直会持续,直到企业间的动态竞争结束。第二,空间概念上的动态性。如果企业与竞争对手在某一局部市场上展开了竞争,这种竞争态势会自然地蔓延到企业的其他区域市场;另外,若是企业在某一区域市场上遭遇了竞争对手的竞争,那么,企业可能选择其他的区域市场与竞争对手展开竞争。这些都体现了竞争在空间上的动态性。第三,竞争形式上的动态性。在动态竞争中,后动者总是可以根据先动者的竞争行为,结合市场竞争环境,修正其对先动企业竞争行为的预期,然后再选择更有针对性的对自己更有利的竞争形式。从这个意义上讲,企业和竞争对手的竞争形式都会随着对方的市场竞争行为的改变而改变。

案例 2-2　腾讯、阿里巴巴平台生态圈建设

在两家企业成立之初,深圳市腾讯计算机系统有限公司(以下简称腾讯)定位于发展无线网络寻呼系统,阿里巴巴集团控股有限公司(以下简称阿里巴巴)定位于为小微企业提供一站式电子商务平台。虽然两家企业最初的战略发展定位不同,但随着二者进行自身平台生态圈的全面建设,彼此间的市场共同性不断提高,相互之间的竞争互动行为也愈加频繁。

例如,在文化娱乐领域,腾讯于2011年入股华谊兄弟,阿里巴巴于2015年入股光线传媒。随后,腾讯成立腾讯影业,阿里巴巴也在不到1年的时间内,先后投资韩国娱乐公司SM并成立阿里巴巴大文娱板块。再如,在支付领域,当阿里巴巴成立支付宝公司,并获得第三方支付牌照后,腾讯也积极投身微信支付的建设,并与中信银行等联合推出微信信用卡。二者在各自平台生态圈的建设过程中产生了各个领域你来我往的激烈竞争。

经过多个回合的动态竞争,两家企业的生态圈范围都迅速扩张。腾讯的业务范围不再局限于传统的社交和娱乐,而是遍地开花,涉及企业服务、电商、汽车交通、金融、物流,以及教育等领域。阿里巴巴经过精心的战略布局后,投资版图迅速扩大,从企业服务到医疗健康,从房地产金融到日常生活。阿里巴巴战略投资部曾给出这样的观点:"要把正确的资产放在正确的位置上,战略投资和并购是赢得棋局的一部分,为阿里巴巴建立长期的战略价值。"

2008—2018年,腾讯投资了700多家公司。其中,有63家公司已经上市,122家公司的市值超过10亿美元。此外,其持股超过5%的公司的总市值已超过5000亿美元。截至2018年9月18日,阿里巴巴的战略投资价值为800亿美元,其中包括蚂蚁金服、新浪微博、高鑫零售等。

(资料来源:整理自界面网相关资料,https://www.jiemian.com/article/1872685.html。)

(二)动态竞争的根源

企业之间之所以会存在动态竞争,是因为企业面临着来自市场的压力或者是它们发现了提升自己市场地位的机会。但追根溯源,市场同一性和资源相似性是动态竞争产生的两个根本性原因。

1. 市场同一性

市场同一性体现了两个企业市场相似的程度。其实,许多企业都是在相同的多个市场上进行着竞争,例如,航空公司、水泥生产企业、化工厂等,而且有很多的啤酒企业就是在相同的区域市场内进行竞争,抢夺对方的市场。市场的同一性为多点竞争提供了机会。这里多点竞争是指企业在几种产品或几个市场上同时与竞争对手展开竞争。研究表明,市场同一性和跨市场竞争都是偶然出现的。但在跨市场竞争出现之后,它便成了企业的一种竞争战略选择。这种有意识地跨市场竞争可以促进企业减少生产线和避免进入某些特定市场,从而减小竞争的对抗程度。

在跨市场竞争中,企业的竞争行为大致有3种:第一,冲击。是指直接进攻某一特定市场,迫使竞争对手撤退。第二,佯攻。企业刻意地进攻一个对其自身不重要,但对于竞争对手却很重要的市场,其目的是使竞争对手将更多的资源转移到那块市场上去,以减小竞争对手在其他市场上对其构成的威胁。第三,弃车保帅。企业经过精心设计,主动放弃其市场中无足轻重的一块市场,以转移竞争对手的注意力,从而使企业在其他重点市场上更具竞争力。

2. 资源相似性

资源相似性体现的是两个企业资源一致的程度。它对企业的竞争动机有着重要的影响。事实上,企业之间的资源越不平衡,它们对彼此竞争行为的反应就会越迟钝,市场竞争的对抗性就越小。由于企业资源的社会复杂性和因果模糊性,所以竞争企业的战略资源是很难界定的,而且即使是对企业自身的资源(包括企业的能力和核心竞争力)也很难进行准确地识别。这些都使竞争企业对竞争行为的反应迟钝。例如,可口可乐公司和百事可乐公司,它们就使瓶装软饮料行业中的其他规模较小且资源又不丰富的小企业难以与之形成有效的竞争。

由于行业中的激烈竞争,许多公司都没有足够的资源参与其中,这种情况迫使许多公司之间相互形成联盟,参与市场竞争。因而战略联盟形成的一个重要原因就是联盟成员可以相互分享其资源,这将在第七章中详述。

(三)竞争对手反应预测

企业就竞争行动做出反应的意识和动机在很大程度上取决于对竞争对手市场同一性、资源相似性的分析。如果进攻企业确信能在竞争中获取胜利,那么对它而言在竞争实践中成为先动者将是极具诱惑力的,竞争行动是企业为在市场中谋取竞争优势而精心设计的。竞争行动的内容有复杂与简单之分,其发挥的作用也截然不同。一些竞争行动涉及的内容广泛,作用巨大;而另一些则内容单一,仅作为辅助实施的战略。

在相互竞争中,先动者往往能获得超出平均水平的回报,并且,若先动者具有充足的时间,还可防止反攻击。总之,成为先动者是极具吸引力的。它所采取的每一项竞争行动策略的顺序和反应将影响产业的动态竞争机会和利益。因此,就竞争者而言,最重要的就是明确其在相互竞争中充当何种角色:是先动者、次动者还是后动者。

1. 先动者

先动者是最先实施竞争行动策略的企业。通常情况下,先动者将资金分配在产品创新与开发、广告竞争、深层次的研发等方面。首先采取竞争行动的企业往往会具备许多竞争优势,一旦企业的竞争行动策略获得成功,先动者就会获得超出平均水平的回报,除非其他竞争对手能及时且有效地反应。另外,先动者有机会赢得顾客忠诚,正因为如此,即使其他竞争对手做出同样的反应也很难赢得顾客的忠诚。不过,随着时间的推移,先动者所采取的竞争行动会被其他竞争对手模仿,因而其所具备的领先竞争优势就会逐渐消失。

除此之外,先动者的竞争优势及其持续性会随着竞争行动和产业特点的差异而有所不同。先动者的竞争行动被模仿的难易程度影响着竞争优势的变化,若竞争行动耗费的成本大且难以模仿,成为先动者的企业就会赢得更持久的利益。

尽管先动者具有许多竞争优势,但是先动者所承担的风险是非常高的,因为预测先于竞争对手的竞争行动策略的成功率并不高,通常先动者付出高昂的研发成本,而次动者可以通过反顺序工序(即拆开新产品,再组装它从而学习产品的工作方式)来削减研发成本。另一个劣势就是企业竞争的许多市场是动态的且不确定的,换句话说,市场竞争的深度与广度增强了潜在的风险。就一个高度不确定的市场而言,成为次动者或后动者或许是一种更好的选择。

2. 次动者

次动者是对先动者竞争行动做出反应的企业,这种反应往往是通过模仿来体现的,一旦次动者快速地对先动者竞争行动做出反应,它就可能赢得先动者的某些竞争优势而不用经历先动者的竞争劣势。例如,次动者可以获得先动者的部分回报和一些初始顾客的忠诚,而不用遭遇先动者所面临的某些风险,次动企业可以在先动企业成功获取部分顾客之后再采取行动。但要成为一个成功的次动者,企业就必须分析它们面临的市场,确认关键的战略问题。企业有许多不同的渠道获取市场信息,同时也有多种能力分析企业获取的信息。这些差异是一些企业能比其他企业更快地适应市场创新的关键之处。

由于次动者有机会借鉴分析先动者的行动,可以直接研究革新成果,因而次动者可以更好地满足消费者的需求。另外,通过观察先动者所经历的一些情况,次动者可以制定出更符合现实、更具可操作性的战略。而且更为重要的是,次动者由于没有直接参与先期的研发工作,大大规避了新产品(服务)开发的风险,降低了新产品(服务)的开发成本。同时次动者有充足的时间对新产品(服务)进行改进和完善,消除新产品(服务)潜在的缺陷,因此次动者提供的产品(服务)会更完美,更具竞争力。

次动者的劣势在于,有时候,次动企业不可能对先动企业的行动做出快捷反应,例如,先动者开发的新产品技术非常复杂,而所有其他竞争者都未做过这方面的研究,并且次动者在市场地位方面也有风险。

3. 后动者

后动者是在先动者的行动和次动者的反应都完成了相当长的一段时间之后,再对市场竞争行为做出反应的企业。一般说来,后动者都是行业中表现较差的企业或者是竞争力较弱的企业,当然也有大企业是后动者的,这需要与企业的长远战略结合起来考虑。

第六节 关键成功因素分析

一、关键成功因素定义

在同一个行业中,或同一行业生命周期的不同发展阶段,在竞争中胜出的企业往往有着共同的优势特征。我们把企业在特定行业或特定时期内获得竞争优势和骄人业绩所必须集中精力实现的一些因素称为关键成功因素(key success factor, KSF)。这些特定因素一般为6~8个。寻找关键成功因素是为了集中企业的资源,并将资源投入到这些因素中去,以便形成竞争优势。

回答以下3个问题有助于确认行业的关键成功因素:①顾客在各个竞争品牌之间进行选择的基础是什么?②行业中的一个卖方厂商要取得竞争成功必须有些什么样的资源和竞争能力?③行业中的一个卖方厂商获得持久的竞争优势必须采取什么样的措施?

二、常见的关键成功因素

在不同的产业中,企业的关键成功因素各不相同。例如,在石油、矿山等资源采掘产业中,资源的保有储量是企业获得持续竞争优势的关键因素;而在计算机网络设计与软件开发行业,稳定的、高素质的技术人才队伍是企业竞争制胜的关键因素。例如,在啤酒行业,其关键成功因素主要有酿酒能力卓越(以使制造成本保持在较低的水平上)、批发分销网络强大(以尽可能多地进入零售渠道)、广告上乘(以形成忠诚的顾客群)、成本制造效率低(以便定出吸引人的价格和获得很高的利润率)等。下面列出了部分最常见的关键成功因素。

(一)与技术相关的关键成功因素

(1)科学研究技能(在制药、空间探测及一些高科技行业尤为重要)。
(2)在产品生产工艺和生产过程方面进行有创造性的改进的技术能力。
(3)产品革新能力。
(4)在既定技术上的专有技能。
(5)运用互联网发布信息、承接订单、送货或提供服务的能力。

(二)与制造相关的关键成功因素

(1)低成本生产效率(获得规模经济,取得经验曲线效应)。

(2)固定资产很高的利用率(在资本密集型和高固定成本的行业中尤为重要)。

(3)低成本的生产工厂定位。

(4)能够获得足够的娴熟劳动力。

(5)劳动生产率很高(对于劳动力成本很高的商品来说尤其重要)。

(6)低成本的产品设计和产品工艺(降低制造成本)。

(7)能够灵活地生产一系列的类型和规格的产品满足顾客的订单。

(三)与分销相关的关键成功因素

(1)强大的批发分销商和特约经销商网络(或者拥有通过互联网建立起来的电子化的分销能力)。

(2)能够在零售商的货架上获得充足的空间。

(3)公司拥有自己的分销渠道和网点。

(4)分销成本低。

(5)送货速度快。

(四)与市场营销相关的关键成功因素

(1)快速准确的技术支持。

(2)礼貌的客户服务。

(3)顾客订单的准确满足(订单返回很少或者没有出现错误)。

(4)产品线和可供选择的产品很宽。

(5)卓越的商品推销技巧。

(6)有吸引力的款式和包装。

(7)顾客保修和保险(对于邮购零售、大批量购买及新推出的产品来说尤为重要)。

(8)精准的广告。

(五)与技能相关的关键成功因素

(1)劳动力拥有卓越的才能(对于专业型的服务,如会计、咨询、投资银行,这一点尤其重要)。

(2)质量控制诀窍。

(3)设计方面的专有技能(在时装行业尤为重要,对于低成本制造也是一个KSF)。

(4)在某一项具体的技术上的专有技能。

(5)能够开发出创造性的产品和取得创造性的产品改进。

(6)能够使最近构想出来的产品快速地经过研究与开发阶段到达市场上。

(7)组织能力强。

(8)优越的信息系统(对于航空旅游业、汽车出租业、信用卡行业和旅店业来说很重要)。

(9)能够快速地对变化的市场环境做出反应(简捷的决策过程,将新产品推向市场的时间很短)。

(10)能够娴熟地运用互联网和电子商务等新技术和商业模式来开拓市场。

(11)拥有比较多的经验和诀窍。

(六)其他类型的关键成功因素

(1)在购买者中拥有较好的公司形象和声誉。

(2)总成本很低。

(3)适当的选址(对于很多的零售业务较为重要)。

(4)公司的职员在所有与顾客打交道的时候都非常礼貌、态度和蔼可亲。

(5)能够获得财务资本(对那些最新出现的有着高商业风险的新兴行业和资本密集型行业来说是很重要的)。

(6)专利保护。

关键成功因素应当被赋予较高的优先性。企业如果能够深刻地洞察行业的关键成功因素,就可以通过将企业的战略建立在行业的关键成功因素之上,然后竭尽全力在这些因素的一个或多个方面比竞争对手做得更好,以获取持久的竞争优势。一个健全的战略应该使企业能够实现:在所有的行业关键成功因素上具备一定的能力,并且在至少一个行业关键成功因素上拥有卓越的能力。

关键成功因素随着行业的不同而不同,甚至在相同的行业中,也会因行业驱动因素和竞争环境的变化而变化。对于某个特定的行业来说,在一个特定的时期,极少有超过三四个关键成功因素。甚至在这三四个关键成功因素中,也只有一两个占据较重要的地位。因此,公司管理者不应当将不够重要的因素列为关键成功因素,这样会干扰管理层,削弱管理层对真正关键因素的注意力。

▶ 本章小结

外部环境分析是SWOT分析的重要组成部分,目的是明确外部环境中存在的威胁和机会。外部环境主要包括一般环境和行业环境。一般环境是对所有的行业和企业产生影响的环境因素,除自然环境外,可细分为政治、经济、社会文化、技术、人口和全球化等6类因素。行业环境是直接影响一个企业及其竞争行为与反应的行业因素。环境分析一般包括扫描、监测、预测、评价4个步骤。

波特在1980年出版的《竞争战略》一书中,借用产业经济学中的结构—行为—绩效(S-C-P)模型,建立了行业环境分析的五力模型。这5种力量是现有竞争者、潜在进入者、供应商、购买者和替代品,它们决定了一个行业的绩效水平,以及威胁、机会程度。五力模型可以用于行业环境威胁评价,也同样可用于行业环境机会分析。

依据五力模型所做的分析主要是对行业进行的整体分析。要想深入地研究行业环境,还要对行业内的竞争者做进一步的分析,例如战略集团分析。最后,总结出行业成功的关键因素。

▶ **思考题**

1. 企业的外部环境分析包含哪些部分？
2. 宏观环境和行业环境有什么区别？理解这些差异的意义是什么？
3. 简述宏观环境分析的主要内容。
4. 简述五力模型分析方法的主要内容。一个行业的5种竞争力量是如何影响其盈利潜力的？
5. 什么是战略集团？进行战略集团分析可以给出什么信息？
6. 简述竞争对手分析的主要内容。

🔍 第二章讨论题

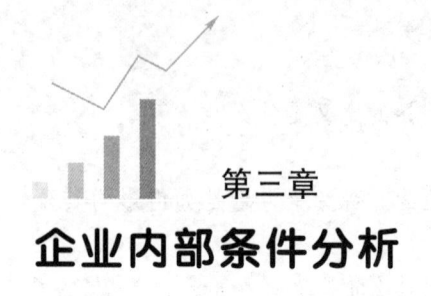

第三章
企业内部条件分析

在上一章中,我们强调了良好的宏观环境和行业环境,特别是选择机会多、威胁少的行业对于取得卓越绩效的重要性,这是企业制定战略的基础。但是,外部环境中的某些因素及其变化,对不同企业的影响却并不是一样的。也就是说,某一种环境因素,对某个企业来说是机会,对其他企业则不一定,甚至还可能是威胁,这是因为不同的企业拥有不相同的资源与能力。即使外部环境的变化给每个企业都带来了可以利用的机会,也只有那些具备了与此相适应的资源和能力的企业,才能真正抓住机会。同时,我们也应该看到,在同一个行业中,企业的绩效常常呈现出很大的差异性。在竞争激烈的折扣零售业中,沃尔玛一马当先,销售额位居世界500强首位,销售利润率高于行业平均水平一倍,而凯马特(Kmart)却因经营失败不得不申请破产保护。在号称朝阳产业的IT和通信行业,也是几家欢喜几家愁。这种同样条件下的绩效差异不能用外部环境来解释,而必须从企业内部去寻找根源。企业内部分析的目的就是通过对企业资源和能力的分析,找准自身优势和弱点,特别是明确作为企业竞争优势根源和基础的特异能力。

内部条件分析和外部环境分析在战略制定过程中是同样重要的。如果说环境分析的结果明确了企业可能的选择,即有可能做什么,那么,内部分析的结果则明确了企业能够做什么。只有将环境分析与内部分析的结论结合起来,才能确定企业应该做什么。

第一节 企业内部条件分析框架的理论根源

一、企业增长理论

1959年,英国女经济学家伊迪丝·彭罗斯(以下简称彭罗斯)出版了题为《企业成长理论》的著作,旨在说明企业增长过程及增长的限制。

彭罗斯摒弃了传统经济学对企业的假定:企业只是观察供求状况,然后做出使利润最大化的产出决定。她提出了自己的企业模型:企业是一个利用所控制的一组生产资源来获取利润的管理架构。在她看来,企业增长受制于:①作为企业所控制的那一组生产资源函数的生产机会;②用来协调这些资源使用的管理架构。即企业拥有的资源状况是决定企业成长的基础,企业能力决定了企业成长的速度、方式和界限。

彭罗斯注意到,企业所控制的那一组生产资源在企业之间可能显著不同,也就是说,从根本上企业是异质的,即使它们处于同一个行业。彭罗斯采用了非常宽泛的资源定义。传统的经济学家(包括李嘉图)只侧重于少数几种供给无弹性的资源(如土地),而彭罗斯则开始研究经理团队、企业家才能这样的无弹性资源的竞争意义。

彭罗斯的企业增长理论是资源学派的基石——资源基础企业理论的直接理论来源,她的著作和思想在几十年后重新受到重视和尊崇。虽然她的本意并非直接为建立持续竞争优势提供指南,但战略学者却从中汲取思想营养,用来指导建立企业内部分析框架,正如波特借鉴产业经济学中的 S-C-P 模型建立了行业分析的五力模型。

二、资源基础企业理论

当 20 世纪 80 年代人们将大量的精力集中在产业环境分析,关注热门行业的时候,也有许多学者认为企业战略不能只将眼光向外,不能忽略企业资源和能力之间的联系。

在现实中,长期沿用"波特式"的静态和均衡性竞争分析方法导致许多企业盲目追逐热门产业,丝毫不顾自身资源条件状况,这些企业采用所谓"通用战略"所招致的失败事例也使人们对大卫·李嘉图、约瑟夫·熊彼特及彭罗斯关于利润和竞争理论思想进行了重新思考。这就使以资源为基础的战略理论思想有了一个现实发展的土壤。

资源基础企业理论(resource-based view of the firm)综合上述研究成果,建立了一个用来分析企业优势与弱点的一般框架,强调企业所控制的个性化资源的竞争意义。资源基础理论有两个基本假定。首先,假定企业是一组生产资源,而不同的企业拥有不同的一组资源。这就是资源异质性假定。其次,假定某些生产资源复制成本非常高,或供给无弹性,难以从一个企业无障碍地流动到另一个企业。这就是资源不可流动假定。如果企业所拥有的资源能使企业抓住机会或消减威胁,只为少数相互竞争的企业所拥有,而且资源价值昂贵或供给无弹性,则这些资源可能是企业竞争优势的来源。

第二节　企业的资源和能力

一、企业的资源

企业资源是企业所拥有的有形和无形资源的总合。一般而言是指投入公司生产过程的各种投入物,如固定资产、雇员的个人技巧、专利、资金及有才能的经理人员都可以被称为企业的资源。从它所涵盖的范围来看,资源包括了个人、社会和组织内的资源。

(一)有形资源

有形资源是可见的,或者是具有实体形态的资源,如企业的固定资产、流动资金、人力资源、信息系统等。无形资源是没有具体形态的资源,很多甚至难以测量,如技术资源、品牌、声誉、文化等。资源的种类如表 3-1 所示。

表 3-1 资源的种类

资源种类		举例
有形资源	财务资源	企业外部融资能力 企业内部融资能力
	组织资源	企业的正式报告结构、正式计划、控制与协调体系
	实物资源	厂房与设备 原材料渠道
	人力资源	信任 员工技能与经理才能 习惯做法
无形资源	技术资源	专利商标、版权、商业秘密、知识
	创新资源	创意 科研能力 创新能力
	声誉资源	对顾客的声誉 品牌吸引力 对产品质量、耐用性、可靠性的觉知 对供应商的声誉 高效、有效、相互支持、互利的关系

资料来源：HITT M, LRELAND D, HOSKISSON R. Strategic management. South-Western College Publishing, 2001.

对于企业有形资源的评估是企业战略制定的首要内容，对于企业有形资源的战略评估包括以下两个问题。

第一，有什么机会可以更经济地使用企业的库存和固定资产，即是否可以用更小规模的有形资产去支撑一个相同的事业；或用同等规模的有形资产去支撑更大的事业。成功的企业往往可以通过有形资产的重组来达到提高效率的目的。

第二，有没有可能使现有有形资源在更高利润的地方被使用。通过本身有形资源的挖掘组合及与他人组成联盟，甚至出售一部分有形资产给能更好利用这些资源的公司，可以使资产利润率得以提高。

(二)无形资源

相对于有形资源，无形资源是竞争对手更加难以掌握、购买和模仿的。企业更有可能以无形资源作为竞争优势的基础。此外，无形资源不会因使用而消耗，反而会因使用而增加其价值。例如，随着知识在企业中所处的地位不断上升，企业有形资源无论在企业的总资产中，还是在企业的竞争优势中所占的比例和所起的作用慢慢下降。

企业无形资源在企业战略中所起的作用越显突出，但困难的是，与有形资源相比，无形资源更难以从企业的财务报表中体现出来，因此，如何识别企业的无形资源是企业战略制定过程中最为困难的一项内容。

无形资源中公司的信誉是极其重要的一项资源。在一次对英国公司的 847 名总裁的调查中也证实了这一点。这项研究希望能了解公司的总裁对各种无形资源对整个公司成功的相对重要性的理解,研究的结果证实了公司信誉的重要性。

随着知识在企业经营中的作用日益递增,创新资源等涉及知识的资源成为企业最重要的无形资源,甚至有专家认为,对企业无形资源的研究就是对企业知识的研究。知识资本(intellectual capital)将成为企业市场价值最重要的源泉。在知识经济中,由于企业无形资源的主体是以企业员工为载体的,资源的吸收、转化、开发与使用必然与人的性质紧密相关。而人是有生命、智慧、知识、文化、情感的高级有机体,因而企业无形资源的本质属性中必然含有人的某些特质,如记忆性、学习性与复杂性。

(三)企业资源的作用

1. 企业资源带来的竞争优势

虽然资源本身可能无法直接形成竞争优势,但竞争优势往往来源于若干资源的恰当组合。随着实践的发展,人们逐渐发现,企业的资源与外部环境中的资源也具有一定的交互作用。竞争优势不但来自内部资源,而且来自内部资源与外部资源的良好协调。

在外部环境基本相似的条件下,企业资源向竞争优势的转化也需要一定的条件才能实现。具体地,有以下条件必须满足。

(1)优越性

企业所拥有的整体资源要强于竞争对手。比如,拥有更多的资本、更先进的技术、更优秀的人才、更有效的信息系统等。如果只是部分资源强于对手,那么企业的优势就不会太明显。企业可能需要依靠某些资源的优化组合,或者开发和获取新的资源来实现竞争优势。

(2)独占性

企业所拥有的资源是竞争对手无法获得,或很少能获得的。在资源和某些垄断行业中比较普遍,比如采矿企业、电力企业、公用事业单位等。这些企业依靠先天获取的独占性资源而享受着竞争优势。竞争对手很难与之竞争,甚至根本就没有竞争对手。

(3)持久性

有些资源并不是能够长期保持的,比如,一些煤矿在开采了多年以后,面临枯竭的局面;而一些高科技企业,人才是其重要的资源,保持人员流动率不超出一定的范围也是其保持资源持久性的重要举措。自然资源的枯竭可能只对自己不利,而人才资源的流失则会直接造成自己与竞争对手之间力量的变化。

(4)可模仿性

有些资源是可模仿的,比如,企业拥有的良好地理位置可能被竞争对手模仿,在相似的地方建立自己的领地;企业拥有的某些生产设备也是可模仿的,对某些产品的生产来说,关键的设备能够保证其良好的品质,竞争对手很容易获得同样的设备时,这些设备带来的优势也就不存在了。

2. 企业资源带来的负面作用

除了能够带来竞争优势以外,资源还可能带来一些负面作用。有两个方面的原因可能使资源成为企业的劣势来源。

(1)企业的某些资源本身就是劣势的资源。相对于竞争对手来说,企业在某些方面具有先天的劣势,并且无法在短期内改变。这样,企业在竞争中就处于不利的地位,需要在其他方面进行更多的努力才能弥补。

(2)使企业沉迷于现有的资源和优势,而不开发新的资源和优势。企业由于良好的资源而拥有了某种竞争优势后,便很容易形成路径依赖,在此路径上发挥得越充分,对该路径的依赖便越深,而难以去开拓新的资源优势。

二、企业的能力

(一)企业能力

企业能力是指对企业资源的运用、转换与整合,是企业资产、人员和组织投入产出过程的复杂结合,表现在整合一组资源以完成任务或者从事经营活动的有效性和效率方面。因此,这一观念重在"资源间"的整合,通过此种整合,可以更有效地发挥资源的作用。

企业能力往往包含着各种无形资源与有形资源彼此之间的复杂互动。企业能力也就是指企业有效整合所拥有的资源使其能采取某种行动的能力。

知识被认为是企业能力的核心,企业的知识包括显性知识和隐性知识。企业知识管理的作用就在于将隐性知识显性化,并开发和转化新的知识。

(二)组织能力

组织是一种运用管理能力持续改善企业效率与效果的能力。组织能力可以表现为以下几个不同的层面。

1. 业务运作能力

良好的业务运作程序能够将企业的产品与服务以最精确的品质、最快速的时间接近顾客,满足顾客的需求。当以时间为竞争基础的重要性越来越高时,业务运作程序的能力就会显得越重要。

2. 技术创新与商业化能力

因技术进步、消费者偏好多元化的环境趋势,企业必须不断推出各式各样的新产品,才能维持良好的竞争地位。新产品的开发,一方面有赖于技术的创新,另一方面则有赖于商品化的能力。近年来,许多研究指出,快速的商品化能力,是新产品成功的关键。因此,组织中,营销、制造与研发3个部门进行同步工程的能力亦值得特别重视。

3. 鼓励创新与合作的组织文化

文化是指应用并渗透于组织中个人和团体的行为、态度、信度与价值。文化从表面上很难观察,但是对于组织却有着极大的影响。

4. 组织记忆与学习

组织和个体最大的不同之处在于组织可保有过去的经验并有效地运用这些经验于现有的决策之中。此外,组织亦可以减少任务交付过程中的协调、沟通与执行的交易成本。因此,组织是个极有效率的机制,但要让组织具有这样的功能,则必须具备良好的记忆与学习的能力,让组织能积累过去的经验,成为具有良好思考能力的有机体。同时,让所有努力与贡献的信息保留在组织中,发挥社会记忆力的功能,使成员不必斤斤计较短期报酬。具备这样能力的组织,必能在同业竞争中取得不败的优势地位。

(三)企业能力的作用

企业能力的作用通常在某些职能领域最为明显。比如,戴尔公司的直销模式在很大程度上依赖于其卓越的供应链管理能力,微软公司在激励员工和授权方面的能力也是其竞争优势的重要来源,而索尼公司和苹果公司强大的工业设计能力造就了它们的优势。

三、企业的核心能力

(一)核心能力的含义

核心能力(core competence)的英文原意是核心能力或核心技能,由于这一概念往往是一个企业与其竞争对手相比较而言的,因此有些学者将其等同为核心竞争能力。根据普拉哈拉德和哈默尔的定义,核心能力是"组织中的积累性学识,特别是关于如何协调不同的生产技能和有机结合多种技术流派的学识"。所以,核心能力是某一企业内部一系列互补的技能和知识的组合,这种组合能使企业长期或持续拥有某种竞争优势。说它是组合,是指它既包括科学技术,又包括管理、组织和营销方面的技能。这些技术和知识的结合方式决定着核心竞争能力的强弱,决定着企业开发新产品、服务市场、挖掘新的市场机会的潜力,体现着竞争优势。

核心能力既可能以某种先进技术的形式表现出来,如英特尔公司的计算机微处理技术、佳能公司的影像技术等,也可能以其他形式表现出来,如麦当劳公司快捷的服务体系、美孚公司遍布全球的销售服务机构等。但无论形式如何,核心能力都是多种先进技术和能力的协调集合。如微型化是索尼公司的核心竞争能力,它不仅包括产品市场和生产上的微型化,还包括对未来市场需求微型化选择模式的引导等。为了形成这一核心能力,公司的技术人员、工程师及营销人员必须对未来顾客需求的微型化发展方向和自身技术能力的微型化延展方向达成共识,以便于协调各方面的活动。

(二)核心能力、核心产品与最终产品

要正确认识核心能力的内涵,还须理解核心能力、核心产品和最终产品的关系。核心产品是核心能力的载体,是联系核心能力与最终产品的纽带。同时核心产品又是最终产品的重要组成部分,它构筑了企业最终产品组合的平台。有的学者形象地比喻了核心能力、核心产品和最终产品的关系:如果把一个公司比喻成一棵大树,树干和大树枝是核心产品,小树枝是业务单位,叶、花和果实是最终产品,那么提供水分、营养和保持稳定的根系就是核心能力。

企业为了维持核心竞争能力领域的领导地位,就必须在核心产品的生产上维持尽可能大的制造份额。因为企业竞争的目标实际上应是在某种核心能力领域建立垄断或尽可能接近垄断的地位。但建立最终产品的垄断地位会受到法律或分散销售渠道的约束,而一个公司核心产品的市场份额的增长就不存在这种限制,通过借用下游合作伙伴的销售渠道和品牌,在核心产品市场份额迅速增长的过程中,企业的核心能力可以得到

最大限度的发挥。所以,企业以原始设备或核心零部件供应商的身份向竞争对手或下游企业出售其核心产品,是迅速占领市场份额的有效途径之一。越来越多的公司认识到出售核心产品的价值,例如,IBM公司曾一改过去的销售策略,自愿把其核心产品出售给任何人,无论敌友。1990—1993年,IBM的对外技术销售额从3亿美元暴涨到30亿美元。

(三)核心能力的特点

1. 独特性

从竞争的角度,一项能力要成为核心竞争能力必须有一定的独特性。如果某种能力被整个行业普遍掌握,就不能成为核心竞争能力,除非这家企业的能力水平远远高出其他企业。核心竞争能力的独特性还表现在不易被人轻易占有、转移或模仿。任何企业都不能靠简单模仿其他企业而建立自己的核心竞争能力,而应靠自身的不断学习、创造乃至在市场竞争中的磨炼,建立和强化自己独特的能力,这是建立企业核心竞争能力的唯一正确途径。

2. 扩散性

企业的核心竞争能力应该能够为企业带来多方面的竞争优势。企业的核心竞争能力就如同一个"技能源",通过其发散作用,将能量不断地扩展到最终产品上,可以通过一定的方式向外衍生出一系列的产品或服务。如佳能公司利用其在光学镜片、成像技术和微处理控制技术方面的核心竞争能力,使其成功地进入了复印机、激光打印机、照相机、成像扫描仪、传真机等20多个市场领域;夏普公司利用其在平面屏幕相关能力上的领先地位,使其成功地进入了笔记本电脑、便携式电脑、微型电视、液晶投影电视等多个市场领域。

3. 增值性

核心竞争能力必须以实现顾客价值为最终目标。只有那些能够真正为顾客提供根本性好处,帮助企业为顾客创造更多价值的能力,才能成为企业的核心竞争能力。用户是决定某项能力是不是核心竞争能力的最终裁判。本田公司在发动机方面的技能是其核心竞争能力,而其处理与经销商关系的能力就不是核心竞争能力。因为本田公司在生产世界一流的发动机和传动系统方面的能力的确为用户提供了巨大的价值:省油、易发动、易加速、噪声低、震动小。但很少有顾客是因为本田公司的经销人员的独特能力,才在众多的品牌中选择了本田汽车。

4. 可变性

企业的核心竞争能力不是一成不变的,领先企业的核心竞争能力可能最终被竞争对手成功模仿,并随着时间的推移,逐渐成为行业内的一种基本技能。例如,在20世纪80年代,快捷优质的上门服务无疑是某个家电企业的核心竞争能力。但是时至今日,各个家电企业之间售后服务水平的差距已经大大缩小了,此时售后服务水平已经不是这类企业的核心竞争能力。这种变化在许多行业中都可见。因此,企业应该以动态的观点来看待企业的核心竞争能力,随时对自身的能力与外界(如竞争对手和行业水平)进行比较和评估,并不断对优势进行加强,以保持持久的核心竞争能力。

案例 3-1　京东数字孪生技术场景应用

自 2018 年开始，京东物流围绕数字孪生进行数字化供应链革新，打造数字孪生技术及产品，以实现更高效的供应链运转和服务。

在物流领域，生产、采购、补货、仓储、分拣、运输等供应链和物流环节众多、流程复杂。京东物流结合自身业务特点，聚焦于仓储、运输、配送等业务类型，以 6 大网络，50＋全链端到端流程打造通用、逼真、高效的孪生实验验证能力。通过建立人、货、车、场的数字孪生模型对物理世界中的关键环节进行数字复刻，结合运筹优化、神经网络、机器学习和深度学习等核心算法，提供多场景下的 what-if 分析和多方案的对比量化决策的功能，最终达到销售与生产协同决策、成本与服务相平衡的目标。

其数字孪生技术应用涵盖了大促预警、疫情应急、库存仿真、分拣场地仿真等场景。例如，随着"618""双十一""双十二"和年货节等购物节的兴起，京东物流为应对数倍于日常货量的大促场景，建立了一套基于预测、仿真和优化技术的大促预警系统。通过这套系统，京东可以提前获取大促期间各关键分拣中心和线路上的货量负荷状态。并在此基础上得到各分拣中心的产能饱和状态、月台排队情况和车队繁忙程度等重要预警信息。同时，通过仿真模型与优化算法持续迭代的方式，对大促期间需要额外投入的场地、人员和线路资源进行提前规划和精准投入，避免因资源不足而导致的用户体验指标下降，以及因资源过度投入和临时投入而导致的成本上升。该系统 2020 年"618"首次投入测试，在线路和场地货量维度准确率均达到 92% 以上，并在当年的"双十一中"正式投入使用，实现了近年来首次无重大货量积压场地的目的，得到了客户的高度认可。

此外，京东物流在全国 200＋分拣场地搭建了分拣场地仿真系统。通过数字孪生平台模拟场地到车、卸车、场地流转、发车等过程，评估分拣场地到车合理性，并基于归因分析定位集中到车的原因，指导计划层决策，比如分拣班次、线路计划等设置。分拣机仿真则是对场地流转过程的进一步细化，模拟拆包、供包、分拣、建包、二次分拣等过程，用以评估分拣计划的设备产能利用率，提高场地运营效率。实际应用效果显示，数字孪生平台能够助力提升分拣机产能。

在库存管理方面，通过进销存仿真模拟将物理供应链的库存网络数字化，在数字孪生世界刻画物理库存网络中相关实体之间的关系（包括产品、客户、仓库、工厂等）及进销存流程，从而基于订单数据与运营策略（库存、履约等）模拟出库存网络的运营情况，支持从数据、决策到运营指标的端到端可见性，进而根据模拟结果反向指导库存策略类型、策略参数等配置，实现库存管理运营人效与客户时效体验的提升，同时显著降低供应链的库存，增加现金流，为客户创造业务价值。

目前，京东数字孪生平台已具备亿级订单的分钟级孪生模拟及百万级数据的分钟级处理能力。在仓储网络、综合运输网络、终端网络孪生场景下，依托孪生的虚拟试验与决策空间，已成功解决仓网规划、枢纽分拣节点规划，以及路由时效优化、车型优化等日常决策问题，帮助企业通过量化决策和精细化运营实现降本增效。目前该系统已服务 5 万余户商家。除了有效支撑日常决策场景之外，也成功落地应用于西安、上海等疫情突发应急场景中。2021 年，相关技术成果获得"中国物流与采购联合会科学技术奖"科技进步奖一等奖。

（资料来源：整理自京东物流网站，https://www.jdl.com/news/2390/content00789?type=0。）

（四）核心能力的评价标准

普拉哈拉德和哈默尔针对可以形成核心竞争能力的企业资源或企业能力，提出了 4 个标准：有价值的(valuable)、稀缺的(rare)、难以模仿的(costly-to-imitate)、不可替代的(nonsubstituable)，如表 3-2 所示。如果对以上 4 个标准的回答都为是，那么这种资源和能力就可以是企业的核心能力，并可能成为企业可持续竞争优势的一个来源。

表 3-2 核心能力的 4 个评价标准

核心能力	评价标准
有价值的	帮助公司抵御威胁或利用机会
稀缺的	不被他人拥有
难以模仿的	历史性 模糊性 社会复杂性
不可替代的	不具有战略对等性

1. 有价值的

使企业能够利用环境机会或消减环境威胁的资源和能力是优势，而使企业难以利用机会或消减威胁的资源和能力是弱点。从这个意义上讲，价值问题将内部优势与弱点分析同外部威胁与机会分析联系起来。

从顾客角度来看，有价值的资源和能力能为用户创造价值；从企业角度来看，有价值的资源和能力使企业能够制定和实施有效的战略来赢得竞争优势。

许多企业拥有有价值的资源和能力。例如，日本电气股份有限公司(NEC Corporation)在集成电路设计、制造上的能力使它能够利用在计算机、通信、电子等广泛领域的市场机会。佳能公司在光电成像系统上具备很强的能力，这使它得以成为照相机、摄像机、激光打印机、传真机、复印机、细胞分析仪等多个市场的领先者。

应当动态地看待资源的价值。随着社会的变革、顾客需求的变化、技术的进步，原先有价值的资源和能力现在可能没有什么价值了。比如，IBM 在大型计算机上的大量资源和能力在个人计算机性能提高、价格降低而日益普及后价值大减。不再拥有有价值资源和能力的企业有两种基本选择。一是开发新的有价值的资源和能力。例如，IBM 迅速建立了个人计算机和笔记本电脑的生产销售能力，同时，一改单纯的硬件供应商形象，开始进军前景广阔的软件市场。二是以新的方式运用传统优势。比如，军工企业所具有的强大研发和生产能力在和平时期大量闲置，军转民是它们的机会和必然选择。

2. 稀缺的

即使一种资源或能力是有价值的,但如果为众多的企业所拥有,也不可能为任何一家企业带来竞争优势。换句话说,有价值而且稀有的资源和能力可以成为竞争优势的来源,而有价值但普遍(即不稀有)的资源和能力只能是竞争均势的来源。

例如,计算机系统能帮助企业处理大量信息,应对复杂多变的市场需求,提高生产和管理效率,显然是有价值的资源。但是,现在几乎每家企业都有自己的计算机系统,仅仅依靠计算机本身是不能创造竞争优势的。有价值但普遍的资源和能力能使企业获得生存机会,即能够为企业带来竞争均势,但是不能保证企业做得比其他的企业好,即不能带来竞争优势。

3. 难以模仿的

有价值且稀有的资源和能力,如果很容易被他人模仿,所带来的竞争优势只能是暂时的。只有当不具备这些有价值且稀有的资源和能力的企业在试图建立或获取它们时,所付出的成本高于已经拥有这些资源和能力的企业,才能成为持续竞争优势的来源。换句话说,这些资源和能力是不能轻易被模仿的。有3种因素可能产生难以模仿的能力。

(1) 历史条件的依赖

竞争对手不能模仿某企业创造竞争优势的独特资源和能力的一个原因是,该企业是在特定的历史条件下获得这些资源和能力的。如企业独特的组织文化。独特的历史条件为企业带来持续竞争优势的方式主要有两种。第一,某企业可能是行业中第一个认识到并利用这一机会的,从而取得先动优势。第二,路径相关。当一个过程演化中的早期事件对后续事件具有显著影响时,则该过程是与路径相关的。路径相关意味着在竞争优势演变过程中,一个企业可能由于其在较早期获得有价值的资源而在当前取得竞争优势。

(2)因果关系不明

成功企业的资源和能力与竞争优势之间的关系因果不明,因此寻求模仿该企业很难确定应具体模仿什么,更谈不上应如何进行模仿了。

因果不明往往是由于企业所拥有的某些能力是不可言传的。不可言传的能力是通过不断的试错过程从实践中所形成的知识和经验,难以用语言表述,也不能编程和写成文字规则,而只能依靠切身体会和感悟才有可能掌握,局外人难解其中奥妙。

其次,产生竞争优势的资源和能力可能被身在该企业中的人们认为是理所当然的,是日常经验的一部分,以至于并未意识到它们的存在,更不会去研究它们与竞争优势的关系。

最后,企业的成功受到多因素的影响,很难确定究竟具体是哪一个因素使企业取得了现在的成功。竞争优势的建立往往取决于多种资源和能力。也许单独模仿每一种资源和能力都不难,但模仿这些资源和能力的复杂组合却非常困难。当试图模仿成功企业的企业不知道具体应模仿何种资源和能力时,可能不得不模仿该企业的每一种资源和能力,这不仅代价高昂,而且难以实现。

(3)社会复杂性

社会复杂性现象包括企业内部经理、员工之间的人际关系,企业文化、企业声誉,企业与供应商、销售商之间复杂的人际和社会关系,往往超出了企业能够系统管理和影响的能力。杰恩·巴尼指出,如果企业形成优势的过程涉及社会复杂性,就不能被完美地模仿。比如,IBM销售、服务与技术部门之间的密切合作关系,日本企业与供应商之间的相互信任都是这些企业竞争优势的重要来源,但其他企业对此进行系统管理以建立类似关系却是相当困难的。

4. 不可替代的

不可替代的资源和能力是指那些不存在战略等价物的资源或能力。一般来说,资源和能力越是趋向于无形,企业寻找替代物的难度就越大。竞争对手试图模仿该企业的战略面临的挑战也就越大。特定企业的知识、管理人员与非管理人员之间的互相信任的工作关系就是难以识别的资源和能力,要寻找该资源或能力的替代物也是极其困难的。

一种资源或能力的持续竞争优势框架及其竞争意义如表3-3所示。

表3-3 持续竞争优势框架及其竞争意义

意义	框架				优势或弱点	竞争意义	经济绩效
	有价值吗?	稀有吗?	难以模仿吗?	不可替代吗?			
分析	否	—	—	—	弱点	竞争劣势	低于正常
	是	否	—	—	优势	竞争均势	正常
	是	是	否	否	优势和特异能力	暂时竞争优势	暂时高于正常
	是	是	是	是	优势和可持续特异能力	持续竞争优势	高于正常

5. 动态能力

动态能力(dynamic capabilities)战略观是当代西方战略管理领域中正在迅速发展的一种理论,集中探讨企业组织能力的演进与竞争优势之间的因果关系,并把组织能力看成是企业竞争优势的根本源泉。

大卫·蒂斯把动态能力定义为企业为了适应快速变化的环境而发展起来的集成、构建和重新配置内、外部能力的本领。动态能力反映了企业组织在一定的市场位置上实现新的和创新的竞争优势的能力。动态的能力需要跨时期创造,具有"路径依赖"的特点。

动态能力的微观基础——不同的技能、流程、过程、组织结构、决策规则和规程,是企业高层感知、抓住和重新配置能力的基础。动态能力强的企业往往具有强烈的创业精神。他们不仅主动适应商业生态系统,还通过创新和与其他企业、实体和机构的合作来塑造商业生态系统。

四、企业资源和能力的评估

每个企业都拥有或可以拥有一定的资源,以及有效地协调这些资源以满足特定市场需求的能力,即每个企业都是资源和能力的结合体,这是战略分析的另一个基础。明晰企业的资源和利用资源的能力,才能正确地制定战略。企业资源分析包括掌握企业资源的情况,明确现有资源满足完成使命要求的程度,明确与竞争对手相比有哪些异同。进而要分析企业有效地协调可以获得的资源以满足特定市场需求的能力,因为企业的竞争优势既可以来自稀缺资源的拥有,又可以来自对资源的独特的运用能力。企业资源的异质性和企业利用这些资源的方式的独特性就成为企业竞争优势的最重要的来源。

将独特的资源和能力与第二章中提出的关键成功因素相比较,它们是两类不同的概念。关键成功因素应被看作是市场层次的特征,不针对某个具体企业。拥有关键成功因素是获得竞争优势的必要条件,而不是充分条件。例如,一个公司要成为成功的体育运动鞋供应商,它就必须有发展新款式、管理供应商、分销商网络和进行营销活动的能力。但只有这些能力是不够的,所有运动鞋公司都有产品发展部门、供应商和销售网络,以及一定的营销预算,但只有像耐克公司这样的少数公司才能将这些活动做得很出色,并创造出高于竞争对手的价值。

对组织资源的分析是战略选择过程中的关键决定环节。不仅可以帮助确定与组织的战略能力相匹配的战略方向,而且能帮助组织进行资源规划和开发的分析,这也是成功实施战略的重要组成部分。组织的资源并不限于它当时所"拥有"的资源,组织外部的资源也是产品或服务的设计、生产、营销等一系列行为的不可缺少的部分。

在企业战略管理的理论研究和实践中,创造出了许多资源和能力分析的方法。英国的格里·约翰逊和凯万·斯科尔斯提供了一个分析框架,这一框架将众多的资源分析方法整合在一个从对资源的简单评估到对战略能力更深入理解的系统分析流程中,如图 3-1 所示。

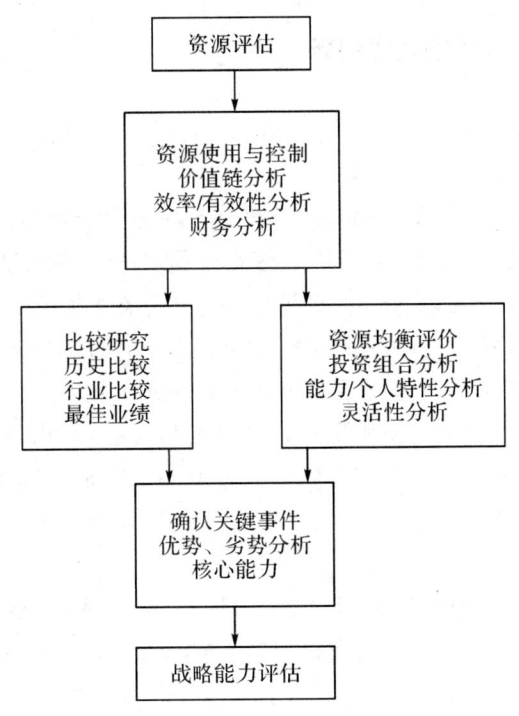

图 3-1 战略能力评估的过程

第三节　企业组织因素

　　一个企业如果拥有有价值、稀有且难以模仿的资源和能力,就具有取得竞争优势的潜力。但要充分实现这一潜力,该企业必须进行有效的组织来利用这些资源和能力。企业的组织因素主要包括了组织的结构、组织的文化等,它们对组织的能力分别起到框架性和核心的作用。组织是企业利用资源和能力以创造竞争优势的管理架构。另外,企业的高层管理者也对企业的能力起到了重要的影响。

一、组织结构

　　通常,特定的组织结构与特定的企业战略是对应的,组织结构一方面体现了业务运行的需要,另一方面反映了企业对经营资源配置和发展方向的基本认识。

　　福特汽车完善了汽车流水线的生产模式,同时也意味着一种大规模生产的组织结构形成;通用汽车在纵向多元化发展和市场细分的过程中形成了事业部的结构;现代电子制造业企业则充分利用高速公路和信息技术建立起网络化的生产与销售方式,企业的组织结构又发生了重大变化。如果卡特彼勒公司没有完善的全球组织结构、全球库存及其他控制系统,以及激励员工在世界各地工作的报酬政策来利用其全球服务和供应能力,卡特彼勒公司的竞争优势就不会充分实现。

案例 3-2　英特尔公司的技术创新

　　集成电路把各个分离的元件——晶体管、电容、电阻在一个芯片上建成电子线路。通过这个"神经"系统,各个元件构成一个"躯体",这时就需要一个"头脑"带给它智慧,英特尔公司(Intel Corporation,以下简称英特尔)是专注于开发"头脑"产品的。首先,它开发了记忆芯片;随后,它发明了微处理器。1969 年,英特尔生产出该公司的第一个产品 3101,这也是全球第一颗双极型半导体存储芯片;1971 年推出全球第一颗微处理器 4004;1972 年又推出第一颗 8 位元处理器 8008;1978 年 16 位元处理器 8086 制作成功;1982 年 80286 微处理器在英特尔人的手中诞生。

　　微处理器负责个人电脑的基本运作,有"电脑的心脏"之称。1984 年,英特尔被美国《财经》杂志选为 8 家最具创新能力的科技公司之一。此时,英特尔公司已成为全球微处理器的主要生产者,并且公司看准了个人电脑市场的巨大潜力,全力开发更新的微处理器。

　　1985 年,32 位元的 386 芯片问世,内含 27.5 万颗晶体管;1989 年,内含 120 万颗晶体管的 486 微处理器展示在世人面前;1992 年,英特尔设计出含 300 万颗晶体管的新型处理器,一跃成为全球最大的半导体公司,命名为"Pentium"(奔腾处理器)。"Pent"是拉丁文"第五"的意思,正好和第五代微机处理器的身份相符。2000 年初,英特尔 64 位服务器处理器"Itanium"(安腾处理器)问世;2006 年,双核处理器问世。然而,随着移动互联网的兴起,英特尔在移动处理器市场的表现并不理想。

2010 年后,英特尔开始向其他领域拓展,例如物联网、自动驾驶等。2016 年,组建自动驾驶事业部(Automated Driving Group, ADG),专门研发自动驾驶解决方案;2017 年,花费 153 亿美元收购 Mobileye,加强其在该领域的布局。

2019 年,英特尔从以 PC 为中心正式转变为以数据为中心的科技公司。2022 年,投资 200 亿美元新建了两座晶圆厂,并收购芬兰的 Siru Innovations 公司,以增强其在图形领域的知识产权和技术储备。2023 年,英特尔继续推出新的处理器产品,如 13 代酷睿系列等。

(资料来源:整理自《英特尔公司发展历程》,https://blog.csdn.net/240187468156/article/details/142903120。)

二、组织文化

企业的文化是企业在发展过程中,特别是经过长期的发展,逐步形成的对外部环境适应及对内部事务管理的行为方式。组织的文化包括各种类型,比如,开放的、封闭的、创新的、保守的、严谨的、灵活的、热情的等。而每种类型的文化又会通过价值观、理念、语言、制度、管理方式等多个方面体现出来,并渗透到企业的各个角落当中。文化对企业战略实施的影响体现在两个方面。

第一,根深蒂固的文化可能阻碍新战略的实施。新的战略选择往往意味着组织结构、人事安排等的调整,虽然整体上应该是有利的,甚至对个人也是有利的,但在保守的文化环境中,员工与管理者仍旧可能抵制变革。

第二,在过去取得巨大成功的企业,也往往形成了与同一时期相对应的特定文化。这种文化的力量之强,甚至可能影响到战略分析本身,使战略分析者或决策者无法对企业的真实情况有清晰的认识。

在全球范围经营的跨国公司,文化对战略的影响尤为重要。处于不同国家和地区的子公司处于不同的文化氛围中,再加之这些公司所大量聘用的当地员工和管理者,导致在整个企业中,存在多元化的文化,这使得企业的全球战略及各地方子公司的战略都面临着巨大的复杂性。

第三章
实践链接 3-2

三、高层管理者

企业的战略一般由高层管理者制定,即使由咨询公司或专门的管理顾问来分析并制定战略,高层管理者也将充当决策者和实施者的角色。高层管理者的管理理念、做事风格、个人性格都会对企业的发展有重要的影响。

因此,高层管理者事实上具有双重属性。一方面,他们是企业的重要而独特的资源;另一方面,他们又在管理企业的其他资源,并影响着企业能力的发挥。在企业的诸多内部条件中,高层管理者处于核心地位。高层管理者是战略的内部条件分析不能忽视的部分。

对一些企业来说,某个高层管理者甚至能够改变企业的命运。虽然经理们并不直接生产产品或提供服务,但他们将企业的资源进行恰当的组合,并发挥企业的能力,这些工作具有更大的价值。无论是艾尔弗雷德·斯隆对于通用汽车公司,还是史蒂夫·乔布斯对于苹果公司,或是比尔·盖茨对于微软公司,高层管理者的作用都是巨大的。

第四节　企业内部条件分析方法

一、价值链分析

(一)价值链

持续竞争优势框架是分析一种资源或能力潜在收益的有力工具,但并未指明应对何种资源或能力进行分析。企业内部条件分析中的价值链法是一种将企业在向顾客提供产品过程中的一系列活动分为在战略上相互关联的活动类,从而理解企业的成本变化及引起变化的原因的方法。

波特认为,企业的每项生产经营活动都是起创造价值作用的经济活动,企业所有的互不相同但又相互联系的生产经营活动,构成了创造价值的一个动态过程,即价值链(value chain)。价值链分析是从企业内部条件出发,把企业经营活动的价值创造、成本构成同企业自身竞争能力相结合,与竞争对手经营活动相比较,从而发现企业目前及潜在优势与劣势的分析方法,是指导企业战略制定与实施活动的有力分析工具。

价值链本质上也是一种企业模型。价值链中的每一项活动,都是价值创造的一个环节。虽然一种产品从原材料供应,到制成中间产品,再到最终产品的制造、配送、销售,并完成售后服务,这是一个完整的过程,但整个价值链中的活动既可以由单个企业完成,也可以由不同的企业承担(详见第四章对纵向一体化的讨论)。价值链中每一项活动的完成,都需要相应的资源和能力来支持。从这种意义上讲,价值链模型(将企业看成为一系列活动)与资源基础企业理论(将企业看成一组资源和能力)并不是相互矛盾,而是相辅相成的。资源基础理论探究企业能否做好某一活动的根源,而价值链则明确了这些资源和能力在企业中所处的位置及其相互联系。

有两种常用的价值链。第一种是由波特提出的企业价值链,如图3-2所示。波特的价值链将企业的价值创造活动划分为两大类:主体活动和支持活动。

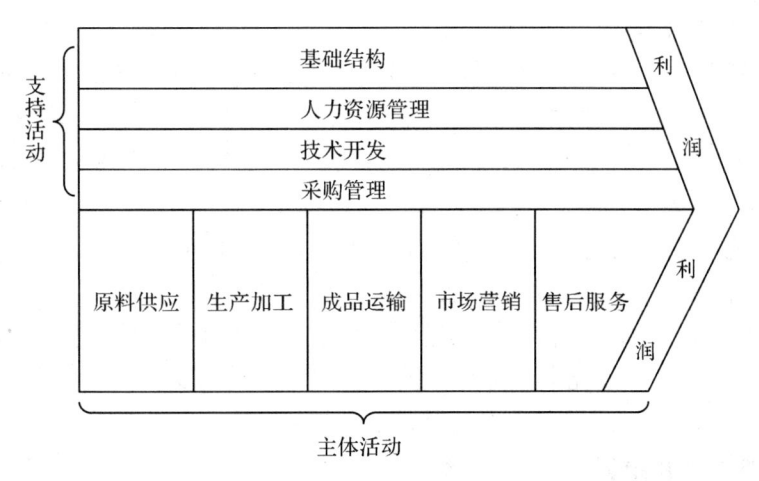

图 3-2　价值链

1. 主体活动

主体活动是指生产经营的实质性活动,一般分成原料供应、生产加工、成品储运、市场营销和售后服务等5种活动。这些活动与商品实体的加工流转直接相关,是企业基本的价值增值活动,又称基本活动。每一种活动又可以根据具体的行业和企业的战略再进一步细分为若干项活动。

(1)原料供应是指与产品投入有关的进货、仓储和分配等活动,如原材料的装卸、入库、盘存、运输及退货等。

(2)生产加工是指将投入转换成最终产品的活动,如机加工、装配、包装、设备维修、检测等。

(3)成品储运是指与产品的集中、存储、转移给客户有关的活动,包括产成品的收集、入库、保管、客户订单处理、送货等活动。

(4)市场营销是指与促进和引导购买者购买企业产品有关的活动,如广告、定价、促销、市场调查、分销商支持和管理等。

(5)售后服务是指与为保持或提高产品价值有关的活动,如安装、调试、修理、使用人员培训、零部件供应等。

2. 支持活动

支持活动是指用以支持主体活动而且内部之间又相互支持的活动,包括企业投入的采购管理、技术开发、人力资源管理和企业基础结构。企业的基本职能活动支持整个价值链的运行,而不分别与每项主体活动发生直接的关系。

(1)采购管理是指获取各种资源输入主要活动的过程,而不是输入资源本身。在企业的许多部门都会发生采购活动管理。改进采购活动管理,对提高采购物的质量和降低费用有着重要意义。

(2)技术开发是指可以改进价值活动的一系列技术活动,既包括生产技术,也包括非生产技术。企业的每项生产经营活动都包含着不同性质、开发程度和应用范围的技术,因此技术开发活动不仅与最终产品直接相关,而且支持着企业的全部活动,成为反映企业竞争实力的重要标志。

(3)人力资源管理是指企业的员工招聘、雇用、培训、考核、激励等各项管理活动。这些活动支持着企业中每项主体活动和支持活动,以及整个价值链。在任何一个企业中,都可以通过人力资源管理在员工的素质、技能和动力,以及聘用和培训成本方面的作用来影响竞争优势。

(4)企业的基础结构是指与企业总体管理相关的活动,包括企业计划、财务、质量管理、组织结构、控制系统、文化建设等活动。

从图 3-2 可以看出,企业价值链不是独立价值活动的集合,而是相互依存的活动构成的一个系统。在这个系统中,主体活动之间、主体活动与支持活动之间,以及支持活动之间相互关联,共同成为企业竞争优势的潜在源泉。

(二)构造企业价值链

为了诊断分析竞争优势,企业有必要根据价值链的一般模型,构造反映企业自身情况的价值链。企业在构造价值链时,需要根据利用价值链分析的目的及企业的生产经营特点,将每一项活动进行分解。分解的适宜程度取决于以下 3 点:有不同的经济含义,对差异化有重大的潜在影响,在成本上表现为较大的份额或不断增长的份额。企业应该将可以充分说明企业竞争优势或劣势的子活动单独列出来,以供分析使用。对于那些不重要的活动,则可以归纳在一起进行分析。活动的顺序一般按照工艺流程进行,但也可以根据需要进行安排。无论按照怎样的顺序,企业的管理人员都应能从价值链的分析中得到直观的判断。

一旦确定了价值链的主要要素之后,就可以开展战略成本分析工作了,即将公司的部门成本会计数据分解成各项具体活动的成本。

(三)关键活动的成本标杆学习

价值链分析最重要的作用是揭示具体企业与竞争对手相比的相对成本地位。所需要做的工作就是对每个竞争厂商进行成本比较。其中,该成本是各个竞争厂商为向一个界定清晰的客户群或者细分市场提供产品或服务而产生的。一家企业的成本优势或劣势的规模可能随产品线中各个产品的不同而不同,可能随客户群的不同而不同(如果分销渠道不同的话),可能随地域市场的不同而不同(如果影响成本的因素随地域的不同而有差异的话)。

当今的许多企业都将自己某项特定活动的成本与竞争对手的成本进行比较定位,或者同另一个行业中能够高效地开展相同活动的非竞争对手的成本进行比较定位,这就称为标杆学习。标杆学习的核心是比较各个公司开展其价值链中一些基本的活动和职能的优劣程度,例如,如何采购原材料、如何培训员工、如何处理公司的分销、企业推出新产品的速度如何、质量控制开展得怎样、如何处理客户的订单、如何为客户服务等。标杆学习的目标是理解开展某项活动的最好做法,学习怎样才能降低成本。一旦发现自己开展某项活动的成本已经同其他公司的同一活动的成本不一致了,就应该采取行动,提高公司的成本竞争力。

(四)获得成本竞争力的战略选择

分析企业自身的价值链结构并将它同竞争对手的价值链结构进行比较可以表明：谁拥有多大的竞争优势或劣势，哪些成本因素导致了这种状况的出现？这种信息对制定战略以消除成本劣势和创造成本优势起着至关重要的作用。

竞争企业之间的重大成本差异可能发生在 3 个主要的领域：产业价值链体系的供应商部分、企业内部活动部分、产业价值链体系的前向渠道部分。对以上 3 个领域，可以分别采取不同的战略行动。

案例 3-3　沃尔玛供应链

世界零售业巨头沃尔玛的供应链建设给很多企业以启示。早在 1985—1987 年，沃尔玛就安装了公司专用的卫星通信系统。该系统的应用使得总部、分销中心和各商店之间可以实现双向的声音和数据传输，全球 4000 家沃尔玛分店也都能够通过自己的终端与总部进行实时的联系。20 世纪 90 年代，沃尔玛提出了新的零售业配送理论：由集中管理的配送中心向各商店提供货源，而不是直接将货品运送到商店。这一独特的配送体系，大大降低了成本，加速了存货周转。沃尔玛是全球第一家实现集团内部 24 小时计算机物流网络化监控，做到采购、库存、订货、配送和销售一体化的企业。

此外，一方面，它充分利用其规模优势，跟供应商进行强有力的讨价还价，尽力获得最低价格。另一方面，它又与供应商结成长期伙伴关系，帮助供应商改善管理。例如，沃尔玛与它的主要供应商宝洁公司的计算机系统相联接，从而建立了一个及时订货和传送的系统。当沃尔玛的库存到了订货点时，计算机就通过卫星向最近的宝洁工厂发出订单，这些工厂就将其商品送到沃尔玛的分销中心或直接运送到商店。通过双方价值链的连接和协调，宝洁公司能够有效地做出生产计划，进行直线分销，并降低了成本，最后宝洁公司又可以将节约的一部分成本让利给沃尔玛，形成了一种双赢的局面。

沃尔玛依托信息化技术，以信息流为中心，带动物流和资金流的运动，通过整合全球供应链资源和全球用户资源，实现零库存、零营运资本及与用户的零距离接触，从而提升供应链的效率，为顾客提供价值。

（资料来源：整理自《"致敬标杆"沃尔玛：56 年从未落后》，https://baijiahao.baidu.com/s?id=1619064107175920184&wfr=spider&for=pc。）

(五)价值链系统

从更广的角度来讲，在大多数产业中，很少有企业单独完成产品设计开发、生产加工、市场销售、售后服务的全过程，除非企业具有非常充足的资金和十分全面的运营管理能力。因此，一个企业价值链往往是产业价值链的一部分，它同供应商价值链、分销商价值链、客户价值链一起构成价值链系统（见图 3-3）。

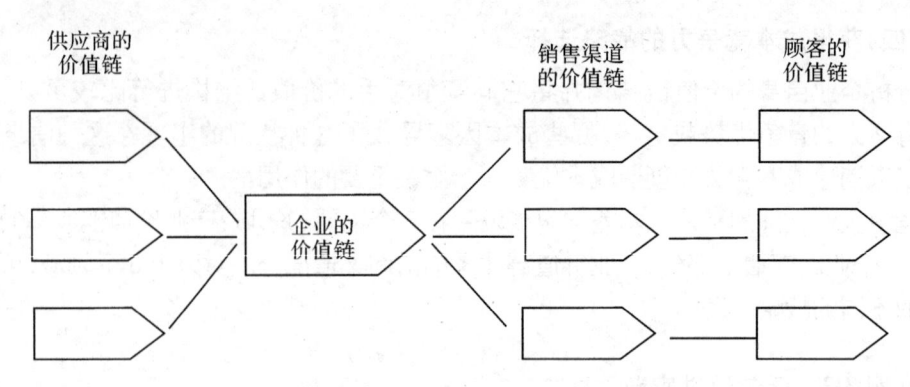

图 3-3 价值链系统

对一个企业而言,向最终顾客提供低价格的产品,可能是由销售商以较低的价格来支持的;而向最终顾客提供高质量的产品,也必然离不开供应商提供的高质量的零部件。所以,任何企业的价值链分析,都应该放在产业价值活动的系统中进行分析。

二、SWOT 分析法

SWOT 分析法是一种对企业外部环境中存在的机会、威胁和企业内部条件的优势、劣势进行综合分析,据此对备选的战略方案做出系统的评价,最终选择出最佳的竞争战略的方法。SWOT 中的 S(strenghth)是指企业内部的优势;W(weakness)是指企业内部的劣势;O(opportunity)是指企业外部环境中的机会;T(threat)是指企业外部环境的威胁。

企业内部的优势和劣势是相对于竞争对手而言的,一般表现在企业的资金、技术设备、职工素质、产品、市场成就、管理技能等方面。判断企业内部的优势和劣势一般有两项标准:一是单项的优势和劣势。例如企业资金雄厚,则在资金上占优势;市场占有率低,则在市场上占劣势。二是综合的优势和劣势。为了评估企业的综合优势和劣势,应选定一些重要因素,加以评价打分,然后根据其重要程度按加权确定。

企业外部的机会是指环境中对企业有利的因素,如政府支持、有吸引力的市场进入障碍正在降低、市场需求增长势头强劲等。企业外部的威胁是指环境中对企业不利的因素,如新竞争对手的出现、市场增长率缓慢、购买者和供应者讨价还价能力增强、不利的人口特征的变动等。这是影响企业当前竞争地位或影响企业未来竞争地位的主要障碍。

通过形势分析确定企业的主要内部条件要素和外部环境要素,然后画出图 3-4 所示的图表,分别将这些要素填在优势表、劣势表、机会表和威胁表中。通过将这些优劣势和机会、威胁互相组合,就可以产生出不同的战略供企业选择。将上述结果在 SWOT 分析图上具体定位,确定企业的战略能力。

WO战略 通过利用机会克服弱势	SO战略 使用优势来利用机会
ST战略 使用优势来避免威胁	WT战略 弱势最小化和避免威胁

图 3-4　SWOT 分析模型

SO 象限内的区域是企业机会和优势最理想的结合。SO 战略是通过使用企业的相对竞争优势来利用机会,这种战略一般是增长型战略。

ST 象限内的业务尽管在当前具备优势,但正面对不利环境的威胁。ST 战略代表的是利用优势来避免威胁,如多元化战略。利用现有的优势在其他产品或市场上寻求和建立长期机会。另外,在企业实力非常强大、优势十分明显的情况下,企业也可以采用一体化战略,利用企业的优势正面克服环境设立的障碍。

WO 象限内的业务有外部市场机会但缺少内部条件,WO 战略通过利用机会来克服企业的弱势。这种战略包括扭转型战略,以尽快改变企业内部的不利条件,从而有效地利用市场机会。

WT 象限是最不理想的内外部因素的结合状况。处于该区域中的经营单位或业务在其相对弱势处恰恰面临大量的环境威胁。在这种情况下,企业可以采取减少产品或市场的紧缩型或防御型战略,或是改变产品或市场的放弃战略。防御型战略是这种战略的代表。

SWOT 矩阵的目的是构思供选择的战略,而不是进行战略选择,因此一般来说,进行 SWOT 矩阵分析时应先构思出企业所有可能采取的战略,以生成一个所有可能战略的表格,然后再根据 SWOT 矩阵对这些战略进行归类和筛选。

三、财务比率分析法

(一)财务比率分析法

财务比率分析法是利用企业财务报表(即以资产负债表、利润表、现金流量表等三大表及有关附表为特征的报表体系),通过有关财务比率的计算,获得企业在某一时点的情况,以及企业在一段时期相对于整个行业平均水平的情况。

财务比率分析通常从两方面进行:一是计算本企业有关财务比率,并与同行业中的竞争对手进行比较,或与同行业的平均财务比率进行比较,借以了解本企业同竞争对手或同行业一般水平相对比的财务状况和经营成果;二是将计算得到的财务比率同本企业过去的财务比率和预测未来的财务比率相比较,借以测定企业财务状况和经营成果在一个较长时期内是否有所改善或恶化。

财务比率分析评价体系主要由四大类构成,包括流动性、杠杆、业务、盈利性。

(1)流动性比率是对公司支付其短期债务能力的度量参数。

(2)杠杆比率指的是企业的资本结构,包括它的债务量的大小。
(3)业务比率是说明其对某些资产管理的好坏。
(4)盈利能力比率则是企业将销售转化为各种利润的能力。

(二)财务比率分析法的局限性

财务报表和比率分析所表现出来的完整性和精确性是容易产生误导的。公认会计原则允许对许多项目以不同的方法进行处理,这些不同的处理方法会影响到所报告的数字,及此后进行的后续分析。因此,比率分析只不过是一种指示,而且有时又会对一个企业的健康状况产生误导的指示。

此外,并非所有的财务比率指标都适用于各类行业企业的分析,不同性质的行业企业对各类财务比率都有一定的可选择性(见表3-4)。

表3-4 主要财务比率

类型	比率	公式	度量的指标
流动性比率	流动比率	流动资产/流动负债	企业能够偿还其短期债务的能力
	速动比率	(流动资产－库存)/流动负债	企业不依赖出售库存而偿还短期债务的能力
杠杆比率	债务与自有资产之比	总债务/总的股东资产	借贷人提供的资金占所有者资产的百分比
	利润与利息之比	支付利息和税收前的利润[①]/总的利息支出	企业在尚未无法支付其利息成本时,其利润的下降程度
业务比率	库存周转率	销售额/制成品的库存额	表示企业处理其库存量大小的能力
	资产总额周转率	销售额/资产总额	相对于企业的资产,是否产生了足够的销售额
	应收账款周转率	年度内赊销额/应收账款	企业回收赊销账款平均时间长度(以百分比表示)
盈利能力比率	毛利润率	(销售额－已销售货物的成本)/销售额	扣除经营费用后产生盈利的总利润率
	经营利润率	支付利息和税收前的利润/销售额	不考虑税收和利息的盈利能力
	净利润率	净收入/销售额	每美元销售额所产生的税后利润
	总资产回报率[②]	净收入/总资产	每美元资产的税后利润,又叫做投资回报率[③]
	自有资产回报率	净收入股东总资产	股东投资于该企业的每美元的税后利润

① 即 EBIT,earnings before interest and tax。
② 即 ROA,return on assets。
③ 即 ROI,return on investment。

四、内部因素评价矩阵法

对内部战略管理分析进行总结的步骤是建立内部因素评价矩阵[internal factor evaluation (IFE) matrix]。这一战略制定工具总结和评价了企业各职能领域的优势与弱点,并为确定和评价这些领域间的关系提供基础。在建立 IFE 矩阵时需要靠直觉性的判断,因此具有科学方法的外表并不意味着就是一种万能的技术。对矩阵中因素的透彻理解比实际数字更为重要。与外部因素评价矩阵相类似,IFE 矩阵可以按如下 5 个步骤来建立。

第一,列出在企业内部分析过程中确定的关键因素。采用 10~20 个内部因素,包括优势和弱点两方面。首先列出优势,然后列出弱点。尽可能具体,采用百分比、比率和比较数字。

第二,给每个因素赋予权重,其数值从 0(不重要)到 1.0(非常重要)。所有因素的权重总和必须等于 1。不论该关键要素是内部优势还是弱点,只要是对企业经营绩效有较大影响的因素就应当得到较高的权重。所有权重之和等于 1.0。

第三,为各因素进行评分。1 分代表重要弱点;2 分代表次要弱点;3 分代表次要优势;4 分代表重要优势。评分以公司为基准,而权重则以行业为基准。

第四,用每个因素的权重乘以它的评分,即得到每个因素的加权分数。

第五,将所有的因素的加权分数相加,得到企业的总加权分数。

无论 IFE 矩阵包含多少因素,总加权分数的范围都是从最低的 1.0 到最高的 4.0,平均分为 2.5。总加权分数大大低于 2.5 的企业的内部状况处于弱势,而分数大大高于 2.5 的企业的内部状况则处于强势。同外部因素评价矩阵一样,IFE 矩阵应包含 10~20 个关键因素。因素数不影响总加权分数的范围,因为权重总和永远等于 1。

当某种因素既构成优势又构成弱点时,该因素将在 IFE 矩阵中出现两次,而且被分别给予权重和评分。例如,花花公子企业国际有限公司(Playboy Enterprises International, Inc)的标志既帮助了该公司,又损害了该公司。该标志使《花花公司》杂志吸引了读者,但它同时又使"花花公子"有线电视频道被排除在很多地区的市场之外。

需再次强调的是,准确地列出和透彻理解所列出的因素比实际的权重和评分更为重要。

▶ 本章小结

企业的内部条件是企业区别于其他企业的根本所在,包括了企业的人员、技术、地理位置、资金、客户资源、品牌、组织等各个要素。这些要素的组合,构成了企业的内部条件。企业的内部条件主要包括企业资源、企业能力和企业组织 3 个方面。

企业资源主要包括有形资源和无形资源。有形资源有财务资源、组织资源、实物资源和人力资源,无形资源有技术资源、创新资源和信誉。

企业能力是指企业有效整合所拥有的资源使其能采取某种行动的能力。企业的核心能力是某一企业所拥有而其他企业所没有的、特殊的资源或者能力,至少某种资源或能力不是以同样的方式组合的能力。通过构筑企业的核心能力,企业能够比竞争对手更好地完成价值创造活动,或者能完成竞争对手不能模仿的价值创造活动。某种资源或能力是否形成持续竞争优势的 4 个标准是:价值性、稀有性、难以模仿性和不可替代性。

企业的组织因素通过具体的组织结构、企业文化,以及与企业能力的互动从而影响企业的内部竞争条件。企业内部竞争条件分析的主要方法包括价值链分析法、SWOT分析法、财务比率分析法、内部因素评价矩阵法。

竞争企业之间的重大成本差异可能发生在3个主要的领域：产业价值链体系的供应商部分、企业内部活动部分、产业价值链体系的前向渠道部分。对以上3个领域，可以分别采取不同的战略行动。

思考题

1. 简述企业资源和能力研究的基本步骤。
2. 简述价值链是如何构成的？
3. 什么是标杆学习？进行标杆学习的目的是什么？
4. 简述企业核心竞争能力的定义、特征和评价标准。
5. 试述如何进行核心竞争能力的管理。
6. 运用SWOT分析法，分析企业的优势与劣势、机会与威胁。

第三章讨论题

第二篇
战略选择

第四章 公司层战略

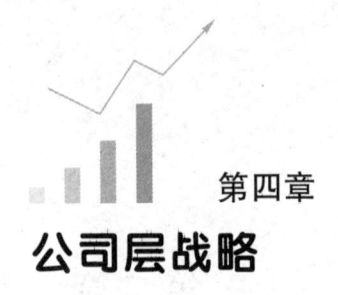

第四章导入案例

在第一篇中,我们介绍了战略分析(企业外部环境与内部条件分析)的基本框架。依据战略分析的结果,我们可以进行战略制定及实施。第二篇介绍可供选择的基本战略。在本篇中,我们重点讨论企业如何在新的市场或行业中发挥其资源和能力而获取利润,这就涉及公司层战略。在公司层战略中,考虑企业的成长,战略态势是一个非常重要的概念。战略态势是企业在成长过程中采取积极或保守的、进攻或防御的一种基本的战略姿态,反映企业在成长某一阶段的基本发展趋势。按照积极与保守的基本态势,企业在公司层的总体战略可分为3种类型,即扩张(发展)型战略(growth strategy)、稳定(维持)型战略(stability strategy)和收缩(紧缩)型战略(retrenchment strategy)。

第一节 企业总体战略概述

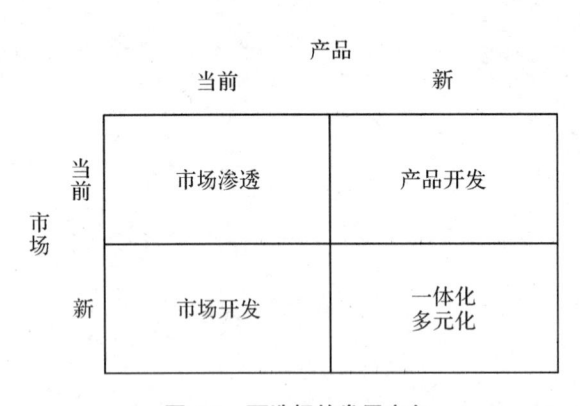

	产品	
	当前	新
当前 市场	市场渗透	产品开发
新	市场开发	一体化 多元化

图 4-1 可选择的发展方向

企业总体战略是通过企业的内外部环境分析,根据企业宗旨和战略目标,依据企业在行业内所处的地位和水平,确定其在战略规划期限内的资源分配方向及业务领域发展战略。

在面对不同的环境内部条件时,企业所采取的总体战略态势会各有差异,企业的总体战略主要有3种态势:扩张(发展)型战略、稳定(维持)型战略和收缩(紧缩)型战略。需要指出的是,即使企业总体采取的是扩张型战略,在不同经营领域仍可采用不同的战略,即企业可以有多种战略方向可以选择。图4-1"产品/市场"矩阵指出了主要的战略选择方向。

对于各种可选发展战略或可选发展方向而言,每一个都有不同的开发方案,这些方案可以分为3类:内部开发、并购,以及联合开发或联盟。

一、扩张型战略

扩张型战略是指企业为了利用市场机会,以内部资源和竞争能力为支持,以谋求更大发展为目的的一种积极的战略。扩张的形式表现为地域扩张和领域扩张。扩张战略具体包括市场渗透、市场开发和产品开发,有时又被统称为加强型战略或成长型战略,因为它们要求加强努力的程度,以提高企业现有业务的竞争地位。

(一)市场渗透战略

市场渗透战略是企业通过更大的市场营销努力,提高现有产品或服务在现有市场的销售收入的战略。这一战略被广泛地单独使用或同其他战略结合使用,下列5种情况尤其适合采用市场渗透战略。

(1)企业特定产品与服务在当前市场中还未达到饱和。

(2)现有用户对产品的使用率还可显著提高。

(3)在整个产业的销售增长时主要竞争者的市场份额在下降。

(4)在历史上销售额与营销费用曾高度相关。

(5)规模的提高可带来很大的竞争优势。

(二)市场开发战略

市场开发战略指将现有产品或服务打入新的地区市场。即企业以市场创新为主导,用原有产品为竞争武器,向新市场扩张。这一战略特别适合于以下几种市场情况。

(1)可得到新的、可靠的、经济的和高质量的销售渠道。

(2)企业在所经营的领域非常成功。

(3)存在未开发或未饱和的市场。

(4)企业拥有扩大经营所需要的资金和人力资源。

(5)企业存在过剩的生产能力。

(6)企业的主业属于区域扩张型或正在迅速全球化的产业。

市场开发战略比市场渗透战略具有更广阔的成长空间,但风险也可能增大,因为企业将面临新市场的进入障碍,需要强有力的促销活动,将增大成本。同时,面对原有经营企业的反击,在相当长的一段时间内,企业的利润很少,甚至没有利润。

(三)产品开发战略

产品开发战略是通过改进和改变产品或服务而增加产品销售。特别适合采用产品开发战略的情况如下。

(1)企业拥有成功的、处于产品寿命周期中成熟阶段的产品。此时可以吸引老用户试用改进了的新产品,因为他们对企业现有产品或服务已具有满意的使用经验。

(2)企业所参与竞争的行业属于快速发展着的高新技术行业。

(3)主要竞争对手以可比价格提供更高质量的产品。

(4)企业在高速增长的行业中参与竞争。

(5)企业拥有非常强的研究与开发能力。

从某种意义上讲,这是企业密集型发展战略的核心,因为对企业来说,只有不断推出新产品,才能应对市场的变化,保持企业的持续成长。另外,对于市场开发来说,有时并不是直接将原有产品打入新的市场,而是针对新的市场做了针对性的改进后才进入的。例如,对于不发达的农村地区来说,由于接收条件和收入上的不同,对电视机功能的要求是与大中城市不同的,所以如果开发出适合他们需求的电视机,再打入农村市场,则要比直接将在城市市场上销售的电视机卖往农村效果要好得多。所以,以上3种加强型战略常常是结合在一起使用的。

二、稳定型战略

稳定型战略是企业处于不利的情况下,既不可能扩张而又不愿意撤退时,为了稳住阵地、积蓄实力,以求寻机发展的一种积极的战略。按照这种战略,企业目前的经营方向、业务领域、市场规模、竞争地位及生产规模都大致不变,保持持续地向同类顾客提供同样的产品和服务,维持市场份额。

(一)稳定型战略的类型

根据战略目的和资源分配方式,稳定型战略又可进一步细分,一些管理学家将其分为以下几种类型。

1. 无变化战略

这种战略可以说是一种没有战略的战略。采用此战略的企业一般具有两个条件:一是企业过去的经营相当成功,并且企业内外环境没有重大变化;二是企业并不存在重大经营问题或隐患,因而企业没有必要进行战略调整。在这两种情况下,为保持企业现有市场地位、利润及企业平衡发展,避免战略改变给企业带来组织、资源、市场、利润等方面的不稳定甚至混乱,企业的战略目标、战略方向、战略规划等基本保持不变。

2. 维持利润战略

这种战略注重短期效益而忽略长期利益,根本意图是渡过暂时性的难关,一般在经济形势不景气时采用,以维持已有的经营状况和效益。由于是以牺牲企业未来发展维持当前利润的战略,所以如果使用不当,会影响企业长期发展。

3. 暂停战略

当企业经过一段较长时间的快速发展后,有可能会遇到一些问题使得效率下降,此时可采用暂停战略,休养生息,即在一段时期内降低企业目标和发展速度,重新调整企业内部各要素,实现资源的优化配置,实施管理整合,为今后更快的发展打下基础。

4. 谨慎实施战略

如果企业外部环境中的某一重要因素变化趋势不明显,又难以预测,则要有意地降低相应的战略方案的实施进度,根据情况的变化实施或调整战略规划和步骤。

(二)稳定型战略的适用性

采取稳定型战略的企业,一般处在市场需求及行业结构稳定或者较小动荡的外部环境中,企业所面临的竞争挑战和发展机会都相对较少。但是,在市场需求较大幅度增长或是外部环境提供了较大发展机遇的情况下,由于资源不足,有些企业也不得不采取稳定型战略。稳定型战略主要适应于稳定的外部环境或有限的企业资源状况。

1. 稳定型战略与稳定的外部环境相适应的情形

在稳定型战略与稳定的外部环境相适应的情形下,企业可以考虑采用稳定型战略。

(1)当宏观经济在总体上保持总量不变或低速增长时,就会使某一产业的增长速度降低,则该产业内的企业倾向于采用稳定型战略。

(2)当企业所在的产业技术相对成熟,技术更新速度较慢,企业过去采用的技术和生产的产品无须经过调整就能满足消费者的需求并与竞争者抗衡,此时企业可采取稳定型战略。

(3)消费者需求偏好变动较小时,企业可采用稳定型战略,在产品领域、市场策略及经营战略方面保持稳定不变。

(4)对处于行业或产品的成熟期的企业,产品需求、市场规模趋于稳定,产品技术成熟,新产品开发难以成功,同时竞争对手的数目和企业的竞争地位都趋于稳定,因此适合采取稳定型战略。

(5)当企业所处行业的进入壁垒非常高或由于其他原因,使得该企业所处的竞争格局相对稳定,竞争对手之间很难有较为悬殊的业绩改变,则企业采用稳定型战略能获得较大收益。

2. 以局部市场为目标的稳定型战略

当企业资金不足、研究开发力量较差或人力资源缺乏,无法采取增长战略时,企业可以采取以局部市场为目标的稳定型战略,以使企业的有限资源能集中在某些自己有竞争优势的细分市场,维护竞争地位。

当外部环境较为稳定时,资源较充足的企业与资源相对较稀缺的企业都应当采取稳定型战略,但两者的做法可以不同,前者应在更为宽广的市场上选择自己战略资源的分配点,后者应在相对狭窄的细分市场上集中资源。

当外部环境不利时,资源丰富的企业可以采用稳定型战略;资源不充足的企业根据自身经营状况确定经营战略,可以在某个具有竞争优势的细分市场上采用稳定型战略,而在其他细分市场上实施收缩型战略,而将资源投入发展较快的行业。

(三)稳定型战略的优缺点

在稳定型战略下,企业基本维持原有的产品领域、市场领域和经营渠道,稳定型战略的优点主要表现为管理难度较小,效益有保证,风险较小。但是稳定型战略是在外部环境稳定的条件下实行的企业战略,一旦外部环境好转,企业自身实力增强时,这种战略就不再适用,企业应积极转为扩张型战略。长期实行稳定型战略往往容易使企业减弱风险意识,甚至形成惧怕风险、回避风险的企业文化,这就会大大降低企业对环境的敏感性和适应性,严重影响企业的发展,这是稳定型战略最大的风险所在。

三、收缩型战略

收缩型战略通常是在企业产品的市场疲软、竞争形势不利的情况下所采取的以退为进的一种积极的战略。企业现有的经营状况、资源条件及发展前景不能应对外部环境的变化,难以为企业带来满意的收益,以致威胁企业的生存和发展时就需要采用收缩型战略。收缩型战略是企业从目前的经营战略领域和基础水平收缩和撤退,且偏离起点较大的一种战略。

(一)收缩型战略的类型

1. 转向战略

这是企业在现有经营领域不能完成原有产销规模和市场规模,不得不将其缩小;或者企业有了新的发展机会,压缩原有领域的投资,控制成本支出以改善现金流为其他业务领域提供资金的战略方案。

2. 放弃战略

在前一战略无效时,可采取放弃战略。放弃战略是将企业的一个或几个主要部门转让、出卖或停止经营。这个部门可以是一个经营单位、一条生产线或者一个事业部。其目的是是要找到肯出高于企业固定资产时价的买主,因此关键是让买主认识到购买企业所获得的技术和资源,能使对方利润增加。

3. 清算战略

清算是指企业由于无力清偿债务而卖掉其资产或停止营业并终止一个企业的存在。清理分自动清理和强制清理两种。前者一般由股东决定,后者则由法庭判定。对于单一经营的企业,清算意味着组织的灭亡;对于多种经营的企业,清算意味着关闭一定数量的经营单位和解雇一批员工。在继续经营毫无希望的情况下,尽早地制定清算战略比被迫破产对股东的利益更为有利,能尽可能多地收回企业资产,减少损失。

(二)收缩型战略的适用性

企业资源是有限的,当企业发展到一定阶段,在外部环境发生变化的情况下,就需要采取收缩型战略,适时退出某些业务。如因行业进入衰退阶段而无法为所有企业提供最低的经营报酬,或者企业为了进入某个新业务领域需要大量的投资和资源的转移等。具体有以下几种情况。

(1)大企业战略重组时,为了筹措所需资金,改善企业投资回报率,开发新的市场领域,会将整个企业的业务集中,发展有潜力的明星业务,放弃衰退业务和问题型业务。

(2)由于经济形势、行业周期、技术发展的变化,市场饱和、竞争等,使行业发展停滞及下滑,造成行业经济不景气,此时企业可采用撤退战略,缩小规模或退出本行业。

(3)由于企业内部决策失误、管理不善及经营机制等问题,削弱了企业在其业务领域的竞争优势和竞争实力,不得不采取收缩型战略。

(三)收缩型战略的特点

收缩型战略的特点主要是帮助企业在外部环境恶劣的情况下节约开支和费用,顺利渡过难关,能在企业经营不善的情况下最大限度地降低损失。在许多情况下,采取撤退战略会避免由于盲目而且顽固地坚持衰退的事业给企业带来的打击。能帮助企业更好地实行资产最优组合。否则当企业面临一个新的机遇时,会因资源缺乏而错失良机。

实行撤退战略的尺度难以把握,如果使用不当,会扼杀具有发展前途的业务和市场,影响企业利益和发展。另外,实施撤退战略会不同程度地裁员和减薪,意味着企业领导者和管理者工作的不力和失败,因此会引起企业内部人员的不满,员工也容易因此而情绪低落。

案例 4-1　精于专业放弃多元

在中国企业中成功实现了战略取舍的代表是万科集团(以下简称万科)。"万科的减法"显示出中国企业在进行战略取舍时的决心和雄心。在1984年,万科以"深圳现代科教仪器展销中心"的名称注册。到20世纪90年代初期,万科发展到"四大支柱"十余个部门,经营种类多达十多个。应该说,万科是一个多元化经营很成功的企业,因为万科涉足的每一个行业、投资的每一个城市、参股的每一个企业,都是赚钱的。但是经营效率和利润并不等于战略。为了确定未来的发展战略,万科将自己与同时期、同行业的企业进行了比较研究,对国内房地产企业和市场走势进行了深入的分析,对国际资金进入中国房地产市场的危机进行了预测。其战略研究的结论是:必须提高房地产开发的专业化程度,而要实现专业化,首先就需要进行取舍,将其他赚钱的产业放弃。

万科集团用了3年的时间做了大量的紧缩调整,将"万科"的经营大船,从多元化的大海拖入专业化的航道。有人称之为"做减法"。

万科的战略取舍是坚决而迅速的。1993年,面对中国地产的泡沫经济,朱镕基总理进行了宏观调控,狠刹"圈地运动"风。在这一形势下,万科开始了紧缩调整。第一,万科提出以房地产为主业,卖掉了与房地产无关的公司,从而改变了过去的摊子平铺、主业不突出的局面。第二,1994年,万科提出在房地产的经营品种上以城市中档民居为主,从而改变了过去公寓、别墅、商场、写字楼什么都干的做法。第三,1995年底,万科提出在房地产的投资地域上由全国的13个城市转为重点经营京、津、沪特别是深圳4个城市。以上的集中就是所谓的"收缩"。至于减法,就是对其他企业关停并转,这个转就是卖,盘活存量。从1994年起,万科在股权投资上开始分期转让在全国30多家企业持有的股份。1993年,万科开发的房地产中有75%是写字楼,25%是住宅。到1997年,这一比例调整到了住宅75%,25%是写字楼。有一些写字楼已经盖了一半,集团就把它们改成酒店,找国际银团来贷款,如天津假日酒店。深圳的写字楼也改成了住宅。集团把5个贸易公司并成1个,还转让了供电厂、印刷厂,回笼现金1.3亿元。产业结构调整的结果是:房地产占60%,其他占40%;地区划分深圳占50%弱,其他占50%强;利润上深圳占75%,其他地区占25%。1997年中期与1996年同期相比,集团的房地产增长了60%,利润增长了95%,销售面积增长了13万平方米。

对这次紧缩,万科老总王石说:"我不再盲目追求高增长,只求把房地产做透。我也不做高档写字楼或低档经济房,只做精品住宅。在确定万科的合理利润回报后,不惜工本地把住宅精致化,力求每一个万科花园都是一座丰碑。也正因为如此,万科集团才逐渐成为房地产业唯一的全国性品牌,这才是企业的长远之道。"

(资料来源:整理自《万科坚定不移地做"减法"成就最具影响力房企》等,https://baijiahao.baidu.com/s?id=1645660621319383847&wfr=spider&for=pc。

第二节　一体化战略

一体化战略是指企业充分利用自己在产品、技术、市场上的优势,向经营领域的深度和广度发展的战略。一体化战略主要有两种类型:一是纵向一体化(vertical integration),又分为后向一体化战略和前向一体化;二是水平一体化(horizontal integration),也称横向一体化,企业常采用并购的方式来实现。一体化战略有利于深化专业化协作,提高资源的利用程度和综合利用效率。

一、纵向一体化战略概述

任何产品或服务的生产都涉及相当多的活动。从获取原材料开始到最终产品的分配和销售的过程,被称为纵向链条(vertical chains)。1985年,波特提出价值链概念,描述了厂商内部与厂商之间为生产最终交易的产品或服务,所经过的增加价值的活动过程。纵向一体化就是企业的活动沿着某种产品或服务价值链的前后方向延伸或扩展。当企业增加所从事的价值链的阶段数量,且使它们更加靠近一种产品或服务的最终用户时,叫做前向一体化(forward vertical integration);当更加远离最终用户时,叫做后向一体化(backward vertical integration)。一个企业所从事的价值链中的阶段数越多,其纵向一体化程度越高;反之,则纵向一体化程度越低。

如一个制造公司投资自己生产某些零配件而不是从外部购买,该公司在本行业的价值链体系中就向后跨越了一个阶段,涉足了两个业务单元。纵向一体化可以是全线一体化,即参与行业价值链的所有阶段;也可以是部分一体化,即进入行业价值链的某一个阶段。纵向一体化战略的优势是以其成本节约保证额外的投资,或产生以差别化为基础的竞争优势,增强公司的竞争地位。

(一)前向一体化

企业将业务向消费它的产品或服务的行业扩展,包括对自己的产品做进一步的深加工,或对资源进行综合利用,或建立自己的销售组织和渠道销售产品或服务等。前向一体化战略的实质是获得分销商或零售商的所有权或对其加强控制。比如当今有越来越多的制造厂商(供应商)正在通过建立网站向用户直销而实现前向一体化。这种战略在一些产业中导致了混乱。例如,美国的家庭用品公司(Home Depot)曾警告其供应商不得通过网上直销而与其进行竞争。很多制造商不愿因网上直销而得罪其经销商(零售商),但由于网上直销相对于零售店销售成本较低,前向一体化战略对很多供应商仍十分具有吸引力。

实施前向一体化战略的一种有效方式是特许经营(franchising)。在美国大约50个不同产业中,有大约2000家公司以特许经营的方式销售其产品或服务。由于成本和机会分散到大量的个人,企业可通过特许经营方式而迅速扩展业务。美国每年以特许经营方式实现的销售额大约为1万亿美元。

(二)后向一体化

企业向为它目前的产品或服务提供作为原料的产品或服务的行业扩展,包括企业自己生产原材料、自己形成配套体系等。后向一体化战略的实质是获得供方公司的所有权或对其加强控制。当公司目前的供货方不可靠、供货成本太高或不能满足公司需要时,尤其适合采用后向一体化战略。如钢铁企业自己拥有矿山和炼焦设施,烟草公司为烟农提供技术和服务,服装公司自己拥有纺织厂等。

纵向一体化战略是企业的一种非常重要的成长战略,它有利于深化协作,提高资源的利用深度和综合利用效率。企业常采取的策略是对为其提供原材料、半成品或零部件的其他企业进行投资自建、投资控股或兼并的纵向一体化,即核心企业与其他企业是一种所有权关系。例如,美国福特汽车公司拥有一个牧羊场,出产的羊毛用于生产该公司的汽车坐垫;美国某报业巨头拥有一片森林,专门为生产新闻纸提供木材。推行纵向一体化的目的,是为了加强核心企业对原材料供应、产品制造、分销和销售全过程的控制,使企业能在市场竞争中掌握主动,从而达到增加各个业务活动阶段的利润的目的。在市场环境相对不确定的条件下,采用"纵向一体化"战略是有效的。

在一定条件下,纵向一体化战略不失为一种合理的和理性的扩张战略。然而,企业在采取某种纵向一体化战略时必须十分谨慎,因为纵向一体化的企业往往与成熟的并且盈利较低的行业相联系。同时,对那些大型的、纵向一体化的企业来说,摆脱这些行业是特别困难的,其原因是双重的:首先,这些规模庞大的纵向一体化企业要想实现企业绩效的显著提高,就必须在新的业务领域进行大量的投资。然而,纵向一体化企业较低的价格—收益比又使这种巨额投资难以进行。另外,人们已经指出,纵向一体化企业几乎培养不出它所需要的总经理,而且,管理层的态度及他们实施控制的组织结构也倾向于抑制战略上的改变。关于前向一体化战略的另一个告诫来自对40个企业组织的一项研究,该研究得出结论说,那些运用前向一体化战略进入一个新的产品市场领域的企业比其他使用另外的战略进入同一种产品市场领域的企业运行得差。最后,对25个纵向一体化企业的经营绩效的研究发现,这些企业与那些执着某种集中多元化经营战略的企业相比,产生了明显偏低的价格—收益比。

(三)纵向一体化战略的考虑因素

1. 纵向市场结构

企业目前交易商的情况如何?成本是否高昂、是否可靠、是否能满足企业的销售需要?包括供应商和销售商。

2. 交易商数量和交易频率

可利用的高质量交易商数量如何?交易频率高还是低?采取一体化战略是否获得了竞争优势?

3. 产业发展前景

企业所参与竞争的产业成熟程度和增长情况如何?是否明显快速增长或预计将快

速增长。当企业主营产品部门踌躇不前时,前向一体化会降低企业进行多元经营的能力。

4. 管理和控制

企业是否具备销售自己产品所需要的资金和人力资源。

5. 稳定供给和稳定生产的重要性

稳定供给和稳定生产对企业是否十分重要?通过一体化,企业可以更好地控制供给并预见对自己产品的需求。

6. 目前的供应商、经销商或零售商是否有较高的利润

这关系到通过一体化,企业是否可以在供应和销售自己的产品中获得高额利润,并可以为自己的产品制定更有竞争力的价格。

(四) 纵向一体化战略的风险

1. 投资风险

纵向一体化会提高公司在本产业的投资,增大风险。有时甚至会使公司不能将其资源进行有效配置。

2. 竞争性

纵向一体化会迫使公司依赖自己的内部活动而不是外部供应源,而随着时间的推移,这样做有可能变得比外部寻源要昂贵,同时降低公司满足顾客产品种类方面需求的灵活性。

3. 产能平衡

纵向一体化战略实施需要保持价值链各阶段生产能力间的平衡。价值链上的每个环节最有效的生产规模可能大不相同,一般情况下,每个活动之间不可能完全达到自给自足,对某个活动来说,如果它的内部生产能力不足以供应下一个阶段,差值部分就需要从外部购买,如果内部生产能力过剩,就必须为这些产能寻找顾客,副产品也需要进行处理。

4. 管控能力

一体化战略的实施需要拥有完全不同的技能和业务能力。产品的生产、装配、批发分销、零售都是不同的业务,需要不同的关键成功因素。企业进入自己不擅长的领域,会给管理带来许多麻烦,并不总是如它们所想象的那样能够给它们的核心业务增加价值。

5. 灵活性

后向一体化进入零配件的生产可能会使公司降低生产的灵活性,延长对设计和模型进行变化的时间,延长公司将新产品推向市场的时间。同时经营方向的调整也很困难。

6. 资金需求

需要较多的资金。企业实行纵向一体化后,自制零部件或自产原材料所需的生产

资金、储备资金和材料资金要比外购这些零部件和原材料增加许多,如果企业财力不够雄厚就不可能采用纵向一体化。

二、纵向一体化战略的动因

企业实施一体化战略的目的主要是加强对原材料供应,产品制造、分销和销售全过程的控制,增强企业在市场竞争中的主动性,最终增加各个业务环节及整个业务链的利润。一般认为在市场条件相对稳定的条件下,企业采用一体化战略的动因是为了实现更好的经济效益、稳定经济关系、形成市场力量,以及获得内部治理的优势。具体表现在以下几个方面。

(一)实现更好的经济性

如果产量足以达到有效的规模经济,则最通常的纵向一体化战略利益是联合生产销售、采购、控制和其他经济领域以实现经济性。主要原因是:第一,可以进行内部控制和协调经济。在纵向一体化企业中,对生产进度、交货时间、维修活动及对紧急事件的更好的协调和控制能带来原材料的更稳定的供应,提升交货能力,提高企业的生产效率。第二,一体化经营可以减少对收集某些类型的市场信息的成本。监控市场及预测供给、需求与价格的固定成本等任务可以由一体化企业的各部分分摊,而在非一体化企业中将由各个实体承担。第三,节约交易成本。通过纵向一体化,企业可以降低市场交易的销售、谈判和交易成本。第四,实现联合经营的经济性。通过把技术上相区别的生产运作放在一起,企业有可能实现高效率。例如在制造业,这一做法能够减少生产过程的步骤数目,降低成本,减少运输费用。

(二)稳定经济关系

由于上游与下游生产阶段都知道它们的采购和销售关系是稳定的,因而能够建立起彼此交往的更有效的专业化程式,而这在供应商或顾客是独立实体的情况下是行不通的。同时,关系的稳定性将使上游企业可以微调自己的产品(质量、规格等方面),以使其适应下游企业的特殊要求,或者使下游单位对自身进行调节以更充分地适应上游单位特点。这种调节可能使上下游单位配合更为紧密,从而大大提高企业整体效率。

虽然纵向一体化企业的内部之间会出现协调的问题,但更困难的协调问题却往往发生在独立企业之间的市场契约交易之中。这主要是因为,在纵向一体化企业内部进行某项活动时,可以通过集权控制达到协调,而在市场上,独立企业之间进行契约交易时,则不存在这种控制。

案例4-2　汽车企业的后向一体化

一辆车有超过3万个零部件,自亨利·福特时代后,没有汽车公司选择自己制造大部分零部件。汽车供应商企业为服务更多客户、拥有更大的生产规模和更低的成本,多数选择将更多的制造环节外包。渐渐地,通用、福特等汽车巨头只掌握汽车发动机和变速箱的研发及汽车的组装等核心环节,它们变成了"汽车设计与组装公司"。

而当电动化和智能化浪潮来临，跑在前面的两家车企，特斯拉和比亚迪，都推翻了汽车业稳定运行数十年的法则，自己制造了比一般车企多得多的东西，走上了"一体化"之路。

比亚迪与特斯拉后向一体化的直接目的都是压低成本，从而以更有竞争力的价格卖更多车。但二者的侧重不同。

特斯拉自己开发自动驾驶算法、芯片、电池、电机、车身和电子电气架构。马斯克将特斯拉描述为一家集合硬件与软件能力的公司，特斯拉不只是汽车公司，也是人工智能公司。

比亚迪则自制大量成本占比高的零部件。曾有媒体这样形容：比亚迪＋福耀（玻璃）＋中策（橡胶轮胎）＋宝钢（钢铁）＝完整的汽车产业链。比亚迪现在仍控制着电池、电机、汽车电子、模具、功率半导体和内外饰等一辆电动车中成本最高的零部件的制造。

2020年，比亚迪将这些业务打包独立成弗迪系公司：弗迪动力（电机、混动系统）、弗迪电池、弗迪视觉（车灯等）、弗迪科技（汽车电子配件、底盘）和弗迪模具。王传福希望弗迪系企业能对外供应，比亚迪不仅想成为一家世界级整车厂，也想成为新能源领域的"博世"。

（资料来源：整理自虎嗅网相关资料，https://www.huxiu.com/article/1858133.html。）

（三）形成市场力量

市场力量包括防御性市场力量和攻击性市场力量。企业通过纵向一体化可以得到某些战略优势，如控制稀缺或关键的资源和分销渠道，占据最有利的地理位置，获得私有产业信息，形成较为丰富的学习效应等，从而提高产业的进入壁垒，形成攻击性市场力量。这样，企业不仅保护了自己原有的经营范围，而且扩大了经营业务，同时还限制了所在行业的竞争程度，使企业的定价有了更大的自主权，从而获得较大的利润。在这种情况下，没有纵向一体化的企业面临着必须抢占剩余供应商和顾客的残酷局面。为了防御目的，一个企业必须纵向一体化，以免面临被封阻的处境。

此外，如果一个企业在与它的供应商或顾客做生意时，供应商或顾客有较强的议价能力，且它的投资收益超过了资本的机会成本，那么，即使一体化不会带来其他益处，企业也值得一体化。通过一体化抵消议价能力不仅可以降低供应成本（通过后向一体化），或者提高价格（前向一体化），而且企业通过消除与具有很强实力的供应商或者顾客所做的无价格的活动，使企业经营效率更高。

（四）获得内部治理的优势

对企业内部交易的治理基本上不同于公平市场交易的治理。内部治理机制可以调整以适应当事人的有限理性和契约条件的复杂性。例如，管理层可以要求下属提交具体和标准的信息，但是在公平市场关系中，从当事人那里获得这些信息的费用要高得多。

纵向一体化可以把当事人结合在长期的重复关系中。企业内部两个结合在一起的部门会更积极进行关系专用性投资,而投资成本要比独立的两家企业的低,这是因为它们可以比较准确地计算投资收益。两个部门都知道它们的关系很可能会长期延续,要是分成两个独立的企业,很可能发生契约要挟和关系终止,分享投资成果的可能性也就较小了。另外,两个部门长期的关系没有确定的终止日期,这就降低了一个或两个部门在关系结束时产生机会主义行为的可能性,也就不可能产生另外一个部门的报复行动。

三、纵向解体和外部寻源战略

近年来,一些纵向一体化的企业发现在价值链的很多阶段中进行经营并不理想,因而纷纷采取纵向解体战略,或者叫解束战略、分解化战略(deintegration)。解体战略指的是从价值链体系的某些阶段中撤离出来,依靠外部供应商来供应所需的产品、支持服务或者职能活动。

比如,美国的一些产业(如汽车和制铝业)正减少采用后向一体化战略。福特汽车公司与克莱斯勒汽车公司所需要的零件中有半数以上由外部供应商提供,诸如天合汽车集团、伊顿公司、通用电气公司和约翰逊控制器公司。分解化战略对于可在全球得到产品供应的公司来说是合理的。通过外购(outsourcing),企业可利用供方间的竞争得到最优惠的价格。这种做法正广泛地被采用。箭头钢铁公司(Arrowhead Steel Company)和沃辛顿钢铁公司(Worthington Steel Company)等一些小型钢铁企业,正在通过互联网实现后向一体化。目前,绝大多数的小型钢铁公司都可在网上发现价格最低的废钢铁供应商。拥有这种网站的公司包括位于匹兹堡的 Metal Site LP 公司和位于纽约的 e-Steel 公司。这两家公司的网站为买卖双方提供了与众多公司进行钢铁产品交易的机会。很多钢铁公司目前都已建有自己的网站,以便利用本产业后向一体化的机会。

全球竞争还促使公司减少供货方的数量,并向供应商提出更高的产品质量和服务水平要求。美国公司在以往曾依赖众多供应商以保证供应和得到低价格,现在正效仿日本公司。日本公司拥有供应商的数量要少得多,但它们却与供应商保持着更紧密和更长期的关系。施乐公司的马克·夏默罗尼斯说:"与众多的供应商保持关系是一件繁重的任务。"

在下列一些情况下,可以考虑将价值链中原来由厂内运作的部分改为向外部寻求资源。

(1)某项活动由外部的专业厂商来做可能会更有效或者成本更低。

(2)该活动对于企业获取持久竞争优势的能力并不具有至关重要的意义,反而会挖空企业的核心能力或者技术诀窍。例如,在西方的很多公司中,对于维修服务、会计、数据处理及其他一些管理支持活动,常常利用外部的专业公司来做。

(3)这样做可以降低企业对变化的技术和变化的购买者偏好的风险程度。

(4)这样做能够简化企业的运作,从而提高组织的灵活性,减短周期时间,加速决策,降低协调成本。

(5)这样做可以使一家企业能够将精力集中于核心业务。

很多企业同供应商建立较疏远的关系,价格通常是这些企业选择供应商的决定性因素。这些企业会让供应商进行竞价,最终获得尽可能的价格。转换供应商对供应商所产生的威胁是最主要的武器。为了使这种威胁具有威慑力,各企业更倾向于同多个供应商签订短期的合同,而不是同单一供应商签订长期的合同,其目的在于加剧供应商之间的竞争。

但是,很多企业摒弃了这种做法,它们同较少的有着强大能力的供应商打交道,这些强大的供应商被公司当作战略合作伙伴。它们认为:与关键的供应商构建紧密的长期合作伙伴关系,充分利用和挖掘强大供应商的能力,可以抓住纵向一体化的优势,避免纵向一体化的缺点。

四、横向一体化战略

横向一体化战略也叫水平一体化战略,是指将生产相似产品的企业置于同一所有权控制之下,兼并或与同行业的竞争者进行联合,以实现扩大规模、降低成本、提高企业实力和竞争优势的目的。

战略管理的一个最显著的趋势便是将横向一体化作为促进公司发展的战略。竞争者之间的兼并、收购和接管实现了规模经济效益,促进了资源与能力的流动。横向一体化战略一般是企业面对比较激烈竞争情况进行的一种战略选择。采用横向一体化战略的好处是:能够吞并或减少竞争对手;能够形成更大的竞争力量去和竞争对手抗衡;能够取得规模经济效益;能够取得被吞并企业的市场、技术及管理等方面的经验。一个很好的例子是,中国的冰箱市场竞争非常激烈。但是,当科龙、美菱等几家企业横向整合在一起之后,这些企业共同形成了一个每台冰箱150元的成本壁垒,中国的低端冰箱市场反而竞争趋缓了。

企业一般在下列情况采用横向一体化战略。

(1)希望在某一地区或市场中减少竞争,获得某种程度的垄断,以提高进入障碍。

(2)企业在一个成长着的行业中竞争。当竞争者是因为整个行业销售量下降而经营不善时,不适于用横向一体化战略对其进行兼并。

(3)需要扩大规模经济效益来获得竞争优势。

(4)企业具有成功管理更大的组织所需要的资本和人力资源,而竞争者则由于缺乏管理经验或特定资源而停滞不前。

(5)企业需要从购买对象身上得到某种特别的资源。

但是,横向一体化战略也会带来一些问题,其中最主要的是管理问题和政府法规限制。收购一家企业往往涉及母子公司管理上的协调问题。由于母子公司的历史背景、人员组成、业务风格、企业文化、管理体制等方面存在着较大的差异,因此,母子公司的各方面协调工作非常困难。另外,横向一体化战略可能会使合并后的企业在行业中处于垄断地位,过度的垄断可能会招致政府的干预。如在美国,政府制定了反托拉斯法,其目的就是制止一些企业的垄断行为。

案例4-3 青岛啤酒的横向扩张

20世纪90年代初期,面对快速增长的中国啤酒市场,国外众多啤酒品牌磨刀霍霍,纷纷抢滩中国市场。而同样看好啤酒市场的国内资本,也纷纷上马啤酒项目,全国一下子涌出800多家啤酒厂,市场呈现出一派"群雄割据"的局面。

1993年,青岛啤酒成为中国内地首家沪、港两地上市公司。1994年,青岛啤酒一举收购扬州啤酒厂,打响了中国啤酒行业"做大做强"的第一枪;次年又成功收购了西安汉斯啤酒饮料集团,中国啤酒行业异地收购、兼并与扩张浪潮由此拉开帷幕。1998年,实施大名牌发展战略后,青岛啤酒在全国开展了大规模的兼并和扩张行动:1999年8月,青岛啤酒收购湖北应城啤酒厂,组建的青岛啤酒(应城)有限公司成立,这是青岛啤酒在湖北的第二家全资子公司。1999年9月,青岛啤酒收购珠海皇妹酿酒有限公司60%的股权;同月,全面控股马来西亚投资的上海啤酒公司;12月,全资收购广东强力啤酒厂。2000年5月,收购河北廊坊啤酒厂;6月,对陕西渭南南泰啤酒厂控股……

通过这一轮扩张,青岛啤酒形成了北至黑龙江、南至深圳、东至上海、西至陕西的全国性生产布局,拥有近70家啤酒厂,由一家地处青岛的地方性企业一举发展成为产业遍布全国的大型企业集团,并率先完成了国内市场的战略布局,中国啤酒市场也由此前的"群雄割据"演变成了今天Top 5企业的"龙头寡聚"局面。截至2022年,中国啤酒行业集中度已经高达92.3%。

(资料来源:整理自《青岛啤酒:120年波澜壮阔,勇立潮头扬远帆》,https://baijiahao.baidu.com/s?id=1772358228714458185&wfr=spider&for=pc。)

五、纵向一体化战略的组织特征

(一)组织结构

一个纵向一体化的企业,其价值链上的各项活动,如研究与开发、制造、销售等主要活动,以及财务、人力资源管理等支持活动,对应着管理的各种职能。因此,职能制结构是最适合一体化企业的组织结构。职能制结构在战略管理文献中通常被称为U形结构(U-form structure)。U为英文"unitary"(单一的)的缩写,特指一体化企业的CEO。典型的U形结构如图4-2所示。

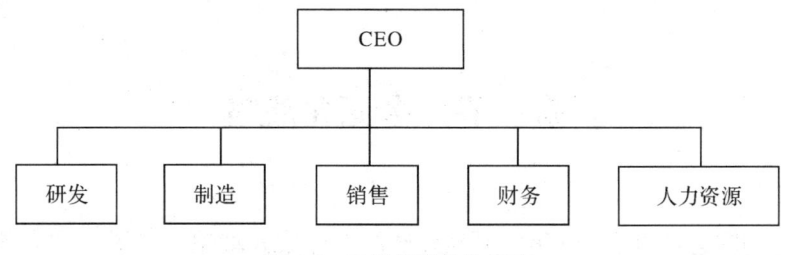

图4-2 U形组织结构示意

在一体化企业中,只有CEO才具有整个企业范围的视野,而部门经理甚至副总都只是某个职能或少数几个职能的专家。U形组织中的CEO在战略管理上负有特别的责任。

(二)管理控制系统

U形组织中最常出现的问题是职能冲突和CEO可能过于集权。可以采用一些管理控制方法来帮助解决这些问题。

1. 预算

预算是U形组织中最重要的控制机制。预算是落实经营目标,分配资源和进行绩效评价的重要依据。在预算过程中,要注意预算的导向性,平衡好短期与长期行为。预算的编制也应采用开放式和参与式的过程,以保证预算目标的现实性,并让职能经理们能够理解和接受。

2. 管理委员会

U形组织中可以设置各种管理委员会来增强管理的民主性和科学性,减少CEO可能的过度集权所带来的问题。管理委员会可按照不同的职能,划分为投资决策委员会、战略委员会、考核委员会等,也可按参加人员和关注重点分为行政委员会(由CEO和两至三位主要高级职能经理组成,通常每周开会一次,追踪评价企业的短期绩效)和运行委员会(由CEO和所有职能经理组成,通常每月开会一次,追踪评价企业较长时期的绩效和战略投资活动)。

U形组织中的职能冲突可以用任务小组等形式来解决。任务小组是非常设的项目管理小组,当发生新产品开发、并购等事项时,从相关职能部门抽调人员,组成该项目任务小组,任务完成后小组撤销,人员各归原位。各种方法可以有效加强职能部门间的协调协作。

(三)报酬制度

报酬制度是一种重要的治理机制(详见第十章中的讨论)。

U形组织是一体化企业的恰当组织形式,但是,当企业一体化的范围太广或者进入了大量新的行业后,也会产生各种各样的问题。主要表现为CEO的精力有限,无暇顾及诸多事务,无法同时做好战略制定和战略实施工作。这时,可以考虑增设首席运行官(chief operating officer,COO),负责战略实施,而CEO则专注于战略制定。当一体化企业变成为多元化企业时,应当及时采用事业部制结构,适当向下分权,以适应多元化经营的要求。

第三节 多元化战略

多元化战略是20世纪60年代风靡全球的企业成长战略。世界上许多著名大公司的成长史多数是由单一业务走向一定程度的多元化经营的历史,富有实力的跨国公司通常也是跨国多元化公司。在1950年,在《财富》杂志所列的美国500强工业企业中,只有38.1%的企业的多元化经营收入超过总收入的25%;到1974年,这个比例增加到63%;与此对应的单一或主导产业的公司的比例下降到37%。随着资本的积累和技术的创新,适时、适度的多元化经营成为大多数企业追求的成长战略。

多元化战略是企业最高层为企业制定的多项业务的组合,也是为公司涉足不同产业环境中的各业务制定的发展规划,包括进入何种领域、如何进入等,也称为多样化、多角化经营。当企业拥有额外的资源、能力及核心竞争力并能在多处投入时,就应该实施多元化。同时,采用该种战略的企业的经理层应具备独特的管理能力,能同时管理多项业务,并且能增强企业的战略竞争能力。

一、多元化类型

多元化经营最初是由产品—市场专家安索夫在20世纪50年代提出的。单就多元化而言,包括产品多元化、市场多元化、投资区域多元化和资本多元化。一般而言,多元化经营战略是指一个企业同时在两个或两个以上的行业中进行经营,向不同的行业市场提供产品和服务。多元化公司的各项业务的关联程度不同,造成了各个多元化公司的具体类型也不同。图4-3列示了因多元化层次的不同而产生的5种类型的业务关系。除了单一业务型或主导业务型公司,充分多元化的公司被分为相关多元化和不相关多元化两类。如果事业部之间存在较多联系,这家企业就是相关多元化的。例如,事业部可能共享产品、服务、技术及分销渠道。事业部之间联系越多,约束程度越高。不相关类型是指事业部之间无直接联系。

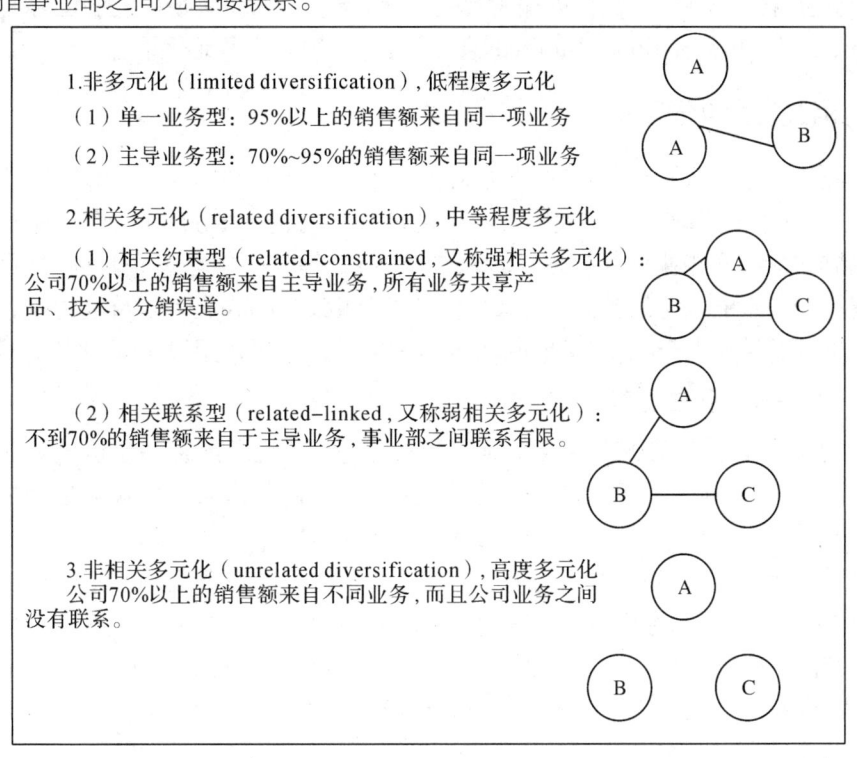

1. 非多元化(limited diversification),低程度多元化
 (1) 单一业务型:95%以上的销售额来自同一项业务
 (2) 主导业务型:70%~95%的销售额来自同一项业务

2. 相关多元化(related diversification),中等程度多元化
 (1) 相关约束型(related-constrained,又称强相关多元化):公司70%以上的销售额来自主导业务,所有业务共享产品、技术、分销渠道。

 (2) 相关联系型(related-linked,又称弱相关多元化):不到70%的销售额来自于主导业务,事业部之间联系有限。

3. 非相关多元化(unrelated diversification),高度多元化
 公司70%以上的销售额来自不同业务,而且公司业务之间没有联系。

图4-3 多元化的类型和程度

(一)低层次多元化

低层次多元化经营的企业是将精力集中在某一项主导业务上。当一家公司收入超过95%的部分都来自某一个主导业务时,该公司就应该划入单一事业型。主导事业型就是一家公司收入中的70%～95%来自某一项业务。如好时食品公司(Hershey Foods Corporation)是美国最大的巧克力及非巧克力糖果生产商,这就是一家主导型公司。尽管该公司产品丰富,但公司绝大部分收入是来自糖果产品销售的。

(二)中高层次多元化

中高层次多元化可分为相关多元化[包括相关约束型多元化(强相关)和相关联系型多元化(弱相关)]和不相关多元化。当一家公司超过30%的收入不是来自其主导事业且它的事业互相之间有着某种联系时,该公司的多元化战略就是相关多元化;当这种联系直接且频繁,或者有一定的联系时,就是相关约束型多元化或相关联系型多元化;各事业间联系较少或没有联系,就是不相关多元化。相关多元化公司各业务在资源和资金上共享较少,而知识及核心竞争力的相互传递却较多;不相关多元化公司属于高度多元化,公司各项业务之间没有太多的联系,如通用电气公司。

为了顺应全世界的专业化潮流,一些公司在多元化上改变了立场。通用电气公司曾经被视为全世界采用高度多元化最成功的公司,在21世纪90年代,该公司决定降低其多元化层次以强化主营业务,通用电气公司出售或剥离了许多属下事业部。西屋电气公司是一家历史超过百年的老公司,实行相关多元化战略已多年。自从该公司收购了哥伦比亚广播公司后,多元化进程大大减缓;而当它与维亚康姆(美国)国际有限公司[Viacom(USA) International Limited]合并后,它又进一步多元化了。

二、相关多元化战略

相关多元化战略是企业为了追求战略竞争优势,增强或扩展已有的资源、能力及核心竞争力而有意识采取的一种战略。实行这种战略的企业增加新的、但与原有业务相关的产品与服务,这些业务在技术、市场、经验、特长等方面相互关联。例如,我国的海尔、长虹等知名家电企业都实行了相关多元化的战略,它们的业务涉及电视机、冰箱、空调、洗衣机等多种家电产品,广义地说,前面讲的纵向一化也是相关多元化的一种形式。

(一)相关多元化的优势

相关多元化的战略匹配关系会给企业带来优势。战略匹配存在于价值链非常相似以至能为公司各方面带来机会的不同经营业务之间,它主要从两个方面给相关多元化的企业带来优势:一是产生范围经济,二是增加市场力量。

以相关多元化作为公司战略的企业总是尽力利用不同业务之间的范围经济来实现目标。当两种或更多的经营业务在集中管理下运作比作为独立的业务运作花费更少时,就存在范围的经济性。对于在多个行业或产品市场上经营的公司来说,范围经济性来源很广,包括分享技术、对共同的供应商形成更强的讨价还价的力量、联合生产零件和配件、分享共同的销售力量、使用同样的销售机构和同样的批发商或零售商、售后服务的联合、共同使用一个知名商标、将竞争性的有价值的技术秘诀或生产能力从一种业务转移到另一种业务、合并相似的价值链活动以获得更低的成本等。范围经济性越大，基于更低成本基础上创立竞争优势的潜力更大。如索尼公司作为领先的消费电器公司，采用了技术相关、营销相关的多元化战略进入了电子游戏行业；强生公司的产品包括婴儿产品、医疗用药物、手术和医院用产品、皮肤护理产品、隐形眼镜等；另外还有宝洁公司、吉列公司等，都是具有相关性业务组合的例子。

相关多元化经营也可以获得"市场力量"。市场力量是指企业对市场的控制力或影响力。当一个企业在多个相互关联的领域内经营时，它通常比那些在单一领域内经营的企业更有市场力量。如一个同时生产电视机、冰箱、洗衣机、空调、微波炉等多种家电产品的企业，往往比只生产冰箱的企业更有市场力量。纵向一体化同样也可能获得市场力量，因为它可以通过内部交易达到控制市场的作用。

战略匹配关系存在于各业务价值链的任何地方：在生产、销售、营销及研发活动中，主要体现在以下几个方面。

(1)技术匹配。当在不同的业务经营间存在分享共同的技术、探求与某种特殊技术相关的最大的经营机遇，或者具有可以将技术秘诀从一种业务转移到另一种业务的潜力时，就存在着技术匹配。

(2)市场匹配。当不同业务经营的价值链活动高度交迭，以致它们的产品有着相同的顾客，通过共同的中间商和零售商，或者以相似的方式进行营销和促销时，这些业务间就存在着与市场相关的战略匹配。

(3)运作匹配。当不同业务之间在获得原材料、研发活动、生产过程，或实施行政支持功能方面存在合并活动或转移技术和生产能力的机会时，就存在着运作匹配。

(4)管理匹配。当不同业务单元在公司、行政管理或运作问题的类型方面具有可比性，因此可将在一种业务经营中的管理方法转移到另一业务中时，就存在着管理匹配。

(二)相关多元化战略适用条件

(1)可以将技术、生产能力从一种业务转向另一种业务。
(2)可以将不同业务的相关活动合并在一起。
(3)在新的业务中可以借用公司品牌的信誉。
(4)以能够创建有价值的竞争能力的协作方式实施相关的价值链活动。

(三)相关多元化战略实现方式

(1)进入能够共享销售队伍、广告、品牌和销售机构的经营领域。
(2)探求密切相关的技术和专有技能。
(3)将技术秘诀和专有技能，从一种经营业务转移到另一种经营业务。
(4)将组织的品牌名称和在顾客中建立起的信誉转移到一种新的产品和服务。
(5)并购有助于增强公司目前经营地位的新业务。

三、不相关多元化战略

不相关多元化就是公司进入与原有行业不相关的新业务，公司经营的各行业之间没有联系。美国通用电器公司是高度多元化的范例，从灯泡到信用卡、从医药到有线电视,跨越多种行业。

(一)不相关多元化战略的优势

尽管相关多元化会带来战略匹配利益,很多企业却选择了不相关的多元化战略,不相关多元化的主要目的在于寻求有吸引力的财务经济性。

(1)经营风险在一系列不同的行业得到分散,因为公司的投资可以分散在具有完全不同的技术、竞争力量、市场特征和消费群体的业务中。

(2)通过投资于任何有最佳利润前景的产业可以使公司的财力资源发挥最大的作用。

(3)公司的获利能力更加稳定。理想的状况是公司某些业务的周期性下降与多元化进入的业务的周期性上升相平衡。

(4)增加股东财富。当被购的公司是具有上升潜力的价值被低估的公司时,股东财富就能增加。

(二)不相关多元化战略的适用性

(1)当企业所在行业逐渐失去吸引力,企业销售额和利润会下降。

(2)企业没有能力进入相邻产业。

(3)企业具有进入新产业所需的资金和人才。

(4)企业有机会收购一个有良好投资机会的企业。

(三)不相关多元化战略的实现方式

企业很少在内部组建新的子公司以进入新的产业,一般是通过并购形式实现多元化。任何可以并购的具有有利财务条件和令人满意的利润前景的公司都可以作为进入产业领域的选择。挑选被收购公司要考虑以下因素:其业务是否可以达到公司获利能力和投资回报率的目标;是否需要注入资金以更新固定资产和提供流动资金;是否处于有着重大增长潜力的产业;是否可能出现业务统一困难或者违反政府有关产品安全环境的规定;这一产业对萧条、通货膨胀、高利率或政府政策的变动的敏感程度等。

如果只考虑快速获得财务收益,有3种公司是最好的选择:一是资产被低估的公司。以低于全部市值的价格将其收购,并以高于买价的价格将其资产和业务再次出售从而为公司带来实际的资本利润。二是财务困难的公司。借助母公司的财力和管理方法整合公司,然后作为长期投资或将其出售。三是增长前景很好但缺少投资资本的公司。

(四)不相关多元化战略的弱点

1. 管理难度很大

多元化公司涉及的领域越多,多元化程度越高,公司越难以对每个子公司进行监察和尽早发现问题,越难以形成评价每个经营行业吸引力和竞争环境的真正技能。判断各业务计划和行动的质量也更加困难。因此多元化公司要求管理者必须具备很高的洞察力和反应能力:能判断并购的效果,选拔管理人员的能力,能辨别何时业务经理提出的战略计划是合理的,当一个业务单元的经营出现失误时知道如何处理。总之,多元化公司经营的难度在于要充分考虑在不同产业中完全不同的经营特点和竞争环境,以做出科学合理的决策。

2. 不存在战略匹配利益

相关多元化对于增加股东价值代表了一种战略方法,因为它的目的是探求不同业务价值链间的联系以降低成本、转移技能和专门技术并获得其他战略匹配利益,其目标是将公司的各种业务间的战略匹配关系转变为业务子公司靠自己无法获得的额外的竞争优势,公司通过相关多元化得到的竞争优势是实现更大的股东价值的驱动力。而不相关多元化主要是创建股东价值的一种财务方法,它是基于灵活的财务资源和管理技能,以把握财务上的经营机会。由于没有战略匹配关系带来的竞争优势潜力,不相关的多种业务的组合业绩并不比各业务独立经营业绩总和多,并且,如果公司的管理者任意干预业务单元的运作或因公司政策失误使之无法经营,会产生更坏的结果。

不相关多元化要想增加股东价值,公司战略管理者必须在创建和管理多元化的业务组合方面具有高超技能,例如,在将并购的公司处于顶峰时卖掉并获得溢价方面足够聪敏;明智和积极地将公司财务资源从盈利机会暗淡的业务中转出,投入到正在快速增长和投资回报率高的业务中去;高效监察和管理子公司业务等。

如果公司的总经理们制定和执行的不相关多元化战略能产生以上成果,使得公司在为股东创造更多的红利和股票增值方面超过其他公司,那么股东价值才真正得到了提高。

四、多元化战略的动因

企业实施多元化战略是为了增强企业的战略竞争优势,从而使企业的整体价值得到提升。不管是相关多元化还是不相关多元化战略,只要能够让企业所有事业部增加收入和降低成本,就体现了多元化战略的价值。多元化能够获得比竞争对手更强的市场影响力,通过业务组合降低管理者的风险等。多元化战略的动因主要可以分为外部环境因素和企业内部因素两种。

实践链接 4-2

(一)外部环境因素

1. 市场势力

市场势力理论认为,由于多元化经营企业进入了集聚状态,它们将比单一经营企业更为兴旺发达。市场势力理论是由科温·爱德华在其 1955 年的著作《作为市场势力源泉集聚巨人》中首先提出的。他指出,生产多种产品并跨越多个市场的企业不需要把一个特殊市场看作企业经营策略的决定因素而努力实现每种产品的利润最大化;企业在一个特殊市场上的力量不仅仅是因为企业在该市场中所具有的优势地位,还因为企业在其他市场上的扩张。通过多样化市场策略而非传统的营销策略,企业就可以开发和占有新的市场而保持竞争力。

之后的经济学家们认为企业可以通过 3 种方式实现市场力量:① 交叉补贴,即多元化经营企业可以用它在一个市场上获取的利润来支持其在另一个市场实行掠夺性定价,以挫败竞争对手;② 共同克制,即竞争对手们在多个市场相互抢占时,承认相互依赖的重要性,并以此降低竞争的程度;③ 互惠购买,即在多元化经营的企业之间,如果一个企业对另一个企业无论作为买主或卖主都相当重要时建立互惠购买的关系,以排挤弱小的竞争者进入市场。而市场势力理论则认为集聚的能力是企业在不同市场上市场能力作用的共同结果,企业只有在其进入的不同市场上拥有一定的能力,才能够产生市场能力。也就是说,企业如果没有在一定数目的市场上占有重要地位,就不会拥有市场能力。

2. 范围经济

获取范围经济是企业进行多元化经营,特别是相关多元化经营的动机之一。范围经济(economy of scope)是指企业经营范围扩大带来的经济性。范围经济的存在本质在于企业对多个业务可共享的剩余资源的利用。在任一特定时刻,多数企业的资源中都存在剩余能力。这些剩余资源可以出售或出租。但企业所拥有的许多富有价值的资源是异质的或深入企业内部的,使得企业很难出售或出租,或者由于交易费用的存在阻碍企业将其出售或出租。因此通过多元化经营自己开发利用这些资源便成为企业获取范围经济的重要途径。企业可以利用现有资源、生产能力、核心技术、营销能力和渠道,以及管理能力发展相关产业,实现范围经济。非相关多元化企业也可以共享优势竞争方法和财务管理技术,获得效益。

3. 规避行业萎缩

任何产品、行业都有自己的生命周期,当行业处于衰退期时,企业进入新行业就成为必然选择。而且在市场集中度高的行业,少数企业在市场、成本上占有绝对优势,其他企业要想获得高增长率只有进入其他行业。

理查德·鲁梅尔特提出"逃避假说",认为多元化战略是企业在原业务前景不佳时的逃避手段。企业经营业绩不佳往往是由于企业处于竞争激烈、缺乏创新、成长性不足的行业中而造成的。产业组织经济学的研究也认为,行业结构和盈利能力会对公司经营战略产生影响。企业在面临竞争压力时,如市场限制了企业原有主导业务的成长和获利时,会进行多元化经营,这时的目的是改变市场结构和提高经营业绩。对新西兰大型企业的多元化经营状况的研究发现,企业在进行多元化经营之前,都开始关注企业绩效开始滑坡的现象。因此可以认为,企业面临盈利水平下滑时会开始追求多元化经营。多元化经营是提高企业经营业绩和挖掘企业发展潜力的需要。

4. 税收优势

多元化经营企业可以在企业内部将投资从边际收益率较低的业务转移到边际收益率较高的业务。而股东如果想在专业化企业之间转移投资就必须卖出股票并缴付相应的交易税费。同时,多元化经营可以使企业在不同业务之间转移亏损,而不必在时间上向前或向后分摊损失。也就是说多元化经营企业税务抵销的预期比较高。乔纳森·卢埃伦认为,非相关多元化可以使企业有更强的负债能力,而高负债能力可以利用杠杆效应,享受税收屏蔽的好处。研究表明,只要企业在某些年份有一个或更多部门亏损,总体的税收负担将低于这些部门独立经营时的税负。

5. 政府反垄断措施

反垄断法的实施是多元化经营产生的一个重要原因。1950年《克莱顿法》的修订使横向兼并和纵向兼并的环境变得不利,新的反托拉斯条款更加严厉。由于要限制过高产业集中率的出现,当企业扩大某一产品市场份额超过反垄断法限制时,其扩张行为就要受到制止。因此,单纯的横向和纵向扩张就受到了限制。为此企业常常改变扩张方向,谋求在不受法规限制的产业领域扩张成长,进行混合兼并、追求多元化经营便成为企业进行扩张的一个重要手段。

(二)企业内部因素

1. 非专用性资源利用

寻租企业会利用过剩的资源进行多元化经营。当企业可以利用内部闲置资源,或开拓一些技术性资源时,多元化经营便成为可能。企业的利润水平和多元化程度由其所拥有的剩余资源决定。当企业无法将剩余资源在市场上出售、转让,或出售、转让成本很高时,企业只好自行吸收,进入新的市场而形成多元化经营。这里,企业的资源不是指企业的专用性资源。专用性资源只是应用在很少的行业,但其专用性会产生高回报率。相反,非专用性资源的广泛使用可以降低成本,为企业提供多元化经营的基础。对拥有较少专用性资源的企业而言,相对高的多元化经营水平可以实现利润最大化;而对拥有较多专用性资源的企业而言,以较低的多元化水平才能获得更高利润。

2. 降低经营风险

单一经营企业在市场饱和或市场需求变化时风险极大。企业实行多元化战略,就如同投资于多种股票,能分散企业风险。当公司所有权与经营权分离时,管理者可以如同股东在资本市场上分散投资一样,依靠多元化经营来分散其经营风险,从而在市场竞争中处于有利地位。尤其是存在破产风险时,即使不具有经营协同效应的非相关多元化也能通过降低破产风险而带来好处。

另外,多元化经营还可以减少管理者和职工的下岗风险。当企业的盈利周期与用工周期波动密切相关时,多元化经营企业可以从企业内不同业务之间转移劳动力,这样多元化经营使波动平缓,从而使职工受益。国外研究表明,采用多元化战略来降低风险,企业经理比股东热情更高。因为经理更关心自己的收入和职位的稳定性,而这两者都与企业的经济效益密切相关。

3. 降低交易成本

企业的持续成功要求业务扩大和经营范围扩张,而企业交易时存在着一定的交易成本。企业实行多元化战略,就可以将各种交易成本内部化处理,从而提高企业的经营利润,增强市场竞争能力。企业内部可以通过行政手段对资源进行调整和配置,而企业与外部投资者之间则需通过市场进行资源配置。因此多元化企业可以降低交易成本,提高资源配置的效率。

另外,多元化企业的内部资本市场,可以将不同来源的资本集中投向高利润的部门,大大提高了资本的利用效率。而企业利用外部资本市场时要支付费用(借贷利息、股票的认购成本等)。同时,内部资本市场可以扩大企业自身的财务能力,减少交易成本,保证企业有充足稳定的现金流。

4. 目标差距

企业发展总是会制定战略目标。一般来说,如果能够达到既定目标,企业开拓新产业领域、实行多元化经营的动机就不大;相反,当企业无法完成原定目标时,企业管理层就会考虑多元化经营。当企业在经营中与预定目标差距很大时,企业便不得不期望从多元化经营中得到弥补,从而为多元化经营提供了内在条件。目标差距对多元化经营有杠杆效应,当目标差距越大时,企业进行多元化经营的动力越大。

5. 代理问题

当企业的管理层拥有很少股票,股东太分散而不能使股东价值最大化时,企业资产就会被用来满足企业经营者(管理层)而不是所有者(股东)的利益。由于管理层没有企业所有权,他们会以牺牲企业所有者权益为代价,追求能使其自身利益最大化的战略。

企业多元化战略与企业成长关系、企业的生长周期紧密相关。一般而言,新兴行业有许多利润好的投资机会;而成熟行业的投资机会将会减少,这时企业管理层就会开始把现金流从早期的投资中转移到其他投资机会上,甚至是过度投资。"自由现金流"指出,管理层为了控制资源、巩固权力,即使在没有好的投资机会时,也会将自由现金流用于过度投资,而不管是否会增加股东财富。管理层追求企业多元化还有另外的原因:一是管理者为了满足"个人效用最大化";二是管理者会将多元化扩张作为减少企业风险的方式,来巩固自己的职位,而不管是否损害企业股东的权益。所以管理者容易选择那些能降低企业风险而净现值为负的项目来稳定当下的收入,开展多元化经营。

五、多元化战略的风险

(一)管理成本

多元化经营可能会因为提高了管理复杂度而影响企业的经济绩效。多元化经营会造成部门增多或下属子公司增多,这必然会增加高层管理者的管理跨度,而有效的组织结构应将管理跨度控制在一定范围内。

(二)过度投资

多元化经营将为企业建立一个内部资本市场,可以自由调配不同经营方向产生的资金流。多元化经营企业可以充分利用投资机会,但多元化经营企业可能会产生的不良倾向是过度投资。由于内部资本市场为企业创造了较多可供使用的资金,企业可能产生一些不应有的选择,致使投资效益不好,从而影响企业的收益。

(三)跨行业补贴

多元化经营企业各业务间相互补贴固然可以为企业带来一定的收益,但同时也产生了跨行业补贴的弊端,比如容易形成不正当竞争等。

(四)信息不对称

多元化经营企业由于经营规模庞大,经营范围广泛,需要以分权方式进行管理。在分权制企业中,最高层管理者与部门管理者之间存在信息不对称,因此有信息不对称成本发生。

（五）主营业务不突出

多元化企业往往因为经营多个行业的业务，分散了企业在主营业务上的资源，影响了主营业务的竞争优势。同时，企业经营多种业务会分散管理者对主营业务的注意力，减少在主营业务领域培养专长和把握创新的机会。

六、多元化战略的组织结构

（一）组织结构

随着市场竞争日趋激烈，企业为了分散投资和经营风险，提高企业经营的安全系数和盈利能力，同时也为了获取范围经济，大多采取多元化经营战略。这时，企业提供多种产品和服务，产品间的相互关联程度降低，市场间相互联系的程度也较低，客观上需要减少协调工作量。为适应这种形势的需要，多元化企业一般按产品、用户或地区等要素实行事业部制的组织结构。

事业部制结构是在公司总部下，设立若干个自主营运的业务单位——事业部。这些事业部多以产品、服务、地区区域或企业的生产程序进行划分，其建立主要是为了解决职能型结构所不能解决的分散化和多样化的问题。事业部实际上是一个包含各种职能的单位，即具有以下3个要素：①具有独立的产品和市场；②可以实行独立核算；③是一个分权单位，具有足够的经营决策权。事业部制组织结构如图4-4所示。

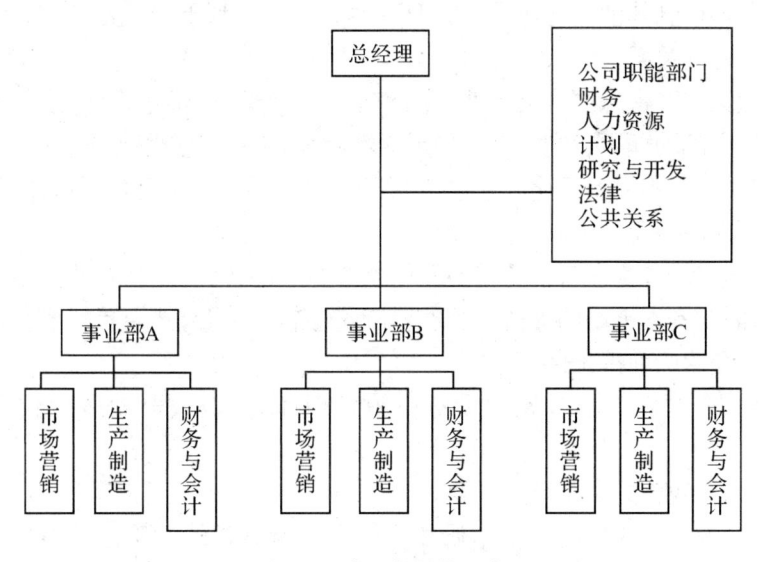

图 4-4　事业部结构示意

事业部制结构具有几个显著的优点：第一，它能使最高管理者摆脱日常的行政和管理事务，更多地考虑组织的未来发展方向——即战略决策问题，并有利于调动各个事业部的积极性和主动性；第二，这种结构使每个事业部都能集中处理其特定业务环境中的某些问题，有利于企业把握市场机会，对环境和需求变化做出迅速的反应；第三，这种组织结构易于调整，可以根据市场的变化及公司战略目标的要求改变一个或几个事业部的产品，甚至增设新的事业部而无须改变企业组织的整体架构；第四，这种结构是培养高级管理人才的最好的组织形式之一,因为分权化的事业部经理需要同时考虑市场、产品和技术等多方面的问题。

事业部制结构的主要不足之处在于其集权与分权的关系比较敏感,各事业部的经理在很大程度上相当于一家单一产品或服务公司的总经理,因而使控制问题显得特别重要,处理不当可能削弱整个组织的力量,甚至造成整个企业的分裂。为此,最高管理层必须保持三方面的决策权:第一是业务发展的决策权;第二是有关资金分配的决策权;第三是重要的人事任免权。此外,各事业部之间可能出现竞争,不易保持整个组织的整体形象,还有设备和设施的重复购置、人员配备过多、不同事业部的方针不一致等,都是事业部制的缺陷。

(二)多元化经营的条件

除了组织结构,企业要能成功地实施多元化战略,还必须具有一些其他的条件。

首先,企业要具备必要的资源才能使多元化具有可行性,才能顺利实施多元化。多元化的动力与资源缺一不可。资源包括有形资源和无形资源。由于各项资源的稀缺性及可流动性不同,它们创造价值的能力也不相同。有的资源既不稀缺、也没有太高价值,而且很容易被模仿和替代,这类资源容易被竞争对手复制。有形资源一般缺乏柔性,如厂房和设备,多余的生产能力只能用于生产一些非常相似的产品,而且还要在生产技术上高度一致。另外,作为重要的有形资源,销售队伍是顺利实施多元化的保证,这种力量容易转移到其他新行业中。有形资源的运用有利于形成生产、营销、采购及技术之间的资源协同关系。

无形资源比有形资源更具灵活性,有形资源的共享可以促进多元化,而无形资源的共享对企业的内部治理更有利。资源的灵活性越强,就越容易用于不相关多元化;灵活性差,则更容易用于相关多元化。总之,对资源的共享越少,多元化的价值越小。因此,灵活性资源可以使多元化走向更高层次。

其次,资本市场和管理者市场是多元化经营的条件,特别是当企业通过并购进行多元化经营时,需要资本市场的支持。管理者市场也非常重要,能否寻找到合适的管理者常常是多元化经营的前提条件。

再次,企业应建立一套多元化投资决策管理体系和流程,使多元化经营决策科学化。

最后,多元化战略的实施至关重要。

综上所述,多元化的程度是由市场和企业自身所具备的战略性特点(如资源)所决定,并建立在企业各种资源的优化组合基础上的,需要管理者用正确的动机去推动。动机越强烈,资源的灵活性越好,多元化的程度就越高。为了不使企业盲目地、过度地多元化,需要有科学的内部决策和监控体制。正确的战略决策,加上高效的战略实施,才能获得理想的企业经营业绩,如图4-5所示。

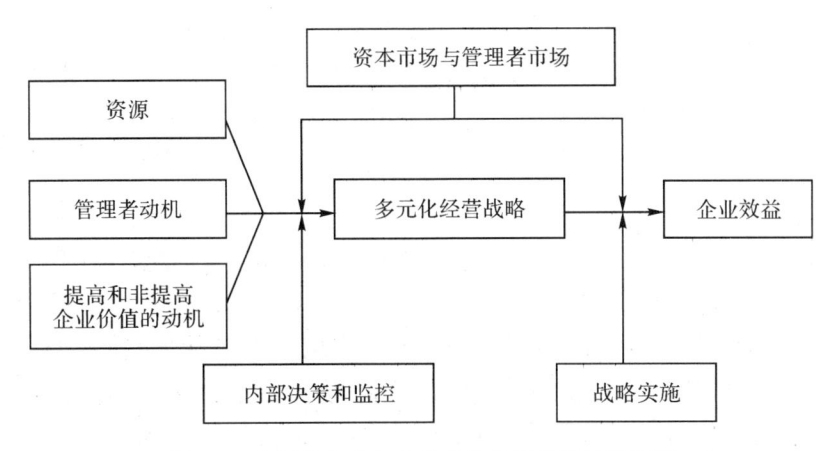

图 4-5　多元化经营与企业效益关系的总结性模型

第四节　平台化战略

未来的商业竞争不再是企业间直线式、点对点的博弈,而是体量庞大的生态圈之间全方位的竞争。借助互联网的力量,平台模式越来越凸显其威力。阿里、腾讯、百度、亚马逊、Facebook 等企业的发展无一不是利用了平台模式,打造并掌控自己独具特色的大型生态圈。"平台模式"已经成为互联网时代的主流商业模式,因此,平台化战略逐渐成为企业在激烈的市场竞争环境中的获取竞争优势的新选择。

一、平台组织和平台化战略

(一)平台组织

1996 年,克常迪奥·U.希伯拉正式提出"平台组织"的概念,认为平台具有在任何情况下组织任何形式的运动的价值。之后,托马斯·艾森曼等学者提出,在双边网络中,平台提供基础设施和规则,以促进双边的交易。实施平台组织的关键是建立支持系统多样性和演化的机制。

作为将互联网思维和企业相结合的产物,平台型组织强调"开放、共享、合作、共赢"的价值逻辑。在诞生之初,平台型组织便被视为是区别于传统企业的新型组织,突破了组织边界,解决了经营规模和范围有限的问题。有学者在研究中将企业分为以沃尔玛为代表的传统线型组织和以苹果公司为代表的平台型组织两种。线型组织将消费者和生产者聚集在高价值交易中,而平台型组织将平台参与者聚集在高强度交互中,从关注资源控制转变为关注平台双边参与者的网络建构;从关注内部优化转变为重点促进平台双边参与者的交互;从关注顾客价值转变为关注企业生态系统的价值。

平台组织主要具有两个特征。第一,跨市场的网络外部性,意味着平台一侧用户的规模大小决定了另一侧用户加入平台的意愿程度。例如平台上卖家越多，对买家的吸引力就越大，反之亦然。第二，倾斜式定价，即平台对于两侧用户采取的收费策略通常不一样。一般来说，平台向一方用户收取正常价格，而对另一方收取较低价格甚至免费。

（二）平台化战略

平台化战略旨在构建一个生态系统，即以组织和个人（商业世界中的有机体）相互作用为基础的经济联合体，具体包括供应商、生产商、销售商、市场中介、投资者、政府、顾客等以生产商品和提供服务为中心的群体。平台型企业需要设计出一个多方的联合行动计划，为系统中的每一方创造不同的价值，使多个利益相关群体，如供应商、广告商、最终用户，甚至平台企业自身等实现资源共享，互利共存，注重社会、经济、环境综合效益，共同维持系统的延续和发展，最终实现多方共赢。

随着互联网、大数据和物联网等技术的快速发展，平台战略为市场带来了巨大的变革与机会，日益显示出其强大的生命力和战略重要性。

（三）平台化战略的阶段

根据企业所处的生命周期阶段和当时采用的平台化发展方式的不同，当前研究将平台化战略阶段区分为平台进入战略阶段、平台构建战略阶段、平台包围战略阶段和平台创新战略阶段。

1. 平台进入战略阶段

与传统市场相比，平台市场具有强大的网络效应和高转换成本，平台服务提供商不需要担心潜在进入竞争者的竞争或威胁。为了顺利进入平台市场，克服进入壁垒，新平台提供商必须能够提供与当前平台市场已具有的服务和功能相区别的，或更具革命性的服务和功能。平台的质量、网络效应和消费者期望是影响平台新进入者能否成功的主要因素。强大的网络效应和高转换成本决定了平台市场的高门槛，新进入者必须要能提供革命性的产品、服务或者功能才可能获得竞争优势。

2. 平台构建战略阶段

平台构建的关键是形成双边网络，即利用平台的网络外部性，使平台访问量成倍增加，从而转化成利润。在这一阶段，平台运营商必须准确分析和判断用户的支付意愿及定价导致的用户数量的变动，即确定对一边用户群的补贴应该在多大程度上增长，以及其他用户是否愿意为了访问该群组支付额外的费用。平台服务提供商需要为每一方设定价格，同时考虑该价格对该方用户增长和支付意愿的影响。获得跨边界网络效应的能力、用户的价格和质量敏感度、输出成本和用户的品牌价值是影响平台定价的4个重要因素。在当前互联网背景下，平台服务提供商只对一方进行补贴常常是更为明智的做法。

3. 平台包围战略阶段

平台不是按规模取胜。有学者认为现有平台领导者的衰退风险是成功实施平台包围战略的先决条件。平台包围战略阶段，平台提供商可以通过多平台绑定的方式，进入新的平台市场,利用和共享平台用户资源,以便利用原始平台的网络效应。例如共享原始平台的用户资源。平台企业也可以围绕现有竞争优势(如庞大的用户数量和精确的用户数据)向其他行业渗透,实现包围战略,建立新的业务模式。

4. 平台创新战略阶段

平台创新战略对象主要是两类。一是产品平台,二是生态系统平台。平台系统的成员专注于"平台",使用服务平台或技术平台来提高绩效。一般而言,产品平台创新主要以模块化创新的实现为基础。在平台体系结构中,核心组件在其整个生命周期中保持不变,但互补组件会随时间而出现变化。因此平台构建的网络关系中存在一些弱接触的节点,模块化接口的应用可以有效降低其协调和交易成本,从而导致模块化集群或出现新的业务生态系统。

案例4-4　海尔集团的平台化战略

海尔集团是世界家电领先品牌,成立于1984年。2012年12月,海尔集团宣布实施网络化战略,树立"企业无边界、管理无领导、供应链无尺度"的"三无"发展观,打破企业原有边界,变成以自主经营体为基本细胞的并联生态圈,为用户创造更大价值,实现从线性制造企业向依赖节点不断生长的平台型企业的转变。

海尔在组织结构层面主要有平台主、小微主和创客。原来的集团部门领导都变成平台主,为小微主提供创业服务,使得企业内部市场需求的传递效率最大化,并且防止流程混乱。集团与小微主不再是领导和被领导的关系,从听从指挥变为共同服务客户。业务决策层拉近与用户的距离,使得产品的设计方与制造方也能准确地感受市场压力。小微主是小型创业公司,判别标准在于能不能够自主找到机会创业。对于大体量企业而言,抛弃原有大集团中的流程束缚,"小微主"们可以不断地与用户交互,在多次实践与尝试中探知用户需求,从而将多样性的用户需求变成畅销产品。创客是海尔集团内部员工和外部资源提供方、用户社群等一切涌现在海尔集团创业平台上的参与者。海尔集团员工以"自主经营体"为单位,员工与平台之间的互动关系是"按单聚散",围绕"单"(用户需求)不仅形成自主经营体,还要整合外部资源,快速满足用户需求。由于能够通过企业平台吸引全球高端资源,用户的需求不再局限于原有的条件,平台吸引来的高端资源能够更好地满足其需求,从而实现颠覆性的创新和价值最大化的创造。最终,在整个资源平台上,员工、用户、供应商及其他网络合作伙伴进行集成互动,共同将海尔集团打造成一个共创共享的诚信生态圈。有学者将稳定提供资源和服务的外部资源方定义为中平台主,则海尔平台型组织结构如图4-6所示。其中,大平台主也叫领域主(如白色家电领域主、金融地产领域主等),组建自己团队的小微主为小平台主。

截至2018年9月,海尔集团已经构建了智家定制生态圈、触点迭代生态圈、万链共享生态圈、产城融合生态圈、智慧物联生态圈及文化产业生态圈6大生态圈。海尔集团已经从传统制造企业升级为共创共赢的物联网社群生态。

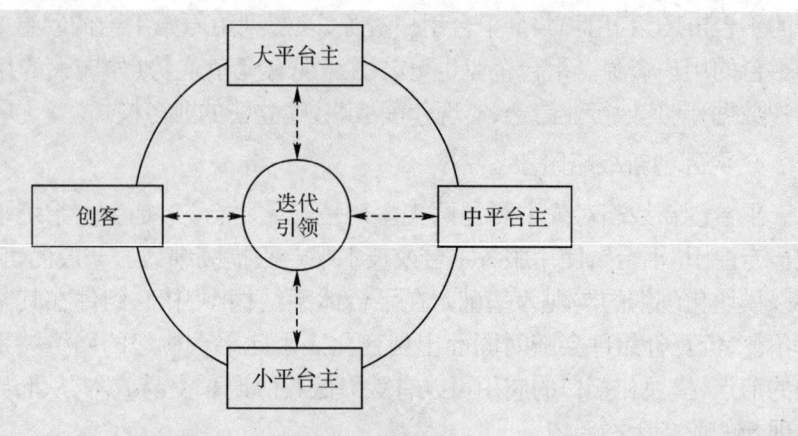

图 4-6　海尔集团平台组织结构

海尔集团的智家定制生态圈（智慧家电互联网板块）是海尔集团平台化战略的典型代表。2014年海尔集团的智慧家电公司围绕用户的个性化需求，推出了全球首个智慧生活操作系统——U+智慧生活操作系统，这一系统建立全开放平台，通过开放接口协议，任何品类的家电和服务都可进入系统，实现了用户、各种资源、各种小微企业及平台管理者的多方直接交互。用户将自己购买的各种智能化产品接入平台，就可获取更开放、高端、智能的新体验。海尔集团的这一平台，凭借开放优势和5000万的用户资源，吸引了众多的合作者。凭借这些资源优势，海尔集团可以为用户提供多个方面的资源优势，更加全面、更加智能地为用户提供服务，更好地保障了多方的利益。

2021年12月，海尔智家拟向全资子公司青岛海尔智慧生活电器有限公司增资35亿元，成立智慧生活家电产业平台，并将这一平台升至与市场份额高居行业榜首的冰（箱）洗（衣机）大家电业务同级的一级战略单元。后者一直是海尔智家的核心板块。

（资料来源：根据网络相关资料整理。）

二、平台化战略的发展与治理

平台型企业形态的发展，改变了组织模式，也就改变了传统企业组织的治理机制和基于市场交易的治理机制，如图4-7所示。

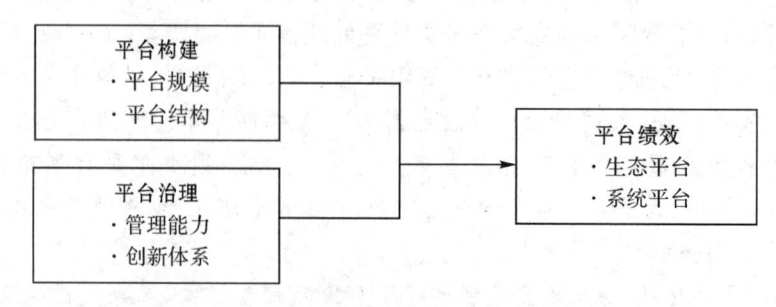

图 4-7　公司平台战略的构建与治理

平台战略的发展必须形成双边市场和网络，同时发挥同边界和跨边界两种网络效应。一种是同边界效应,即网络一方用户数的增加导致这个网络对于同一方用户的价值升高或降低。另一种是跨边界效应,即网络一方用户数的增加导致这个网络对于另一方用户的价值升高或降低。如果平台提供者能够吸引足够多的补贴方用户,那么赚钱方就会愿意为接触这些用户支付可观的费用。反之亦然,赚钱方的存在增加了平台对补贴方的吸引力。因此,人们会更加踊跃地加入这个平台。作为拥有双边定价权的平台提供者,它所面临的挑战是决定应该在多大程度上通过补贴手段促使一方用户群体的壮大,同时弄清楚另一方为了获得接触这个群体的机会而愿意支付多高的溢价。

一般认为,平台企业的网络效应都和规模有关,用户越多平台越有价值。但是,网络效应的发挥并非规模优先。规模不是平台企业的先决条件,在平台企业中,可以存在多层次结构的平台,企业整体是一个平台,甚至基于某个产品或某种服务也能够形成一个平台。尤其对于传统制造业企业而言,把现有的业务内容平台化,提升平台创新的能力水平,要比单纯强调规模更有意义。除了规模,影响平台价值和网络效应的产生有两个非常重要的因素:平台结构和平台行为。企业应该建设和完善多层次平台,构建的工作重心在于拓展双边市场和扩大网络效应,平台企业行为应该侧重建立双边之间的网络联系,提升交易发生的便利性等。

平台的治理主要包括平台管理能力的形成和平台创新体系的构建。平台管理能力并非完全体现在经济学意义上的进入、定价和包围策略,更体现在企业对平台结构和管理行为的驾驭上,例如平台的结构设计等。平台企业的协调能力也会最终影响网络效应的产生,而网络效应产生的条件却并不是规模优先。平台型企业本质上是利用网络经济中的外部性创造价值,而不是利用规模经济效应创造价值的。

开放性是平台创新模式的主要特征。平台企业创新战略成功的关键在于能否整合外部资源与市场需求,把研发变成一个开放的创新平台和生态系统。随着创新资源的社会化,平台型企业将能够把全球资源整合到创新体系中,围绕用户需求进行价值创造。

▶ 本章小结

纵向一体化是指企业沿着某一产品或服务价值链的前后方向纵向拓展其业务。一个企业所从事的价值链中的阶段数确定了该企业的纵向一体化程度,而一体化的方向以更靠近还是更远离最终用户为参照,又可再分为前向一体化和后向一体化。实施一体化战略的最佳组织结构是U形结构。可以采用一些管理方法来保证U形结构作用的充分发挥,同时减少或防止可能出现的问题。

横向一体化是指将生产相似产品的企业置于同一所有权控制之下,兼并或与同行业的竞争者进行联合,以实现扩大规模、降低成本、提高企业实力和竞争优势的目的。

多元化是指一个企业同时在两个或两个以上的行业中进行经营。多元化可分为低层次多元化(非多元化,包括单一业务型和主导业务型)、相关多元化[相关约束型(强相关)、相关联系型(弱相关)]和不相关多元化。多元化动机主要有市场势力、范围经济、规避行业萎缩、税收优势、反垄断、资源利用、降低经营风险、降低交易成本、目标差距、代理问题等。一般而言,相关多元化比不相关多元化更能增加企业和股东价值。多元化企业一般采用多事业部制结构(即 M 形结构)。

平台化战略是构建一个生态系统,即以组织和个人(商业世界中的有机体)相互作用为基础的经济联合体,具体包括供应商、生产商、销售商、市场中介、投资者、政府、顾客等以生产商品和提供服务为中心的群体。平台型企业需要设计出一个多方的联合行动计划,为系统中的每一方创造不同的价值,使多个利益相关群体,如供应商、广告商、最终用户,甚至平台企业自身等实现资源共享,互利共存,注重社会、经济、环境综合效益,共同维持系统的延续和发展,最终实现多方共赢。

▶ 思考题

1. 扩张型战略的类型和适用条件是什么?
2. 稳定型战略的类型、适用条件有哪些?它可能有什么缺点?
3. 结合所学理论,分析一个采用收缩型战略的案例。
4. 企业为什么会采取纵向一体化战略?这种战略可能会出现什么问题?
5. 比较相关多元化与不相关多元化的动机有什么不同?
6. 平台化战略是企业成功的必由之路吗?

第四章讨论题

第五章 业务层战略

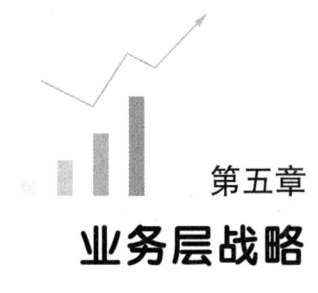

本章主要论述企业业务层战略,又称经营层战略。相对于公司层战略,业务层战略集中对某项业务的发展和竞争优势进行谋划,因此,业务层战略主要是一种关于业务的竞争战略。波特指出,各种竞争战略的重点和区别主要在于:企业的市场目标的宽窄,以及企业所追求的竞争优势是围绕低成本还是产品差异化。波特据此提出了以下几种一般竞争战略:成本领先(cost leadership)、产品差异化(production differentiation)、集中化(focus,又译为聚焦化、专一化)战略。集中化战略又可细分为成本领先集中化(focused cost leadership)和产品差异集中化(focused production differentiation)。

在波特这4种一般竞争战略的基础上,有人提出可以推演出第5种基本竞争战略:综合成本领先/产品差异化战略,又称最优成本战略,试图整合成本领先与产品差异化战略各自的优点以优化企业产品的价值与价格配置,如图5-1所示。也有人提出,集中化战略只不过是成本领先和产品差异化战略的特例,其区别只是在于集中化战略专注于某一细分市场,而要在这一狭窄的市场定位上建立起竞争优势,仍要依靠成本领先或产品差异化,因而只有两种基本竞争战略:成本领先和产品差异化。

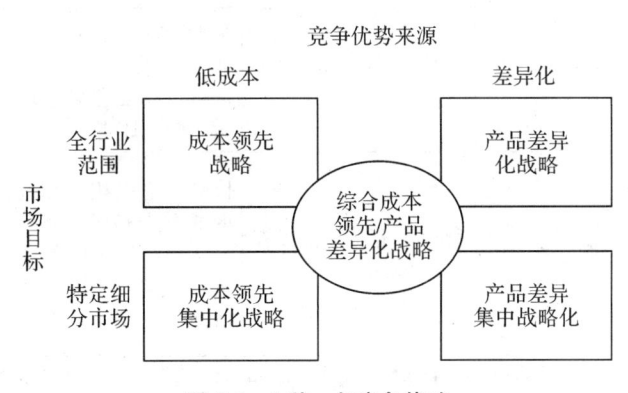

图 5-1 5 种一般竞争战略

在选择战略时,企业应评价两种竞争优势:比竞争对手更低的成本或产品差异化,即有能力采取一种较高的价格以超过为产生差异化所付出的额外成本。比竞争对手更低的成本来自公司能够以不同于竞争对手的方式开展活动;差异化则表明一种能开展不同于竞争对手的活动能力。竞争优势往往存在于一定的领域内,这个领域是多维的,包括所提供的产品和所服务的顾客群,以及公司开展竞争的地理市场的范围。通过执行成本领先或差异化战略,企业的竞争优势可以在与竞争对手在多个顾客群的竞争中获得。与此不同,通过执行集中化战略,企业所寻求的则是在一个相对集中的领域或细分市场上的成本领先或产品差异化优势。最优成本战略是成本领先与产品差异化整合的战略。

这5种战略中的每种战略的有效性取决于企业外部环境中存在的机遇和威胁,以及企业基于自身独特的资源、能力和核心竞争力的可能性。各种战略的特点如表 5-1 所示。

表 5-1　5 种一般竞争战略的特点

特色类型	成本领先	产品差异化	集中化	综合成本领先/产品差异化
战略目标	广泛跨越市场的各个部分。注重价格的顾客	广泛跨越市场的各个部分。注重价值的顾客	一个很小的细分市场,该细分市场中顾客的需求偏好明显区别于其他细分市场	注重价值和价格的顾客
竞争优势的基础	成本低于竞争对手	为顾客提供不同于竞争对手的特色和价值	在所专注的市场上提供低价格或符合顾客需要的产品	以更低的价格为顾客提供更高质量产品和更多的价值
产品线	达到基本质量的基本产品,附加特色不多(产品质量可接受,选择余地有限)	产品类型很多,选择余地很大,重视所选定的差异化特色	按照目标市场的特定需求提供产品或服务	产品属性从"良好"到"卓越",特色从"少数"到"繁多"
产品生产重点	不断寻求在不牺牲可接受质量和关键特色的前提下降低成本	以各种方式为顾客创造价值,努力追求产品的卓越性	为小市场进行产品或服务的定制	低成本地提供高级属性和特色
营销重点	强调低价格的产品特色	强调产品特色和为顾客创造的价值,收取高价以补偿差异化所带来的高成本	强调其专业化	强调能以比竞争对手低的价格来提供具有可比性的属性和特色
战略的支持	所有战略要素都以获取成本优势为目的	以顾客可以相信和接受的方式实现产品差异化。注重不断的改进和创新,走在模仿者前面	专注于特定目标市场的经营,决不损害企业的专业化形象而进入那些顾客需要完全不同的细分市场或增加产品种类来扩大市场	在降低成本的同时提高产品属性和特色,建立和保持独特风格的能力

资料来源:改编自汤姆森,斯迪克兰德.战略管理[M].段盛华,王智慧,译,北京:北京大学出版社,2000.

第一节　成本领先战略

一、概述

成本领先战略是指企业将成本降低到低于绝大多数甚至所有竞争对手的成本。

(一)成本领先战略的竞争抵御作用

有效地实施成本领先战略可以抵御各种竞争力量。

1. 现有对手间的竞争

成本领先战略的有效执行能使公司在激烈的市场竞争中赚取超过平均水平的利

润。首先,低成本优势可以有效防御竞争对手的进攻。因为一旦企业拥有成本领导者的有利位置,竞争对手一般只能通过提供差异化产品的途径来与其竞争。如果竞争对手从价格上进行挑战,低成本的公司仍然可以赚取平均水平的利润,而竞争对手的利润则因此要低于平均水平。

2. 供应商

成本领先企业往往大量生产,大量购买,对供应商具有很强的议价能力,常常能够压低供应品采购价格。即使供应商涨价,成本领先企业也比其他企业具有更大的空间去消化高额的供应成本而仍能盈利,特别是当成本领先企业的成本优势主要来源于内部效率提高的时候。

3. 购买者

低成本优势有利于公司在强大的买方议价威胁中保护自己。强有力的购买者可能会索要低价或要求更高的质量而对企业形成威胁。但是,在价格被压低之后,成本领先企业虽然收入减少但仍能盈利;这些企业还能消化由于质量提高所带来的高成本。不过,购买者如果仅能从少数企业那里购买产品,他们的压价提质要求常常不能如愿。在极低的价格下,其他企业可能纷纷倒闭而只剩下成本领先者,成本领先者的地位会变得更强,对购买者反而不利。

4. 新进入者

新进入者不可能赚到高于平均水平的利润,直到它们获得经验达到和成本领先者同样的效率水平。

5. 替代品

与行业竞争对手相比,成本领先企业在替代品方面也占有比较有利的地位。为了留住客户,可以有更大的空间降低产品和服务的价格。同样质量的商品以更低的价格出售,大大增加了顾客选择其产品而非替代品的可能性。足够低的价格更可能保持现有产品相对于替代品的吸引力。

在实践中,有许多著名企业采用成本领先战略而取得了良好的绩效。如沃尔玛、福特公司、通用电气公司、西南航空公司等。国内企业如邯郸钢铁集团以严格的成本控制取胜,形成了著名的邯钢经验。格兰仕以低成本、低价格作为基本竞争策略,实现了极高的市场占有率。

(二)成本领先战略的基本逻辑

持续盈利性增长是企业经营的基本目标,而战略只是实现经营目标的手段。从根本上讲,一个企业要盈利,必须从增加收入和降低成本两个方面着手,公式如下

$$\prod\nolimits_{\uparrow} = R_{\uparrow} - C_{\downarrow} \tag{5-1}$$

其中:$\prod$ 为毛利;

R 为总收入;

C 为总成本。

成本领先战略侧重于降低成本来增加盈利。其基本公式如下

$$\prod\nolimits_{\uparrow} = R_{\uparrow} - C_{\downarrow} \tag{5-2}$$
$$= P_{\downarrow}Q_{\uparrow\uparrow} - C_{\downarrow\downarrow}$$

其中：P 为产品/服务单价；

Q 为产量。

一般而言，采用成本领先战略的企业只能提供具有基本质量和有限特色的产品，这样的产品可能缺乏竞争力。因此，这些企业往往会采用低价策略来吸引顾客购买，这样就会减少收入。为此，必须增大产量以保持甚至增加收入。当然，成本领先的企业还有另一种选择，就是不刻意追求更大的市场份额，而将价格定得与竞争对手大致相当，以提高毛利率进而增加总利润。总体来讲，成本领先战略就是以大规模的生产和经营来降低成本，再以低成本所支持的低价格来赢得市场，增加收入，最终实现盈利。"薄利多销"是对成本领先战略最好的概括。而规模经济则是成本领先战略最根本的经济学逻辑。

二、实现成本领先战略的途径

(一)途径

要获得成本优势，企业在价值链上的累积成本必须低于竞争对手的累积成本。要达到这个目的主要有两种途径。

第一，更好地管理企业价值链上各种活动的成本因素，比竞争对手更加有效地管理企业价值链各种活动的成本因素。企业通过管理价值链上每一个环节的活动，可以节约许多资源和能力，降低成本，图 5-2 列出了一些主要的做法。

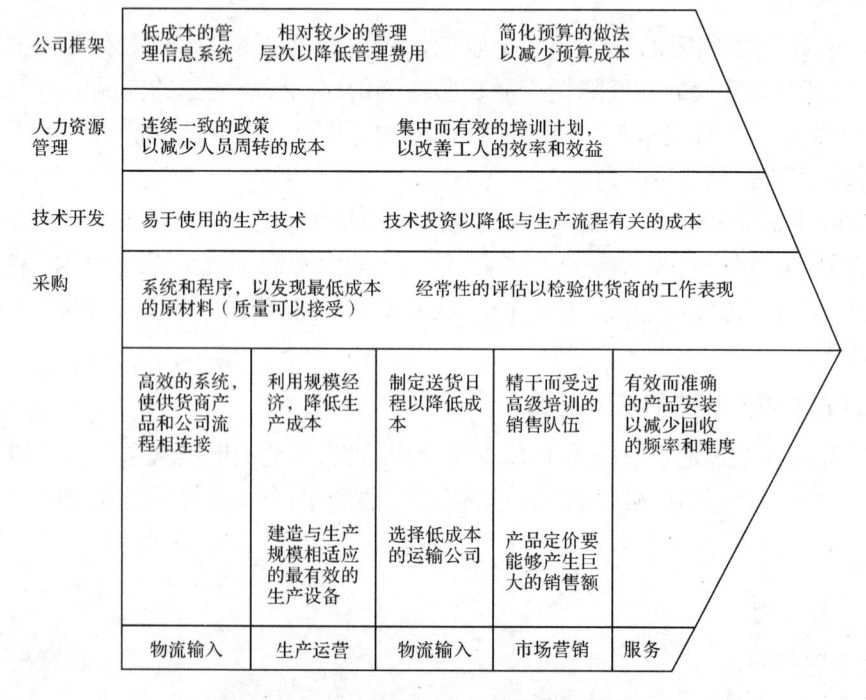

公司框架	低成本的管理信息系统	相对较少的管理层次以降低管理费用	简化预算的做法以减少预算成本		
人力资源管理	连续一致的政策以减少人员周转的成本	集中而有效的培训计划，以改善工人的效率和效益			
技术开发	易于使用的生产技术	技术投资以降低与生产流程有关的成本			
采购	系统和程序，以发现最低成本的原材料（质量可以接受）	经常性的评估以检验供货商的工作表现			
	高效的系统，使供货商产品和公司流程相连接	利用规模经济，降低生产成本	制定送货日程以降低成本	精干而受过高级培训的销售队伍	有效而准确的产品安装以减少回收的频率和难度
		建造与生产规模相适应的最有效的生产设备	选择低成本的运输公司	产品定价要能够产生巨大的销售额	
	物流输入	生产运营	物流输入	市场营销	服务

图 5-2　与成本领先战略相关联的增值活动

第二,改造公司的价值链,省略或跨越一些高成本的价值链活动。

采用成本领先战略时,公司要持续地把成本降到低于竞争对手的水平,同时还要重视顾客认为重要的差异化的方面,如果片面追求低成本而忽视了产品的独特性,那么企业的产品与竞争对手的产品相比差距较大,在很大程度上会失去对顾客的吸引力。

(二)成功获得低成本领先地位的关键因素

如果管理者的战略意图是追求低成本,下面几点是成功的关键因素。

1.建立注重成本的企业文化

成功实现成本领先战略的厂商是通过不厌其烦地寻求整个价值链上可以节约成本的环节并加以改善来获得成本优势的,所以必须建立注重成本的企业文化,让节约每一分钱的观念深入人心,成为一种自觉的行动。员工广泛地参与成本控制,不断地将自己的成本同某项活动的最优秀成本进行对标学习,深入地审查运作费用和预算要求,制定各种不断改善成本的方案,不为经理人员设置额外福利,各种设施充足但不浪费。

2.准确地把握成本驱动因素

每个行业中的关键成本驱动因素都不尽相同,如规模经济、经验和学习、生产能力的利用率、关键资源投入成本、技术创新(产品或工艺)、工厂的地理位置、与公司中或行业价值链中其他活动的联系、纵向一体化程度或专业化程度、新产品或新技术的使用时机等。他们必须能准确地把握关键的成本驱动因素,管理价值链上的每一项活动。他们必须积极地重组价值链,再造业务流程,取消非关键的工作步骤。

3.积极地投资建立那些低成本所需的资源和能力

虽然低成本厂商在提倡节约,但他们又积极地投资建立那些很有希望能够减少成本的资源和能力。例如,沃尔玛在所有的经营运作中使用最现代化的技术,它使用在线计算机系统来从供应商那里订货和管理库存,它的商店装备有先进的销售和检查系统,同时它有一个自己的私人卫星通信网络,用它来每天向数千个供应商传递销售点数据。

4.严格的成本控制组织体系和管理

追求成本领先的企业必须有结构严密的组织和明确的责任,严格的成本控制制度,以目标管理为基础的激励机制等。

三、成本领先战略的风险

(一)主要风险和问题

成本领先战略有其价值和长处,当然也有应用局限和弊端。以下是成本领先战略可能面对的主要风险和可能出现的主要问题。

第一,出于效率和成本的考虑,成本领先企业往往只针对量大面广的共同需求,进行大批量少品种的生产。成本领先战略具有重视共性而忽视个性化需求的倾向。如果这种共性化的需求是稳定的,在相当长的一段时期内不会出现大的下滑;或者个性化的需求数量非常小,未形成大趋势,则以成本领先作为基本战略风险较小。但是,当情况相反时,过分专注于成本控制,固守传统做法,就容易忽视顾客需求的改变和差异化等其他竞争领域,可能带来严重问题。例如,福特汽车公司在20世纪30年代以单一品种的流水线生产方式造就了T型车神话,但在二战后受到严峻挑战。20世纪五六十年代的经济繁荣期,人们收入增长,崇尚个性自由,通用汽车公司以多品牌、个性化为利器,击中福特汽车公司的软肋,逐步推翻了福特汽车公司在汽车业中的绝对老大地位,坐上了头把交椅。

第二,为取得成本领先地位,需要进行大量投资。为产生规模经济,必须大规模建造生产设施;为提高效率,有必要采用最新的技术,购买最新的设备。但这些并不能保证企业长期获取成本优势。由于技术创新和技术进步,竞争对手有可能采用更新的技术、更好的设备,而使企业现有技术和设备变得过时。此时,成本领先企业已投入的巨资使它们转向新技术的转换成本过高,可能无法摆脱目前的技术。"船大掉头难"正是对这种现象的形象描述。美国的纽可钢铁公司(Nucor Steel)等小型钢铁公司就依靠不断地采用新技术而取得了相对于美国钢铁公司等大型一体化钢铁公司的成本优势。

第三,如果一个企业依靠成本领先战略取得了成功,其他企业很有可能对此进行模仿。成本领先企业竞争优势的持续性取决于其成本优势的持久性;而成本优势的持久性又取决于获取成本优势的途径和方式的不可模仿性。不同的成本优势来源的模仿难易程度和模仿成本是不同的。

(二)成本领先战略的适用性

成本领先战略适用于以下情况。

(1)市场中有很多对价格敏感的客户。

(2)实现产品差别化的途径很少,使购买者对价格的差异特别敏感。

(3)购买者不太在意品牌间的差别。

(4)卖方竞争厂商之间的价格竞争非常激烈。

(5)存在大量讨价还价的购买者。

案例5-1 沃尔玛全面成本领先战略

沃尔玛公司由山姆·沃尔顿先生于1962年在美国阿肯色州成立。经过60余年的发展,沃尔玛公司在19个国家经营超过10000多家门店和多个电子商务网站。沃尔玛全球2024财年营收达到6480亿美元,全球员工总数约210万名,并多次荣登《财富》杂志世界500强榜首。

1962年,山姆·沃尔顿在他的第一家商店挂上沃尔玛的招牌后,在招牌的左边写上了"天天平价",在右边写上了"满意服务"。60多年来,这两句话几乎就是沃尔玛全部的经营哲学,从一家门店发展到10000多家门店,这一原则从未更改过。

沃尔顿的名言是:"一件商品,成本8角,如果标价1元,销售数量就是标价1.2元的3倍。我在一件商品上所赚不多,但卖多了,我就有利可图。"所以,沃尔玛提出了一个响亮的口号:"销售的商品总是最低的价格。"

"天天平价,始终如一"是沃尔玛的经营宗旨,它指的是"不仅一种或若干种商品低价销售,而是所有商品都是以最低价销售;不仅是在一时或一段时间低价销售,而是常年都以最低的价格销售;不仅是在一地或一些地区低价销售,而是所有地区都以最低的价格销售"。为实现这一承诺,沃尔玛想尽一切办法从进货渠道、分销方式、营销费用、行政开支等各个环节节省资金,把利润让给顾客。

(资料来源:整理自肖怡.沃尔玛经营战略:低成本与优服务[J].中国商贸,2001,(2):20-21.)

四、成本领先战略的组织特征

成本领先优势的充分实现需要恰当的组织保障。以后讨论的组织特征,包括组织结构、管理控制体系及报酬政策3个方面。表5-2列出了典型的成本领先企业的主要组织特征。

表 5-2 成本领先企业的组织特征

维度	特征
组织结构	很少的报告层次 简单的报告关系 少量的公司职能部门人员 专注于狭窄的业务职能
管理控制体系	严格的成本控制体系 量化的成本目标 对人工、原材料、存货及其他成本的严密监督 成本领先哲学
报酬政策	奖励降低成本 激励员工参与降低成本

资料来源:BARNEY J B. Gaining and sustaining competitive advantage. Addison-Wesley Publishing Company,1997.

(一)组织结构

组织结构主要涉及部门设置、职能划分、人员设置、指挥报告关系等。实施成本领先战略的组织结构简单而精练,呈扁平化特征。这样的结构可以减少管理层次,精简管理人员,能够提高效率,降低管理成本。这种结构之所以有效,是因为采用成本领先战略的企业业务一般比较单纯,无须采用复杂的组织结构。

(二)管理控制体系

管理控制体系是对运作过程所采取的一系列管理、控制、协调措施。成本领先企业强调正式、严格、最小化的成本控制原则。企业的经营目标以降低成本为中心,并贯彻为企业上下的共同理念和追求。

(三)报酬政策

报酬政策设计的指导思想是要将员工努力的方向与企业的根本宗旨相协同。对于成本领先企业而言,就是要鼓励员工降低成本,谁对成本降低做出贡献就奖励谁、提升谁。

第二节　产品差异化战略

一、概述

(一)产品差异化战略的含义

产品差异化战略是通过设计一整套行动方案,生产并提供一种顾客认为很重要的与众不同的产品或服务,并不断地使产品或服务升级,使其具有顾客认为有价值的差异化特征。产品差异化战略的重点不是成本,而是不断地投资和开发顾客认为重要的产品或服务的差异化特征。产品差异化战略的企业可以在很多方面使自己的产品不同于竞争对手。而且企业的产品或服务与竞争对手之间的相似性越少,企业受竞争对手行动的影响也就越小。

(二)产品差异化战略的竞争抵御作用

成功地采用产品差异化战略可以使企业在激烈的市场竞争中获得超过平均水平的利润。从战略管理自身的角度来看,成功的产品差异具有抵御5种竞争力量的作用,能够降低环境威胁,利用环境机会。

1. 现有对手间的竞争

差异化战略利用客户对品牌的忠诚度及由此产生的对价格的敏感性下降使公司得以避免来自竞争对手的挑战。顾客甚至愿意付出更高的价格购买该产品,从而减少了价格竞争的必要性。同时,由于各个企业的顾客群不同,争取顾客的方式各异,正面竞争在一定程度上也会减小。

2. 供应商

产品差异化赚得的高额利润可以在一定意义上使其免受供应商的影响。由于差异化企业产品的独特价值和顾客忠诚度,以及买方对价格相对不敏感,企业可以通过提高其特有产品的价格而把供应商的额外成本转嫁给最终顾客。但另一方面,差异化企业的高毛利和对供应品涨价的免疫力确有可能诱使供应商提价。

3. 购买者

由于产品的独特性,降低了顾客从别处购买的可能性,使企业拥有在该细分市场中的垄断或准垄断地位,从而增加了实施产品差异化战略的企业对购买者讨价还价的能力。

4. 新进入者

产品差异本身就是一种有效的进入障碍。产品差异可以提高现有企业产品的品牌识别度、顾客忠诚度和转换成本,增加进入者的成本,延长进入者的进入时间,从而减少进入威胁。

5. 替代品

顾客忠诚度和克服差异化产品独特性的要求成为主要的进入壁垒,也有效地抵御替代品的威胁。

否则,缺少品牌忠诚度会使顾客转向与其现有产品功能相同但有某些差异化特征或更有吸引力的产品上。

二、差异化战略的基本逻辑

如上一节所述,企业盈利的基本途径无外乎增收、节支两个主要方面。成本领先战略侧重于节支,而产品差异化战略侧重在增收,其公式如下

$$\Pi\uparrow = R\uparrow\uparrow - C\uparrow \\ = P\uparrow\uparrow\uparrow Q\downarrow - C\uparrow \tag{5-3}$$

显然,如果能够对产品收取很高的单价,那么即使销量不是太高,成本有所上升,企业也可以赚取丰厚的利润。问题的关键是,顾客为什么愿意支付如此之高的价格来购买你的产品? 那一定是他们觉得值,也就是说,企业的产品肯定非常独特而且满足了顾客的特定需要,为顾客创造了额外的价值。

这里所提到的顾客价值至少有两点需要引起特别的注意。一是这种价值必须得到顾客的认同,是顾客真正需要的反映。诚如德鲁克所言,"我们的业务是什么? 我们的顾客是谁? 我们的顾客所认同的价值是什么?"是企业经营必须首先回答的基本问题。二是这种价值归根结底是顾客的一种主观感受,是一种感知价值。一种产品即使非常独特,但如果顾客没有感受到这种独特性,这种产品与其他产品的区别在顾客心目中就是不存在的。反之,一种产品并没有什么真正与众不同的地方,但如果企业通过营销等手段让顾客相信该产品确有过人之处,那么这种产品就有差异性。

简言之,产品差异就是企业通过创造其产品相对于其他企业产品的顾客感知价值而取得竞争优势的一种竞争战略。成功的产品差异化战略能够使企业以更高的价格出售其产品,并通过使用户高度依赖产品的差异化特征而获得用户的忠诚。

三、如何实现产品差异化战略

(一)实现产品差异化战略的途径

实施产品差异化战略首先要理解购买者看重什么,可以在价值链的哪些环节创造差异化属性,创造产品的独特性需要哪些能力和资源。实际上,在产业价值链的每一项活动之中都存在创造差异化的可能性。一般采用的使产品差异化或服务差异化的主要活动及辅助活动如图 5-3 所示。

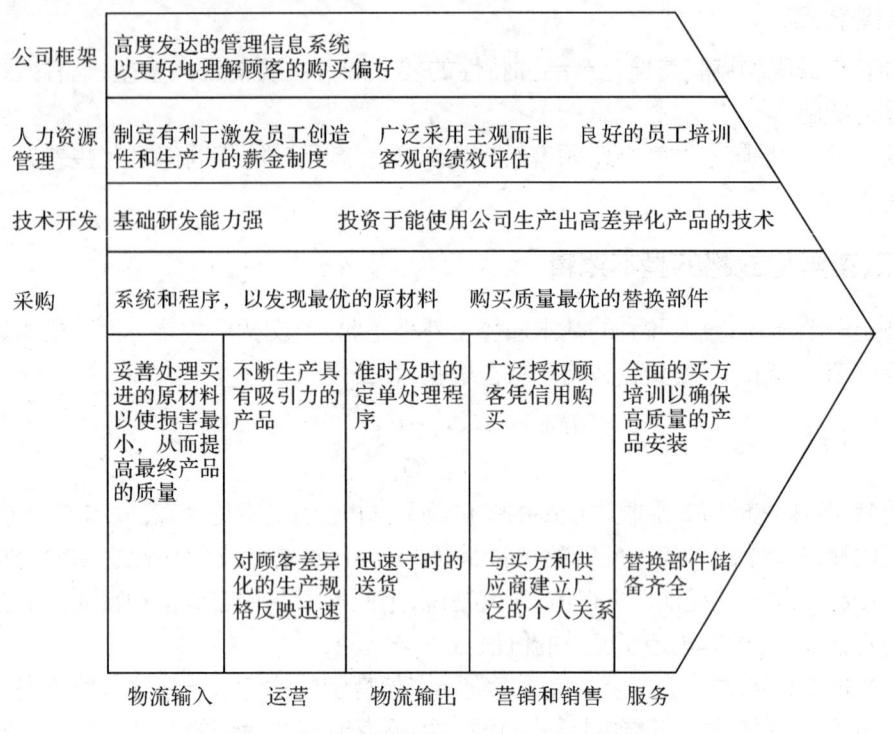

公司框架	高度发达的管理信息系统以更好地理解顾客的购买偏好			
人力资源管理	制定有利于激发员工创造性和生产力的薪金制度	广泛采用主观而非客观的绩效评估	良好的员工培训	
技术开发	基础研发能力强	投资于能使用公司生产出高差异化产品的技术		
采购	系统和程序,以发现最优的原材料	购买质量最优的替换部件		
	妥善处理买进的原材料以使损害最小,从而提高最终产品的质量	不断生产具有吸引力的产品	准时及时的定单处理程序	广泛授权顾客凭信用购买	全面的买方培训以确保高质量的产品安装
		对顾客差异化的生产规格反映迅速	迅速守时的送货	与买方和供应商建立广泛的个人关系	替换部件储备齐全
	物流输入	运营	物流输出	营销和销售	服务

图 5-3 与产品差异化战略相关联的增值活动

(1)影响企业终端产品的质量或者性能的采购活动(例如,人们对麦当劳的法式油炸食物评价很高,其部分原因是麦当劳对从供应商那里购买的马铃薯有着严格的规格限制)。

(2)与产品差异化相关的产品研究与开发活动目标:改善产品的设计和性能特色,扩大产品的最终用途和应用范围,缩短开发新产品的周期,提高"首先出现在市场上"的频率,增加产品的种类,增加用户的安全设施,提高回收能力,加强环境保护。

(3)能够实现下列目的的生产、研究开发和与技术相关的活动:使企业能够以有效的成本进行用户订单式制造,使生产方式在环境方面更有安全性,能够提高产品的质量、可靠性和外观(例如,汽车制造商开发一种柔性生产系统,不同的车型可以在相同的装配线上进行生产。

(4)能够实现下列目的的生产制造活动:降低产品缺陷,防止成熟前产品失败,延长产品的寿命,改善产品保险总额,改善使用的经济性,增加最终用户的方便,改善产品的外观(例如,日本汽车制造商所享有的质量优势部分来自于它们在装配线上精益管理的能力)。

(5)能够实现下列目的的出厂后勤和分销活动:加快交货,提高订单完成的准确性,减少仓库中和货架上的产品脱销现象。

(6)能够实现下列目的的市场营销、销售和顾客服务活动:为顾客提供卓越的技术支持,加快维护及修理服务,增加和改善产品的信息,增加和改善为终端用户提供的培训材料,改善信用条件,加快订单处理过程,增加频繁的销售访问次数,提高顾客的方便程度。

企业管理者必须充分地理解创造价值的各种差异化途径及能够推动独特性的各项活动，从而制定优秀的产品差异化战略和评价各种不同的产品差异化方式。

（二）实现差异化战略的方式

实现产品差异的核心是创造顾客所需要的价值，这里引申出3个基本问题：①"我们的顾客是谁？"——即目标顾客的确定问题；②"我们的顾客所认同的价值是什么？"——即顾客核心价值的确定问题；③"如何让顾客了解和接受具备满足其核心价值潜力的产品？"——即顾客核心价值传达问题。

1. 确定目标顾客

不同的顾客有不同的需求，试图满足所有顾客的所有需求势必模糊企业形象，弱化产品特色。因此，必须对顾客需求进行鉴别，对目标顾客做出选择，针对特定顾客的特定需求提供针对性的产品，才能真正做出特色。也就是说，必须首先进行市场细分，根据盈利前景、竞争态势等外部环境因素和企业自身的资源能力选择恰当的目标市场和目标顾客群，再以此为基础提供目标顾客认为物有所值的产品或服务，这就是所谓的定位。不难理解，为什么产品差异化战略总是与明确的定位联系在一起，成功地实施产品差异化战略的企业总是有清晰的定位，其产品或服务总是有明确的目标指向，有鲜明的个性和独特的形象。比如，奔驰主要瞄准高端顾客的商务用车需要，宝马则主要满足年轻新贵们张扬个性、享受驾驶乐趣的需求，它们都拥有自己的忠实顾客。

2. 确定顾客核心价值

要把握顾客价值，企业必须分析目标顾客价值构成要素及其相对的重要性程度，进而明确目标顾客的核心价值需求，以便在此基础上制定恰当的战略对策。

了解顾客价值需求，可以从分析顾客利益点入手，公式如下

$$顾客价值 = 顾客认识利益 - 顾客认知价格 \qquad (5-4)$$

$$或者：顾客价值 = 顾客认识利益 / 顾客认知价格$$

一般而言，顾客价值可能由设计、质量、配套、价格、形象、服务、速度、创新等各种要素构成，但其中的每种要素对顾客所起的作用是不同的，顾客的重视程度也不一样。顾客最需要和最重视的要素就是顾客的核心价值。

把握顾客需求，进行顾客价值创新，可以采用价值图分析的方法。具体步骤如下：第一，构造顾客价值特性，如质量、服务、成本、速度、创新等5个特性。第二，请企业相关人员按10分制，就以下问题做出判断：企业的关键顾客对企业的以上5个价值特性做何评价？企业的关键顾客对竞争对手的以上5个价值特性做何评价？将评价结果在图上表示出来，就可得到企业顾客价值评价图。第三，请企业关键顾客按10分制，就以下问题做出判断：对企业的以上5个价值特性做何评价？对竞争对手的以上5个价值特性做何评价？将这些评价结果在图上表示出来，就可得到竞争对手顾客价值评价图。

根据示例中的企业顾客价值评价图（见图5-4），可见企业在质量与服务两个指标上的自我评价高于顾客评价，而在成本、速度、创新这3个指标上的自我评价则低于顾客评价。此时，如果能够进一步了解顾客对各个价值特性的权重值，则通过计算与比较企业自我评价的加权得分值与关键顾客评价的加权得分值之差，就能找出企业提升顾客价

值的改进方向。而根据示例中的竞争对手顾客价值评价图(见图5-5),可见企业在质量与服务两个指标上对竞争对手的评价值低于顾客评价,而在成本、速度、创新这3个指标上的评价值则高于顾客评价。通过比较企业顾客价值评价图与竞争对手顾客价值评价图,企业可以发现自身竞争优势的不足,找到改进与变革的方向。

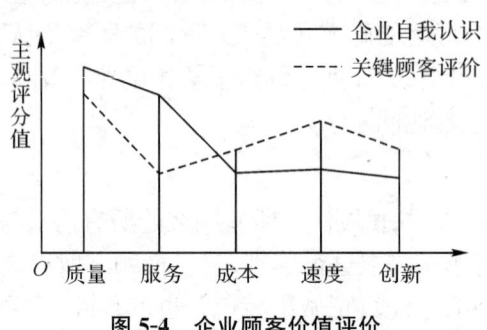

图 5-4　企业顾客价值评价

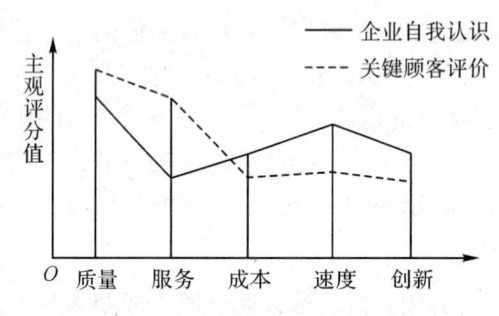

图 5-5　竞争对手顾客价值评价

3. 传递顾客核心价值

把握顾客的核心利益之后,企业还必须以清晰的方式将信息传递给目标顾客群,提升目标顾客对于企业的产品或服务的认知利益。在认知上将该企业的产品或服务与竞争对手的产品或服务区分开来,创造出优于竞争对手产品或服务的顾客认知,才能实现产品差异化。

现实中,顾客的实际价值与认知价值会产生偏差。顾客对于某种产品的判断往往基于某些信号,如价格、吸引人的包装、广告宣传、现场演示、卖场设施、厂家客户群、厂方员工素质形象等。在有些情况下,这些信号所传达的认知价值,甚至起到比实际价值更关键的作用,如:①差异化特点带有很大的主观性,难以量化;②顾客首次购买;③顾客很少会再次购买;④顾客非常天真。

(三)产品差异化战略的方法

产品差异化事关顾客价值,企业能够采取许多行动来创造顾客的实际利益和知觉利益,并影响顾客的知觉价值(见表5-3)。

表 5-3　产品差异化的基础和方式

维度	差异化的具体表现
产品特性	外观 性能 质量 可靠性和耐用性 安装、操作难度 产品复杂性 产品组合 产品定制
服务与支持	咨询 培训 二次开发 备件供应 维修
产品销售	分销渠道 交货速度与及时性 消费信用
产品识别与认知	营销与品牌塑造 声誉
组织管理	企业内部职能部门间的联系 与其他企业的联系
其他	时机 地理位置

四、产品差异化战略的风险

(一)产品差异化战略的风险

执行产品差异化战略有时会与扩大市场份额相矛盾。产品差异化战略具有一定程度的排他性,与提高市场份额两者不可兼得。因为产品差异化战略不可避免地以高成本为代价,有些客户不一定愿意或根本没有能力支付高价格,公司将不得不损失一部分市场份额。具体表现在以下几个方面。

(1)顾客可能认为差异者与成本领导者的价格之差过于悬殊,此时企业所提供的差异化特征就可能不再是顾客所需要的了。在这种情况下,企业就很难经得起竞争对手的挑战。

(2)企业差异化的方式已不能为顾客创造价值,顾客不愿再次付钱。如果竞争对手使得顾客认为竞争对手能提供同样的产品或服务,有时还能提供更低的价格,则产品差异化战略就失去了价值。

(3)不断学习可能降低顾客对一家公司产品差异化特征价值的评价。如 IBM 的产品在上市之初,顾客愿意为 IBM 品牌支付额外的价格。然而随着顾客对这些标准化性能的熟悉,随着大量"克隆"产品涌入市场,IBM 的品牌忠诚度开始下降。

(4)赝品成为执行差异化战略企业的风险。赝品就是那些以极低的价格向顾客传递差异化特征的产品。

(二)差异化战略的适用性

在以下一些情况下,适合采用产品差异化战略。

(1)在顾客方面,存在大量的个性化需求,而且顾客对价格不太敏感,愿意并有能力为能满足他们需求的产品付出更高的价格。通用汽车在20世纪60年代的崛起正是抓住了当时经济繁荣,消费者收入增加,人们普遍追求更加丰富多彩的生活方式,不再满足于千篇一律的廉价汽车的机会,生产出多个品牌各具特色的车型,满足了顾客彰显个性的需要。

(2)在产品和竞争方面,有许多创造产品差异的机会和途径,并且顾客能觉察到这些差异并认为这些差异对他们有价值。

(3)采用类似差异化战略的竞争对手很少,或者胜过对手特别是大公司成本优势的机会有限时,差异化可能是创造竞争优势的最佳途径。

案例5-2 不卖酒菜卖教养

英国伦敦北部有家叫"就在拐角处"的法式小酒馆,到此的客人们往往花上两个小时品美酒、尝佳肴,饭后自己算账付钱,顾客可自己做主吃饭该付多少钱。餐馆吃饭付费"随便给",这是餐馆老板瓦索斯的创意。

瓦索斯说:"如果服务和饭菜非常好,人们会给很多小费。于是我就想,为什么不把整个账目交给顾客去算呢,他们认为值多少钱就给多少钱。"他做了个实验:让顾客享用葡萄酒及蟹柳、三文鱼后自行决定付账金额。出乎意料的是,大部分顾客均以公平或慷慨的态度结账。

不少人以为瓦索斯注定赔钱,但事实证明其营销策略是很成功的。瓦索斯说:"迄今为止,顾客们所付的钱比那些菜肴本来的价格还要高出20%呢,人们都希望自己看上去显得有教养,如果掏钱不够多的话他们会感到难为情。"瓦索斯在另外4家餐厅也有股份,而这4家餐厅每周的利润与由顾客决定自行付账的餐厅相比少了5%~10%。

事实上,沃索斯也有妙法防止顾客付钱太少。若有客人过分吝啬,他就会把钱退给对方,这样他们便知道若想再次光顾,还是应多付些钱。由于"就在拐角处"运作得很成功,已有多家餐厅效仿瓦索斯的经营方法。

(资料来源:整理自新浪网《英国"随便给"餐馆:付多少由食客来作主》等, https://news.sina.com.cn/o/2005-06-17/16476200964s.shtml。)

五、产品差异化战略的组织特征

一般而言,采用产品差异化战略的企业具有以下一些组织特征(见表5-4)。这些组织特征是为了适应产品差异化战略对创新和创造的要求。

表 5-4 产品差异战略企业的组织特征

维度	特征
组织结构	强调跨职能部门的联系 愿意进行组织结构创新以利用新机会 保持不同产品的独立运作
管理控制体系	管理控制的柔性 对创造性人才的宽容 从创新失败中学习的能力
报酬政策	鼓励承担风险而不惩罚失败 奖励创造性人才 主观/定性的绩效评价

资料来源：改编自 Barney J B. Gaining and sustaining competitive advartage. Addison-Wesley Publishing Company，1997.

(一)组织结构

实施产品差异化战略的企业在组织结构上强调打破职能部门之间的分隔，鼓励职能部门之间的沟通与协作，这本身就可以成为差异化的一种来源，同时为差异化提供组织支撑。在具体的组织结构设计上，并不固守传统模式，而是根据环境的变化和经营创新的需要不断相应调整组织结构。

如果企业的个性化产品及品牌较多，彼此之间差异较大，就应考虑让各品牌独立运作，以保持各品牌的鲜明特色。以通用汽车公司为例。通用汽车是一家靠差异化起家的公司，拥有凯迪拉克、别克、奥兹莫比尔、庞蒂亚克、道奇、欧宝等众多品牌，每个品牌都有特定的市场定位和鲜明的个性。通用汽车将每一品牌组成独立的事业部，各品牌事业部在研发、生产、营销上自成体系。这种做法在个性化上占据优势，当然也需付出成本和效率的代价。20 世纪 80 年代初，受到日本汽车生产企业强大的低成本竞争压力，通用汽车曾进行过大刀阔斧的内部改革：整合各事业部的研发部门，组建统一研发中心；强调各品牌、车型间零部件的通用性，等等。调整的结果是成本确实得到大幅度降低，但是那段时间所生产出来的汽车在外观、配置和内在功能上日趋雷同，招致各品牌忠诚顾客的强烈不满，销量大幅度下滑。通用汽车不得不随即恢复原有做法，同时在生产技术上进行了改进，终于走出了困境。

(二)管理控制体系

实施产品差异化的企业在管理控制方面的重点是保证创造性得以充分发挥。许多企业建立了高度结构化的制度、流程和其他控制机制来保证管理活动的规范性和可预见性，但是过于程式化和过度刚性的管理模式很有可能会扼制员工的创造力。实施产品差异化战略的企业的管理控制体系应更加强调柔性、灵活性和适应性。任天堂是一家非常成功的游戏软件生产商，它的管理模式与一般的日本企业迥然不同。在任天堂，有员工经常迟到，上班后又不停走动，喝咖啡聊大天，而老板不但不干涉，反而参与其中。结果公司却不断创作出极富想象力和趣味性的游戏软件，风行全球。如果反过来，要员工完全循规蹈矩,按部就班,创造力很可能就会受到约束。当然,保护创造性免受制度和程序控制并不意味着员工可以不承担任何责任,在企业中信马由缰。实施产品差异化战略的企业必须在高度管理控制与高度创造性之间取得平衡。

走前人和他人没有走过的道路很可能会遇到各种挫折,失败是创新所必须付出的代价。但另一方面,失败是成功之母,只有正视探索中可能的失败,做好接受失败的心理和组织准备,更重要的是,要建立起从失败中学习的能力,才能最终取得成功。

(三)报酬政策

实施产品差异化战略的企业,其报酬政策的导向仍然是鼓励员工的创造性。为此,不应在员工因为勇于创新招致失败时惩罚他们。如若不然,就没有人愿意承担风险去开展创造性的活动了。此外,有创造天才的人都是有个性的,往往也有不少缺点,所谓能干的人不听话,听话的人不能干。对创造性人才应有相当大的宽容度,用其所长,不必苛求,要求其改正缺点也要讲究方式方法,不能过于僵硬。在实施产品差异化战略的企业里,卓有成效的创造性人才会得到奖励和提升,而那些不求有功但有无过者则受不到重用。对经理和员工的绩效也应着眼长远,不要过分注重一时一事的得失,绩效评价方法也应更倾向于定性方法。

对照成本领先企业的组织特征,实施产品差异化战略的组织结构与其有着巨大的差异,有些地方甚至完全不同。钱德勒早就指出,结构跟随战略,也就是说应当根据企业所选择战略的基本逻辑去设计相应的组织结构、控制体系和报酬政策,组织是战略实施的重要保障手段。成本领先战略的基本逻辑是建立成本优势,而产品差异化战略的基本逻辑是通过创造顾客价值建立差异化优势,两者的出发点不同,相应的组织特征也就不同。

第三节 集中化战略

一、概述

(一)集中化战略的含义

集中化战略是指企业集中力量提供一种产品,或者专为一个细分市场的顾客需求服务。集中化战略的要义是利用狭窄的目标市场与整体市场及其他细分市场的差别,来提供比竞争对手(特别是定位于更广泛市场范围的竞争对手)更好的服务,以满足目标细分市场的顾客需求。集中化战略成功的基础是,要么能以比竞争对手更低的成本服务小市场(即成本领先集中化战略),要么能为小市场中的顾客提供他们认为更好的产品(即产品差异集中化战略)。

成本领先集中化战略取决于是否存在这样一个细分市场,满足该市场顾客需求所付出的代价比满足其他细分市场顾客需求的代价要小;产品差异集中化战略则取决于是否存在这样一个细分市场,该市场的顾客对产品属性具有特殊的需求。

集中化战略大致可以分为 4 类。

1. 产品集中化

企业集中力量为不同细分市场提供某一种特定产品。比如一些专门开发通用财务软件的公司。

2. 地域集中化

企业专向某一特定地域市场提供一系列相关产品。比如一些地方性啤酒厂,专为本地市场生产各种类型的啤酒。

3. 顾客集中化

企业向某一特定顾客群提供各种相关产品。比如香奈儿,专为高收入的白领女性提供服装、鞋帽、手袋、香水、首饰等一系列配套用品。

4. 利基战略

企业专为某一特定细分市场提供某一特定产品,这是一种高度专业化的策略。比如专为贵族富豪生产超豪华轿车的劳斯莱斯汽车公司。

(二)集中化战略的竞争防御作用

两种集中化战略能使公司成功应对 5 种竞争力量,其方式分别与成本领先战略和产品差异化战略相仿。它们唯一的区别在于竞争范围从整个行业变成了一个狭窄的行业细分市场。

二、集中化战略的基本逻辑

集中化战略的基本经济学逻辑在于,企业专注于某一特定的细分市场或特定的产品可以获得规模经济,而分散资源超出它所专注的市场或产品就不能得到这种规模经济。对集中化战略的另一个经济学解释与创新有关。如果企业持续集中于一种特定产品的生产并承诺对员工的创新成果进行奖励,那么员工将确信这种承诺会被兑现,从而刺激创新活动。

三、实现集中化战略的途径

集中化战略的基础在于一家企业可以比业内的其他竞争对手更好、更有效率地服务某一特定细分市场,且服务于小市场的成本比竞争对手的成本低,或者能够更好地满足用户的需求。集中化战略在下列情况下能取得最好的效果:①定位于多个细分市场的竞争厂家很难满足目标小市场的专业化或特殊需求,或者满足该市场需求的代价高昂;②没有其他的竞争厂家在同样目标细分市场进行专业化经营;③企业没有足够的资源和能力进入更多的细分市场。

采用集中化战略的公司必须能够以一种优于竞争对手的方式完成一系列主要及辅助活动,以获取战略竞争力。执行成本领先集中化战略和产品差异集中化战略所必须完成的活动分别与图 5-2 和图 5-3 所示基本相同。

四、集中化战略的风险

采用任何一种集中化战略,企业都面临着与在整个行业范围内采用成本领先战略或产品差异化战略的公司同样的一般性风险。同时还有以下风险。

(1)竞争对手可能会集中在一个更加狭窄的细分市场上而使本来的集中不再集中。如在细分市场的基础上,开发出在性能、功能、规格等方面能满足具体客户要求的产品。

(2)在整个行业内竞争的企业可能会认为由执行集中化战略的公司所服务的细分市场很有吸引力,值得展开竞争,并实施竞争战略,使原来集中战略的企业失去了优势。如七喜公司原将其产品定位于柠檬——宜母子饮料,使其成功地成为其所在的柠檬汽水细分市场中的领先者。但当七喜进入可乐市场后,可口可乐公司推出同样的产品,进入了七喜公司的细分市场,最后导致七喜公司失去了细分市场。

(3)由于技术的进步和替代品的出现、价值观念的更新、消费偏好变化等多方面原因,细分市场与总体市场之间在产品或服务的需求上差别变小,细分市场中的顾客需求可能会与一般顾客需求趋同。此时,集中化战略的优势就会被削弱或清除。

(4)由于狭小的目标市场难以支撑必要的市场规模,所以集中战略可能带来高成本的风险,从而又会导致在较宽范围经营的竞争对手与采取集中化战略的企业之间在成本差别上日益扩大,抵消了企业在细分市场上的成本优势或差异化优势,使企业集中化战略失败。

五、集中化战略的适用性

集中化战略可以是一种有效的竞争战略,特别适用于中小企业。实际上,绝大多数小企业都是从集中化战略起步的,只是并不一定意识到这一战略的意义,并采取更具战略导向的行动。例如,娃哈哈集团就是从特定的儿童保健品市场开始起步,早期它开发出的一款健胃幼儿保健品,就是为满足富裕家庭的挑食儿童的需要。广告词"喝了娃哈哈,吃饭就是香"被许多人记住。在这个细分市场成功后,企业逐渐发展壮大。

企业实施集中化战略的关键是选好战略目标小市场。一般的原则是,企业要尽可能选择那些竞争对手最薄弱和最不易受替代产品冲击的目标小市场。在选择之前,企业必须确认以下条件。

(1)目标小市场足够大,可以盈利。

(2)小市场具有很好的成长潜力。

(3)小市场不是行业主要竞争厂商成功的关键,没有其他竞争对手试图采取集中化战略。

(4)企业有相应的资源和能力,能够比竞争对手更好地满足目标市场。

(5)企业能凭借其建立的顾客商誉和服务来防御行业中的挑战者。

第四节 综合成本领先/产品差异化战略

一、概述

(一)综合成本领先/产品差异化战略含义

随着全球竞争的日趋激烈,企业不得不在成本、质量、服务等各个方面展开竞争,同时具有低成本和产品差异化地位的企业将能够取得持续竞争优势。近来的研究表明,有一些企业能够同时做到成本领先和产品差异化,而在某些行业中业绩最优的企业正是那些同时采用成本领先和产品差异化的企业,如日本的某些汽车公司和韩国的某些家电公司。

综合成本领先/产品差异化战略是一种复合战略,它试图综合低成本和产品差异化这两种优势,使企业所提供的产品或服务兼具两种特征:以相对较低的成本和价格(可能约高于成本领先企业)满足或者超过顾客在质量、服务、特色、性能等差异化属性(可能约少于纯差异化企业)上的期望,从而为顾客创造超值的价值。如果市场上顾客需求的多样性使得差异化成为必要,而且许多顾客对价格和价值都很敏感,那么采用综合成本领先/产品差异化战略就比单纯采用成本领先战略或单纯采用产品差异化战略更有优势。

(二)综合成本领先/产品差异化战略优势

这个战略的目的是为顾客所支付的价格提供更多的价值。与单纯依赖某一主导战略的企业相比,能够成功地执行成本领先与产品差异化战略整合的企业处于一种更加有利的地位。它的基本思想是:以超出预期的低价格满足或者超过购买者在质量、服务、特色、性能、属性上的期望,从而为购买者创造超值的价值。其目的是低成本地提供优秀的、卓越的产品,然后利用成本优势来制定比同类品牌的价格还低的价格。

这种竞争战略也被称为最优成本战略,公司追求的是竭尽全力成为一家成本不断降低、产品质量越来越高的厂商。在质量、服务、特色、性能上紧跟最好的竞争对手,在成本上打败它们,这就是最优成本优势的源泉。

采用综合成本领先/产品差异化战略的企业一般能够迅速适应环境的变化,更快地接受新技能与新科技,并且更有效地在企业各部门及产品线范围内充分利用其核心竞争力。成功执行融合性战略的企业之所以能获得超过平均水平的利润,关键原因在于这种战略具有两方面的优势:成本领先意味着低成本;与此同时,差异化可把价格定得更高。这样,融合性战略使公司向顾客提供两种形式的价值来获得竞争优势。

案例 5-3　丰田公司最优成本战略

丰田汽车公司普遍被人们认为是世界汽车生产商中的低成本生产商。虽然它也强调产品的质量,但它还是取得了绝对的低成本领导地位,因为它有相当多的使用高效的生产技术的技能,它的车型定位于中低档价位,并能在这个价位上获得高产量,而高产量有助于降低成本。但是,当丰田汽车公司推出凌志系列新车型准备参与豪华车的竞争时,它实施的却是经典的综合成本领先/产品差异化战略。丰田汽车公司凌志汽车品牌的战略有3个特色。

第一,将丰田汽车公司在以低成本制造高质量汽车方面的技能转移到以比其他豪华车制造商(尤其是奔驰和宝马汽车)低的成本制造超级豪华车上。丰田汽车公司的执行经理认为,丰田汽车公司的制造技术应该能够使它以比其他豪华车制造商更低的成本提供高技术性能特色的汽车。

第二,利用其相对低的制造成本来制定比奔驰和宝马汽车更低价格的豪华汽车,这两家公司的汽车售价都在40000~75000美元之间(有时甚至会更高)。丰田汽车公司相信,由于公司拥有成本优势,因而公司装备诱人的凌志系列新车型的定价可以在38000~42000美元,或许可以从奔驰和宝马汽车那里抢走价格敏感的部分顾客,也许还能吸引对质量敏感的林肯车和凯迪拉克车主转向凌志。

第三,为凌志建立新的特约经销商网络,同丰田汽车的特约经销商网络分离开来,致力于提供行业中无与伦比的个人化细心体贴的客户服务。

凌志400系列车型的价位在48000~55000美元,同奔驰300/400E系列、宝马535i/740系列、尼桑Infiniti Q45、凯迪拉克Serville、美洲豹和林肯Continental展开竞争。低价的凌志300系列的价位在30000~38000美元,同凯迪拉克Eldorado、Acura Legend、Infiniti J30、别克Park Avenue、宝马的315系列和Oldsmobile的Aurora系列展开激烈竞争。

凌志的最优成本战略取得了很大的成功,迫使奔驰也推出了C-Class新车型系列以获取更强的竞争地位。

(资料来源:根据网络相关资料整理。)

二、综合成本领先/产品差异化战略的逻辑

波特在《竞争战略》一书中指出:如果一个企业不能在(成本领先、产品差异、集中化)3个方向中选定一个作为自己的发展方向,这个企业就会"陷在中间"(stuck in the middle)。因此,要么聚焦于建立差异化,要么致力于降低成本,凡是陷在中间的企业,它们的收益率一定会很低(见图5-6)。因为它们既丢失了大量追求低价位的顾客,又失去了能取得高额毛利的业务。试图同时实施这两种战略的企业最终可能一样也做不好。这是因为成本领先与产品差异化战略的基本逻辑是不一样的,实施这两种战略的组织安排和激励机制是相互矛盾的(详见表5-2和表5-4),一个企业很难解决好这些组织矛盾。

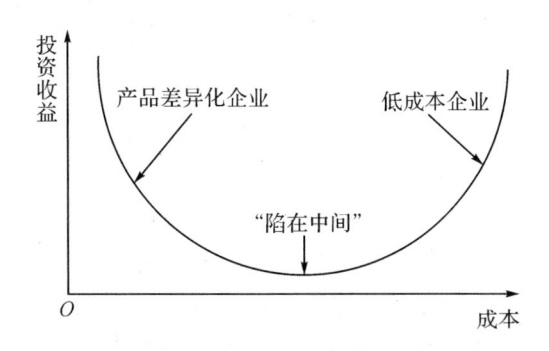

图 5-6　同时实施成本领先和产品差异化战略："陷在中间"

但是戴维·贝赞可认为，一些因素的存在可以削弱差异化与低成本之间的不相容性。

第一，提供差异化产品的公司的市场份额可能会增加，这会带来规模经济、学习曲线经济及其他形式的成本降低，从而使企业能够同时做到产品差异化和低成本。比如，麦当劳传统上遵循产品差异化战略，强调清洁卫生、产品一致性及店堂装修情趣。随着时间的推移，麦当劳用差异化的产品成为快餐业的市场份额的领先者。这种市场地位使麦当劳能够降低成本，所以麦当劳现在也是快餐业的成本领先者。

第二，高质量产品累积经验降低成本的速度比低质量产品快。这是因为员工在高质量产品生产时更加用心，更容易发现较低质量产品生产中被忽视的缺陷并找到解决办法，从而提高质量，降低成本。

第三，有时候高质量与低成本之间的矛盾是由于企业缺乏有效的技能所导致的低效率。在一个行业中，有些企业处于效率边界的上方，它们以较高的成本生产较低质量的产品；有些企业则达到效率边界，能以较低的成本生产较高质量的产品。

在诸如汽车、摩托车、消费电子产品和乐器之类的消费品行业中，日本公司成功的共性是它们具有将低成本、高质量和技术进步协调起来的能力。

三、成功实施综合成本领先/产品差异化战略的条件

在一定的条件下和一定的范围内，成本领先与产品差异化战略可以得到有机的结合。随着技术的发展，一些现代生产管理技术已能有效地弥合共性化的高效率、低成本与个性化的低效率、高成本之间的传统矛盾，这些技术能够有力地支持综合成本领先/产品差异化战略的实施。

(一)适合多品种、中小批量的生产模式

1. 精益生产(lean production)

精益生产是相对于大量生产而言的一种新型生产方式。其核心思想是从生产操作、组织管理、经营方式等各个方面，找出所有不能为产品带来增值的活动或人员并加以清除。这种生产方式综合了单件生产和大量生产的优点，既避免了单件生产的高成本，又避免了大量生产的僵化不灵活。精益生产的目标是要求产品"尽善尽美"，因此要在生产中"精益求精"，不断降低成本，就要力求做到无废品、零库存、无设备故障等。日

本的一些汽车公司,如丰田汽车公司,堪称精益生产的典范。

2. 大规模定制(mass customization)

大规模定制(又称大批量定制)是指在大规模的基础上生产和销售定制产品和服务。它是透视企业竞争的新方法,它将识别并实现个性化客户需求作为重点,同时不放弃效率、效力和低成本目标。作为一项技术,大规模定制被看成是利用信息技术、柔性的制造过程和组织结构,以接近大量生产的成本提供能满足客户特殊需求的一系列产品和服务。它是一个贯穿产品营销、开发、生产和递送(即从客户选择到收到最终产品)全过程的系统概念。采用大规模定制的企业的共同目标是:开发、生产、销售、交付买得起的产品和服务,这些产品和服务具有足够的多样性和定制化,差不多人人都能买到自己所想要的产品。

3. 灵捷制造(agile manufacturing)

灵捷制造是改变传统的大批量生产,利用先进制造技术和信息技术对市场的变化做出快速响应的一种生产方式;通过可重用、可重组的制造手段与动态的组织结构和高素质的工作人员的集成,获得企业的长期经济效益。其基本原理为:采用标准化和专业化的计算机网络和信息集成基础结构,以分布式结构连接各类企业,构成虚拟制造环境;以竞争合作为原则在虚拟制造环境内动态选择成员,组成面向任务的虚拟公司进行快速生产;系统运动目标是最大限度地满足客户的需求。

(二)适合多种品种、中小批量的制造系统

1. 柔性制造系统(flexible manufacturing system, FMS)

柔性制造技术是集数控技术、计算机技术、机器人技术及现代生产管理技术于一体的现代制造技术。以此为基础建立的制造系统就是柔性制造系统。FMS 是由数控加工设备、物料运储装置和计算机控制系统等组成的自动化制造系统。FMS 是一种高效率、高精度和高柔性的加工系统,能根据制造任务或生产环境的变化迅速进行调整,以适宜于多品种、中小批量生产。

2. 计算机集成制造系统(computer integrated manufacturing systems, CIMS)

计算机集成制造系统有机地集成制造企业的产品开发、生产管理和产品制造的信息和过程,它支持从产品设计、虚拟产品展示、工艺设计、数控程序生成到驱动数控机床加工等全过程的无缝集成,以及信息流、物流和资金流有机集成,使制造企业能够集成设计、管理和制造等多方面的资源快速响应客户多样化的需求。

(三)全面质量管理

全面质量管理(total quality management, TQM)系统的重要目标是提高企业产品质量及整个组织的生产力水平。TQM 已形成一套完整的方法体系,在许多企业得到推广应用。全面质量管理的有效实施能提高产品质量,满足顾客对产品可用性、可靠性的要求,提高产品的吸引力和价格,减少顾客流失率。同时,TQM 可降低废次品发生率和返工率,减少维修服务需要,从而降低产品生产和服务成本,实现成本领先与产品差异化战略的结合。

四、综合成本领先/产品差异化战略的竞争风险

综合成本领先/产品差异化战略具有获取超额利润的巨大潜力,但这种潜力也伴随着巨大的风险。从前面的论述可以看到,成本领先和产品差异化战略需要企业在文化、管理、组织等方面的特殊支持,这使得既追求成本领先又追求产品差异化优势的企业会被困在中间,所以,波特认为"陷在中间"战略是注定要失败的。如果企业无法在其选定的竞争范围内确立自己的领导地位,或者成为成本领导者,或者成为差异者,那它就有可能被困在中间。使企业无法成功应对 5 种竞争力量,也就无法获得超额利润。

但是许多人指出,确实有企业成功地实施了成本领先与产品差异化整合战略,如丰田汽车公司被人们广泛认为是低成本生产商,但丰田汽车公司在推出它的雷克萨斯系列新车型准备参与豪华车的竞争时,它实施的就是经典的最优成本供应商战略。丰田汽车公司的经理们认为,用自身在低成本制造高质量车方面的优势来制造超级豪华车,能够使它以比其他豪华车制造商更低的成本提供高技术性能特色和更高质量的汽车,然后制定比其他豪华车更低的价格,来抢走价格敏感型顾客。最终这一战略大获成功。

从上面的例子可以看出,实施成本领先与产品差异化整合战略的关键是先要以某一种竞争优势(低成本或产品差异化)为基础,然后在适当的时机,建立另一种竞争优势。以下 3 种情况,企业能同时取得成本领先地位和产品差异化的形象。

(1)当竞争企业都夹在中间时。
(2)当成本受市场占有率或产业间相互关系的强烈影响时。
(3)企业首创一项重大革新时。

第五节　不同产业环境下的竞争战略

基本竞争战略帮助企业建立自己的竞争优势,具备抵御 5 种竞争力量的能力,在产业中处于有利地位。但是由于产业特点、竞争状况等方面的差异性,不同产业中的企业在制定和选择竞争战略时必须依据具体的产业环境进行。同一竞争战略在不同产业环境中实施的效果也各不相同。产业发展的一般阶段如图 5-7 所示。

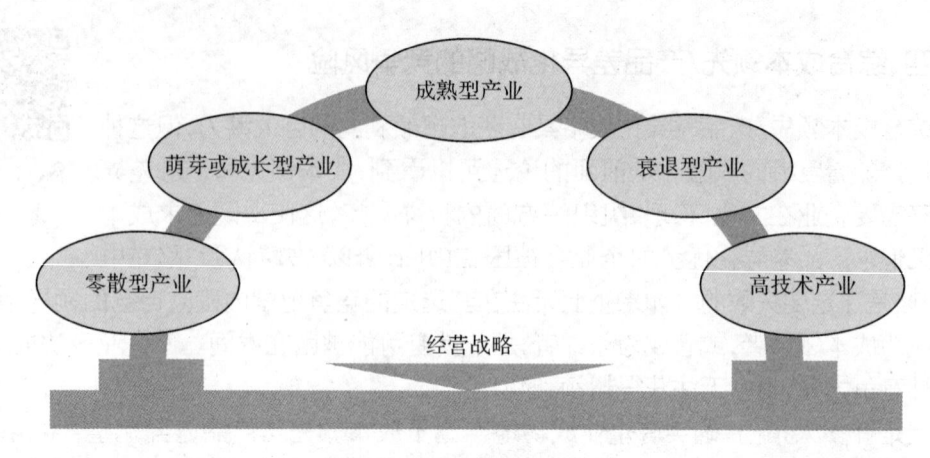

图 5-7　产业发展的一般阶段

一、零散型产业中的竞争战略

零散型产业是一种重要的结构环境,在这种产业中,竞争企业很多,产业集中度很低,没有任何企业占有显著的市场份额,也没有任何一个企业能对整个产业的发展具有重大的影响,即不存在具有左右整个产业活动的市场领袖。一般情况下零散型企业由很多中小型企业构成,存在于许多领域,如服务业、零售业、农产品、汽车修理、饭店、计算机软件开发、服装制造和服装零售等,其范围很广。

(一)零散型产业结构特征

分析零散型产业的结构特征是企业制定竞争战略的基础。主要有以下基本经济特性。

1. 进入壁垒低或存在退出障碍

低的进入壁垒使大量的中小企业涌入,几乎成为所有零散型产业形成的前提;同时,如果产业存在退出障碍,则收入持平的企业倾向于在产业中维持。除经济性的退出障碍外,还存在管理性退出障碍,因为有些竞争者的目标可能不是利润导向的,某些产业的独特吸引力使一些竞争者进入,即使是无利可图的。

2. 多种市场需求使产品高度差异化

在某些产业中,顾客的需求是零散的,他们希望产品有不同式样,不愿意接受更标准化的产品,愿意也能够为此付出更高的价格。这种需求的多样性在大众日常消费产业中表现得非常明显。如餐饮、理发、女性时装等产业。另外,市场需求区域或地区的差异也会产生零散需求。因此,需求零散导致产品高度差异化,顾客对某一特定产品样式的需求很小,这种数量不足以支撑某种程度的生产、营销以使大企业发挥优势。

3. 不存在规模经济

大部分零散产业在其运营活动的每个主要环节,如制造、市场、研究与开发等都不存在规模经济。有些产业即使存在规模经济,也由于各种原因难以实现。如在水泥、化工产业,高运输成本限制了高效率企业的规模及生产地点,决定了其市场及服务范围,抵消了规模经济性。由于库存成本过高或市场销售不稳定使企业产量波动而不能实现规模经济,此时大规模企业的灵活性不如小规模、低专业化的企业。另外,高度的产品差异化及快速的产品变化也可产生规模不经济。

4. 非经济原因

除产业经济特性外,导致产业零散的因素还有非经济原因。一是现有企业缺乏资源或技能。有时企业具有克服零散的潜力,如可以发展规模经济,但缺乏资金或专业技能等战略资源,无法建立大规模设备体系及发展分销机构、服务网络、设备等可能促进产业集中的手段。二是现有企业眼光短浅或自我满足。即使企业具有促进产业集中的资源条件,也可能仍然留恋支持零散结构的传统产业实践,或感觉不到产业变化的机会。三是未被其他外部企业注意到。尽管产业内存在集中的对象和条件,但外部企业并没有发现向产业注入资源以促进集中的机会和前景。

(二) 零散产业的战略选择

1. 集中战略

零散产业的特点就是进入成本低,产业内竞争者弱小,因此克服零散集中产业将会有较高的回报。如通过技术创新引起投资增加与集中或通过机械化自动化创造规模经济,成为产业集中的基础。营销创新也可以克服零散,如电视网络。

2. 特许经营或连锁经营

某些产业零散主要是由于生产规模的不经济性或零散的顾客需求,为此,可以剥离过于零散的业务,采取特许经营或连锁经营。如快餐业,其特点是要保持严密的本地控制和良好的服务,通过特许经营来克服零散,实现规模经济。如麦当劳、必胜客等。

3. 增加附加价值

许多零散型产业提供的是一般性的商品或服务,其本身实现差异化的难度较大,在这种情况下,有效的战略是给商品增加附加值,如在销售时提供更多抽奖的活动;在售后服务中提供更便捷的服务(如包裤角边、鸡鱼肉加工等);或在产品售出之前对零部件进行分装或装配,或对主要零部件进行配送。这样,在基本产品或服务中不能实现的差异化在这些措施中得以实现。另外,也可以通过前向一体化整合营销,更好地控制销售条件,提高产品差异化,增加附加价值。

4. 低成本、低价格战略

许多零散产业存在激烈竞争和低利润,以低间接费用、低技能的雇员、严格的成本控制及对细节的注重保持一种简单朴实的竞争姿态是最简单最有力的战略,能使企业在价格竞争中处于有利地位,并能获得高于平均水平的利润。

二、萌芽或成长型产业中的竞争战略

萌芽期产业是刚刚开始发展的产业,新兴产业是新形成的或重新形成的产业,其形成的原因是技术创新、相对成本关系的变化、新的消费需求的出现,或其他经济和社会变化将某个新产品或服务提高到一种潜在可行的商业机会的水平。如由技术创新而产生了计算机、电信、家用电器等产业;由于新的需求促使搬家公司、婚庆礼仪公司等产业的产生。社会、技术、文化的进步使新兴产业不断被创造出来。

从战略制定的观点来看,萌芽或新兴产业的基本特征是没有游戏规则,产业的竞争问题是全部规则都必须着手建立,以便企业可以遵循并发展。

(一)新兴产业结构特征

1. 技术不确定性

新兴产业中通常存在着很高程度的技术不确定性。因为企业的生产技术还不成熟,有待于继续创新和完善;企业的生产和经营也没有形成一整套的方法和规程,什么产品结构是最好的、何种生产技术将是最有效的等都不能确定。

2. 战略不确定性

与技术不确定性相联系,由于更广泛的原因,新兴产业存在战略不确定性。因为产业内的企业对于竞争对手、顾客特点和处于新兴阶段的产业条件等只有较少的信息,没有企业知道所有的竞争者是谁,也没有企业能够经常得到可靠的产业销售量和市场份额的信息。所以在产品市场定位、市场营销和服务等方面不同的企业经常采用不同的战略方法,没有被产业认可的正确的战略。

3. 成本迅速变化

新兴产业存在高初始成本,但陡峭的学习曲线会使最初的高成本迅速下降。小批量和新产品常在新兴产业中共同形成相对于产业能够获得的潜在收益的较高成本。然而随着生产过程和工厂设计的改进、工作熟练程度的提高、销售额的增长导致的规模与累积产量的大幅度增加,企业生产效率会大幅度提高。按照某些常见的情况,当处于新兴阶段产业的技术在开始时比最终时劳动密集程度更大,这些因素的作用将更加明显。如果学习收获能与产业增长时不断增加的获得规模经济的机会相结合,则成本下降会更快。

(二)新兴产业的战略选择

新兴产业的发展存在着较大的风险和不确定性。产业结构不确定、竞争规则不确定,这些特点也决定了此阶段企业战略自由度最大,战略选择的影响也最大。因此这一阶段制定战略主要是处理好风险和不确定性。

产业处于萌芽期时,产业的进入壁垒主要是专有技术。在此阶段,不论企业的强弱,均应注重获取市场份额。在新兴产业处于成长阶段时,由于大量新顾客的涌入,导致消费需求增长迅猛,企业面临的任务是巩固自己的地位,此时应该采取或更强调的是成长战略。

三、成熟型产业中的竞争战略选择

通过激烈的竞争,产业进入了合并状态,产业从高速发展期逐渐进入稳定发展阶段,即成熟期。成熟产业通常是由为数不多的大型企业所控制的,产业的竞争是由大型企业主导的。在这一时期,产业竞争环境会发生根本性变化,企业要适应产业发展,就要做出战略性转变。

(一)成熟型产业竞争环境

1. 市场竞争更激烈

当企业原有市场饱和时,企业无法以保持其市场份额保持增长速度,此时竞争转向产业内部,去争夺其他企业的市场份额。竞争的加剧要求企业对自身市场占有率、市场地位等目标做根本性的重新定位,并重新分析评价竞争对手的反应及行动。不仅竞争者可能变得更具攻击性,而且非理性竞争也可能发生。广告、服务、促销、价格战等在成熟产业是常见的。

2. 竞争趋向成本和服务

产品在质量、性能等各方面已趋于稳定,技术日益成熟,客户对产品的了解也更加深入,已经购买或多次购买过,客户的注意力从决定是否购买产品转向在不同品牌之间进行选择。这种市场需求的变化使竞争趋向成本导向和服务导向,企业要重新评价其竞争战略的适应性。

3. 产业利润下滑

成熟产业需求稳定,增长缓慢,企业面临战略转变的不确定性,这也意味着产业利润在短期内会下降。市场份额小的企业受影响最大。利润下降使现金流量减少,股票价格下跌,融资困难。

4. 生产能力过剩

当新兴产业逐渐走向成熟时,增长速度减慢,生产能力需求增长降低,企业在设备、人员等生产能力方面的发展目标应与产业状况相适应。但许多企业在产业转变阶段生产能力投入过度,加剧了成熟产业在价格、广告服务等方面的竞争。

(二)成熟型产业的竞争战略

成熟产业在基本结构的各主要方面较新兴阶段都发生了变化,新兴阶段产业的高速发展为多种战略的有效实施提供了条件,而到了成熟期,企业要重新进行战略分析与选择。

1. 降低价格战略

应通过提升财务意识水平和改进成本分析,提高产品在成熟产业中的市场竞争地位。在新兴阶段可以选择众多的产品系列和型号,有利于企业快速发展。但在成熟期,竞争转向成本和市场份额,因此企业要削减产品种类,将注意力集中于在技术、成本和形象等方面有利的产品,因此在产品成本计算方面的改进有利于产品组合合理化。

2. 扩大顾客购买范围

在成熟产业中获得新客户意味着与竞争对手争夺市场份额,代价昂贵,因此增加现有顾客购买比寻求新顾客更有利,可以通过提供外围设备和服务、升级产品、扩展产品系列等方法来扩大现有顾客需求范围。这种战略可能使企业进入相关产业,而且代价低。

3. 低价购买资产

由于成熟产业发展减缓而使产业内企业发展速度降低。为保持企业的发展,企业可以购买不景气企业的资产或购买破产清偿资产以改善资产和盈利状况。且此战略可以在技术创新较少的情况下实现低成本。

4. 国际化战略

该战略主要是进行国际扩张,开发国际市场。

此外,成熟行业的生产流程创新和产品设计同样重要,有利于降低成本,提高生产效率。

四、衰退型产业中的竞争战略

产业总是要进入衰退期,这是不可避免的事实,在这一时期,市场总体也会逐步萎缩。衰退阶段的产业特征是:市场销售量降低、产品种类减少、研发和广告费用降低及竞争者减少。产品和市场衰退导致产业衰退,衰退型产业是指在持续的一段时间内产品的销量绝对下降的产业。这种衰退可能是缓慢的,也可能是迅速的。针对衰退产业一般的战略思想是:不要在增长缓慢或负增长等不利的市场投资,而应从中抽取现金。实际上,此阶段产业环境使企业的战略选择较复杂,不同产业、不同企业有不同的竞争战略。

(一)衰退型产业环境

1. 市场需求不确定性

企业无法确定其发展趋势,而且不同企业对需求的变化认识也不相同。企业在产业中的位置和它的退出壁垒影响它对产业需求下降可能性的认识。有些企业预计市场需求将回升或平稳而继续坚持,在销售量下降的情况下努力保持现有地位。如果大部分企业都确信市场需求肯定继续下降,企业从产业撤出的速度将加快。

2. 退出壁垒

任何衰退产业都存在退出壁垒,它直接影响着企业的战略选择。退出壁垒使企业在衰退产业里继续竞争,即使只能从投资中获得低于正常标准的收益。

3. 竞争不稳定性

衰退产业的需求状况使竞争更加激烈,集中体现为价格战。其决定因素有许多方面,如固定成本很高;企业被产业退出壁垒束缚;企业意识到在行业中保留位置的重要性;剩余企业的实力较为平均,少数企业不可能轻易取胜;企业对相对竞争力没有把握;企业成为供应商的次要客户;分销商力量加强。

(二)衰退产业的战略选择

1. 领导战略

即在市场份额方面争取领导地位。其目标是从衰退型产业中获利,这种产业结构特点是使剩余企业有潜力获取超出平均水平的利润,而且可以实现在竞争者中占有领导地位。

2. 局部领导战略

即创造或捍卫在某一特定细分市场中的优势地位。这种细分市场不但将保持稳定需求或使需求缓慢下降,而且其拥有的结构特色能带来高收益。

3. 收割战略

即有控制地撤出投资,从优势中获利。采用收割战略的企业力图优化业务现金流,取消或大幅度削减新投资,减少设备投资,在后续销售中从业务拥有的所有残留优势中牟取利益,以提高价格或从过去的商誉中获利。收割战略的前提是过去存在企业能赖以生存的真正优势,同时衰退阶段的产业环境不至于恶化为战争,如果不具备任何优势,提高价格、降低质量、减少广告将使销量下降。从管理角度来看,此战略是衰退型产业环境下最有利的。

4. 放弃战略

即在衰退型产业中尽早清算投资。前提是企业只有在衰退早期出售业务才能使净投资的回收最大化,而不是实施收割战略后再采用其他战略。因为出售越早,需求是否随之下降的不确定性越大,资产在其他市场未饱和的可能性就越大。

五、高技术产业中的竞争战略

高技术产业(high-tech industry)是指产业中企业所用的主要的技术进步极快、产品与服务的属性同样快速改进的产业。

(一)高技术产业特征

1. 产业环境要素

良好的制度环境,开放的商业环境和鼓励创新的社会文化是高技术产业发展的环境要素。

2. 产业活动要素

密集的创新知识、高质量的人才资源和高度活跃的资金流动是高技术产业发展的活动要素,其中,技术在经济活动中所占的比重日益增长。随着技术的进步,不少低技术产业也在提高技术含量,高技术产品进入了极为广泛的领域。

3. 外部支持要素

研究机构、高等院校、专业的商业服务机构和政府部门等非营利机构是高技术产业发展的外部支持要素。

(二)高技术产业的战略选择

1. 技术标准战略

技术标准是指生产产品和配件时必须遵守的技术指标。高新技术产业内的竞争在很大程度上主要集中在产业标准之争上,因为实际上能够主导市场的只有一个标准。

2. 先行优势战略

先行优势是指由于开发出革命性的新技术和产品,企业获得的持久有效的竞争优势。先行者要尽量避免出现先行劣势的可能性,通过互补性资产、构建模仿壁垒等战略来获取先行优势,构筑长期的竞争优势。

3. 知识产权战略

在高新技术产业企业中,技术创新的中心工作之一是知识产权的创造,竞争优势的重要方面来自对知识产权实施开发保护和强化的战略。为了有效管理知识产权,促进研发工作进展,企业应当制定与专利有关的规章制度,为公司的专利管理提供制度保障。同时,提升企业知识管理水平,努力提高员工的专利意识、鼓励员工广泛参与公司专利工作。

▶ 本章小结

本章主要论述企业业务层战略,相对于公司层战略,业务层战略集中对某项业务的发展和竞争优势进行谋划,因此,业务层战略主要是一种关于业务的竞争战略。有5种基本的竞争战略:成本领先、产品差异化、成本领先集中化、产品差异集中化和综合成本领先/产品差异化战略(又称最优成本战略)。其中成本领先和产品差异化战略是最基本的两种竞争战略。

成本领先战略的基本逻辑是大量生产满足基本需求的标准化产品,通过降低成本提供低价格来获得竞争优势。产品差异化战略的基本逻辑是企业通过创造其产品相对于竞争者产品的顾客感知价值而取得竞争优势。产品差异的核心是创造顾客需要和认可的价值。因此,要进行有效的产品差异化,首先应确定目标顾客的核心价值,并以各种方式让顾客感觉到这种价值的存在。

成本领先战略是要建立成本优势,而产品差异化战略是要建立差异化优势,两者的出发点不同,相应的组织特征也就不同。产品差异化战略的组织特征是为了鼓励和保护创新性和创造力。这些组织特征与成本领先战略的组织特征有很大区别。

波特认为,由于产品差异化战略与成本领先战略存在诸多的不一致甚至矛盾冲突,同时采用成本领先和产品差异化战略的企业会"陷在中间"。近来的研究和实践表明,如果企业采用能兼顾品种、质量、成本的生产方式,并掌握有效处理两种战略的内在矛盾的方法,有可能同时做到成本领先和产品差异化。这些企业实施的是综合成本领先/产品差异化战略。

集中化战略使企业的经营范围更加狭窄而集中,专注于生产专业化的产品,或者专为某一个细分市场的顾客提供产品。集中化战略可再分为成本领先集中化和产品差异集中化。

本章还说明了不同产业环境中的经营战略。论述了零散型产业及高技术产业中企业的竞争战略,并且立足于产业生命周期的视角论述了萌芽或成长型产业、成熟型产业和衰退型产业中企业的竞争战略。

▶ **思考题**

1. 举出实例,说明成本领先战略、产品差异化战略和产品集中化战略的实施途径、适用条件及各自的风险。

2. 企业能否同时追求成本领先和产品差异化两种竞争战略?

3. 成本领先战略、产品差异化战略、集中化战略和综合成本领先/产品差异化战略各有什么风险?

4. 试述零散型产业特征和战略选择的途径。

5. 结合你熟悉的一个高科技产业,说明新兴行业的结构特征,并指出战略选择时要做好哪些工作?

🔍 第五章讨论题

第六章 并购与重组战略

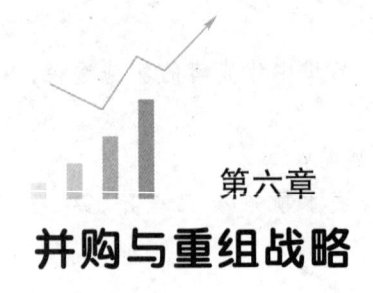

前面讨论了企业可以通过实施一体化战略进入新的经营领域或扩大现有规模,或者通过实施多元化战略进入新的行业,对于这些可选的战略和方向而言,每一种战略都有不同的开发方案,这些方案总体可以分为3类:内部开发、并购,以及联合开发或联盟(关于战略联盟,将在第七章中进行讲述)。因此,并购战略是实现公司战略的手段之一。

内部开发也称内部创业,指企业通过内部创新来开发新产品,建立新生产能力进行发展。例如,IBM公司就是于20世纪80代用内部创业的方式进入计算机微机市场的。

企业并购是合并与收购的合称。并购在经济学上的含义通常可理解为一家企业以一定的代价和成本(如现金、股权等)来取得另外一家或几家独立企业的经营控制权和全部或部分资产所有权的行为。不过,从严格意义上来讲,合并与收购是有一定区别的。

第一节 并购战略

一、并购的概念

并购是合并和收购的合称,两者都是企业的产权交易,它们的动因极为相近,运作方式有时也很难区分,因此常使用一个词——并购。合并指的是两家公司在相对平等的基础上将彼此的业务进行整合,通常其拥有的资源和实力合在一起能够比各自独立发展产生更强的竞争优势。合并有两种类型,一是吸收合并,即兼并,指在两个或两个以上的公司合并中,其中的一个公司因吸收(兼并)了其他公司而成为存续公司的合并形式。在兼并中,存续公司仍然保持原有公司的名称,有权获得其他被吸收公司的资产和债权,同时承担其债务,被吸收公司从此不复存在。二是新设合并,又称联合,指两个或两个以上的公司通过合并同时消亡,在新的基础上形成一个新的公司。新设公司接管原来几家公司的全部资产、业务和债务,新组建董事会和管理机构。收购指的是一家公司通过购买另一家公司的部分或全部股权,将被收购公司的业务纳入其战略投资组合,从而达到更加有效地利用其核心竞争力的目的。

(一)兼并

兼并(merger),含有吞并、吸收、合并之意。《大不列颠百科全书》对"merger"一词的解释是:"指两家或更多的独立企业、公司合并成一家企业,通常由一家占优势的公司吸收另一家或更多家公司。兼并的方法主要有:第一,用现金或证券购买其他公司的资产;第二,购买其他公司的股份或股票;第三,换取其他公司股东发行的新股票来取得其所持有的股权,从而取得其他公司的资产和负债。兼并的形式主要有:第一,横向兼并,双方公司为同一市场生产相同产品;第二,扩大市场的兼并,被兼并公司为不同市场生产相同的产品;第三,纵向兼并,被兼并的公司成为兼并公司的供应商或消费者。如果被兼并企业与兼并公司原有的业务无关,则新公司就称为跨行业公司。兼并的原因可以有多种,或是为了减少竞争,或是为了提高生产效率,或是为了产品和市场多样化,或是为了减少赋税支出。"

通常兼并有两个层次的含义,一是狭义的,一是广义的。狭义的兼并是指在市场机制的作用下,企业通过产权交易获得其他企业的产权,使这些企业法人资格丧失,并获得它们控制权的经济行为。广义的兼并是指在市场机制的作用下,企业通过产权交易获得其他企业产权,并企图获得其控制权的经济行为。

广义兼并和狭义兼并的共同点在于:①兼并是一种在市场机制的作用下,具有独立的法人财产权企业的经济行为,是企业对市场竞争的一种反应,而不是一种政府行为;②兼并是一种产权交易活动,它是一种有偿的交换,不是无偿的调拨,交易可以通过购买资产,也可以通过购买股票进行,支付手段既可以是现金,也可以是股票、债券或其他形式的回报。狭义兼并和广义兼并的主要差别在于:狭义兼并的结果是被兼并企业丧失法人资格,而兼并企业的法人地位继续存在。广义兼并的结果是被兼并企业的法人地位可能丧失,也可能不丧失,而是被控股;兼并企业的法人地位也不一定不丧失,因为可能兼并双方合并成立一个新设公司,其原来的企业法人地位均丧失。换言之,狭义兼并发生后,被兼并企业必定解散,兼并企业不解散。而广义兼并发生后,被兼并企业可能解散,也可能不解散;同样,兼并企业可能不解散,也可能解散。若兼并企业也解散,往往是指兼并双方产权联合或合并在一起,新设立一个企业,重新获得一个新的法人资格,从而原来兼并与被兼并双方的法人地位也就消失,即企业解散。

狭义的兼并相当于公司法和会计学中的吸收合并,而广义的兼并除了吸收合并以外,还包括新设合并与控股等形式。

(二)收购

收购(acquisition)是指一家企业用现金、债券或股票等购买另一家或几家企业的股票或资产,以获得对该企业控制权的行为。其特点是目标企业的经营控制权易手,但其法人地位并不丧失。收购有两种:资产收购(asset acquisition)和股权收购(stock acquisition)。资产收购指一家企业直接或间接购买另一家企业的部分或全部股票,并根据持股比例与其他股东共同承担目标企业的权利与义务。股权收购指一家企业直接或间接购买另一家企业的部分或全部股票,并根据持股比例与其他股东共同承担目标企业的权利与义务。

从狭义兼并的角度来看,兼并与收购这两个概念是有所区别的,主要区别在于产权交易所涉及的目标企业法人地位保留与否。这种区别从法律角度和财务处理角度来看是显著的,但从企业实际控制权的易位来看,两者却没有本质的区别:兼并直接使目标企业的资产处于兼并方的控制之下,收购使目标企业的法人、法人财产受收购方控制。因此,从广义的角度来说,收购也可以看作是兼并的一种。

随着全球一体化进程的加快,世界各国大型企业之间的并购成为强化竞争优势的重要手段,而且并购的规模越来越大。表 6-1 是 1998 年的世界十大并购案。

表 6-1　1998 年世界十大并购案

排名	并购双方名称	行业	总额/亿美元
1	埃克森公司/美孚公司	石油/天然气	863.55
2	旅行者集团/花旗集团	保险/银行	725.58
3	SBC 通信公司/亚美达科通信公司	电信	723.57
4	贝尔大西洋公司/通用电话电子公司	电信	708.74
5	美国电报电话公司/英国电信公司	电信/电视	682.80
6	国民银行/美洲银行	银行	616.33
7	英国石油公司/美国石油公司	石油/天然气	543.33
8	戴姆勒—奔驰公司/克莱斯勒公司	汽车	395.13
9	美国家庭用品公司/孟山都公司	医药化工	391.35
10	西北银行公司	银行	343.52

(三)并购的趋势

并购战略已经在美国的公司之间流行多年,甚至被认为是促成 20 世纪 80 年代至 90 年代美国成功地进行行业重组的核心动力。在 20 世纪 80 年代美国曾经出现所谓的"并购狂潮",十年间,美国发生的大大小小的企业并购事件(包括整体合并和部分重组)总数为 31000～55000 件。这些并购所涉及的总金额超过 13000 亿美元。然而,与 20 世纪 90 年代相比,80 年代的并购潮显得无足轻重。1990 年,全球企业并购案所涉及的金额超过 4640 亿美元;1998 年这个数字猛增到 25000 亿美元;1999 年又增加到 34000 亿美元。就美国国内而言,这个数字在 1990 年是 1950 亿美元,1998 年达到 16000 亿美元,1999 年则为 17500 亿美元。

并购战略在全球其他地区越来越风靡,包括在欧洲经济圈。根据 1999 年第三季度的数据,发生在欧洲大陆的并购案所涉及的金额历史上第一次超过了美国。正如所有战略选择都会影响到企业的发展,所以在做出多元化发展的选择时必须慎重考虑。成功地运用并购战略也是企业能否在竞争中成功追求差异化的一个方面。而有效的差异化能够降低企业与其对手进行直接或正面竞争的风险。

收购战略的另一个趋势来自不同国家的公司之间并购数量的不断增加。这种收购被称为"跨地区并购"。与国内并购相似,跨地区并购也是企业为寻求增强竞争优势和高于平均水平的投资回报而实施的一项战略。

战略管理要求通过并购不仅要增强企业的竞争实力,而且要达到提高股东回报的目的。所以,实施并购战略,必须建立在能够通过并购其他公司的资产并加以利用来实现增加公司经济价值的基础之上。然而事实表明,至少对于实施收购的公司来说,并不总是能够达到其预期目的。会计咨询公司的报告显示,大概有83%的并购案在增加股东价值方面是失败的。在53%的个案中,实施收购的公司甚至被认为减少了其股东价值。

(四)并购的类型

1. 以行业划分

如果从并购双方所处的行业来区分,企业并购的类型主要有3种。

(1)横向并购

又称水平兼并。这是一种传统的企业兼并形式,是指具有竞争关系的、经营领域相同或生产产品相同的同行业之间的兼并,这种兼并的目的在于扩大生产规模,实现规模经济,提高行业集中程度,增强企业在同行业中的竞争能力,控制或影响同类产品的市场。购买同一市场上制造相同产品的企业能增加市场份额,减少竞争对手;购买不同市场上制造相同产品的企业,能实现区域扩张,以形成在某一行业的垄断地位。

这种兼并形式的缺点在于:很容易出现行业垄断。因此,许多国家都密切关注并严格限制这类兼并的进行。

(2)纵向并购

又称垂直兼并。这是一种带有明显行业扩张意图的兼并形式,是指生产过程或经营环节相互衔接、密切联系的企业之间,或者具有纵向协作关系的专业化企业之间的兼并。这种兼并的目的在于控制某行业、某部门生产及销售全过程,从而获得一体化的效益。兼并一家有利于接近最终消费者的公司,如产品制造商、经销商、零售商等,这种方式又称为"前向合并"(forward integration)。同时,兼并一家供应公司有利于改善原材料供应条件,这种方式又称"后向合并"(backward integration)。总之,是兼并企业通过对原材料、销售渠道及用户的控制来降低生产成本并进行综合开发,提高对市场变化的应变能力。从行业角度看,有利于简化经营环节,密切上下游产业间的联系。另外,纵向兼并还可以避开横向兼并中经常遇到的反托拉斯法的限制。

纵向兼并的缺点在于企业生存发展受市场因素的影响。

(3)混合并购

又称跨行业兼并或扩张兼并,是指横向兼并与纵向兼并相结合的企业兼并形式。其目的在于扩大企业自身的产业结构,积极参与和尽力控制企业可能占有的市场。混合兼并一般可分为产品扩张型兼并、市场扩张型兼并和纯混合型兼并3种。产品扩张型兼并是指一家企业以原有产品和市场为基础,通过兼并其他企业进入相关产业经营领域,达到扩大经营范围、增强企业实力的目的。这种类型的兼并必须考虑组合的经济性。市场扩张型兼并是指生产同种产品,但产品在不同地区的市场上销售的企业之间的兼并。这种方式的兼并可以扩大市场,提高市场占有率。纯混合型兼并则是指生产和职能上没有任何联系的两家或多家企业的兼并。这种兼并又称为集团扩张,通常是为了进入更具增长潜力和利润率较高的领域,实现投资多元化和经营多元化,并通过先进的财务管理和集中化的行政管理来取得规模经济效益。

2. 从并购策略和方式划分

从并购的策略和方式来划分,企业并购又可分为公开并购、直接并购、间接并购、杠杆并购、善意并购、敌意并购等。具体方式包括吸收合并、新设合并和购受控股权益3种。

(1)吸收合并是指两家或两家以上的企业合并,其中一家公司存续,另外的企业失去法人地位的合并行为。在吸收合并中,存续公司仍保有法人地位和原有的公司名称,且有权获得其他被吸收公司的资产和债权,同时承担其债务,被吸收企业不再存在。

(2)新设合并(又称创立合并或联合)是指两家或两家以上的企业合并后均失去法人地位,但形成一个新的公司,由新公司接管参与新设合并的其他企业的全部资产和业务的合并行为。

(3)购受控股权益是指由一家企业购受另外一家企业时达到控股百分比股份的合并行为。这种控股股份理论上为持有具有投票权的普通股的51%,但在被购受企业规模较大、股份比较分散的情况下,常常只要控制了30%甚至更少的股份比例就可以有效地实施控股。

二、并购的动因

企业并购的主要原因是希望通过并购增强市场力量、克服进入障碍、降低新产品开发成本与风险、加快进入市场的速度、适应多元化发展、避免行业内竞争等,从而取得竞争优势。

(一)增强市场力量

实施收购战略的首要原因是为了增强市场力量。当一家企业有能力按照比竞争对手更高的价格出售产品和服务,或者其经营活动的成本比竞争对手更低时,该企业就拥有了市场力量。许多公司有核心竞争力,但却由于规模不够而无法充分利用其资源和能力。市场力量通常来自企业的规模及其所拥有的能够在市场中竞争的资源和能力。因此,企业通过收购同行业竞争对手、供应商、分销商或者高度相关行业企业达到增强市场力量的目的,从而进一步巩固核心竞争力和获取竞争优势。因此为了加强市场力量,企业常通过并购来实现纵向一体化、横向一体化和相关多元化,分别称为纵向收购、横向收购和相关收购。

(二)克服进入障碍

进入障碍是指为了进入某一领域所要克服的困难。例如,在一个已经有很多较大的竞争者的市场上,很难再建立一家新企业。如果想进入这样的市场,新进入者为了取得规模经济并达到以竞争价格销售产品,就必须在生产设施、广告和促销活动方面进行大量的投资;为了达到足够的市场覆盖度,还要求企业拥有高效率的销售体系和销售网络;消费者对于所熟悉的品牌的忠诚度也会给新进入企业带来障碍。这时,通过并购市场上现有企业而进入特定市场就成为一个最佳选择。面对市场进入壁垒,新进入者会觉得采取收购市场中已有的公司以迅速进入市场,要比以挑战者的身份进入市场向消费者提供他们不熟悉的商品或品牌显得更有效率。一个行业的市场进入壁垒越高,新进入市场者采取并购策略以克服进入壁垒的概率就越高。尽管收购的成本有时会非常巨大,但它的确能让市场的新进入者迅速地占领市场。

(三)降低新产品开发成本与风险

通过企业自身的力量在内部开发新产品并将其推向市场往往需要耗费大量的公司资源,包括时间成本,因为新产品通常很难在短期内为企业带来投资回报。而且据多数企业管理者推测,约88%的新产品最终未能给公司带来效益。也许其中的一个原因是,约有2/3的创新产品在其专利保护期之后4年内便遭到竞争者的仿制。由于以上原因,企业经营者通常都将新产品开发和技术创新视为一项高风险的活动。这样,收购便成为企业成功推出新产品的一条捷径。与企业自己开发相比,收购行动在新产品的前景上具有可预测性,因为在并购过程中可以对目标企业以往的经营业绩进行评估,风险较低。同时通过收购企业更容易快速进入市场,为增强市场竞争力打下基础。

(四)加快进入市场的速度

企业的经营与发展是处在一个动态的环境之中的,在企业发展的同时,竞争对手也在谋求发展,因此,在发展过程中,必须把握好时机,尽可能抢在竞争对手之前获取有利的地位。如果企业采用内部投资的方式,将会受到项目的建设周期、资源的获取及配置等方面的限制,从而制约企业的发展速度。而通过并购的方式,企业则可以在极短的时间内,迅速将规模做大,提高竞争能力,将竞争对手击败。尤其是进入新的行业的情况下,谁先行一步,就可以取得原材料、渠道、声誉等方面的优势,在行业中迅速建立起领先者的地位,这一地位一旦建立,别的企业就很难取代,在这种情况下,如果通过内部投资,逐渐发展,显然不可能满足竞争和发展的需要。因此,并购可以使企业把握时机,赢得先机,获取竞争优势。

(五)适应多元化发展

并购是实现多元化经营常用的方法。企业进入一个新的行业会遇到各种各样的壁垒,包括资金、技术、销售渠道、顾客、经验等,这些壁垒不但增加了企业进入这一行业的难度,而且提高了进入的成本和风险,特别是不相关多元化。如果企业采用并购的方式,先控制该行业原有的一个企业,则可以绕开这一系列的壁垒,以此作为进入该行业的桥头堡,继续扩张,实现企业在这个行业中的发展。行业不相关程度越高,通过并购成功进入的可能性越大。

最低经济规模是新进入企业面临的最大挑战之一。企业进入新行业时必须达到一定的规模,采用直接投资方式必将导致生产能力的过剩,引起其他企业的剧烈反抗,产品价格很可能迅速降低,如果需求不能相应得到提高,该企业的进入将会破坏这一行业的盈利能力。而通过购并的方式进入这一行业,不会导致生产能力的大幅度扩张,从而保护这一行业,使企业进入后有利可图。

（六）避免行业内竞争

行业内部的竞争程度是影响企业盈利的重要因素。为了减轻剧烈的行业竞争对公司财务状况的影响，企业会采取收购策略来降低其对某种单一产品或市场的依赖程度。而这种对单一产品或市场依赖性的降低就会改变企业原有的竞争力范围，在更大范围内增强企业竞争力。

案例 6-1　吉利控股并购案例

2010年3月，浙江吉利控股集团（以下简称吉利控股）以18亿美元的价格收购瑞典豪华汽车品牌沃尔沃轿车业务100%的股权及相关资产。这是当时中国汽车企业最大的海外并购交易，也是中国车企第一次完整意义上收购一个国际知名的豪华汽车品牌。收购涵盖了品牌、技术、团队、知识产权及资产等所有方面。

在完成收购后，吉利控股的董事长李书福给予了沃尔沃充分的独立和自主发展的空间，用他的话来说就是："我从不自作聪明地去干扰他们正确的决策，我只看态度和把握方向。"

在预算上，李书福对沃尔沃也十分大方。作为民营企业，李书福在吉利汽车的制造上一直都精打细算。而根据核算，沃尔沃2015年的研发费用预算高达115亿美元。李书福接受了这个预算，他认为沃尔沃要保持自身的研发技术和安全系统的优势，巨大的投入是合理的。

在吉利控股的财力支持和开放自由的管理下，沃尔沃在被收购一年之后就实现了扭亏为盈。

2010年，沃尔沃汽车全球销量为30多万辆。到2021年，沃尔沃的全球销量达到近70万辆。十年间翻了近一倍。

被盘活的沃尔沃，不仅实现了自身的发展，还为吉利控股带来很多利润，更重要的是，它推动了吉利汽车技术水平和管理经验的提升，使得吉利汽车成功进军欧洲市场，扩大了其境外销售网络，并且沃尔沃的高端品牌形象提升了吉利汽车的形象和市场地位。

2022年，吉利汽车销量达到140多万辆，在自主品牌销量榜上排名第二。

（资料来源：整理自《回顾：李书福举债119亿元收购沃尔沃，13年过去了，是赚是亏》，https://baijiahao.baidu.com/s?id=1807869993831989839&wfr=spider&for=pc。）

三、并购中的问题

（一）企业整合困难

将通过并购而合并的两个公司进行整合是相当困难的。这些整合问题包括：不同企业文化的融合、不同财务控制系统的连接、有效工作关系的建立（特别是当两家公司的企业管理风格迥异的时候），以及如何处理被并购公司原有管理层人员的地位问题等等。研究表明，在并购中，整合阶段可能是决定能否创造股东价值的唯一的最重要的因素。如果并购者与被并购者的整合非常迅速,将有利于形成两者之间的良好关系,从而使整个并购获得成功。如思科公司并购成功的一个重要原因是思科公司对新公司的快速整合。

(二)超值购买

如果在并购过程中不了解被并购公司市场价值等情况,则可能支付超额的并购费用。对并购对象充分的评估可以避免这个问题。对并购对象的有效评估涉及各方面上千条项目,包括并购的财务问题、并购方与被并购方的企业文化差异、并购带来的税务问题,以及如何整合员工队伍等问题。尽管企业本身有可能组建自己内部的评估小组,但评估通常由专业机构来执行,像投资银行、会计师、律师及从事企业并购咨询的咨询公司等。

不能完成有效的评估往往导致实施并购的企业支付高昂的收购费,有时是超额的。事实上,研究表明,如果不进行评估,则收购价通常不能反映收购对象的真实价值,而往往由那些市场上同类型的收购交易所涉及的金额来决定。1999年,戴姆勒—克莱斯勒公司准备通过并购日产汽车公司来成为全球汽车公司市场的竞争者,以此进入东南亚市场。对日产汽车公司评估的结果是其具有220亿美元的巨额债务,于是戴姆勒—克莱斯勒公司放弃了并购日产汽车公司的打算。

(三)高额负债

20世纪80年代末至90年代初,一些公司通过大量借贷进行并购,一方面高水平负债能约束企业经营者,使其不能进行其他的投资,有利于激励经营者为股东争取更大的利益。但另一方面,高负债也可能使企业背上沉重的财务负担,增加破产的可能性。并且,高负债水平也使公司在研发、人力资源培训和市场推广等方面的投资减少,而在长期来看,这些领域对公司发展很重要。鉴于负债存在的潜在缺点及全球经济整体趋势向好,20世纪90年代末一直到21世纪初,收购行为更多地是以现金或股权交易的形式完成的,而不再是大量举债。

(四)难以形成协同与合力

协同效应源自希腊语"synergos",原意是"共同工作"。当各单位一起工作产生的价值超过他们独立工作的成果之和时,就意味着产生了协同效应。另一种说法是"当资源联接在一起比单独使用更有价值时,产生协同效应"。这些资源包括有形资源和诸如人力资源之类的无形资源。对于股东来说,协同效应为他们赢得了财富。

只有当并购交易产生独有的协同效应时,公司才能通过收购战略发挥竞争优势。这种协同效应是指并购双方的资产通过联合和整合所产生的能力和核心竞争力是其中任何一家公司与其他公司整合所达不到的。独有的协同效应产生于公司的资产具有独特的互补性,是并购双方中一方与其他任何公司的联合所不可能产生的。由于其独特性,独有的协同效应让竞争对手难以理解和模仿,同时这种效应也难以产生。

(五)过度多元化

多元化战略如果使用得当会获得战略竞争优势和高于平均收益的回报。但高度多元化或过分多元化都会增加有效管理的难度。要根据公司能够成功管理多元化的能力来确定多元化的程度,以及是选择相关多元化还是非相关多元化。在任何情况下,过度多元化对公司经营特别是战略管理都有可能产生负面影响。如多元化使公司业务范围扩大,管理者在评估各业务部门工作时会更多地依赖财务指标而不是战略。因为高层管理者不具备多种业务知识,很难对每个业务部门的目标和战略在深度和广度上都有深刻的理解,因此难以从长期利益和战略角度评价各部门的成果,仅以财务指标为依据会引起分部门经理的短期行为,以牺牲必要的长期投资来追求短期利益,从而降低公司整体战略竞争能力。

过度多元化引起的另一个问题是公司会倾向于用收购行动来代替自我创新。通常来说,经理们并不是存心要用收购行动来取代创新。但是一个循环印证的怪圈会由此产生:收购行动的费用可能会导致一些和自我创新相关的活动(例如研发)经费的减少。没有足够的经营支持,公司的创新能力会逐渐衰退,而没有内部的自我创新能力,唯一的选择就只有通过收购来获取创新机会。但从长远来看,不断依赖其他公司的创新活动作为获取战略竞争力的源泉是很困难的。有证据表明,那些用收购活动替代自我创新发展的公司最终都遇上了问题。

(六)管理者过度关注收购

积极的并购战略常常需要投入很多管理者的时间和精力,例如各种数据、资料的收集分析,多方面的长期谈判,各项步骤的实施,重要问题的决策等,使管理者不得不将注意力从其他重要的事情中分散出来,特别是那些长期需要投入大量的时间和注意力的事情,降低了企业经营效率。目标企业的管理者也要把大量的时间和精力花费在并购上。大多数目标企业的管理者都不愿意做长期的投入,因此在并购过程中倾向于回避风险而采取短期行为。另外,被并购企业的许多管理职位可能被并购企业接管。被并购企业的许多管理者由于担心被并购企业评价不好,造成并购完成后被解雇,在并购期间都不愿做重大决策。

(七)公司过于庞大

大多数收购都产生一个庞大的公司。从理论上说,公司规模的扩大有利于在各职能部门形成规模经济。比如,两家公司的研发部门合并之后,能够通过规模效应而刺激开发出更多的创新成果。然而,当规模过大时所产生的各方面复杂问题会超过规模经济所带来的收益。换句话说,到达一定程度之后,大规模公司所导致的巨额管理成本有时候会超过规模经济所带来的收益。另外,在面对由于规模扩大而产生的一系列复杂问题时,经理们(通常是那些来自收购公司的经理)常会倾向于采用相对官僚的作风来进行管理。这种官僚式的控制是指制度化、标准化的监管机制、行为准则和相关政策,以保证跨部门之间的相互一致。从长远看,则导致管理僵化,企业缺乏灵活性,可能对企业创新带来危害。

企业并购的动因和妨碍并购成功的问题如图6-1所示。

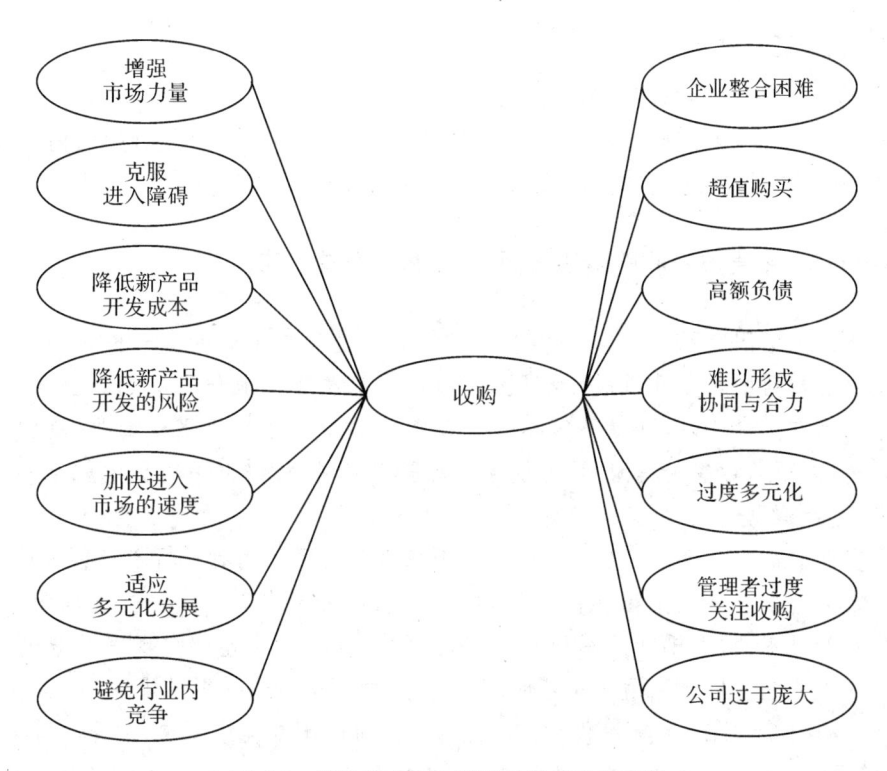

图 6-1　并购的动因和妨碍并购成功的问题

四、并购的方式与方法

(一)直接收购

指收购公司直接向目标公司提出并购要求,双方经过磋商,达成协议,完成收购活动。由于双方可以密切配合,因此相对成本较低,成功的可能性较大。

(二)间接收购

指收购公司直接在证券市场上收购目标公司的股票,从而控制目标公司。这种方式很容易引起股价的剧烈上涨,同时可能会引起目标公司的激烈反应,因此会提高收购的成本,增加收购的难度。

(三)现金并购

一般不涉及发行新股票的并购都可以被视为现金并购。现金并购是一种单纯的并购行为,它是由并购者支付一定数量的现金,从而取得被并购企业的所有权,一旦被并购企业的股东得到了对所拥有股份的现金支付,就失去了任何选举权或所有权。

(四)股票并购

如果投资者不是以现金为媒介对目标企业进行并购,而是增加发行本公司的股票,以新发行的股票替换被并购公司的股票,则被称为股票方式并购。

(五)综合证券并购

指并购公司对目标公司或被并购公司提出并购要约时,其出价不仅有现金、股票,而且还有认股权证、可转换债券等多种形式的混合。这种方法可以避免支付更多的现金,造成企业资本结构恶化,同时可以防止控股权的转移。

案例 6-2　中直股份收购哈飞集团、昌飞集团整体上市

中航工业集团有限公司(以下简称中航工业)是我国主要的直升机制造商,直升机板块主要包括中航直升机股份有限公司(以下简称中直股份)、航空工业哈尔滨飞机工业集团有限责任公司(以下简称哈飞集团)、航空工业昌河飞机工业(集团)有限责任公司(以下简称昌飞集团)和中航直升机股份有限公司(以下简称中航直升机)设计研究所四个部分。

中直股份最为年轻,在2013年时由中航工业将旗下民用直升机资产整合设立,其中资产大部分来自哈飞集团和昌飞集团。资产置出后,哈飞集团和昌飞集团仍拥有一部分直升机资产,主要涉及军用直升机,这样的资产分布能够实现军民分开,但不利于中航工业直升机业务的协同发展,也为后来的整合重组埋下了伏笔。

2023年1月7日,中直股份发布公告称,拟向中国航空科技工业股份有限公司(以下简称中航科工)和中航工业发行股份购买其持有的哈飞集团、昌飞集团的股权。

交易完成后,哈飞集团、昌飞集团成为中直股份的全资子公司。中直股份获得直升机领域优质资产注入后,能够实现中航工业直升机业务的整合,提升自身综合实力,进一步做强做精主业,打造专业化上市公司。

重组后的中直股份资产规模和盈利能力也将获得提升,哈飞集团和昌飞集团的军工背景能够进一步扩展中直股份未来的发展空间,增强抗风险能力(见图6-2)。

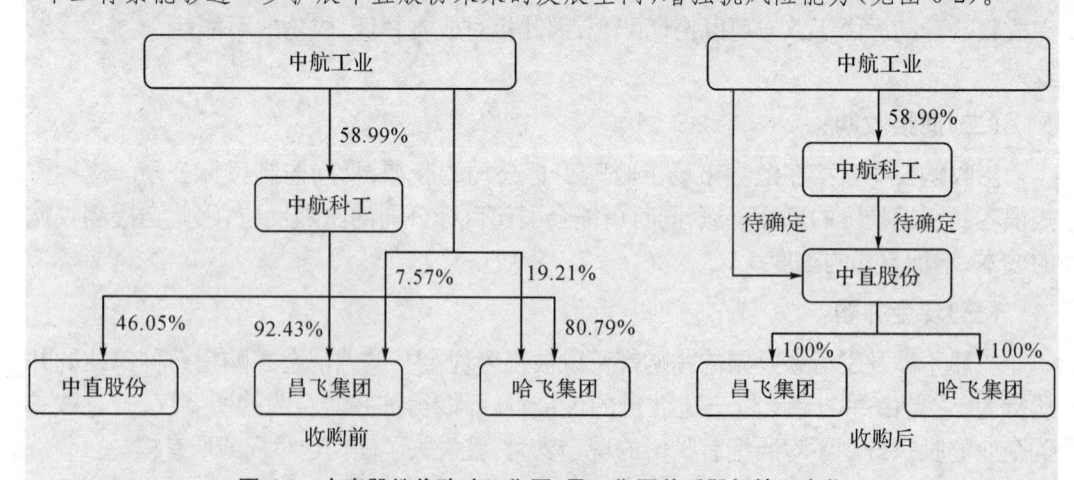

图6-2　中直股份收购哈飞集团、昌飞集团前后股权情况变化

(资料来源:整理自《2023年度盘点:国企整合重组10大经典案例》,https://weibo.com/ttarticle/p/show?id=2309404980599327686663。)

五、有效并购

并购是一种具有较高风险的战略,有效的并购可以增强企业竞争能力,为企业创造价值。但并不是所有的并购都能为企业带来超额回报,实施并购战略要遵循一定的决策和行为模式。

(一)资产互补

当并购公司与被并购公司的资产具有互补性时,整合其资产会产生协同作用,使合并后的资源产生更好的效果,提高新公司的核心竞争力。因此在采用并购战略时,首先通过与其他公司建立合作关系来选择目标公司,这种合作过程是两家公司并购后能否顺利整合与有效运行的基础。另外,并购方应保持其核心业务,使其与被购方的资产和能力互补。

(二)出售不良资产

在并购中可以出售与并购方业务没有什么互补性或运营不佳的资产,或者在并购后出售一部分运营不良的自有资产。从而避免高债务成本,避免大量负债对公司长期投资产生影响。

(三)注重创新

实施并购战略的同时仍然要对研究与开发活动保持持续的投入,不断的产品创新与技术创新是企业整体战略的一部分,是企业核心竞争力的源泉。

(四)保持灵活性和适应性

为有效整合并购后的公司,要求管理者有丰富的管理经验和较高的灵活性以适应变化的企业状况与环境。特别是对文化不同的两家企业,在资产、人员各方面都需要沟通协调。因此,善意的并购为双方的合作提供了条件,双方管理者同心协力整合公司,使资源快速产生协同作用。而恶意并购使双方管理者在合作中带有敌意,影响工作及其他人员的情绪,会失去许多人才,阻碍了公司的整合。

管理大师德鲁克曾提出成功并购的 5 项原则:①收购必须有益于被收购公司;②须有一个促成合成的核心因素;③收购方必须尊重被收购公司的业务活动;④在大约一年内,收购公司必须能够向被收购公司提供卓越管理;⑤在收购的第一年内,双方公司的管理层均应有所晋升。表 6-2 列出了成功并购的要点。

表 6-2 成功并购的要点

要点	结果
选择目标公司并与之建立合作关系	有利于整合与提高协同效应
有互补性的资源	提高竞争优势
有良好的财务状况	易于以低成本获得融资
中低程度的负债水平	低成本、低风险

续表

要点	结果
管理者具有灵活性与应变性	加速有效整合
注重创新	保持竞争优势
善意并购	通力合作、有效整合

第二节 重组战略

重组(restructuring)涉及并购,甚至也包括企业的组织变革。企业是一个契约关系的集合,包括企业的所有者与企业的关系、企业与其拥有资产的关系、企业与雇员的关系,以及企业与其债权人及债务人的关系等。当以"企业"的方式配置资源的效率与以"市场"的方式配置资源的效率出现动态变化时,就可能有必要对上述这些契约关系进行再调整,这一调整过程就是企业重组。重组是一种公司用于改变其业务范围或财务结构的战略,是对业务组合中业务的种类和其所占比重进行的根本改变。

企业重组是一个宽泛的概念,它包括了企业的所有权、资产、负债、雇员等要素的重新组合和配置,以及对这些要素之间互相组合和作用方式的调整。企业重组的最高形式即是其产权关系的调整。

从公司战略层面讨论企业重组主要从归核化战略出发。因此,企业重组被定义为企业缩减规模,放弃部分业务,对企业的人员、组织进行重新构造。

一、企业重组的动因

(一)精简企业的业务

企业过度从事多种经营会造成效率低下,同时会影响主业的发展,削弱其核心竞争力,因此,当一种或多种主要业务陷于困境时,企业需要进行重组,出售效益不好又费神的非主营业务,集中精力改善与加强企业的主营业务。

(二)管理战略的变革

当管理发生变革时,特别是在战略发生变革时,企业的组织结构也需要随之发生变革,进行重组。例如,新的公司领导者接任,并决定重新确定公司发展战略;公司某些业务的市场和技术的发展方向、趋势产生不一致,需要将其分成独立公司等。

(三)适应技术的发展

信息技术的迅速发展及广泛应用,对制造与服务等产业的各个方面产生了重大的影响,使企业生产链上各个阶段的联系发生了重大的变化。企业为了应对这些挑战,就必须在组织结构上做出战略性的改组,改变过去片面追求分工与专业化的管理模式,重新设计出更适合信息技术要求的组织结构模式。

企业流程的重新设计是企业重组的出发点,需要根据企业的具体情况进行具体的设计,最根本的是要灵活快速地反映顾客的需求。同时,企业的组织结构也要随着流程的变革而变化,组成工作团队,同时完成不同的工作。在信息技术的影响下,企业的重组不是传统意义上的在组织结构上的增增减减,而是对企业流程的重新思考和进行彻底的重新设计,使企业在成本、质量、服务和速度等方面取得新的突破。

二、重组战略的类型与模式

(一)重组战略的类型

重组战略的类型主要有缩减企业规模、削减经营范围和杠杆收购。

1. 缩减企业规模

指企业对其员工数量或设备规模进行数量上的缩减。这种缩减可以对公司投资战略组合中的业务构成进行改变,也可以不改变。这是一种有目的的战略,通过削减费用和提高效率增强盈利能力。

2. 削减经营范围

指剥离、分立或其他削减公司非核心业务的方法,使公司重新致力于其核心业务。该类型也会裁减人员,但不减少核心业务的关键员工,以免丧失核心竞争力。

3. 杠杆收购

杠杆收购是一方为了将公司私有化而购买某公司全部资产的一种重组战略。交易完成后,公司新的所有者一般会出售部分资产以偿还收购时产生的债务,并且实施收缩战略以专注于核心业务。

缩减企业规模、削减经营范围都是从企业资产规模变动的角度出发进行分类的,杠杆收购及由之产生的管理层收购、员工持股计划等多种创新形式则涉及企业治理结构的改变。

杠杆收购是着眼于完善公司治理结构的企业重组模式,内部人控制问题正是经济转型过程中企业治理结构所具有的突出特征。无论是企业控制权的转移,还是所有权结构的变更,都应以建立科学完善的公司治理结构为其重要目标之一。

(二)企业重组的模式

企业重组的模式主要有3种:扩张型重组模式、收缩型重组模式和治理型重组模式。

1. 扩张型重组模式

包括兼并和买壳上市两种基本方式。其中,兼并指在两家公司或两家以上公司的合并中,一家公司因兼并了其他公司而成为存续公司的经济行为,这在上一节已经阐述过。买壳上市指非上市公司通过收购"壳"公司,获得上市公司的控股权之后,再由被收购的上市公司通过配股等"反向收购"的方式,注入优质资产,达到母公司间接上市的行为。

2. 收缩型重组模式

企业分拆是收缩型企业重组的主要模式,即通过资产转让而使企业变小的企业经济活动。

3. 治理型重组模式

治理型企业重组具体又可分为4种模式：第一，杠杆收购(leveraged buyouts，LBO)，指收购企业主要通过巨额负债融资筹集收购资金以获得目标公司产权，并从目标公司的现金流量中偿还债务的企业并购方式。第二，管理层收购(management buyouts，MBO)，指企业管理者集团在投资银行等金融机构的支持下通过收购企业的股票或资产来拥有企业的控制权。第三，员工持股计划(employee stock/share ownership plans，ESOPs)指企业内部员工出资认购本企业部分股权，委托一个专门机构(如员工持股会)作为社团法人托管运作，集中管理，再由该专门机构(如员工持股会或理事会)作为社团法人进入董事会参与管理、按股份享受红利的一种新型股权安排形式。第四，经理股票期权(exective stock options，ESO)是以一定价格售予经理人员本公司的股票和给予其未来购买股票的选择权。由于股票价值是公司未来收益的贴现，于是经理人的个人利益就与企业的未来发展建立起一种相应的联系。

三、重组战略的效果

缩减企业规模可以使企业短期内达到减员增效、降低劳动成本的目的，但其长期影响在于企业人力资本的损失，使企业缺乏发展后劲。收缩规模的意图是给企业"减肥"。然而据美国的调查结果表明，许多收缩规模的企业并没有实现他们的目标。所调查的89%的企业表示收缩规模的目的是减少费用，但是只有46%实现了这个目标；另一项调查中，71%的企业表示，他们的目的是改善生产力，但是只有22%的管理者回答说他们实现了增加生产力的目标。由此可见，收缩规模多数没有达到预期目标。而且，收缩规模还可能会有其他的意想不到的不好结果，例如优秀员工流失等。

削减经营范围使企业资源得以集中，形成规模优势，恢复和突出核心业务，其短期明显效果是降低企业负债率，减少债务成本，提高企业资产管理能力和战略控制力，最终取得良好的经营业绩，获得核心竞争力。

杠杆收购是一种利用高负债融资购买目标公司的股份，以达到控制、重组该目标公司的目的，并从中获得超出正常收益的回报的有效金融工具。当杠杆收购的主体目标是公司的管理层或经理层时，LBO就演变成了MBO，即"管理层收购"。从短期来看，管理层收购让企业的经营者拥有一定的股份，使其与企业所有者形成利益共同体，从而降低代理成本；同时提高了管理者对企业的控制力，长期来看有可能促进企业的发展。然而，其高负债融资收购的本质，会提高企业的负债率，给企业未来发展带来极大的风险。

成功的重组行动应当有助于公司的高层管理者重新获得对公司经营的战略控制。这样，收缩公司的经营范围是最成功的，因为它重新把重心集中在公司的核心业务上，管理者可以控制这些业务的战略行为。

重组方案及其短期和长期的效果如图6-3所示。

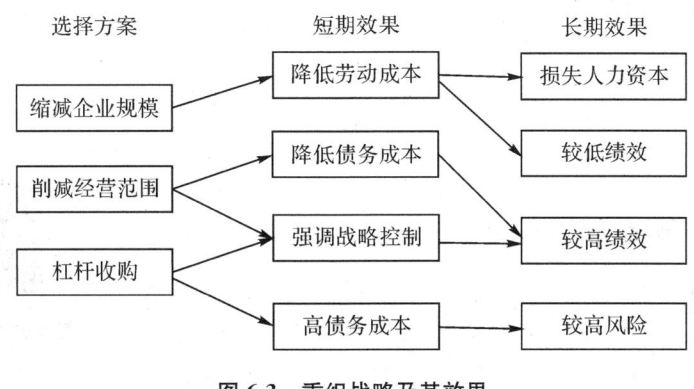

```
选择方案          短期效果          长期效果

缩减企业规模  →  降低劳动成本  →  损失人力资本

削减经营范围  →  降低债务成本  →  较低绩效

              →  强调战略控制  →  较高绩效

杠杆收购      →  高债务成本    →  较高风险
```

图 6-3　重组战略及其效果

▶ 本章小结

本章主要从企业的外部市场角度来划分企业拓展市场的公司层战略，主要介绍并购战略与重组战略。并购和重组战略是企业整合资源的战略方式。

并购是一体化战略和多元化战略的重要手段。并购战略的动因主要有增强市场力量、克服进入障碍、降低新产品开发成本或风险、加快进入市场的速度、适应多元化发展，以及避免行业内竞争。并购战略会遇到一些特有的困难。进行有效的并购必须遵循一些基本的原则，特别要注意做好前期的调查评估和后期的整合工作。

重组是企业用于改变其业务范围或财务结构的战略，是对业务组合中业务的种类和其所占比重进行根本的改变，包括了企业的所有权、资产、负债、雇员等要素的重新组合和配置，以及对这些要素之间相互组合和作用方式的调整。企业重组的最高形式即是其产权关系的调整。重组的主要动因有精简企业的业务、管理战略的变革、适应技术的发展等。不同类型的重组战略可能产生不同的效果。成功的重组行动应当有助于公司的高层管理者重新获得对公司经营的战略控制。

▶ 思考题

1. 兼并与收购有什么异同？
2. 什么是协同作用？企业如何通过并购实现协同作用？
3. 在影响并购成功的问题中，哪个问题是全球经济中最关键的？
4. 什么是企业重组？企业在哪些情况下会进行重组？
5. 企业重组的类型和模式有哪些？
6. 企业采用不同的重组方案的效果如何？

第六章讨论题

第七章 合作战略

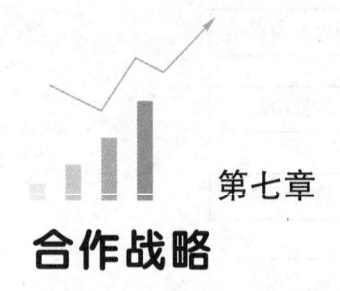

20世纪80年代以来，组织之间的合作日益增多，特别引人注目的是作为竞争对手之间的企业的战略合作逐步成为企业战略活动的普遍行为之一。这说明，在日益复杂且剧烈变化的环境中，合作与竞争一样，都是组织实现战略目标的重要途径。在组织之间具有资源互补关系或相互促进作用时，合作常常比竞争更为有利，即使需要最终战胜对手，也不宜单纯采取竞争的战略。因此，可以说合作战略是企业适应当前激烈竞争环境的重要手段，也是20世纪末期以来企业战略内容或模式的重要进步。

第一节 合作战略

由于市场选择的同一、组织资源的相似、产品的同质性等原因，往往会导致企业间的激烈竞争。但是，当竞争激化到一定程度时，企业会认识到凭借单打独斗的方式来参与竞争，往往会导致组织资源的巨大浪费，甚至是两败俱伤的不利局面。在很多情况下，为竞争而竞争并非企业的最佳选择。因此，当自身资源和环境的限制使得企业的发展战略和持续获利能力出现"瓶颈"时，出于组织利益的考虑，企业间的合作行为就产生了。

当企业间的合作是一种战略行为时（例如，企业出于获取重要的发展机遇、某种战略性资源或对企业发展有重大价值的技能等战略性动机而进行的合作），就构成了企业战略中与竞争战略相对应的另一种战略类型——合作战略。换句话说，合作战略就是多个企业为了各自的战略利益而形成的一种共同行动。

选择恰当的合作战略，企业可以避免与其他企业的直接竞争而获得高于正常水平的利润和持续的竞争优势。企业的合作战略主要有两类：战略联盟（strategic alliance）和共谋战略（collusive strategy）。战略联盟存在于一个或几个行业中数家企业合作但行业产出并不降低之时。而共谋战略存在于一个行业中大多数企业进行合作以使行业产出低于竞争水平而价格高于竞争水平的情况。

第二节 战略联盟

20世纪80年代以来,在全球经济一体化、竞争多样化的发展趋势下,以跨国公司为代表的战略联盟发展迅猛。跨国公司越来越多地结成战略联盟以增强自己的竞争优势。令人瞩目的例子有:波音公司与日本企业结成联盟,共同开发波音767宽体民用喷气客机;柯达与佳能结盟,由佳能制造复印机,而以柯达的品牌销售;德克萨斯仪器公司与日本神户钢铁所协议在日本制造半导体元件;摩托罗拉与东芝达成协议,利用双方的专有技术制造微处理器等。

战略联盟的概念最早由美国数字设备公司(Digital Equipment Corporation,DEC)公司总裁简·霍普兰德和管理学家罗杰·奈格尔提出的,是指两个或者两个以上的经营实体为了达到某种战略目的通过契约而建立起来的合作关系,介于市场交易与一体化之间,往往是企业间在研发、生产、销售等方面相对稳定、长期的契约关系。联盟伙伴保持着既合作又竞争的关系。联盟伙伴虽然在部分领域中进行合作,但在协议之外的领域及在公司活动的整体态势上仍然保持着经营管理的独立自主,相互间可能是竞争对手的关系。波特将战略联盟称为"企业间达成的既超出正常交易,又达不到合并程度的长期协议"。

战略联盟的概念应当包含以下几层意思。

第一,战略联盟是具有一定优势的企业之间的合作,这种合作包括互补性公司之间的合作与实力相当公司间的合作,没有任何竞争优势的公司是没有公司与之合作的。

第二,战略联盟是为了实现某种战略目的,企业之间日常性的互相帮助、互相访问和互相交流信息不是战略联盟。战略联盟必须是联盟双方站在公司整体战略的高度,审视公司及伙伴现在及未来的发展,而达成的具有战略意义的联盟。

第三,战略联盟是一种长期的合作,短则3~5年,长则几十年,几个月就结束的合作不是战略联盟。

第四,战略联盟是一个动态联合体,它不同于一体化的企业联合体,各个合作的公司仍是独立的、具备法人资格的经营实体;也不同于组织与组织之间的市场交易关系,而是在相互信任、资源共享、优势互补的基础上结成的一种平等关系,是一种较为动态的组织形式。"合则聚,不合则散"一直贯彻于战略联盟的始终。

一、战略联盟的动因

企业之间建立战略联盟,在战略层次上进行合作,除了应对世界经济全球化、技术的飞速发展和产品寿命周期缩短等外在竞争压力外,从企业本身来讲也有其联盟的动因。

(一)提升企业的竞争力

在产品技术日益分散化的今天,已经没有哪个企业能够长期拥有生产某种产品的全部最新技术,企业单纯依靠自己的能力已经很难掌握竞争的主动权。为此,大多数企业的对策是尽量采用外部资源并积极创造条件以实现内外资源的优势互补。其中比较典型的做法就是与其他企业结成战略联盟,并将企业的信息网扩大到整个联盟范围。借助与联盟内企业的合作,相互传递技术,加快研究与开发的进程,获取本企业缺乏的信息和知识,并带来不同企业文化的协同创造效应。战略联盟与传统的全球一体化内部生产战略、金字塔式传统的全球一体化内部生产战略和金字塔式管理组织相比,除了更为活跃的创新机制和更经济的创新成本,还能照顾到不同国家(地区)、社会团体甚至单个消费者的偏好和差异性,有利于开辟新市场或进入新行业,因而具有更强的竞争力。

(二)发挥技术创新的集群效应,降低技术开发的不确定性

激烈变动的外部环境对企业的研究开发提出了3点基本要求:不断缩短研发时间,降低研究开发成本,分散研究开发风险。对任何一个企业来说,研究和开发一项新产品、新技术常常受到自身能力、信息不完全、消费者态度等因素的制约,需要付出很高的代价。随着技术的日益复杂化,技术开发的成本越来越高。这些因素决定了新产品、新技术的研究和开发需要很大的投入,具有很高的风险。在这种情况下,企业从技术自给转向技术合作,通过建立战略联盟、扩大信息传递的密度与速度,能够避免单个企业在研究开发中的盲目性和因孤军作战引起的重复劳动和资源浪费,从而降低风险。与此同时,市场和技术的全球化,使得在多个行业进行全球生产成为可能,以实现规模经济和范围经济,从而能降低单位成本,在全球竞争中赢得优势。虽然柔性制造系统可以将新技术运用到小批量生产中,但实现规模和范围经济对企业的全球竞争力仍具有决定意义。

(三)克服贸易壁垒,利用销售渠道

战略联盟是以低成本克服新市场进入壁垒的有效途径。通过战略联盟双方可以利用彼此的网络进入新的市场,减少开拓市场的时间和费用,增加产品销售量及市场份额。例如,在20世纪80年代中期,摩托罗拉开始进入日本的移动电话市场时,由于日本市场存在大量正式、非正式的贸易壁垒,使得摩托罗拉公司举步维艰。1987年,它与东芝结盟制造微处理器,并由东芝提供市场营销帮助,大大提高了摩托罗拉与日本政府谈判的地位,最终获准进入日本的移动通信市场,成功地克服了日本市场的进入壁垒。与此类似,日本的几家规模较小的汽车公司,马自达、铃木和五十铃在进入美国市场时都采取了与美国汽车企业联营的办法,来克服进入壁垒。

(四)扩大企业无形边界,防止"大企业病"

单个企业为了尽可能地控制企业的环境,必然要求致力于扩大企业的内部边界,这一努力过程不仅伴随着巨大的投入成本,为企业的战略转移筑起难以逾越的退出壁垒,甚至将企业引入骑虎难下的尴尬境地,而且容易出现组织膨胀带来内耗过大的所谓"大企业病"现象:由于企业规模的扩大、管理层次的增加、协调成本上升使得一些大企业的行政效率向着官僚式的低效率迈进,致使企业决策缓慢,难以对瞬息万变的市场做出敏锐的反应。而战略联盟的经济性在于企业对自身资源配置机制的战略性革新,不涉及组织的膨胀,因而可以避免带来企业组织的过大及僵化,使企业保持灵活的经营机制并与迅速发展的技术和市场保持同步。与此同时,战略联盟还可避免反垄断法对企业规模过大的制裁。

另外,根据不同的市场环境,企业发展战略联盟有着不同的目的,如表 7-1 所示。

表 7-1　不同市场环境企业战略联盟的目的

市场类型	目的
垄断市场	获得进入限制市场的渠道 在新市场设立特许经营 保持市场的稳定性
标准周期市场	争取市场的相对地位 彼此之间可以资源互补 克服行业壁垒 应对其他竞争者的挑战 为大型投资项目获得各种资源 学习新的运营技术
短周期市场	加快新产品开发速度 加快新产品进入市场的速度 保持市场领先地位 形成行业技术规范 分担研发投资的风险 减少市场的不确定性

二、战略联盟的分类

一般来说,按照不同的划分标准,战略联盟可以划分为多种类型。按照合作方关系的紧密程度可分为合资企业、股权联盟和非股权联盟。按照联盟结构的对称性,战略联盟可以分为对称联盟、不对称联盟和混合式联盟。按照地位平等性,战略联盟可分为:平等联盟与不平等联盟。根据联盟范围的不同,战略联盟可分为以产业价值链优势互补为战略目标的线性联盟、以信息知识共享和创造为目标的联盟网络。按照合作内容的不同,战略联盟可划分为:产品联盟与知识(虚拟)联盟。

按照联盟战略目标在公司发展战略中所处的层次的不同,战略联盟还可分为:公司层次的战略联盟(如多元化战略联盟、协同集中化战略联盟、特许经营)、业务层次的战略联盟(如横向互补战略联盟、垂直互补战略联盟)、职能层次的战略联盟(如生产战略联盟、营销战略联盟、财务战略联盟、研发战略联盟)。

这里介绍战略联盟的 3 种基本形式——合资企业、股权战略联盟和非股权战略联盟。

(一)战略联盟的基本形式

1. 合资企业

合资企业(joint venture)是指两家或两家以上的企业拿出它们的部分资产来共同成

立一家独立的企业。合资企业对于建立长期合作关系及共同分享成员企业内部隐性知识尤为有效。合资企业模式既可保证联盟双方的利益,又可充分发挥联盟双方各自的优势和积极性。同时,这两个企业也可以进行竞争。当企业之间需要对它们的产能和资源进行组合以创造新的竞争优势的时候,或者当企业需要进入一个不确定市场的时候,合资成为它们的最优选择。如2009年中航工业与通用电气公司签订成立合资航空电子公司的框架协议。按照协议,通用电气公司将借助其在航空电子领域的丰富经验和设在上海的中国研发中心的技术优势,与中航工业进行对等合作。合资公司将不仅竞标C919国产大飞机的航空电子项目,而且将面向国际市场,为未来的民用航空项目提供先进的航空电子产品及优质服务。

再如合资成立两家公司,目标市场不是在彼此国家,而是全球市场,将全球分成两个部分,分别让两个企业去占领。例如,德国戴姆勒—奔驰汽车公司与日本三菱汽车公司合作生产汽车,双方共同分担产品开发和生产的投资费用,共同进入原欧洲、日本的销售和分配网络。

2. 股权战略联盟

在股权战略联盟(equity strategic alliance)这种形式中,联盟成员企业为巩固良好的合作关系,长期地互相持有对方少量的股份。与合资、合作或兼并不同,这种方式不涉及设备和人员等要素的合并。零售业、资产管理、资本市场和银行业务是产品和服务领域的典型例子。在这个领域,两家企业打算把它们认为具有高度互补性的东西整合起来,作为能服务多种类型客户的根基。IBM公司就在1990—1991年,大约购买了200家西欧国家的软件和电脑服务公司的少量股份,借此与当地的经销商建立了良好的联盟关系,从而借助联盟的中间商占领当地市场。

股权战略联盟中各方合作的范围可以限制在一个领域,也可以涉及广泛的领域。如松下电气公司和西屋电气公司合资的SGC(各占50%股份的合资企业)的目标仅限于联合生产和供应两个合伙人所需要的电路断路器的精密零配件,组装、测试和销售最终产品方面则由两家公司各司其职。此外,我国成立的许多中外合资企业,涉及制造、金融等广泛的领域,由国内的公司提供劳动力、厂房等,而国外公司提供技术、设备等。

股权战略联盟的价值在于它强调了合作方之间的重要责任与义务,使盟友间联系更加紧密,为双方建立长期合作关系奠定了基础。它的不利之处在于,公司的经济成本和风险较大,有时甚至会影响公司经营的独立性。

3. 非股权战略联盟

非股权战略联盟(non-equity strategic alliance)是指两个或者两个以上的企业通过发展企业间的契约关系,来达到彼此共享独特资源和产能,实现竞争优势提升目标的一种联盟。这种联盟可以在采购、生产、产品分销和服务、市场开发和信息共享等各个领域进行合作,但不涉及任何资产的分享。非产权战略联盟的形式包括特许经营协议、分销协议和技术合同等。在开发费用高、产品生命周期短的行业,签订协议联合开发新产品、新技术是一个很好的选择。如惠普公司,通过战略联盟来授权许可一些知识产权给合作伙伴(生产)。另外,如外包协议,即从其他相关公司购买创造价值的主要或辅助活动。戴尔公司经常使用外包的方式来生产电脑,而且常常以非产权战略联盟来明确与外包厂商的关系。美国各州政府将其相关业务外包给私人供应商等。

在资产被挪用的可能性很小的产业,人们更愿意采用特许经营和许可证经营的方式。例如,在专利保护可以防止许可证持有者窃用专利技术或产品时,就可以采用这两种形式。如果存在被窃用的可能,则持久性比较差的长设联盟模式更容易导致窃用,如在分包经营中,分包商可能会盗用相关的技术、品牌等独立为自己经营而不是为母公司经营。

非股权战略联盟的最大特点是合作方一般处于相对平等的地位,在经营中保持相对的自主性。因而具有灵活性、自主性、抗风险和经济效益好等方面的优势。

(二)战略联盟的其他分类

1. 按照联盟结构的对称性来划分

(1)对称联盟

合作各方具有相似的战略目标,都从联盟中寻求同样优势的战略联盟叫做对称联盟。对称联盟的价值体现在企业通常通过它来获取规模经济和建立默契共谋。

(2)不对称联盟

企业联盟的动机与合作者不同,如一方企业目标为低成本进入新市场或新行业,向合作者学习等,而合作企业具有不同的战略目标。意味着彼此存在着不同的优势资源或特殊能力,能够满足对方的需要。

(3)混合式联盟

企业的战略目标有可能相似,也有可能不同的联盟叫做混合联盟。混合联盟的价值主要体现在管理不确定性,以及起到风险和成本分担作用。如在技术创新步伐加快,经济环境不稳定的时代背景下,企业时常通过建立研发联盟来分担成本及开发风险。

2. 按照联盟合作内容来划分

(1)产品联盟

早期的战略联盟主要围绕产品进行合作,通常称为产品联盟。典型的例子就是研发/制造型企业和经营销售单位的合作。其目的是降低投资费用和投资风险,或获得更多的市场机会和渠道,以及减少竞争对手的威胁。产品联盟以短期的最大利益为出发点,几乎没有知识技能的转移,获得某一产品的经营机会或扩大销售现存产品是该模式的主要内容。

(2)知识(虚拟)联盟

知识(虚拟)联盟是从企业的知识管理和组织学习的角度对战略联盟进行的一种阐释。可将其定义为"以学习和创造知识作为联盟的中心目标,有助于两家企业的专业能力优势互补,促进企业之间知识资源共享、知识流动和知识创新的立体网络组织"。建立知识联盟对企业的直接意义就是提高企业"内部的积累性知识",从而为增强企业的核心能力、获得持续竞争优势提供战略支持。

相对于产品联盟,知识联盟具有以下3个主要特征。

一是知识联盟中,联盟各方的合作关系更加紧密、更为稳定持久,相互信任程度更高。

影响知识转移的关键因素是知识的模糊性。而知识的模糊性、资源的特异性、先前经验的复杂性、成员的保护意识、文化差距、组织能力差距都是影响知识模糊性的因素。并且联盟时间越长,先前经验复杂性对知识模糊性的影响越小。因而,知识性的合作需要企业在良好的环境下进行更多的沟通交流,企业的员工必须在一起紧密合作,才能够实现知识的转移和创造。否则组织学习将会受阻于企业间的能力差异、知识模糊性等因素而无法实现。

二是知识联盟的参与者范围更加广泛,形式从以往的线性联盟发展为立体的联盟网络。

知识联盟参与者能够和其他任何组织合作,只要这个组织拥有有益于参与者的专业能力。企业与员工、工会、经销商、供应商、大学、科研机构等都可以形成知识联盟。

三是知识联盟比产品联盟具有更大的战略意义。知识联盟可以帮助公司增加其知识资源的积累,改善组织的基本能力,从而有助于从战略上提升组织的核心竞争力。

三、战略联盟的组织结构

(一)网络式联盟

网络式联盟一般是由一国或几国的几家或十几家公司为达到某一共同目标而组成的集团。集团各个成员公司在规模、经营重点方面可能各不相同,各个成员公司都在联盟网络中为着同一目标而发挥自己的作用。

网络联盟的出现说明企业合作由传统单边向多边发展,形成了一种新的竞争方式——集团与集团的竞争,这种竞争方式一出现就在全球经济的竞技场中迅速地发展起来,引起了学者和专家的极大关注。

网络联盟的出现有两个重要原因:第一,高新技术快速发展,企业要想保持现有地位或继续发展,就必须与相关的公司建立广泛的联盟。第二,技术上的变化使提供产品和劳务的全过程日趋复杂,任何公司,即使是最大的跨国公司要想掌握生产过程的全部关键技术也是不可能的,只有在某一核心技术上保持竞争优势才能立足,因此,与其他公司的广泛联合使生产过程连续并保持高度优势成为必然。

(二)X 式和 Y 式联盟

P. 格林沃特、哈默尔和普拉哈拉德提出了 X 式和 Y 式联盟。X 式联盟指的是垂直联盟,即联盟伙伴在生产经营活动的价值链中承担不同环节的联盟。Y 式联盟指水平联盟,是联盟伙伴在价值链中承担相同环节的职能并相互配合产生的联盟。

四、战略联盟的管理

在联盟协议签订之后,一个战略联盟就正式成立了。但这仅仅是联盟的开始,战略联盟的管理才是更大的挑战和考验。如果对企业战略联盟管理不当,很可能不仅不能起到节省成本、增加收益的目的,反而会拖累联盟企业。

美国麦肯锡咨询公司对 49 家战略联盟追踪调查的结果显示,有 1/3 的战略联盟因未达到合伙人预期的目的而失败。另有美国的研究表明,联盟的平均寿命只有 7 年,合资是最常见的战略联盟形式,但有近80%的联盟最终被其中一个联盟伙伴购买、兼并。

跨国公司一方面从失败的联盟案例中吸取教训,一方面学习类似东芝公司的成功经验,逐渐发现和归纳出使战略联盟正常运作的一些经验和规律。我们来看看联盟成功的评价标准。

(一)成功的联盟评价标准

乔尔·布利克和戴维·厄恩斯特认为成功的联盟应满足两个条件:一是双方都达到既定的战略目标;二是双方都能收回其资金成本,实现市场占有率、销售量、新产品开发等具体指标。

由于联盟采取的形式不同,其评价指标也不会完全相同,更为复杂的是合作伙伴往往有自己的评价指标,所以应分别对合作伙伴和联盟的整体效果进行评价。

对合作效益评价应包括:建立战略联盟后竞争地位是否有明显提高、部分优势是否增强、技术力量是否明显改善等。

对联盟整体效益的评价包括:联盟制定的任务是完成、是否盈利、是否有竞争力等。

建立一个全面的战略联盟的评价标准体系是一项很复杂的工作,设计一个科学合理的联盟评价体系是摆在战略管理学者面前的一项艰巨任务。

(二)战略联盟应注意的问题

不少专家和学者认为联盟失败的重要原因之一就是管理问题,如管理者未能使联盟有效地运作,而不是协议规定上的问题。在联盟中,下列3个因素一定要考虑到。

1. 合作伙伴的选择

由于战略联盟中成员企业之间关系相对松散,市场和行政双重机制同时起作用,战略联盟的成败取决于企业之间真诚的合作,所以要选择有真正合作诚意的伙伴,确定双方没有冲突的目标。同时考虑其产品和市场立足点能够对公司自己的产品和顾客形成有益补充。

2. 组织管理

战略联盟的管理应根据其组织特点,建立并运行恰当的管理系统。在联盟之初就应确定合理的组织关系,明确战略目标,明确各方的责任、义务和权利。联盟各方保持必要的弹性,根据市场变化和各方变化进行调整。不同形式的联盟管理模式不同,股权式联盟中管理权责集中于高层管理者,有些公司按功能链分散责任,有些公司则按业务单元进行管理。

3. 沟通与协作

应建立良好的能跨越职能的信息沟通渠道。战略联盟可以给企业带来竞争优势,实现企业战略目标,但却非常难以管理,在建立和运营过程中会有许多复杂问题和困难。因此必须建立良好伙伴关系,保证融洽、信任、平等的合作关系;使所有与战略联盟形成及运作有关的人员都清楚地理解和意识到联盟能给企业带来的利益和风险,加强联盟成员之间的沟通与协作,在联盟伙伴之间建立个人基础上的密切关系,并在整体战略及企业文化方面达成共识。

案例 7-1　美特斯·邦威外包案例

1995年，周成建凭借约400万元的初始资本创立美特斯·邦威品牌，以"不走寻常路"为口号，公司没有遵循一般的扩大化再生产的道路，而是采取了与众不同的经营策略。公司主要负责品牌管理和数据运营，制衣和销售环节则外包给其他企业，如加盟店和成衣生产商。这种模式让美特斯·邦威节约了初始生产成本，同时也激发了合作伙伴的活力，以"双赢"为经营核心。

在美特斯·邦威的业务模式中，100%的加盟销售和生产外包给外部企业。2013年，在全国范围内，公司拥有5000多家门店，其中主要是加盟店，而直营店相对较少。加盟后，美特斯邦威提供商品，销售收入的25%归加盟者，剩下的归公司所有。这样的模式形成了公司与加盟者之间的紧密利益共同体，双方都能从中受益，实现了市场份额的扩大和品牌的推广。由于物流配送一度面临挑战，周成建选择了"虚拟经营"，将物流外包给物流公司，公司自身则掌控调配数据。将核心业务集中在商品企划、产品设计、部分原料采购和少量直营店的运营上。

不过当加盟商数量过于庞大之后，美特斯·邦威服饰在产品上的话语权逐渐减弱，进入了"以销定产"的模式。由于时尚服装赛道风向变化极快，这导致美特斯·邦威服饰积压了大量库存。2021—2023年，公司存货跌价准备金额分别为2.6亿元、2.35亿元和1.52亿元。虽然库存数据逐年好转，但其计提比例远高于同行业水准。与此同时，大量加盟商的撤离，也让公司的应收账款和坏账率节节攀升。截至2023年底，美特斯·邦威服饰门店数量为813家，其中直营店数量为25家，加盟店数量为788家，应收账款余额10.95亿元，累计计提坏账准备9亿元，其中大多数都来自加盟商。

此外，美特斯·邦威服饰在上市以后将核心业务服装设计外包了出去，导致旗下品牌的服装欠缺统一的风格，品牌文化和品牌形象受损。加之代工模式之下，衣服质量参差不齐，又导致品牌口碑不断下滑。

（资料来源：根据网络相关资料整理。）

第三节　共谋战略

一、共谋战略的概念

（一）基本概念

共谋战略指的是同一行业的数家企业为了谋取高于正常经济利润的收益而采取共同协议产出和定价等决策或其他共同行动的行为。它的意义在于通过共同协议限定行业的产量或价格，以使产品价格高于相互竞争状态时的价格，从而使共谋企业共同获得高于正常水平的收益。

共谋战略可分为明示共谋(explicit collusion)和默契共谋(tacit collusion)。明示共谋指的是同行业的企业通过直接交流和集中谈判来共同决定产品的产量和定价决策。如中国彩电业曾发生过的全国彩电价格峰会就是这类行为的典型例子。石油输出国组织(Organization of the Petroleum Exporting Countries, OPEC)也是一个很好的明示共谋案例。

默契共谋则是不通过直接交流和谈判进行的。默契共谋是企业通过信号传递和种种暗示而形成一种合作默契，以实现共同限定产量和价格，或形成其他协同竞争行动的行为。

(二)共谋的价值

共谋的价值在于企业能够联合起来，共同确定使得共谋企业利润最大化的产量和价格，从而获得高于正常利润的经济回报。它的另外一层意思，就是在某些形势下，可以使一个企业利用避免竞争威胁的环境机会获得超额利润。

二、共谋欺骗类型及分析

虽然明示共谋和默契共谋能为同一行业中的企业提供共同谋取高额利润的合作机会，但实施这一类战略的企业也面临着威胁。这种威胁源自于合作企业欺骗合作协议的动机。共谋企业可以用多种方式来欺骗合作协议，其中最主要的经典理论包括价格欺骗和产量欺骗。

(一)价格欺骗

不同的欺骗形式基于对不同决策变量的考察和共谋伙伴对欺骗结果的不同假定，从而对一个行业中企业的绩效有着不同的影响。约瑟夫·伯特兰德(以下简称伯特兰德)考察了共谋企业在进行欺骗时价格因素的意义，即将价格降低到合作价格以下时利润将会如何变化(即伯特兰德模型)。伯特兰德假定每当进行欺骗的企业调整价格时，其他所有企业将保持上一次合作时的价格，即别的企业会继续合作。得出的一般结论是，由于企业间处于完全竞争时的产品同质化时期，如果一个企业决定通过降价来欺骗共谋协议，其他企业亦会如此。所以长期看来，该行业中的企业将取得正常的经济利润。

但伯特兰德的假设没有考虑经济环境与背景、信息传递、企业的特殊性等因素，也没有考虑企业的成长变化、跨期学习等因素。于是，在其基础上，弗朗西斯·伊西德罗·埃奇沃思(以下简称埃奇沃思)引入了生产能力约束的因素，对企业共谋中的价格欺骗行为进行分析。埃奇沃思认为，在现实中，由于生产能力的局限，企业改变价格快于改变产量。所以高价格企业的市场份额并不趋向于零，从而使企业能够避免伯特兰德价格欺骗所导致的完全竞争的正常利润结果。于是，共谋企业都能够取得大于正常利润，但小于古诺欺骗(见下文)的利润。

(二)产量欺骗

关于产量欺骗，目前主要有安东尼·奥古斯丁古诺(以下简称古诺)和赫尔曼·冯·斯塔克尔伯格(以下简称斯塔克尔伯格)的两种欺骗理论。古诺认为，共谋欺骗并不仅局限于价格欺骗，企业可通过调整产出数量的方式，让市场力量来决定产品的价格。古诺欺骗的前提是一企业假设其他的企业都将保持上一次共谋时的产量，于是它们将成为未被其他企业补足的行业需求部分的垄断者,从而每个企业的行为决策将会选择利润最大化的产量。而这种数量选择将会影响到其他企业的产量决策。在长期的数量调整的互动中,总会使一定的行业需求未能满足,从而使企业的价格高于竞争时的水平。所以,进行古诺欺骗的共谋企业的利润介于完全竞争经济利润和完全合作时的共享垄断利润之间。

斯塔克尔伯格提出了一个共谋行业的领导者角色(即 Stacklberg 领袖),并假定这个行业领袖能准确预测到其他企业对其产量决策如何回应。从而采取利润最大化的产量,并随时保持该产量的最优化调整。该行业中的其他企业(Stacklberg 跟随者)也都相应地调整其产出。在存在着 Stacklberg 欺骗的行业中,企业的绩效是高于正常利润而低于纯古诺欺骗的企业的。

案例 7-2 反互联网平台垄断

2021 年,国家市场监督管理总局宣布,针对美团自 2018 年以来存在滥用其支配地位实施"二选一"的行为,处以其 2020 年中国境内销售额 1147.48 亿元 3% 的罚款,计 34.42 亿元,并要求其全额退还从各商家处收取的独家合作保证金 12.89 亿元。舆论认为,这预示着国家反垄断力度空前加大。

2020 年 12 月先后召开的中央政治局会议和中央经济工作会议,都明确提出要"强化反垄断和防止资本无序扩张"。2021 年 2 月 7 日,国务院反垄断委员会印发了《关于平台经济领域的反垄断指南》(以下简称《指南》),这是全世界第一份关于平台经济的反垄断指南。

与此同时,我国平台经济领域的反垄断执法也不断得到加强。2021 年 4 月 10 日,国家市场监督管理总局依法对阿里巴巴集团"二选一"等行为做出行政处罚,责令其停止违法行为,并处以其 2019 年销售额的 4% 计 182.28 亿元的罚款,同时对其进行行政指导。2021 年 4 月 26 日,国家市场监督管理总局依法对美团实施"二选一"等涉嫌垄断的行为立案调查。2021 年 4 月 30 日,国家市场监督管理总局依法对互联网领域内九起违法实施经营者集中案做出行政处罚决定,对腾讯等企业分别处以 50 万元罚款。同时,国家市场监督管理总局还对互联网领域内 22 起违法实施经营者集中的案件立案调查,虽然经评估认为不具有排除、限制竞争的效果,但在 2021 年 7 月初国家市场监督管理总局做出行政处罚决定,以未申报为由对涉案企业分别处以 50 万元的罚款。2021 年 7 月 10 日,国家市场监督管理总局依法禁止虎牙公司与斗鱼公司合并。

强化平台经济领域的反垄断并非我国独有,欧美国家的此项实践已持续多年。例如,美国近年来针对大型平台企业的反垄断力度明显加大。2020 年 10 月,美国司法部联合 11 个州对谷歌正式提起反垄断诉讼,指控其通过签订搭售协议等具有排他性的协议,非法维持其在搜索引擎和搜索广告市场的垄断地位,并利用垄断利润为其搜索引擎获取优先权利,削弱了消费者的选择权,损害了市场竞争和创新。2020 年 12 月,美国联邦贸易委员会及 48 个州和地区的总检察长联盟,对 Facebook(脸书)发起本世纪最大规模的反垄断诉讼，要求 Facebook 剥离包括 Instagram（照片墙）和 WhatsApp 在内的资产，禁止 Facebook 向软件开发者施加反竞争条件，并且 Facebook 未来的收并购案都必须寻求事先通知和批准。

平台经济领域的一个重点和难点问题就是算法共谋。互联网平台通过大数据和算法，可达成更为隐蔽的合谋，形成数字化卡特尔。借助算法和大数据，经营者之间往往更容易达成、实施和维持共谋，甚至无须任何正式协议或者进行人员交互。这使得目前反垄断法中的垄断协议规制制度在实践中面临着如何对算法技术造成的竞争隐患进行准确识别的难题。虽然在《指南》第9条关于协同行为的认定中有了一定的回应，但还远远不够。

（资料来源：整理自《反垄断：阿里、美团"二选一"行为被处罚》，https://m.thepaper.cn/baijiahao_16598227。）

三、合作欺骗问题的解决

企业同时具有的合作和欺骗合作协议的双重动机会导致复杂的合作问题。合作问题可以用经典的"囚徒困境"博弈模型来说明。假设企业间的不合作行为将会导致两败俱伤，而共同谋利的合作行为则可以产生共赢的局面。在这种情况下，所有打算采取合作战略的企业都将面临着两难的选择。一方面，双方都有强烈的动机选择合作行为，因为这种行为能够降低行业的竞争水平，较之不合作行为的确能够同时给双方带来超过正常水平的利润。但另一方面，双方又都有动机背叛合作协议，因为背叛合作虽然会伤害合作伙伴的利益，但能够给自己带来更大的收益。

因此，在合作战略中，企业的收益既取决于它自身的战略选择，也和其他企业的决策密切相关。企业是选择合作还是欺骗合作协议取决于合作发生时的具体背景。合作陷阱始终都是存在的。目前关于合作问题的解决方式主要有3种模式。

第一，"以牙还牙"合作战略。这一办法的根本思想是，只要个别企业进行合作的收益和进行欺骗的机会成本都很高，或者合作收益大于欺骗成本时，现实条件就会对该企业形成很强的行为约束，企业很可能会选择诚实合作。

第二，由中央权威（一个领导或统治机构）强制其他个人或企业不欺骗合作协议。这是解决合作问题的最传统方法，由中央权威执行严厉的惩罚机制，提高欺骗的代价。

第三，用社会标准去约束合作中的欺骗行为。大多数经济交易发生在一定的社会关系背景之下。在这种企业共同面对的社会关系中隐含着关于合作的期望行为标准，即大家一致认为应该按照某个标准参与合作。当社会行为标准明确表明会严厉惩罚合作中的欺骗行为，使得欺骗行为代价高昂时，合作问题就有可能得到解决。

▶ 本章小结

当企业为了获取某种战略性资源、特殊的组织技能或重要的发展机遇而进行合作时，就产生了企业战略中的合作战略。通过合作战略，企业能够一定程度地避免竞争，并获得高于正常利润的收益及竞争优势。合作战略是两个及两个以上企业为各自的战略目标而进行的一种共同行动。

合作战略的典型类型包括:战略联盟和共谋战略。战略联盟存在于一个和多个行业的企业之间,是企业间为了各自的战略性目标形成的一种合作关系。联盟可按照合作方关系的紧密程度、对称性、地位平等性、联盟范围合作内容等分为多种类型。而共谋战略的有效实施会使行业产出低于竞争水平而价格高于竞争水平,从而让企业获得高于正常利润的收益。共谋战略分为明示共谋和默契共谋两种。默契共谋往往更为常见,可以为企业带来持续竞争优势。

建立战略联盟的主要动因有:提升企业的竞争力;发挥技术创新的集群效应,降低技术开发的不确定性;克服贸易壁垒,利用销售渠道;扩大企业无形边界,防止"大企业病"。通过合作的协同效应,企业可以获得很多单个企业所不能获得的效益。

虽然联盟有创造巨大价值的潜力,但真正的实现在于对它的运作过程的管理。联盟组织形成主要有网络式、X式、Y式等。要使联盟获得成功,必须注意:合作伙伴的选择、组织管理,以及沟通与协作。

企业具有强烈的合作动机,也不可避免地具有欺骗合作协议的动机。这样做虽然会损害合作伙伴的利益,但能够给企业带来更大的短期利润。因此,合作陷阱总是存在的。

▶ **思考题**

1. 战略联盟的本质是什么?有哪几种基本形式?各有什么优缺点?
2. 战略联盟的各种形式受哪些因素的影响?是如何影响的?
3. 产品联盟和知识联盟有什么区别?
4. 合作战略中的合作陷阱问题是如何产生的?应如何解决?
5. 共谋战略有哪两类,举出实例进行分析。

第七章讨论题

第八章 国际化战略

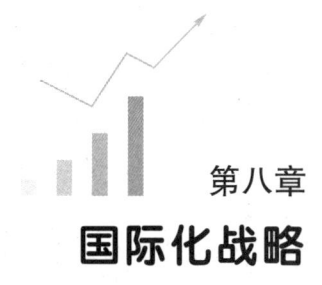

第八章导入案例

20世纪50年代以来,世界经济发展的一个显著特点是各国企业经营活动的国际化。人们熟知的一些著名公司,如IBM、大众汽车公司、通用电气公司、松下电器公司、西门子公司、菲利浦公司、波音公司、柯达公司、美孚石油公司等,都从早期的产品出口转向国际范围内的生产经营活动。企业活动的国际化是国际经济发展的必然趋势。

企业的国际化经营是相对于国内经营而提出的,所以,企业国际化经营或国际化发展是指企业从国内经营走向跨国经营,从国内市场进入国际市场,在国外设立多种形式的组织,对国内外的生产要素进行综合配置,在一个或若干个领域经营。企业国际化与国际企业(跨国公司)是两个相互联系又有不同含义的概念,前者是企业融入世界经济一体化的发展过程,后者则是企业国际化的结果或表现形式。

第一节 企业国际化经营的动机与类型

企业国际化主要表现在两个方面:一方面,它体现为企业的生产经营活动范围逐步扩大的过程;另一方面,体现为随着企业经营范围的扩大,企业自身组织结构、生产经营环节国际化的扩展和演变过程。

企业国际化的进程是一个双向演变的过程,包括外向国际化和内向国际化。如从市场状态来看,前者是"国内市场国际化",后者则是"国际市场国内化"。

芬兰学者劳伦斯·威尔什和雷约·罗斯坦瑞尼认为:企业内向国际化进程会影响其外向国际化的发展。企业内向国际化的效果将决定其外向国际化的成功。

一、企业国际化理论

一个企业如何经历国际化过程而成为一个跨国公司呢?这是西方理论界近30年来研究的热点问题之一。从理论上来探讨企业国际化发展过程的一般规律,尽管形成了许多派别、学说,实际上总是围绕两个最基本的问题展开的:一是如何描述企业国际化过程的连续性或阶段性,二是企业国际化的成长和发展的动因是什么。

国际上代表性的理论体系主要有以下几种。

(一)企业国际化发展阶段理论

一个国家总体的经济发展水平不仅决定着该国出口商品的种类,也影响着投资类型和方向。一国经济发展水平的划分体系有六阶段划分法和四类型划分法。

1. 华尔特·惠特曼·罗斯托的"六阶段划分法"

(1)传统社会阶段:社会以农业生产为主,是自给自足的自然经济,几乎很少有进出口贸易。

(2)起飞前夕阶段:社会开始出现工业,主要是以吃穿等基本消费品为主,纺织业是古典的主导产业。

(3)起飞阶段:这是一个非常重要的阶段,这时经济开始迅速发展,一般以几个主导产业,如钢铁、电力等产业带动发展。

(4)趋向成熟阶段:这时的产业主要以耐用消费品为主导产业,如汽车、家电等。

(5)高度消费阶段:人们的生活水平普遍提高、消费能力迅速扩大,耐用消费品基本普及,第三产业开始迅速发展。

(6)追求生活质量阶段:经济高度发达,人们开始追求享受型的生活,第三产业如服务、咨询业成为主导产业。

2. 菲利普·科特勒"四类型划分法"

(1)维持生存型

这些国家大部分人口从事农业,自给自足,很少进行商品的进出口。在这种自给自足的经济结构中,几乎所有的人都是从事单一农业劳动,生产的产品大部分被消费掉,以剩下的财物进行物物交换,也进行服务与财物的交换。显然,这种类型的经济能给外国提供的贸易或投资机会是很少的。

(2)原料出口型

在这种经济中,某些国家或地区拥有一种或几种丰富的自然资源,国家收入来源于这些资源的出口,主要消费品依赖于进口。例如,智利依靠锡和铜出口、刚果依靠橡胶出口、沙特阿拉伯依靠石油出口等,就是如此。这类国家或地区是部分机械设备、材料加工设备、工具、器皿、运输工具及奢侈品的良好市场。

(3)工业化型

在这种经济结构中,工业占重要的地位,一般这些国家制造业在国民生产总值中占的比重为10%~20%,进口较多的是钢材、重型机械、通信设备、半加工纤维制品,很少进口纤维制品、纸制品和汽车。随着产业的发展,出现了新的富裕阶级和为数不多的中产阶级,他们都需要新式的商品,而且都要从外国进口。

(4)工业经济型

这些国家经济非常发达,是制成品和资本品的主要出口国。这些国家消费多样化、个性化,商品进出口量也很大。它们根据工业技术或资本的输出程度建立起自己的工业体系,与其他工业国互换工业产品,与其他经济类型的国家用产品交换原材料和半成品。由于中产阶级在大规模产业活动中占有相当重要的地位,这些国家已是一切种类商品的广阔市场,并且也有许多的投资机会。

(二)企业国际化网络理论

瑞典学者应用网络理论,提出了企业国际化网络模型。国际化网络理论认为企业群体在特定产业内从事生产、销售、服务等活动构成了彼此的相互依存性,这种依存关系决定了"单个厂商的生存依赖于其他企业所控制的资源,企业是通过其在网络中的地位来得到这些外部资源"。企业国际化是企业在国际市场中逐步建立、发展和完善网络关系的过程,企业国际化的程度决定了其在国际市场网络中的地位。

该理论与将视角放在企业自身渐进发展的阶段的不同,把研究的重点从企业自身扩展到企业之间的关系及相互作用上。企业国际化的过程实际上是企业在国际市场上同其他企业在竞争中寻求合作,在合作中进行竞争的过程。

(三)企业国际化四要素理论

丹麦学者托宾·佩德森和本特·比特森于1998年提出的企业国际化四要素理论认为,企业组织成长是一个逐步发展的过程,企业国际化成长的过程主要由4个因素决定。

1. 市场知识

企业组织成长是其对国际市场知识积累、同步发展的过程。

2. 资源

企业组织成长是随同其掌握资源的扩大、国际化能力增强的过程。

3. 市场占有率

企业组织成长是随着其市场占有率的提高而不断扩张的过程。

4. 产业内竞争

随着企业所处产业内的竞争程度加剧,企业会加强对海外市场的争夺,国际化进程加快。

企业国际化四要素理论的核心观点是企业的国际化速度和程度取决于企业内部资源及企业外部市场两个方面综合作用的结果。

二、企业国际化经营的动机

对于一个企业来讲,其进行国际化经营的基本动机是:扩大销售、获取资源和实现经营的多元化。

(一)扩大市场

当企业将其市场扩大到其他国家后,消费者的人数必然会增加,绝对的购买力水平也会增强,在一般情况下,销售额会有增长。因而,具有较强经济实力,特别是具有过剩生产能力的企业都会有跻身于国际市场的强烈动机和愿望,例如雀巢咖啡、诺基亚手机。那些处在有限增长的本国市场中的公司同样对进入国际市场具有强烈动机。如改革开放后兴起并迅猛成长的我国家电企业,在国内市场相对饱和以后,纷纷出国投资建厂,海尔集团、康佳集团都在这一动机驱使下走向国际化。

(二)降低成本

提供商品和劳务的厂商往往喜欢在商品市场的所在国生产和推销产品,其根本原因是希望降低成本,以获取更高的利润。在劳动力、原材料或技术费用比较低的国家建立生产工厂可以降低成本,生产基地接近市场可以减少运输成本,在原材料丰富的国家就地生产可以降低原材料成本。如制衣、制表、生产电子产品等产业的企业将其部分工厂转移到国外,明显加强了成本优势。

(三)规模效应和学习效应

企业国际市场扩张后,企业规模进一步扩大,有可能取得优化的规模效应,如汽车工业。国际市场也为企业转移核心竞争力提供了机会,它为跨越国界的资源和知识共享创造了条件。此外,不同的市场和不同的实践为跨国公司提供了很多学习的机会,发达国家的企业也能从新兴市场的运行中收集信息,了解市场,服务市场,学习新的知识,避免决策失误带来的损失,增强企业的竞争实力。

(四)充分发挥产能和尽快收回投资

对于大规模投资(包括工厂、设备和研发),为得到应有的投资回报,需要巨大的市场规模,产量的增加能减少产品的固定成本,因此大多数企业将实施国际化战略,如科研密集型的飞机制造业。另外,技术发展速度的加快,使新产品生命周期缩短,且不同国家专利保护法各不相同,新产品被仿制的可能性增加,为此必须尽快收回投资。

(五)经营多元化

经营的多元化是企业为避免生产、销售、利润大幅度波动,而采取的经营策略。其主要的做法是在关联度不大的产业进行投资,或在不同的市场开展经营,以确保"东方不亮,西方亮"的经营效果。具有一定实力的企业往往利用国际化经营活动建立广泛的市场基础,实现经营的多元化,以避免国内市场波动带来的风险,保证企业收入的稳定。

三、国际化战略考虑的因素

实施国际化战略要分析国内外市场的需求特点、发展趋势、销售渠道及竞争状况等,除此之外,还有3个独特的重要因素需要考虑。

实践链接8-1

(一)国家之间的成本变动

工资率、劳动生产率、通货膨胀率、能源成本、税率及政府管理条例等方面往往会导致国家之间在制造成本方面的巨大差异。有些国家劳动力及土地等投入成本低,政府管理条例宽松,有独特的自然资源,因此具有制造成本优势,成为主要的生产基地,因而在全球市场就具有了竞争优势。国际竞争中另外一个影响制造成本的因素是制造份额,如在美国市场上日本品牌录像机的销售份额不到40%,但是所有的制造都是在日本完成的,即所有零部件全部从日本制造商那里购得。因此要成为低成本制造商,制造份额比市场份额更重要,必须拥有最大的制造份额才能以低成本获得领导地位。

(二)外汇汇率的变动

外汇汇率的变动使区域性成本优势变得复杂。它可能使一个国家的低成本优势完全消失,也可能使原来成本很高的地区变得很有竞争力。例如,美元坚挺会使美国公司积极向国外发展;相反,如美元的贬值,外国市场的成本优势就会下降,甚至可能会促使外国的公司到美国设立生产工厂。

(三)各国贸易政策

政府制定各种政策和措施会影响到国际贸易及那些在其国内市场上进行经营和运作的外国公司。政府可能设置进口关税和额度,对外国公司在国内生产的产品设置门槛,对进口商品进行管制。另外,外国公司可能面临一系列有关技术标准、产品证书、投资项目的批准等事宜。有些国家还会给本国公司以补贴和低息贷款来帮助本国公司与外国公司展开竞争。

四、国家竞争优势的分析模型

企业在进行国际化经营时,需要分析自己的竞争优势。根据这样的需要,波特教授在 1990 年研究了 10 个国家 100 个行业成功和失败原因,出版了《国家竞争优势》一书,提出了一家公司想要在全球范围内取得优势所需要的 4 个要素,如图 8-1 所示。

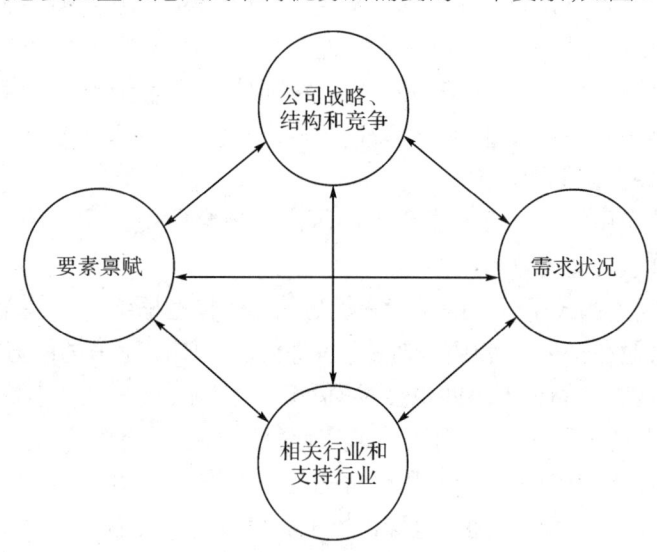

图 8-1 国家竞争优势模型

(一)要素禀赋

要素禀赋是指一个国家能用于生产的各种生产要素的数量和质量,包括基础要素(自然资源、地理位置、气候和人口等)和高级要素(数字通信、掌握熟练的高技术的劳动力、科研设施和技术诀窍等)。基础要素和高级要素都能为一个国家提供竞争优势。例如,日本缺乏矿产等自然资源,但政府在高级要素上进行了大量投资,创造出高新技术等新的资源,弥补了基础要素的不足,使得它在许多制造业领域里获得了竞争优势。

(二)需求状况

需求状况是指国内市场对该行业的产品或服务的需求特点。如果一个国家的消费者精明而挑剔,则能对该国内的企业造成压力,促使产品质量的提升和创新,从而使得该国国内的企业获得竞争优势。如日本公司创造了一个小型静音空调的细分市场,就是因为日本家庭的屋子通常较小且互相靠得很近,为避免打扰到他人便产生了静音空调的需求。因此,需求状况也是构成竞争优势的一个来源。

(三)相关行业和支持行业

相关行业和支持行业是指国内是否有具备国际竞争能力的供应者行业及相关的行业。以本国为基础的具有国际竞争能力的供应商可以以各种形式为下游产业创造竞争优势。例如,20世纪80年代中期以前,美国在半导体工业的领先地位为美国在个人计算机及其他技术先进的电子产品行业的成功发展奠定了基础。同样的,意大利在制鞋业的领先地位离不开皮革处理业的支持,它们为制鞋业提供了必需的皮革,而且很多人专程到意大利购买皮革制品也支持了分销渠道的发展。

(四)公司的战略、结构和竞争

公司的战略、结构和竞争,是指一个国家里公司的战略、组织结构及竞争情况。对此,波特提出了以下两个重要观念。

第一,不同国家有不同的管理观念。有些管理理念对建立竞争优势有帮助,有些则没有。在德国和日本公司里,工程技术人员处在公司的高层领导位置,因而相当重视生产工艺和产品设计的改进。而在美国公司里,特别是在20世纪七八十年代,公司的高层管理者相当重视公司的财务,过于强调短期收益,进而导致在以工程技术为基础的产业中(如汽车工业)失去竞争力。

第二,竞争的作用。在某行业中激烈的国内竞争会促使公司设法提升自身的生产效率,也因此能增强公司的竞争力。

这4个决定因素构成了分析国家竞争优势的一个模型框架,各因素彼此之间互相影响,决定了某个行业在一个国家中的国际竞争地位。在国家竞争力的分析中,企业还要注意政府的政策与偶发的重大事件也会对模型产生影响。

进行跨国经营的公司可以利用波特国家竞争力的钻石模型分析方法,判别企业在国内拥有的竞争优势和劣势,充分利用已有的竞争优势,并利用在其他国家中所拥有的竞争优势,弥补本身的劣势,从而在全球市场上获得具有竞争力的领先地位。

第二节 企业进入国际市场的方式

一、国际市场进入模式

根据企业的发展目标、资源条件和对国际市场的了解程度,企业可以选择不同层次和介入水平的国际市场进入模式,其中包括出口、许可协议、战略联盟、并购和新建全资子公司等方式(见表8-1)。

表 8-1　国际市场进入模式的选择

进入类型	特点
出口	高成本，低控制
许可协议	低成本，低风险，几乎无控制，低回报
战略联盟	成本分担，资源共享，共同承担风险和处理整合中的问题
并购	快速进入新市场，高风险，谈判复杂，本地运作合并中的问题
新建全资子公司	复杂，通常成本高，时间长，高风险，最大程度控制，高于平均水平的潜在回报

(一)出口

很多公司以出口产品或服务到其他国家作为国际扩张的起点。出口公司不需要在进口国建立业务部门，但必须有某种市场营销体系来分销其产品。通常出口公司会和进口国公司签订一些协议。出口的缺点包括高运输成本和必须承担进口关税。此外，出口商对其产品在进口国的市场营销和分销控制较少，因此不得不支付分销商一定的费用或允许分销商提价以补偿其成本并获取利润。因此出口商很难通过出口来营销有竞争力的产品或向不同的国际市场提供定制化的产品。但是实践证明，成本领先战略能提高出口在发达国家的业绩，而产品差异化战略在新兴市场更成功。

由于地理位置相邻而带来的相对较低的运输成本和消费需求的相似性，公司通常向与其工厂相邻的国家出口。例如，美国得克萨斯州向与其共享边界的墨西哥出口量最大。实际上，得克萨斯州对墨西哥的出口量比得克萨斯州向其他国家出口量的总和还要大。

直接出口和间接出口是企业进入国际市场的两种适用的模式。在直接出口模式下，企业不通过中间机构，把生产的产品直接卖给国外的客户或最终客户。企业直接参与在国外市场销售产品等必要活动可以打开其在国外市场的销售网络，也能根据实际销售情况调整市场营销组合决策。而在间接出口模式下，企业并不直接参与国外市场的营销活动，主要通过设在本国的各种外贸机构或国外企业设在本国的分支机构出口自己的产品和服务。间接出口的特点是经营国际化与企业国际化相分离，企业并不参与自己出口产品的国际营销活动，因而企业并没有更多的选择。

与间接出口相比，直接出口使企业进一步掌握了主动权和对市场的控制权。企业能够直接掌握国际市场的需求状况、发展动态，对市场变化能做出迅速的反应；另外直接销售产品可以加强品牌的市场渗透，提高企业在国际市场的知名度和信誉，潜在收益会更大。但直接出口方式要求企业有自己的国际营销体系，有专门的管理部门，投资较大，企业需要承担较间接出口更大的风险。

总的来讲，企业选择出口进入方式进入国际市场风险较小。但当出口数量较大，同时出口采用的主要竞争方式是价格竞争时，会引起进口国的配额控制约束或反倾销抵制。

(二)许可协议

许可协议指授权人(许证方)与受权人(受证方)签订合同，提供专有技术或工业产权,并收取相应的费用和报酬。授权的内容有专利使用权、专有技术的使用权、商标使用权等。许可的方式有独占许可、排他许可、普通许可、可转售许可等。这种方式一般适合中小企业,大企业也可用于市场测试或占领次要市场。

许可协议的好处是许证方不用冒太大的风险就能打入国外市场,受证方不必完全从零开始,就能获得成熟的生产技术、生产名牌的产品或使用名牌的商标。嘉宝公司的婴儿食品打入日本市场靠的就是许可证协议。可口可乐公司的国际营销就是在世界各地以许可证协议的形式设立装瓶厂,由可口可乐公司供应生产可口可乐所需的糖浆。

许可协议也是延续以前创新成果的一种方法。比如,索尼公司和菲利浦公司共同发明了音频 CD,并授权其他公司生产 CD,对每片售出的 CD 收取 5 美分的授权费。通过对研究成果和专利的许可授权,很多公司从它们以前的创新成果中取得了持续多年的优厚回报。

许可协议与直接对外投资相比经营风险小,许多新兴国际公司或缺乏资金、经验的公司通过此种方式进入国际市场,实现在国际市场的扩张。另外,许可协议能有效保护专利和商标,带动产品的出口,提高许证方在当地市场的知名度。

但是,许可协议方式也存在一些潜在的不利因素,主要是对被许可方控制程度低,不如自己设厂。如果受证方经营得很成功,许证方就会丧失唾手可得的利润。受许可公司可能学到关键技术并能够自己生产和销售相似的竞争产品,一旦合同期满或中止,许证方会发现新添了一个竞争对手。为了避免这些危险的后果,许证方应该与受证方建立一个互利的合作关系,其关键是许证方要不断进行革新并严格地保密,使受证方产生对许证方技术的依赖。

第八章
实践链接 8-2

所谓特许经营是由特许经营者向转让者付一定的转让费而获得专利、商标、产品配方或其他任何有价值方法的使用权。转让者不控制战略和生产决策,也不参与特许经营者的利润分配。由于在多数情况下特许经营者不仅负责产品的生产,而且负责与市场销售有关的任务,因而企业在决定国外市场介入程度上并没有太多的灵活性。

在这种模式下,企业允许地方制造商按要求组织生产,但市场方面的任务仍由企业负责。它的优点是可以以较低的投资风险进入国外市场。目前,契约式生产正在成为进入国际市场的一种重要模式。

在这种模式下,企业向提供资金的东道国合作伙伴派出管理专家并提供专有技术。这些管理专家起着合作公司顾问的作用,可以参与企业的日常管理,因而可以要求获得某些信息或专门报告,这对了解市场情况和随后的商业介入非常有用。

(三)战略联盟

近几年来,战略联盟成了国际扩张的主要方式。战略联盟让公司之间分担风险、共享资源,以进入国际市场。而且,这样的联盟能促进公司发展对未来战略竞争力有重要意义的核心竞争力。此外,大多数本地的战略联盟公司熟知和了解本国的竞争条件、法律和社会文化特性,有助于制造和销售具有竞争力的产品,而新技术和创新产品对本地公司来说也颇具吸引力。战略联盟的每一个合作方都为这一合作关系带来了知识和资源。实际上,战略联盟的一个重要目的就是获取新的能力,其中最主要的是技术。

我们使用的很多产品都是战略联盟的成果。例如,2002 年,宝马集团在华总销量约 7000 辆,而自 2003 年 7 月第一辆中国产宝马汽车下线,到 2010 年,这个数字约为 170000 辆。另外,一个美国人买的汽油是荷兰皇家壳牌和美国德士古公司合资企业的产品,而他购买汽油使用的信用卡则是荷兰皇家壳牌石油公司和万事达卡的共同品牌。

但是,并不是所有的战略联盟都很成功,事实上很多联盟都失败了,主要原因包括合作者间目标和理念的不一致或冲突,因此要管理国际战略联盟就难上加难了。合作者间的相互信任至关重要。研究显示,以资产为基础的战略联盟,其中一个公司有更多控制权,相对来说成功的可能性更大。

(四)并购

随着自由贸易在全球市场的扩展,跨国收购的数量也在猛增。近几年,跨国收购占了世界收购总量的 40%。正如在上一章中所讲述的,收购在欧洲尤其盛行。欧洲公司往往用收购来增强市场竞争力,并向全世界扩张。同样,外国公司也常用收购来进入欧盟市场以获得立足之地。例如,通用电气公司在 20 世纪 90 年代完成了 133 项对欧洲公司的收购,其结果是通用电气公司在欧洲的雇员达到了 9 万人,欧洲业务的年销售额约为 244 亿美元。世界最大的零售商沃尔玛使用了多种进入方式来使其业务全球化。例如,它建立了合资企业进入中国市场和拉美国家市场。但在某些国家则收购了其在当地的合作伙伴。沃尔玛也使用收购的方法进入欧洲市场。因此,必须认真地考虑和选择进入特定国际市场的最有效方法。

收购为进入新市场提供了捷径,可能是国际扩张最快也最方便的方式。但是,尽管国际收购已成为进入国际市场的流行方式,它也有着与国内收购一样的缺点。首先是耗资巨大且常需要借债融资,增加了额外风险;并且收购的国际谈判可能相当复杂——通常比国内收购复杂很多。据估计,只有 20% 的跨国交易取得了成功,而国内交易的成功率是 40%。目标公司所在国家的法规限制和能否获得谈判所需的准确情报也是挑战之一。最后,将被收购公司并入收购公司比国内收购复杂得多。收购公司不仅要整合不同的企业文化,还要协调潜在的不同的社会文化和习惯。因此,尽管通过国际收购能快速进入新的市场,企业也要考虑是否能够承担相当大的代价和风险。

(五)新建全资子公司

新建全资子公司是指建立一个全新的企业。这是一个复杂且需要很大代价的过程,但它有最大控制权的优点。如果成功,将极有可能取得超额回报,尤其是当公司拥有很多整合过的无形资产时。但由于在新的国家建立新企业的成本很高,相应的风险也很高。为了建立新公司,需要获取关于当地市场的知识和专业技能,例如通过雇用当地员工(可能需要从竞争公司挖人)或者通过咨询公司(可能相当昂贵)来了解,但公司维持了对其产品的技术、营销及分销的完全控制。另一种方法是,公司在新的市场中安装新的制造设备,建立新的分销渠道,边学习边实施正确的市场营销策略。

与前面提及的几种进入战略相比,在这种模式下,企业的投入大、面临的风险高,但可以更严密地控制战略和生产决策,以实现其在东道国市场上获得更大经济利益和发展潜力的目标。

二、企业国际化进程

许多公司都明显偏好某一种进入国际市场的方式。一家公司可能选择出口,因为这样风险较小。另一家公司可能倾向于许可协议,因为这是盈利的简便方法。还有一些公司可能喜欢在国外建立全资子公司,因为它想要完全控制投资,而不必满足合作伙伴的需要。但是,坚持使用某一种进入市场的方式是有局限的。有些国家不准许进口某种产品,也不允许国外公司独资经营,而只接受与外国人共同经营合资企业。因此,公司必须学会利用和掌握所有这些进入市场的方式。大多数聪明的企业都是同时采用几种不同的方式进入国际市场的。

选择公司进入国际市场的方式受许多决定因素的影响。最初,出口是较好的选择,因为无须在国外进行制造专业能力的投入,只需在分销上投资。许可协议促进了进入国外市场的产品的改进。战略联盟的流行是因为可以与目标市场上有经验的合作伙伴互相配合,同时通过成本的分担降低风险。所以这3种方法是较好的早期市场发展模式。

如果要在国际市场取得更有利的地位,就需要收购和建立全新子公司了。很多日本汽车制造商,如本田、日产和丰田汽车公司,就是通过全新子公司和合资企业在美国站稳了脚跟。丰田汽车公司通过全新子公司将其强大而无形的生产制造能力带到了美国。并购和建立全新子公司一般出现在国际多元化战略的后期阶段。另外,如果公司有充足的资源,特别是有某种核心竞争力,这两种方式成功的概率会更大。新兴市场国家中的大型多元化集团,不仅通过多元化来获取资源,也获得了有效管理国外直接资本流入流出的特殊能力。

可见,要进入国际市场,首先需要选择可行的最合适的进入方式。有时,各种不同的方式可能会被依次使用。在另一些情况下,企业会在不同的市场中使用不同的几种(但不是全部)进入方式。最终选择的方式是综合考量行业竞争条件、国家环境、政府法规,以及本公司独特的资源、能力和核心竞争力等因素后而决定的。

三、选择国际市场进入方式的考虑因素

(一)公司自身条件

公司自身条件包括以下两个方面:一是资源条件及目前经营状况与目标,如市场占有率、销售量、市场开发能力等;二是公司的产品特性及所需的技术和设备。

(二)公司国际化战略的目标及国际市场的环境与条件

如决定采取独资形式在某个国家建立公司,但未被许可;准备经由国际贸易公司出口,但该公司却不熟悉目标市场,在这类情况下,公司要根据国际市场特点和公司战略目标选择拓展方式。

(三)国际化经营的控制程度及盈利目标

间接出口方式公司对产品销售、服务等没有控制能力,国外直接投资,独资经营有高度的控制力量,因此公司首先要确定准备达到何种控制程度,再选择进入方式。另外每种进入方式的盈利水平不同,公司要考虑其盈利能力与公司利润目标。

(四)投资与人才需求

各种方式所需投资差别很大,对人才需求也不相同。直接进入国际市场需要大量投资,需要具有国际经营能力和经验的人才,这两方面是公司开拓国际市场的重要因素。

此外,还应当考虑国际市场竞争对手的状况,目标国家市场的政治、经济、法律、政策环境,以及汇率变动可能给公司带来的风险等。

第三节 国际化战略

企业在制定国际化战略中,最重要的是对当地响应(满足特定国家市场需求)和全球一体化(将全球市场作为一个统一的整体市场,不加细分)的取舍。依据这一选择,国际化战略可以分为 3 种类型,即全球战略、多国战略与跨国战略(见图 8-2)。

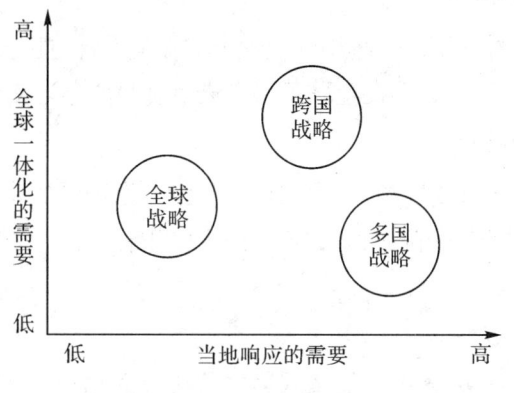

图 8-2 国际化战略的选择

一、全球战略

全球战略是向全世界的市场推广标准化的产品和服务,并在较有利的国家中集中地进行生产经营活动,由此形成经验曲线和规模经济效益,以获得高额利润。企业采取这种战略主要是为了实行成本领先战略。在成本压力大、当地特殊需求小的情况下,企业采取全球战略是合理的。但是,在要求提供当地特色产品的市场上,这种战略是不合适的。全球战略指公司在所有国家的战略、策略基本一致。在全球范围内对公司的战略行动进行统一和协调,在不同国家市场销售标准化产品。

(一)全球战略的特征

全球战略依据的是全球竞争环境。在全球竞争环境下,跨越国家市场的价格与竞争环境有着很强的联系,形成了真正的国际市场;一个全球性的竞争公司在一个国家的竞争地位既影响它在其他国家的竞争地位,也受到它在其他国家竞争地位的影响。竞争会发生在不同的国家,在某些国家市场中的竞争尤为明显,如消费需求很大的市场。在这些国家拥有竞争力的地位对于公司在行业之中建立强大的全球地位具有重要的战略意义。

在全球竞争环境下,公司的整体优势来自公司全球的经营和运作,公司在本土所拥有的竞争优势同公司来自其他国家的竞争优势有着紧密的联系,也与其以国家为基础的竞争优势组合成正比。因此,全球战略由总公司制定和协调,目标是取得全球性的领导地位。

(二)全球战略的类型

全球战略又可分为以下几种类型。

1. 全球低成本战略

企业竭尽全力成为全球绝大多数或所有具有战略重要性市场中的购买者的低成本供应商,其战略行动必须在全球范围内进行协调,以获得相对所有竞争对手的低成本地位。

2. 全球差异化战略

企业通过对自身的产品在一些相同属性上的差异化来创造一个全球一致形象和全球一致的主题,其战略行动必须在全球范围内进行,以获得全球一致的差异化。

3. 全球重点集中战略

企业在每一个有着重要战略意义的国家市场上为相同的细分市场提供服务,其战略行动必须在全球范围内进行协调,以在全球范围内实现一致的低成本或差异化竞争策略。

4. 全球最优成本战略

随着柔性的制造方法、先进的信息网络技术和全面质量管理系统的应用,综合性战略也越来越流行。全球最优成本战略能以低成本实现全球范围内的产品差异化,可以极大地提升企业的全球竞争力。

(三)全球战略的优势与不足

全球战略加强了企业在各个国家之间的统一协调性,能够集中建立资源优势以获取比竞争对手更持久的低成本或差异化优势。全球战略注重规模效应,有利于在本国或他国市场上进行创新。相应地,全球战略也降低了风险。实施全球战略可以从两个方面为公司赢得竞争优势,一是能够充分利用全球性公司在国家之间进行资源分配的能力,协调研发中心、零部件中心、装配中心、分销中心、市场营销中心、顾客服务中心及其他部门的活动,从而降低成本或者提高产品的差异化程度。二是能够充分利用全球性公司的以下能力:加深或拓宽公司的战略强势,协调公司分散的活动。因此,公司如果具备全球资源配置的能力和对战略的控制能力,就应该优先采用全球战略。

全球战略的缺点在于对各个国家市场反应迟钝,由于在本地市场中缺乏辨别机遇的能力或者产品需要本地化,公司可能忽略当地市场的发展机遇。而且全球战略需要跨越国界进行协调和业务决策,管理难度很大。因此,有效实施全球战略需要资源共享及强调跨国合作。

二、多国战略

(一)多国战略的概念

为了满足所在国的市场要求,企业可以采取多国战略。这种战略与全球战略不同的是,根据不同国家的不同市场,提供更能满足当地市场需要的产品和服务。企业采用这种战略主要是为了实现成本领先战略。但是这种战略需要付出的成本较大,无法获得经验曲线效益和区位效益。在当地市场强烈要求提供当地需要的产品和服务并能降低成本时,企业应采取多国战略。但是,由于这种战略会造成生产设施的重复建设并且成本较高,在成本压力大的行业中不太适用;同时,多国本土化会使在每一个国家的子公司过于独立,企业最终会失去对子公司的控制。

(二)多国战略的优势与不足

多国战略可以将公司的战略决略与各国家的环境相匹配,旨在根据当地市场环境做出更好的反应,从而建立相对其他国际竞争厂商和当地公司的竞争优势,取得领导地位。

多国战略是在不同的国家市场中采取不同的战略,因而增加了整个公司的不确定性。另外,此战略很难跨越国家边境,利用和转移公司的资源,不利于实现规模效应及降低成本,也不利于建立统一的竞争优势。

三、跨国战略

(一)跨国战略的概念

在全球激烈竞争的情况下,跨国战略旨在形成以经验为基础的成本效益和区位效益,转移企业的核心竞争力。具体而言,跨国战略的做法是,当企业在一个国家的经营中开发出了特定的产品,既能够满足当地需要,同时又能推广到别的国家,这时企业即以该国子公司为该产品全球经营的供应商。

要实现跨国战略,关键在于创建一个网络,将相关的资源和能力联系起来。母公司与子公司、子公司与子公司的关系是双向的,不仅母公司可以向子公司提供产品与技术,子公司也可以向母公司提供产品与技术。企业采取这种战略,能够运用经验曲线的效应,形成区位效益;能够满足当地市场的需求,以达到全球学习的效果,实现成本领先或产品差异化战略。

(二)跨国战略的特征

跨国战略的显著特点是业务经营的多样化和国家市场的多样性。多元化跨国公司的管理者们不仅要制定战略并执行,还要根据各国市场的需求进行调整。此外,他们还面临着另外的挑战,即要寻找好的方法来协调公司跨行业和跨国家的战略行动,从而获得更大的持续的竞争优势。这种优势要比仅仅将公司的资源和生产能力投入某一个国家市场或某一项经营业务的优势要大得多。

3种战略的比较详见表8-2。

表8-2 多国战略、全球战略和跨国战略的对比

比较对象	全球战略	多国战略	跨国战略
战略地区	绝大多数国家都是产品的关键市场	选择几个目标国家	大多数国家
业务战略	在全球范围内推行相同的基本战略;国家之间的调整和变动虽然很必要,但是很少	制定特殊的战略以适应每一个东道国的具体形式,国家之间的协调很少或者几乎没有	将满足东道国需要的产品推广到有同样需要的其他国家
产品线战略	在全球范围内的属性、规格、款式和种类几乎一样	进行调整以适应当地的需求	类似于全球战略
生产战略	生产工厂的布置是以竞争优势为基础的(在低成本的国家,紧靠主要的市场,地理上的分散是为了降低成本)	生产工厂分散于很多的东道国	在开发产品的国家设立工厂,供应全球市场
原材料和零配件的供应源	全球任何有吸引力的产地	优先采用东道国的供应(当地的设施满足当地的需求)	更偏向于全球战略
市场营销和分销	需进行更多的全球调整;在必要的情况下针对东道国的形势进行较小的调整	针对每一个东道国的惯例和文化进行调整	类似于全球战略
公司组织	所有重大的决策都在全球的总部内进行严密的协调;公司运用全球的组织结构来统一每一个国家的经营和运作	组建子公司来管理在每一个东道国的经营运作;每一个子公司都部分自主地运作以适应东道国的环境	战略决策权保留在总部,运作决策权授权给在该国家的子公司

四、国际化战略的障碍

企业在实施全球化战略过程中存在各种障碍。有些障碍是经济上的,会给企业全球性竞争带来直接成本;有些障碍增加了管理的复杂性;有些障碍是制度或政府限制;有些障碍源自企业的洞察力和资源限制。

(一)经济障碍

国际化的主要经济风险是不同货币汇率的差异和波动。另外,不同的货币的价值

有时会极大地影响公司在全球市场的竞争力,因为它们会影响到不同国家制造的产品的价格。运输和储存成本会抵消国际化集中生产的经济性。各国市场不同的产品需求也会阻碍全球战略的实现,由于在产品成本、质量、性能、式样、规格等方面的需求差异,企业必须生产不同类型的产品,必然影响规模经济的实现。如果不同类型的产品需要不同的原材料或部件,还会影响全球资源的利用。此外,还涉及各国市场已建成的分销渠道、复杂的细分市场、缺乏世界性需求等因素。

(二)管理障碍

首先,地理位置在不同国家的分散性增加了不同部门之间协调的成本和产品分销的成本。第二,贸易壁垒、文化差异和不同国家的其他差异(如原材料和不同劳动技能的取得)增加了实施国际化战略的复杂性。国家之间分销渠道的性质、营销媒介和取得用户的低成本手段等差异很大,进入新市场时,企业常常不得不重新制订市场营销计划,新的分销渠道也需要建立,以至于一些全球化公司不仅不能利用其已取得的营销经验,而且难以在当地市场上取得与当地竞争者同样的效率。此外,还可能遇到不同的民族文化差异、劳动力成本及费用开支等问题。当迅速进步的技术要求频繁地进行产品和工艺设计以适应当地市场时,全球化公司的灵活性与适应性往往弱于当地的公司。

(三)制度障碍

制度因素是造成公司竞争优势从一个国家转移到另一个国家的主要障碍。包括关税和其他税费、配额政策,政府向本地企业的优先购买权,政府坚持研究开发或产品部件生产本地化,使当地企业受益的优惠政策、法律法规,不利于企业从事全球经营的法规政策等。制度障碍最易于发生在影响某些政府目标的产业中。

(四)企业的洞察力和资源限制

实施全球化战略需要敏锐的洞察力,能够观察到全球市场的竞争机遇,有能力分析研究国际性问题。实现全球规模经济,国际化战略需要大量投资,以及管理和技术,有可能超过企业自身的能力。

案例 8-1　华为的国际化历程

华为成立于1988年,主要包括运营商网络、企业业务、消费者业务、华为云四大业务部门。经过30多年的发展,华为已经从一家小型通信公司发展为全球第二大通信设备供应商。目前,华为在全球范围内建立了强大的市场体系,包括15个研究院/所、36个联合创新中心。

从进入国际化市场的区域顺序来看,华为遵循从地缘亲近—政治敏感度低—经济次发达的国家和地区逐步推进到地理位置相对较远—政治敏感度较高—经济发达国家的路径,国际化历程大致可分为以下4个阶段。

第一阶段:海外试水。

俄罗斯是华为走出去的第一站。1996年,华为在这里设立了第一个境外代表处,然而,当时的俄罗斯电信市场与中国电信市场有着截然不同的特点:分散而非集中管理，有1000多家电信运营商，它们主要与朗讯、爱立信、西门子、阿尔卡特等世界著名电信设备提供商合作。华为面临的难题不仅仅是向俄罗斯客户推销华为的技术，更是推销"中国制造"。在这种情况下，要想在俄罗斯市场取得成功，就必须打破原有的市场格局，树立自己的品牌形象。

为了实现这一目标，华为在俄罗斯电信市场制定了4项关键任务：从长名单到短名单、弄清楚电信运营商的内部采购决策体系、说服电信运营商进行产品和技术测试、进入电信运营商的供应商名单库并进行小批量采购。

2001年，华为与俄罗斯国家电信部门签署了上千万美元的全球移动通信系统设备供应合同。2011年，华为在俄罗斯的销售收入突破16亿美元。华为在俄罗斯市场的成功探索，为开拓海外其他地区的市场提供了可复制的模板。

第二阶段：海外突破。

2000—2005年，华为在俄罗斯地区之外的市场进行了全面拓展。早期在拓展欧洲市场时，没有人信任华为。在开拓海外市场的过程中，中国企业普遍面临着两个问题：一是客户不了解中国企业，二是客户不认同中国企业能够做出这么复杂的高科技产品。

为了消除这一疑虑，华为制定了一系列策略。首先，邀请客户到中国参观，让他们亲身感受中国的发展现状，通过这种方式，客户们可以更加直观地了解到中国企业在通信技术领域的发展实力，建立起对中国企业的信心。其次，欧洲通信市场是全球高端市场，客户普遍拥有较为先进的消费理念，在通信产品方面的消费水平高于全球大部分地区。相对而言，他们更加注重产品的品质和性能，而不仅仅是价格。因此，华为始终将产品质量放在首位，努力提升自身的技术实力，以满足客户的需求。正是凭借着这种对质量的执着追求和对客户的尊重，华为逐渐在欧洲市场站稳了脚跟。随后，华为又将市场拓展到了拉丁美洲、东南亚、中东、非洲等区域市场，取得了不错的成绩。

第三阶段：海外主战场。

在华为进军海外主战场阶段中，探索出一种"片区管理"的新方式。2005年，华为将分管国际市场业务的多个部门合并，成立国际合作管理部，目的是支撑与全球电信巨头的战略级合作，并对资源统一规划和安排。同时，华为对全球市场进行网格式管理，将全球市场划分为多个片区，最初是9个片区，各片区的人员配备齐全。由于华为深圳总部无法熟悉全球各个国家或地区的政商环境、文化、客户的具体业务需求，所以任正非把决策权前移，除财务管控权和关键人事任免权之外，将很多权力下放到了片区。这种分散式的管理模式，使得华为能够迅速适应不同国家和地区的市场环境，提高了市场拓展的效率。

为了对竞争对手进行深入研究和分析，华为还在深圳总部成立了重大项目部，对爱立信、中兴等主要竞争对手进行系统性竞争分析，了解它们的战略意图、技术优势和市场策略，从而制定出更有针对性的竞争策略。在这个信息爆炸的时代，市场竞争愈发激烈，只有具备强大的竞争力，才能在市场中立于不败之地。

第四阶段：全球化发展。

自2013年起，华为在全球通信市场的份额已占到20%~30%。为了有效利用全球资源，经过20多年的筹划布局，华为在全球形成了多个运营中心。这些运营中心涵盖了研发、行政、财务和运营等多个方面。

国际研发中心主要包括印度软件研发中心、俄罗斯算法研发中心、日本工业工程研发中心、瑞典无线系统研发中心、英国5G创新中心、美国新技术创新中心、韩国终端工业设计中心等。华为在全球各地建立研发中心的宗旨是：汇聚全球最聪明大脑的智慧，加强与国际先进技术的交流与合作，持续引领信息与通信技术（information and communication technology，ICT）行业。

行政中心主要分布在美国、英国等国家，通过成立当地董事会和咨询委员会，以加强与高端商界的互动。

财务中心包括罗马尼亚财务中心、英国全球财务风险控制中心、新加坡财务中心及中国香港财务中心等。通过利用当地的成熟优质资源，华为可以捕捉最新资讯，防范重大财务风险。

运营中心主要有波兰网络运营中心、匈牙利物流中心、巴西制造基地等。华为通过在这些地区建立运营中心，利用当地的成熟优质资源打造面向全球的供应链体系和运营体系。同时，这些运营中心也为华为提供了一个试验和创新的平台，有助于公司不断拓展业务领域，提升自身竞争力。

2023年，华为实现了7042亿元的全球销售收入，净利润达870亿元，其中ICT基础设施业务营收达3619.97亿元，同比增长2.3%；终端业务营收达2514.96亿元，同比增长17.3%；云计算业务营收达552.87亿元，同比增长21.9%；数字能源业务营收达526.07亿元，同比增长3.5%。按地区来看，2023年中国市场总体收入4713.03亿元，欧洲、中东、非洲地区收入1453.43亿元，亚太地区（不含中国）收入410.41亿元，美洲地区收入353.62亿元。

（资料来源：整理自搜狐网相关资料，https://www.sohu.com/a/787064386_121937572。）

五、国际化战略的组织与实施

具备全球市场竞争力对许多公司尤其是大型公司来说至关重要。比如通用汽车公司将它在美国市场上的轿车和卡车生产部门合二为一。对于它来说，这次合并是公司几十年来为了将通用汽车由多个独立的领域变为一个统一的全球性组织所做的一系列行动中的最后一步。这项行动的目的在于将公司的工程人员、制造及营销人员的工作整合起来。由通用汽车公司高层选择的国际性战略如果没有采用合适的组织结构就很难成功实施。

（一）运用产品分区性结构实施全球战略

全球战略为各个国家市场提供标准化产品，并由公司总部制定相应的竞争战略。它追求和强调规模经济和范围经济效应。鉴于规模经济和范围经济之间关系的重要性,加上成功实施全球战略的必要性,实施全球战略的公司将部分组织职能外包给最有效的全球服务提供商。

产品分区性结构(见图 8-3)用于实施全球战略。产品分区性结构是一种赋予公司总部决策权来协调和整合各个分离的业务部门的决策和行动的组织模式。这种形式是高速发展的公司为寻求有效管理它们多样化产品线而选择的组织结构。这种整合的机制通过对个人交互作用的互相调整而达成有效协调。这种机制包括经理间的直接接触、部门间的联络、临时的任务小组或永久团队、人员整合等。因为经理们经常进行跨国调职,他们就得更熟悉在产品分区性结构中实施整体战略的理论。标准化的政策和程序(制度)能使公司战略和结构目标与经理人员共享。

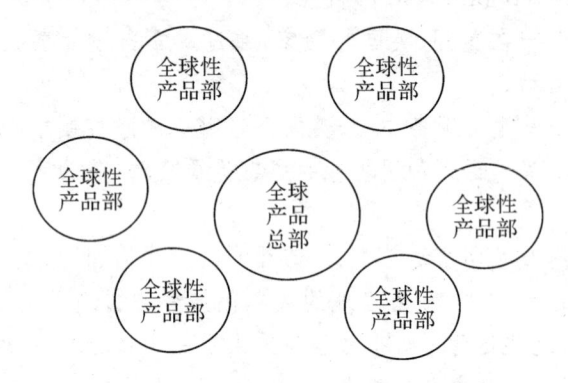

图 8-3 实施全球战略的产品分区性结构

在图 8-2 中,全球产品总部的圆圈指在全球产品中进行信息流的协调和集中。公司总部运用许多内部协调机制来获得全球性的规模经济和范围经济。公司总部同样以合作的方式来分配财务资源。整个组织形同集权式联邦。

全球战略及其伴随的产品分区性结构的两大主要缺点在于难以解决跨国行动中产生的困难,对当地需求和偏好也缺乏有效和快速的反应。例如,宝洁公司为能运用产品分区性结构来实施全球化战略而进行了重组。公司利用这种结果来改善它的国际业务并增加发展机遇。

(二)运用地理区域性结构实施多国战略

多国战略指在每个国家市场的各部门实施各自的战略和运营决策,以使产品能适应当地市场。然而企业有时很难判断它们的产品应该或能够在多大程度上当地化。例如,Lands'End 公司是美国的一家邮购公司,受到欧洲市场的吸引。虽然很有兴趣适应当地的偏好,但公司的国际运营部总裁发现,最困难的部分在于不了解哪个领域需要当地化。

实施多国战略的企业为了与全球竞争势力隔离,通常会在国家间差异最大的行业细分市场中建立市场地位或进行适度竞争。地理区域结构是用于实施多国战略的组织模式(见图 8-4)。地理区域结构强调当地国家利益,有利于区域经理采取有效措施满足当地的差异化需求。

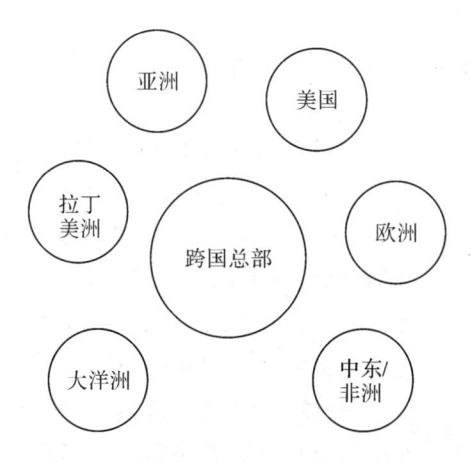

图 8-4　实施多国战略的地理区域结构

在图 8-4 中,圆周指代业务的分权化。地理区域结构注重于当地/本国文化差异造成的需求差异。公司总部在各独立分支机构之间控制金融财务资源。该组织类似于一个分权化的联盟。

由于实施多国战略不要求各国市场之间有太多的协调,在地理区域结构中各部门不存在整合的机制,因而制度化程度很低,且各单位之间的协调也是非正式的。由于各欧洲国家具有不同的文化,国际本土化战略和相应的区域性结构是多文化欧洲市场的自然产物。这种结构通常由公司管理层派出朋友或家庭成员到他国开办分支机构而产生。这些分支机构与总部之间通过朋友或家庭成员的非正式沟通发生联系。

通过地理区域性结构实施的多国战略的主要缺点在于它不能带来全球整体效率。随着国际市场日益强调低成本,对规模经济和范围经济的追求也增强了。这些变化促成了全球战略的应用。

(三)运用混合结构实施跨国战略

跨国战略指公司既寻求国际本土化战略具有的当地优势,又注重于全球战略所带来的全球效率。混合结构具有强调产品和地理结构的特点和机制。因而它既强调产品区分,又强调地理区域。

显然,地理区域结构适合于多国战略,而产品分区结构适合于全球战略。然而,当一个如福特汽车公司那样的公司试图通过混合结构来同时实施多国战略和全球战略时,这两种结构间的机制差异就不那么明显了。实施跨国战略的组织结构必须在集权化和分权化、制度化和非制度化方面灵活机动。这些看起来相反的特性必须由一个整体结构来管理,这个结构必须能够鼓励全体员工理解文化差异对企业运营的影响。相应地,如果想要改变公司的整体文化,需要有一个强大的教育机构来支持。如果文化变革有效,那么混合结构能够使公司学会如何运用其能力和核心竞争力在当地经济中获取竞争优势。这些能力和核心竞争力经常是在较少文化差异的竞争环境中产生和发展的。随着企业的全球化和企业的战略混合化,企业总部的思维模式对于培养企业领先优势、建立强大的企业形象变得越来越重要。

案例 8-2　海尔集团的"三位一体"全球战略

在海尔集团之前,中国的出海企业几乎没有人实施"本土化研发、本土化制造、本土化营销"的"三位一体"全球战略,只是单纯地输出产品或者做代工。

海尔集团则深入观察每个细分市场的习惯,而不是让细分市场习惯自身。例如注意到了中东用户对大容量洗衣机的需求,海尔集团推出了一次洗12件大袍子的洗衣机;在巴基斯坦推出一次可放入12头羊的冷柜;在印度推出大容量冷藏保鲜的冰箱;在西班牙推出可以储存大量海鲜的多门冰箱……

全球用户看似"五花八门、奇奇怪怪的"的需求,在海尔集团这里得到了最好的尊重。公开数据显示,海尔智家现已布局200多个国家和地区,全球用户数超10亿人,消费者的购买就是最好的证明。

除了积累自身产品的核心竞争力,海尔集团也不断进行渠道的开拓与建设。海尔集团不是简单地把一地成功的经验复制到另一地,而是在深度整合、全球协作的基础上,用本土化策略,去建立供、销、服全价值链体系,并且将各国机构的资源进行整合,服务于一个好用的产品。

例如欧洲市场的节能标杆产品海尔X11洗衣机,是海尔集团位于4国的不同研发中心联合创新的产品——软硬件设计由中国研发中心负责,电机升级问题由澳大利亚研发中心解决,节能技术方案由欧洲研发中心提供,新风技术问题则由美国研发中心来攻克。

海尔集团在世界各地持续本土化供应链布局,在提高质量、产品性能和设计的同时,也有力地支撑了与用户的零距离交互。在美国,GE Appliances已成为当地引领的家电企业;在欧洲,海尔智家连续8年市场增速最快;在新西兰,斐雪派克稳居白电市场NO.1;在巴基斯坦,海尔集团市场份额居行业NO.1;在越南,AQUA洗衣机居行业NO.1;在泰国,海尔空调和冷柜居行业NO.1。

(资料来源:整理自海尔集团官网,https://www.haier.com/press-events/news/20240705_241998.shtml。)

本章小结

国际化战略是企业市场经营范围在国际市场上的拓展,之前各章所述的战略分析方法和基本战略模式在国际化战略中依然适用,只是分析的视野从一国国内扩大到国际范围。当然,国际化战略也有许多特别的问题,本章介绍了企业国际化的基本理论,分析了企业国际化的基本动机。

国际市场的进入有出口、许可协议、战略联盟、并购、新建全资子公司等模式。在国际化战略中,当地响应与全球一体化如何取舍是重要的考虑因素,据此。国际化战略可分为全球战略、多国战略和跨国战略3种基本类型。国际化战略能提供在全球范围内经营企业的手段,又面对一些额外的障碍,主要是经济障碍、管理障碍、制度障碍,以及企业的洞察力和资源限制。在组织结构上,有产品分区性结构、地理区域性结构和混合结构可供选择,分别适用于全球战略、多国战略和跨国战略。

思考题

1. 运用波特的国家竞争力模式能够解决什么问题？试分析一个具体的例子。
2. 分析许可协议和特许经营的优势和劣势。
3. 分析3种类型国际化战略的运用条件,以及各自的优势和劣势。
4. 实施国际化战略将会遭遇哪些类型的风险？这些风险是由哪些主体造成的？
5. 简述不同类型国际化战略的组织与实施,试举例分析。
6. 运用战略联盟的方式进入海外市场对国际企业而言有哪些利弊？

第八章讨论题

第九章 战略方案评选

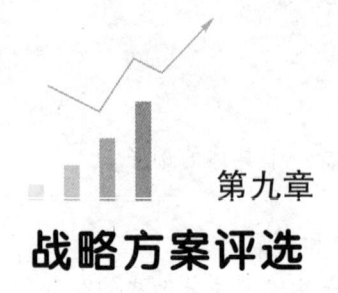

在上面各章中,我们介绍了一个公司可以选择的公司战略和竞争战略,但各个公司在同一时期的战略选择不尽相同,同一公司在不同时期的战略选择也有差异,这种区别是由于公司对各种可行性战略的认识、评价不同,选择偏好也有差异。许多大公司在生产经营过程中往往并不是选择单一战略,而是采取组合战略的。无论公司在战略上做出什么抉择,只有那些扬长避短、能够充分利用机遇的战略才是最优的。在本章中,我们将介绍影响企业战略选择、方案评价的主要因素,以及几种基本的战略方案评选方法。

第一节 影响战略方案评价与选择的因素

一、影响企业战略选择的基本因素

一个企业选择这个战略而不选择那个战略,在大多数情况下并不带有必然性与客观性,而是具有较多的主观性与偶然性。这是因为企业战略制定者往往受到多方面的影响,从而左右了战略的选择。一般认为影响企业战略选择的因素主要有如下几个。

(一)企业对外部环境的依赖程度

任何企业都存在于它的外部环境之中,而环境受股东、竞争对手、顾客、政府、社区的影响。企业的生存对这些因素的依赖程度,影响着战略选择的过程。

1. 依赖程度越高,企业选择战略的灵活性越小,除非发生危机

(1)企业依赖于少数几个股东的程度越高,它战略选择的灵活性就越小。

(2)与竞争对手相比,企业处于弱势地位,则它越不可能选择进攻性的战略(这里,依赖性指在竞争中处于相对较弱的地位)。

(3)企业的成功和生存越依赖少数客户,则企业对他们的期望应做出较快的反应。

(4)企业越是依赖政府和社区,则它对市场状况和股东要求的反应就越不灵敏。

2. 企业经营面对的市场的易变程度

如果市场中的情况变化程度较大,则企业的战略需要具有较大的灵活性。

上面对环境的度量应是"客观地"衡量,但离不开决策者的主观判断。因此,确切地

说,是决策者对外部环境信赖性的主观认识影响了战略的选择。由此,处于同一环境中的同一公司,如果由两个决策人来进行战略选择,可能会有不同的战略方案。

(二)管理者对待风险的态度

管理者对待风险的态度影响着战略选择。某些企业管理者极不愿承担风险,而另一些管理者却乐于承担风险。对待不同的风险态度会导致不同的战略选择。

(1)如果管理者认为,风险对于成功是必不可少的,并且乐于承担风险的话,则企业通常选择进攻性战略,接受或寄希望于高风险的项目。它们在被迫对环境变化做出反应之前就已经做出了反应。这类管理者倾向于考虑较广泛的战略方案。

(2)如果管理者认为风险是实际存在的,并敢承担某些风险的话,那么管理者就会试图在高风险战略和低风险战略之间寻求某种程度的平衡,以分散一定的风险。

(3)若管理者认为冒较高的风险将毁灭整个企业,需要降低风险,他就会考虑较少的战略选择方案,可能采取防御性的或稳定发展的战略,拒绝承担那些高风险的项目,乐于在稳定的产业环境中经营。

总之,管理者和股东对待风险的态度,会增加或减少他们所考虑的战略方案的数目,同时增加或降低采用某一特定战略方案的可能性。

(三)企业过去战略的影响

对大多数企业来说,过去的战略是新一次战略选择的起点,这就导致新考虑的多数战略方案受到企业过去战略的限制。明茨博格曾对德国大众汽车公司1934—1969年的战略选择,以及美国1950—1968年对越南的战略选择变化进行过详细的研究,他的主要观点如下。

(1)现在的战略往往是从过去某一有影响力的领导者所制定的战略演化而来,这对以后的战略选择是一个主要的影响因素。

(2)此后,这个战略就变得程式化。官僚化的管理组织使战略得以贯彻和实施,即原决策者推出这个战略并向下属说明,而后低层管理人员将这个战略实施。明茨博格将此称为推拉现象。

(3)当这个战略由于条件变化而开始失效时,企业倾向于将新的战略嫁接到原有战略上。仅在较长时间之后才尝试探索全新的战略。

(4)当外部环境变化更大时,企业才会开始认真地考虑采取防御战略、组合战略或发展战略,这些战略可能曾有人建议过,但被决策者忽略了。

明茨博格对战略选择过程的研究结论说明过去的战略对以后的战略选择有影响,战略选择过程更多的是一种战略演变过程。其他研究也表明,当人们要对过去选择的执行方案的不良后果负责任时,他们总是将最大数量的资源投入过去选择的执行方案之中。这可以部分地说明为什么在改变过去的战略时,往往需要更换高层管理人员,因为新的管理者较少地受到过去战略的约束。

(四)企业中的权力关系

权力本质上是人与人之间的关系,指的是某个人影响另一个人或群体去完成某些事情的能力。经验表明,在战略选择中权力关系是一个关键因素。在大多数企业中,如果一个权力很大的高层管理者支持某一战略方案,这个方案往往就会成为企业所选择的战略,并且会得到一致地拥护。例如,福特汽车公司的亨利·福特、国际商用机器公司(IBM)的托马斯·约翰·沃森、国际电报电话公司的哈罗德·杰宁等,都曾经深刻地影响了所在企业的战略选择。从某种意义上说,个人偏好也和战略选择有关。关键人物喜欢什么及尊重什么等,都与战略方案的选择有关。总之,权力关系或企业政治对战略选择有着重大的影响。

(五)中层管理人员和职能人员的影响

1. J. 鲍威尔和 J. 舒沃兹的研究

中层管理人员和职能人员(尤其是公司计划人员)对战略选择有着重大的影响。J. 鲍威尔和 J. 舒沃兹的研究指出,如果中层管理人员和公司计划人员参加战略选择过程,那么有如下现象。

(1)他们选择的战略通常与总经理选择的战略有所不同。

(2)中层管理人员和职能人员的观点部分地受到他们个人的视野及其所在单位的目标和使命的影响。

(3)他们倾向于向高层管理人员推荐那些低风险、渐进式推进的战略选择,而非高风险和突破性的选择。

2. E. 卡特的研究

E. 卡特研究了一些中小型企业所做的 6 项关于兼并的决策,研究有如下发现。

(1)较低层管理人员倾向于上报那些可能被上司接受的方案,而扣下不易通过的方案。

(2)在对建议中的战略选择进行评价时,不同的部门都从自身利益来评价方案并出现不同的评价结果。

(3)企业外部环境的变化越大,管理人员就会使用越多的评价标准去影响战略制定过程。

(4)职能人员为战略制定过程提供的信息资料多少受以下因素影响:收集资料的难易程度、他们对提供信息资料这一任务的重视程度;收集信息资料的鼓励或奖励政策;上司决策时对信息资料提供者的态度等。

第九章
实践链接

概括起来讲,中层管理人与职能人员通常是通过拟定战略方案并对各方案进行风险评价来影响战略制定与选择的。

案例 9-1 振华重工发展史

上海振华港口机械集团股份有限公司(以下简称振华港机)成立于 1992 年,是一家重型机械制造企业。2009 年更名为上海振华重工(集团)股份有限公司(以下简称振华重工)。其所生产的机械装备目前处于全世界顶尖的水平,全球 80% 的港机产品都来自振华重工。公司目前在上海和江苏拥有 6 个生产基地,在全球设有 8 个区域中心及多家海外分支机构,拥有约 20 艘 6 万吨~10 万吨级整机运输船,可将大型产品整机运往全世界。产品已进入全球 107 个国家和地区。

振华港机成立时只有十几人,是一家不起眼的小公司,其战略成功一定程度上得益于创始人管彤贤的战略规划能力。

20世纪90年代，中国的港口起重机行业面临着巨大的挑战，全球市场被日本、德国、韩国等公司垄断的局面令中国企业尴尬不已。管彤贤此时担任中港总公司船机处处长。1992年，管彤贤59岁，本应退休，但是邓小平在南方谈话中把我国长三角、珠三角、环渤海及其他地区划为对外贸易为主的功能区域，激发了他多年来的梦想："我们赶上了需要大机械的时候，看准这个机遇，就要赶紧挤出去。"管彤贤请求组织把自己调到上海，创办一家新企业。这一年，上海集装箱的吞吐量只有40万标准箱。

管彤贤的请求不仅得到了组织的批准，而且还得到了上海港口机械制造厂和香港振华工程有限公司的支持，前者以一块地作价50万美元，并拨出十数名职工交给管彤贤，后者拿出了50万美元，成立了合资企业振华港机。尽管刚刚起步，管彤贤还是喊出了"全球每一个大型集装箱港口都必须使用振华设备"的口号。

刚开始，振华港机只是组装工厂，通过购买国际品牌的配件自行组装。就连国人也不太相信它，更倾向于购买日本和韩国的产品。面对这种情况，管彤贤定下目标：首先攻克国外市场。

面对强有力的竞争对手，振华港机选择用"低价＋优质"来打破市场格局。尽管只是一个新成立的企业，但管彤贤决定参与加拿大温哥华港的竞标。在经历了巨大的压力之后，振华港机以低于同行30%的价格成功中标，管彤贤带领团队"就像制作一件工艺品一样精细化制造'第一单'"，成功赢得了温哥华港的赞誉。1993年，温哥华港又追加了第二单。1994年，美国迈阿密港订购了4台振华港机的巴拿马型岸桥，标志着振华进入美国市场。这也是中国大型集装箱机械首次进入美国市场。

然而，与美国市场的合作并非一帆风顺，美国人提出了一些特殊的要求，比如港口机械必须在中国组装好后整体运输到美国，这给振华港机带来了极大的挑战。当时唯一有能力运输港机的是荷兰Dockwise航运公司，由于市场垄断，其运输费用高昂，还擅自提价，且不保证按时到货。

被卡脖子的经历，让管彤贤决定自行解决运输问题，力排众议购买了荷兰的旧煤船并组织技术人员去国外学习请教，回来进行改造，改装成了"振华一号"运输船。这艘现代化运输船能够一次性装载多台大型港口机械。发现制造运输船并不复杂后，振华港机又购买并改装了更多的荷兰旧船。

振华港机的出现打破了欧美企业在运输领域的垄断，使其成为世界上第一家可以自主制造生产运输设备的港机制造商。

1998年，振华港机的订单总额位居世界第一。这一年，管彤贤在公司内部提出创新口号："每年要打造一个世界第一。"他为公司设计了一套稳定的研发投入机制，每年以产值的3%作为科技开发基金投入创新研发。之后，振华港机基本上每年都会实现一个产品创新，不断进入更多的国家港口。

到2006年，振华港机已经占据全球70%的市场份额。仅2015年6月到2016年6月这一年间，其市场份额便达到全球的82%。目前，已经掌握了20项世界领先的核心技术，拥有数百项专利。为了在国际市场上立足，每年投入5%的收入进行产品研发，涉及数十亿元的资金。2020年，公司18.6%的员工为技术研发人员，数量达1617人。

> 这些投入带给它巨大的竞争优势。
> 而上海集装箱的吞吐量也已达到近5000万标准箱,是1992年的100多倍。
> (资料来源:整理自《振华港机的前世今生》等,http://www.360doc.com/content/17/1204/02/39539363_709666756.shtml。)

二、影响战略方案评价的基本因素

企业的战略选择过程基本上是一个战略决策过程。决策反映决策者们的水平、能力与综合素质,但战略决策在很大程度上取决于战略方案评价。战略方案评价就是分析论证每一个可行战略方案的机遇与挑战、优点与缺点、成本与收益。但在对战略方案进行分析评价的过程中,人们希望去进行客观的、公正的评价。但由于影响战略方案评价工作的因素很多,要保证评价工作的正确性,提高评价工作的水平,还须注意以下问题。

(一)战略评价者的价值观与行为偏好

战略评价工作人员的价值观念、认识事物的态度、行为方式与行为偏好会对战略评价的结果产生很大的影响。例如二战名将美国的巴顿将军经常选择攻势战略而很少采用防御战略,原因在于他对于进攻与防御的认识、利弊、评价不同。再如一个投机主义的人与一个踏实做事的人对同一战略的认识与评价也会大不相同。

(二)战略评价者所采取的工具与方法

在现代战略评价工作中,工作人员较多借用一些评价工具与方法,正如医生诊断疾病需要借助医疗器械一样。我们提倡采用现代化的、科学性的、有针对性的战略评价方法,反对采用落后的、经验性的、宽泛性的工具与方法。从某种意义上来讲,战略评价的工具与方法在很大程度上影响了战略评价结果的质量。

(三)战略评价者掌握的信息与资料

战略评价工作者必须掌握充分、及时、准确、全面的信息资料,才能做出客观、公正的评价。但由于信息资料的分散性,不对称性和保密性,每一个战略评价工作者所掌握的信息资料都不可能是完全的,因而必然影响到战略评价的质量。因此,在进行战略评价时,应特别注意获得关键性、重要的信息资料。

(四)战略评价的时效性限制

由于人们评价战略总是根据过去的信息资料和对未来的预测去进行评判,而具体战略的短期表现与长期效应往往并不一致,如果人们关注的时期太短或对于未来的预期过远,就会使战略评价产生偏差。因此战略评价工作者必须考虑到时间限制对评价结果的影响,避免过早下结论。

总而言之,影响战略评价的因素很多,使得评价结果具有风险性与不确定性。战略决策过程既要尊重、依据战略评价结果,又不能过于迷信战略评价的结果。

第二节 战略方案评价的方法

除了一些较小的公司外,大多数公司都有多种产品,面对多个市场,因而每一个公司都不可能选择单一经营战略,而必须是根据产品、市场的不同而选择某种组合战略。当企业的各分部或分公司在不同的行业进行竞争时,企业在制定总体战略的基础上,还必须为每一经营单位、每个产品制定各自具体的竞争战略。

一、波士顿矩阵评价法

市场增长率—占有率评价法,又称波士顿矩阵评价法(Boston Consulting Group Method,BCG),该方法最早由波士顿咨询公司为美国米德纸业公司进行经营咨询时提出。它以企业生产经营的全部产品或业务的组合为分析、研究对象,通过分析企业相关经营业务之间现金流量的平衡问题,寻找企业资源的生产单位和这些资源的最佳使用单位。

(一)市场增长率—占有率的分析变量

公司内每个经营单位的战略选择主要依据如下两个因素或变量:市场增长率和市场占有率。

1. 相对市场份额的算法

相对市场份额的计算公式为

$$\text{产品的相对市场份额} = \frac{\text{本企业某产品的绝对市场份额}}{\text{最大竞争对手该产品的绝对市场份额}} \times 100\% \qquad (9-1)$$

采用相对市场份额而不直接使用绝对市场份额,是为了便于对各种业务进行比较。相对市场份额这个指标能够比较准确地反映企业在市场上的竞争地位和实力(优势或劣势),也能在一定程度上反映其盈利能力,因为较高的市场份额一般会带来较多的利润和现金流量。

2. 市场增长率的算法

市场增长率的计算公式为

$$\text{某产品市场增长率} = \frac{\text{本产品当年市场销量} - \text{本产品上年市场销量}}{\text{本产品上年市场销量}} \times 100\% \qquad (9-2)$$

市场增长率这个指标反映产品处于其生命周期的哪个阶段,也反映出市场潜在的机会或威胁,它有双重作用:第一,反映市场机会和扩大市场份额的可能性大小,如增长缓慢,则难以扩大市场;第二,决定投资机会的大小,如增长快,则为迅速收回投资、取得投资收益提供了机会。

(二)波士顿矩阵法

将上述两个因素分为高低两个档次,就可绘出一个四象限的矩阵,如图9-1所示。

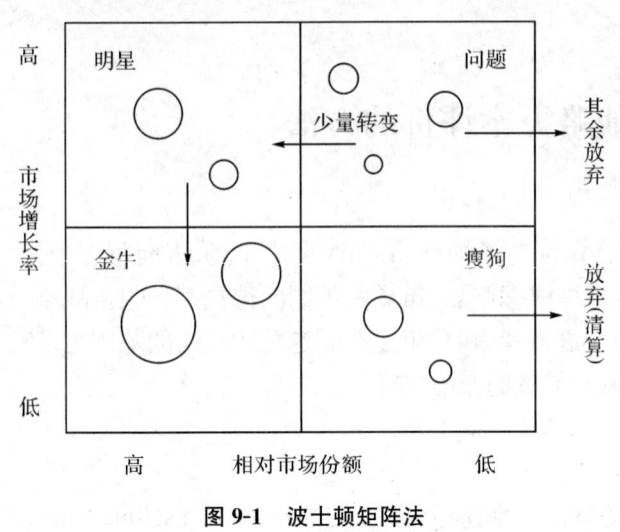

横坐标表示相对市场份额,指公司在某个领域的市场份额除以该领域最大竞争对手的份额,通常以1.0把相对市场份额分为高低两部分。纵坐标表示市场增长率,代表的是某项业务所处的行业在市场上的吸引力[即(本期总销售额－上期总销售额)/上期总销售额]。一般以10%将纵轴分为高低两部分。

分别考察每个经营单位的这两个因素,就可把各个单位归入矩阵中的某个象限。

图 9-1 波士顿矩阵法

1. 明星单位

这些单位业务的相对市场份额高,反映该单位竞争能力强,有优势;而市场增长率也高,反映市场前景美好,有进一步发展的机会。因此,应当发挥优势去抓住机会,这些单位适合选择扩张型战略,使自身成长壮大。这些单位需要大量投资,是企业资源的主要消耗者。当这些单位日后的市场增长率下降时,它们就将变为金牛单位。

2. 金牛单位

这些单位业务的相对市场份额高,反映单位竞争地位强,有优势;但市场增长率不高,表示处于成熟的、增长缓慢的市场中,不宜再增加投资去扩张。这些单位比较适合采取维持现状的稳定战略,尽量保持其现有的市场份额,而将其创造的利润加以回收,用来满足明星单位和一部分问题单位的发展扩张需求。

3. 问题单位

这些单位业务的市场增长率高,表明市场前景美好,有进一步发展的机会;但其市场份额低,表明它们的实力不强,利润较低,如果要加以发展就必须大量追加投资。然而企业可用于投资的资金来源是有限的,往往不能满足所有问题单位的发展。因此,对问题单位要一分为二,对于那些确有发展前途的单位应采用扩张型战略,追加投资,增强其竞争地位,使之转变成明星单位;对剩余的问题单位采取收缩和放弃战略。

4. 瘦狗单位

这些单位业务的市场份额和市场增长率都较低,表明既没有多大实力,不能成为企业资金的来源,又无发展前途,再去追加投资已不合算。这些单位较为适宜的是逐步退出的抽资战略,也可以迅速放弃或退出。

对于多元化经营的企业来说,其下属经营单位可能分布于矩阵的各个象限。它们的经营战略组合可概括为:扩张明星单位,有选择地发展问题单位,维持金牛单位,放弃瘦狗单位和部分问题单位。金牛单位提供的利润,则用来支持明星单位和一部分问题单位的发展。

波士顿咨询公司提出,运用它们首创的这个方法,可为企业绘制出不同时期的矩阵图(现在的、过去 3~5 年的、3~5 年后的),通过它们的相互对照,管理者可以对已经出现的和可能出现的战略选择结果进行比较,从而得到更清晰的认识。

(三)波士顿矩阵的局限性

波士顿矩阵以两个具体指标的量化分析来反映企业外部环境与内部条件的关系,较 SWOT 分析有了进步,更因为其简单易行而被众多企业广为采用,但也受到了一些批评。主要的负面意见如下。

(1)市场份额只是企业总体竞争地位某个方面的体现,市场增长率也只代表市场前景的一个方面,仅按高、低两档来划分四个象限,过于简单化。

(2)计算相对市场份额时只与最大的竞争对手相联系,而忽视了那些市场份额在迅速增长的较小规模的竞争者。

(3)市场份额同盈利率之间不一定有密切的联系,低市场份额也可能有高盈利;反之亦然。

(4)瘦狗单位的业务不一定应当很快放弃。在衰退产业中,一些市场份额低的产品如果需求稳定并可以预测,则仍有较稳定的收益来源;如果竞争者都退出,则该产品的市场份额还会增长,甚至可能成为市场领先者,变成金牛。

之后,亚瑟·汤姆森和 A.J. 斯迪克兰德发展了波士顿矩阵。他们将处于不同象限中的经营单位可以采用的战略列入象限中,从而使战略方案的选择变得更为清晰。改进后的波士顿矩阵如图 9-2 所示。

市场增长率	明星 1.单一经营 2.纵向一体化 3.同心多样化	问题 1.单一经营 2.横向一体化合并 3.放弃 4.清算
	金牛 1.抽资 2.同心多样化 3.复合多样化 4.合资经营	瘦狗 1.紧缩 2.多样化 3.放弃 4.清算

高 ← 相对市场份额 → 低

图 9-2 改进后的波士顿矩阵法

二、GE 矩阵分析法

行业吸引力—竞争能力分析法是由美国通用电气公司与麦肯锡咨询公司共同发展起来的一种战略选择方法,它通常又称为通用矩阵或行业吸引矩阵,也称 GE 矩阵分析法。该模型赞成波士顿公司的假定,同样认为企业应根据每个经营单位的具体情况分别选择所需采用的战略。但在具体方法上对波士顿矩阵做了很大的改进。

(一)提出新的因素或变量

提出了决定和影响企业战略选择的两个新的因素或变量。

1. 该单位的实力(即竞争地位)

可以通过市场份额、单位(销售)增长率、产品线宽度、营销策略的有效性、生产能力和生产率、相对的产品质量、研究开发的优势、总体形象等因素综合考虑。

2. 该单位所处行业的吸引力

可以通过行业的规模、市场增长率、竞争结构、盈利性、技术环境、经济周期、政治因素的影响来综合判断。

(二)绘制矩阵

通过各因素的加权评分,将竞争地位和行业吸引力两个变量分为高、中、低三档,绘制出一个九象限的矩阵。具体度量方法是:首先,根据上述影响两个变量各因素的重要程度,分别确定各因素的权数(所有因素的权数总和为 1);其次,根据具体情况确定各因素的等级评分,一般选用五级分法,如对于表明企业竞争能力的市场份额,可以根据其相对市场份额的大小分别给予 5 到 1 分;最后,通过加权汇总,分别得出行业吸引力和竞争能力的具体分值。

(三)将因素列入矩阵

分别考察企业各经营单位的两个因素,据此把它们列入矩阵中的某个象限。如图 9-3 所示,图中圆圈面积的大小与行业规模成正比,阴影部分表示某项业务的市场份额,字母为某项业务的代号。数字①、②、③……⑨表示划分的区域。

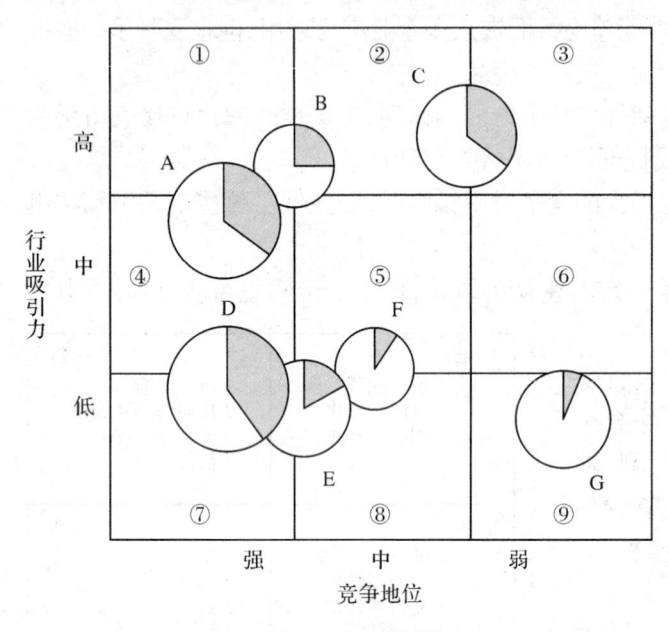

图 9-3 GE 矩阵示意

(四)选择适当战略

根据图 9-3 中的每个象限的不同特点,可为象限中的经营单位选择适当的战略。

1. 扩张型战略

列入矩阵左上角的①、②、④三个象限中的单位都有很强或较强的竞争地位和行业吸引力,类似于波士顿矩阵中的明星单位,一般可采用追加投资的扩张型战略。

2. 紧缩或放弃战略

列入矩阵右下角⑥、⑧、⑨三个象限中的经营单位的竞争地位和行业吸引力都很弱或较弱,类似于波士顿矩阵中的瘦狗业务,一般可采用紧缩型战略或放弃战略。

3. 稳定或抽资战略

列入③象限的单位具有很高的竞争地位和很低的行业吸引力,这类业务是企业的利润提供者,类似于波士顿矩阵中的金牛单位,对于这类经营单位宜于采用维持现状、抽走利润、支持其他单位的战略。

4. 选择型投资战略

列入⑤、⑦两个象限的单位,⑤是竞争地位和行业吸引力都算中等,⑦则是吸引力很强,而实力很弱,类似于波士顿矩阵中的问题单位。对于这些没有优势或没有特色的经营单位应一分为二对待,选择其中确有发展前途的业务实施扩张型战略,其余业务则宜采取放弃战略。

GE 矩阵分析法比波士顿矩阵更细致一些,考虑了更多的要素,而且这些要素可以在不同时期、不同产业中灵活应用,使之更适合具体情况。然而,它对两个因素的评价方法确实比较复杂烦琐,所规定的评分标准、权数及打分等都有较为强烈的主观色彩。

三、产品—市场演进矩阵

(一)基本原理

产品—市场演进矩阵是由美国战略管理学者查尔斯·霍弗(以下简称霍弗)教授首先提出的。他扩展了波士顿矩阵和通用矩阵这两种战略选择方法,将业务增长率和行业吸引力因素改换成产品—市场发展阶段,从而得出 15 个区域的矩阵,如图 9-4 所示。图中的竞争地位分为强、中、弱 3 档,产品—市场发展阶段实际上就是产品生命周期,在这里划分为 5 阶段,从而得出 15 个区域。在这个模型中,各个业务单位根据他们的产品—市场发展的不同阶段及其竞争地位的不同在图中定位,圆圈的大小代表各个行业的相对规模,圈内的阴影扇形面代表每个业务单位所占的市场份额。

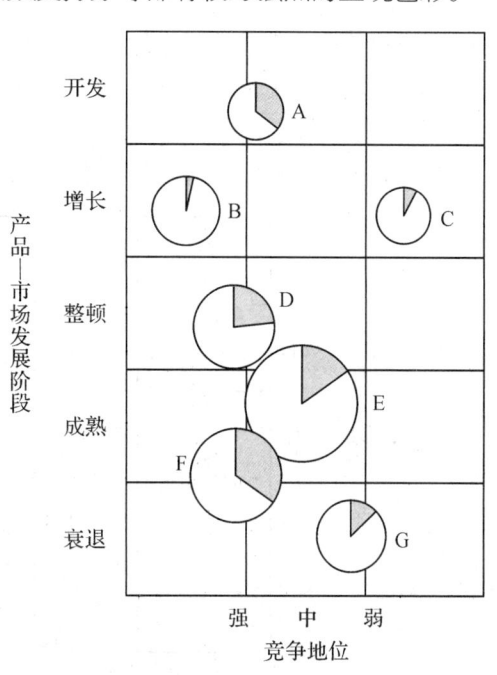

图 9-4 产品—市场演变矩阵

(二)具体分析

对图 9-4 进行分析,即可对各经营单位选择其适宜战略。

(1)经营单位 A 看起来是一颗潜在的明星。它的市场份额大,加之它处在产品—市场发展的开发阶段,具有获得一个较强的竞争地位的潜力,对它应追加投资,大力扩张。

(2)经营单位 B 在某种程度上有点像 A。然而,对 B 投资的多少将取决于为什么它相对于其强大的竞争地位却具有较低的市场份额这一问题的答案。为此,经营单位 B 应当实施一种能够扩大它的市场份额的战略,以便为争取到更多的投资提供依据。

(3)经营单位 C 在一个增长中的相对较小的行业中占有一个较小的市场份额并拥有一个较弱的竞争地位。对这类单位应仔细研究,区别对待,如其竞争地位有可能迅速增强,则应追加投资,使之成为明星单位;否则可能要放弃,而将其资源用于经营单位 A 或 B。

(4)经营单位 D 处于扩张阶段,占有一个相对大的市场份额,并处在一个相对强的竞争地位。对单位 D 应当进行必要的投资以保持其相对强的竞争地位。从发展看,D 应当成为金牛单位。

(5)经营单位 E 和 F 都是金牛单位,应成为企业投资所需现金的源泉。

(6)经营单位 G 看起来是一条"瘦狗"。在短期内,如果尚能维持,它应当用于创造现金,且应当密切关注其后续发展情况。就长期看来,它更有可能被放弃。

(三)矩阵的变体

企业在它的综合业务包内可能有多种多样的组合。霍弗和邓·斯肯德尔提出,大多数企业的业务包都是 3 种典型矩阵的变体。这 3 种矩阵是成长型、盈利型和平衡型,如图 9-5 所示。每一种类型的业务包代表着企业在其资源的分配中所追求的不同目标。成长型矩阵是指其经营单位都集中在产品—市场发展的前几个阶段,市场前景较好,但可能遇到资金短缺的困难。盈利型矩阵则相反,其经营单位更多地集中于产品—市场发展的后几个阶段,市场前景都不太妙,但资金充裕,要找出路。平衡型矩阵则说明企业若干经营单位比较均衡地分布于产品/市场发展的各个阶段,经营形势比较平稳。

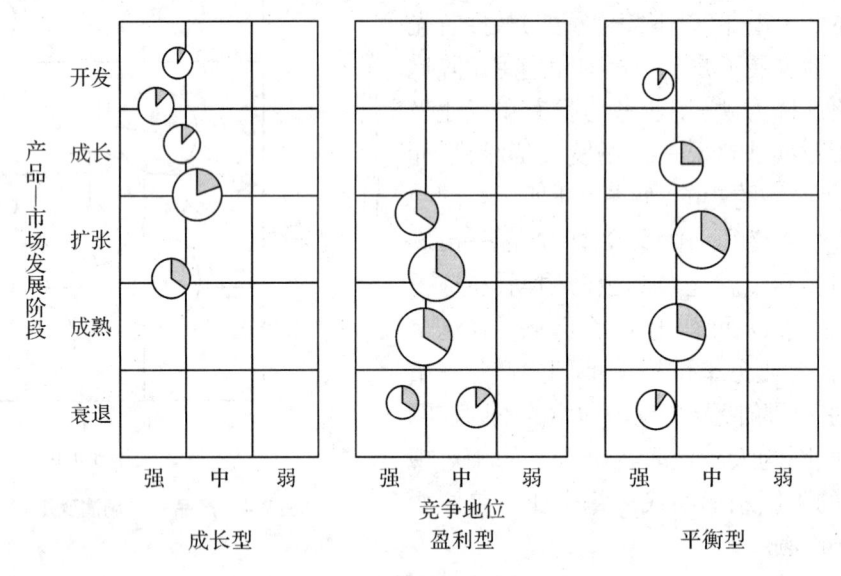

图 9-5 3 种典型矩阵分析示意

(四)产品—市场演变矩阵的应用

另有两位学者 C. W. L. 希尔和 G. R. 琼斯运用霍弗的方法而直接将企业应采用的战略写入各个区域,供投资决策者参考,如表 9-1 所示。这种方法的特点是将竞争地位这一要素只划分为强、弱两档,并且使用产业生命周期的概念。竞争地位弱的单位比竞争地位强的单位应当有不同的战略思维:当产业处在成长阶段时,竞争地位弱的单位就应当采取集中战略,注意寻找适合自己的细分市场,以求生存与发展;而在产业进行扩张的阶段(即市场增长率开始下降)之后,就需要考虑放弃或清算了。

表 9-1 产品—市场演变矩阵的应用

产业生命周期阶段	竞争地位强	竞争地位弱
开发	建立市场份额	建立市场份额
成长	发展(成长)	市场集中

续　表

产业生命周期阶段	竞争地位强	竞争地位弱
扩张	增加市场份额	市场集中或抽资、清算
成熟	维持现状或抽资	抽资或清算、放弃
衰退	市场集中、抽资或削减资产	转向、清算或放弃

四、3 种矩阵的选择

上面介绍了 3 种战略方案选择的组合分析方法。为了正确地运用这 3 种矩阵，企业应考虑以下两种情况。

(一)需要考量总体投资组合

如果企业需要测定其总体投资组合，应该首先选择波士顿矩阵。因为这个矩阵相对简单，所需的数据也较少。

(二)需要着重分析某项或某些经营业务

如果企业要着重分析某项或某些经营业务，应该根据企业的类型和经营业务的集中程度来决定是选择 GE 矩阵还是产品—市场演变矩阵。选择的具体因素如下。

1. 企业的类型

小型多元化经营企业一般多采用产品—市场演变矩阵，大型多元化经营企业则多运用 GE 矩阵。大部分特大型多元化经营企业会同时使用这两种矩阵。不过其应用的条件不同。一般来说，在特大型多元化经营企业中，GE 矩阵用来阐明企业内各个战略经营单位的经营状况，而产品—市场演变矩阵则用来说明每个战略经营单位中各个产品—细分市场的经营状况。

2. 经营业务的集中程度

企业经营业务之间如果处于松散的状态，则应该运用 GE 矩阵确定企业的经营状况；如果企业大部分经营业务集中在少数几个密切相关的产品/细分市场上，则应该选用产品—市场演变矩阵；当战略经营单位的产品处于生命周期的初期发展阶段时，更应该运用后产品—市场演变矩阵。

在实际的战略管理当中，还有两类企业不适于运用上述 3 种矩阵来分析企业的总体战略。一类是刚刚涉足多元化经营产品系列的单一的企业，另一类是主导业务与次要业务密切相关的企业。对于前一类企业来讲，由于原有的经营业务与新发展的经营业务在规模上和重要程度上都处于不稳定的状态，企业即使充分地考虑到产品/市场综合发展的各种条件，也很难用 BCG 矩阵充分地表明这类企业中不同经营业务之间的相互关系。而对于后一类企业，由于其主要的经营业务与次要的经营业务在资源配置、竞争优势和协同作用上通常是有区别的，需要分别研究。而且，这类企业还没有进行多元化经营，就更不适于上述 3 种矩阵分析方法。

案例 9-2　柯达宣布停造数码相机

美国伊士曼柯达公司（以下简称柯达）2011年2月9日宣布，决定于2011年上半年停止生产数码相机、便携式录像机和数码相框，以削减运营成本。

柯达说，这一决定符合企业战略，有助于缩减业务范围、提高利润。柯达剥离这些业务需3000万美元，而每年可节约运营成本超过1亿美元。企业发言人克里斯托弗·维隆达说，停产损失不包括终止与外国工厂生产合同等事项导致的额外费用。柯达承认，收缩业务将使不少人失业，但没给出具体数字。

作为全球影像行业曾经的霸主，柯达1975年发明第一台数码相机，却因不舍放弃高利润率的胶卷业务而丢掉领先优势。受到快速发展的数码相机和智能手机产业的冲击，柯达逐渐走下坡路，1997年后，没有年度盈利记录。2011年1月19日，拥有130多年历史的柯达申请破产保护。资料显示，柯达登记资产51亿美元，负债68亿美元。

目前，柯达已经从破产保护中恢复。经过重组，柯达将重心转向了商业印刷和图像技术服务，开始研发新的产品和服务，如用于商业印刷的高性能打印机和图像管理软件。

（资料来源：整理自柯达官网，https://www.kodak.com/zh/company/home。）

五、PIMS 分析法

PIMS(profit impact of market strategy)，即市场战略对利润的影响，是1960年在美国通用电气公司内部开展的一项研究，其主要目的是界定市场占有率的高低对一个经营单位的业绩具有什么影响。后来，哈佛商学院和市场科学研究所的学者们开始搜集其他大公司内部经营单位的信息资料，扩大研究范围。迄今已有200多个公司参加了PIMS项目，多数公司在《幸福》杂志全球500家最大企业榜中榜上有名。

PIMS分析的主要目的是决定业务战略的某些"市场法则"，研究影响投资收益率（ROI）、现金及利润变动情况的战略因素，以及特定业务可以采取的战略类型。

（一）PIMS 分析的原始信息

PIMS分析的研究对象是各公司中的战略经营单位。针对这些经营单位所采集的原始数据信息主要包括以下几类。

1. 经营单位环境的特性

经营单位环境的特性包括：①长期市场增长率；②短期市场增长率；③产品售价的通货膨胀率；④顾客的数量及规模；⑤购买频率及数量。

2. 经营单位的竞争地位

经营单位的竞争地位包括：①市场占有率；②相对市场占有率；③相对于竞争对手的产品质量；④相对于竞争对手的产品价格；⑤相对于竞争对手来说提供给职工的报酬水平；⑥相对于竞争对手的市场营销努力程度；⑦市场细分的模式；⑧新产品开发率。

3. 生产过程的结构

生产过程的结构包括：①投资强度；②纵向一体化程度；③生产能力利用程度；④设

备的生产率；⑤劳动生产率；⑥库存水平。

4. 可支配的预算分配方式

可支配的预算分配方式包括：①研究与开发费用；②广告及促销费用；③销售人员的开支。

5. 经营单位业绩

经营单位业绩包括：①投资收益率；②现金流量。

(二) PIMS 分析的战略要素

通过对上述多个变量的回归分析，PIMS 分析人员将得出若干研究结论。其中，在战略要素与经营绩效的关系方面，研究人员认为有 9 个战略要素对投资收益率和现金流量有较大影响，这些要素在很大程度上决定了该经营单位的成功或失败。现将这些战略要素的影响分别叙述如下。

1. 投资强度

投资强度以投资额对销售额的比率或对附加价值的比率来表示。一般说来，较高的投资强度会带来较低的投资收益率和现金流量。因此，由于设备自动化较高和库存成本较大等原因而造成的投资强度较高的经营单位通常显示出较低的投资收益率。对于这些资本密集的经营单位来说，可以通过集中于特定的细分市场、扩展产品线、提高生产率、开发多用途的灵活性设备、租赁设备等措施，减低投资强度对利润的影响。

2. 劳动生产率

它以每个员工所创造附加价值的平均值来表示。劳动生产率与经营业绩呈正相关关系。劳动生产率高的经营单位较劳动生产率低的经营单位有较优的经营业绩。

3. 市场竞争地位

它可以用相对市场份额来表示。市场份额对利润和现金流动有正向影响。具有高市场份额的企业可以使规模经济、经验曲线效应得以发挥，保持企业较高的讨价还价能力，从而获得高的利润与现金流。因此，企业应努力扩大市场份额。但在提高市场份额的预计利益少于为此所增加成本的情况下，企业则应当采取榨取性的抽资战略，而不应在市场份额方面再做努力。

4. 市场增长率

一般说来，较高的市场增长率会带来较多的利润，但对投资收益率没有什么影响，对现金流量则有不利的影响。也就是说，处于高市场增长率行业的经营单位需要资金来维持或提升其所处的竞争地位，因而需要耗费资金，减少了现金回流。这也正好说明为什么波士顿矩阵中相对市场占有率高和市场增长率低的经营单位(金牛类)产生最多的现金回流，而瘦狗类和问题类经营单位产生负的现金回流。

5. 产品(服务)的质量

产品质量与经营业绩密切相关。出售高质量产品(服务)的单位较出售低质量产品(服务)的单位具有较好的经营业绩。对集中的市场或一体化程度较低的业务来说，高质量产品格外重要。另外，产品质量与市场占有率具有明显的正相关关系，二者起互相加强的作用。当一个经营单位具有较高的市场占有率并出售较高质量的产品时,其经营业绩也最好。

6. 创新或差异化

当一个经营单位具有较强的市场竞争地位,通过采取创新战略或差异化战略来增加研究与开发费用、增加产品种类与差异化程度,会提高经营业绩;反之,经营单位的市场竞争地位较弱时,采取上述战略则会对利润有不利影响。

7. 纵向一体化

一般而言,处于成熟期或稳定市场中的经营单位提高纵向一体化程度会带来较好的经营业绩;而在迅速增长或处于衰退期的市场条件下,纵向一体化程度的提高对经营业绩有不利的影响。另外,经营业务一体化程度较低时需要有较高的产品质量。

8. 成本

工资增加、原材料涨价等生产成本的上升对经营业绩的影响程度及影响方向比较复杂,具体取决于经营单位如何在内部吸收成本上升部分或怎样将增加的成本转嫁给下游。

9. 当前的战略方向

企业或经营单位在不同时期的战略目标、战略态势及战略类型不同,会对投资收益率和现金流动产生不同的影响。

以上 9 个战略因素对企业的影响是复杂的。某两个因素带来的影响有时会相互抵消,有时又会相互强化。

此外,PIMS 研究还发现,产品的种类与企业业绩没有直接关系,经营单位的特点具有决定性作用,即 PIMS 方法适用于对各种行业的战略分析。

▶ 本章小结

每个公司在同一时期的战略选择不尽相同,同一公司在不同时期的战略选择也有差异,这种区别是由于公司对各种可行性战略的认识、评价不同,选择偏好也有差异。本章介绍了影响企业战略选择、方案评价的主要因素,以及几种基本的战略方案评选方法。

▶ 思考题

1. 影响企业战略选择的基本因素有哪些?
2. 影响企业战略方案评价的基本因素有哪些?
3. 描述波士顿波矩阵的主要内容。
4. 在通用矩阵中,各种业务是根据什么因素来定位的?
5. 什么是成长型、盈利型、平衡型的产品—市场演变矩阵?它们各自的特点是什么?

第三篇
战略实施与评价

第十章
公司治理与组织结构

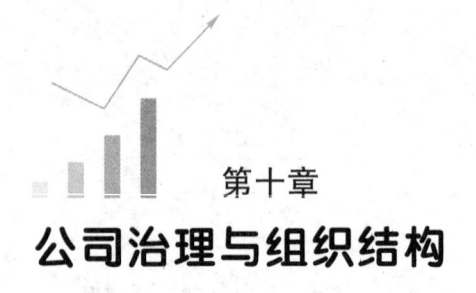

第十章导入案例

20世纪后半期以来,经济全球化、全球一体化趋势加速发展,企业从事商业活动所面临的竞争越来越激烈,企业发生了巨大的变化。与传统企业不同,现代企业通常是由中高层经理人员管理的多部门公司,为几十个甚至几万个股东所有。在这种所有权和控制权分离的情况下,经营管理者掌握了很大的决策权,并且常常与企业的股东有着不同的目标,这就需要在两者之间建立一定的制衡关系,由此产生的经营和管理问题就是公司治理问题。

第一节 公司治理的战略意义

一、公司治理的涵义

(一)公司治理的内涵

公司治理,英文是 corporate governance。狭义的公司治理指所有者,主要是股东对经理人的一种监督与制衡机制,即通过一系列制度安排,合理地配置所有者与经营者之间的权利与责任关系。公司治理的目标是保证股东利益的最大化,防止经理人的行为对所有者利益的背离。广义的公司治理则不局限于股东对经理人的制衡,而是涉及广泛的利益相关者,包括股东、债权人、供应商、雇员、政府和社区等与公司有利益关系的集团,即通过一套正式或非正式的、内部或外部的制度或机制来协调公司与所有利益相关者之间的利益关系。治理的目标不仅是股东利益的最大化,而且要保证公司决策的科学性,最终维护公司各方面的利益,保证公司各方面的利益相关者的利益最大化。

关于公司治理的观点可以概括为以下3层含义。

1. 公司治理是一种合约关系

公司被看作是一组合约的联合体,这些合约治理着公司发生的交易,使得交易成本低于由市场组织这些交易时发生的交易成本。由于经济行为人的行为具有有限理性和机会主义的特征,所以这些合约不可能是完全合约,即能够事前预期各种可能发生的情况并对各种情况下缔约方的利益、损失都做出明确规定的合约。为了节约合约成本,不完全合约常常采取关系合约的形式,也就是说,合约各方不对行为的详细内容达成协议,而是对目标、总的原则、遇到情况时的决策规则、分享决策权及解决和可能出现的争议的机制等达成协议,从而节约了不断谈判、不断缔约的成本。公司治理的安排,以公司法和公司章程为依据,在本质上就是这种关系合约,它以简约的方式,规范公司各利益相关者的关系,约束他们之间的交易,来实现公司交易成本的比较优势。

2. 公司治理的功能是配置权、责、利

关系合约要能有效,关键在于出现合约未达到预期的情况时谁拥有决定和做出安排的权力。一般来说,谁拥有资产,或者说谁有资产所有权,谁就有剩余控制权,即对法律或合约未作规定的资产使用方式作出决策的权利。李维安认为,公司治理的首要功能,就是配置这种控制权。

3. 对公司治理的认识

对公司治理的认识可以从 3 个层面展开:第一,公司治理环境(corporate governance environment);第二,公司治理结构(corporate governance structure);第三,公司治理机制(corporate governance mechanism)。对于战略决策和实施有直接影响的是公司治理结构和公司治理机制。

外部治理包括法律、政治和管制制度、产品和投入要素市场、资本市场和控制权市场等。内部治理机制主要包括:董事会、管理报酬和股权结构。内部治理机制又称为内部法庭,而董事会则是内部法庭的核心。因此,改革公司内部治理制度通常是从改组董事会开始的。

(二)从治理结构到治理机制

传统的公司治理研究大多基于分权与制衡机制而停留在公司治理结构的层面上,较多地关注对公司股东大会、董事会、监事会和高层经营者之间的制衡关系的研究。因此,这种意义上的公司治理可以说是侧重于公司的内部治理结构方面。从科学决策的角度来看,治理结构远不能解决公司治理的所有问题,建立在决策科学观念上的公司治理不仅需要一套完备有效的公司治理结构,更需要若干具体的超越结构的治理机制。公司的有效运行和科学决策的实现不仅有赖于通过股东大会、董事会和监事会发挥作用的内部监控机制,而且需要一系列通过证券市场、产品市场和经理市场来发挥作用的外部治理机制,如公司法、证券法、信息披露、会计准则、社会审计和社会舆论等。在最近经济合作与发展组织(Organization for Economic Co-operation and Development, OECD)制定的《公司治理原则》中,已不单纯强调公司治理结构的概念和内容,而是涉及许多具体的治理机制。该原则主要包括以下 5 个方面:①股东的权利;②对股东的平等待遇;③利益相关者的作用;④信息披露和透明度;⑤董事会责任。显然,治理机制是比治理结构更为广泛、更深层次的公司治理观念。

(三)治理与管理的区别

公司治理与公司管理是两个完全不同的概念。打个比方,治理是决定到哪儿去(where to go),而管理是决定怎样到那儿去(how to go)。

治理和管理的区别与传统的法律模型相关：董事会是股东的代理人，股东因供给资本而拥有公司的剩余控制权，他们最基本的权利是选举董事会作为他们在公司决策中的代理人。据此，治理被看作与机构的内在性质、目的和整体形象有关，与该实体的重要性、持久性和受托责任等内容有关，与机构的战略方向、社会经济和文化背景、外部性和组成要素的监督有关。而管理则更多地与活动有关，在传统意义上，管理是采取（或监督采取）明智的手段完成某些目标的行动。管理层主要关心在具体的时间和既定的组织内实现具体的目标。也就是说：治理的中心是外部的，管理的中心是内部的；治理是一个开放系统，管理是一个封闭系统；治理是战略导向的，管理是任务导向的。

一些学者认为，公司治理是指董事会借以监督执行人员行为的过程、结构和关系；而公司管理是指执行人员为实现公司目标的所作所为。按照这一结构导向的观点，治理是董事会的工作，而管理则是执行人员的工作。

二、"两权分离"与公司治理

随着经济与社会发展，企业规模不断扩大，业务复杂化程度日益提高，需要处理的信息大大增加，大股东亲自担任经理人员的做法已不再适应新的形势，许多公司开始聘任经营专家担任经理职位，并由此形成职业企业家（职业经理人）市场。亚当·斯密在《国富论》中就对这一问题做出过论述。他认为，股份公司的董事由于是在管理他人的财富而缺乏经济利益激励。在钱财和处理上，股份公司的董事为他人尽力，而私人合伙公司的成员，则纯粹是为自己打算。所以要想让股份公司的董事们监视钱财用途，像私人合伙公司成员那样尽心周到，是很难做到的。

1923年，托斯丹·邦德·凡勃伦明确指出了股份公司的所有权与控制权相分离的现象，并把这种现象称为"缺位所有制"。1932年，阿道夫·A.伯利（以下简称伯利）和加德纳·C.米恩斯（以下简称米恩斯）发表了著名的《现代公司和私有财产》，通过对20世纪30年代初期美国的42家铁路公司、52家公用事业公司和106家制造业公司等全美最大的200家公司的研究，详细考察了现代公司中所有权与控制权的分离情况。他们发现，由于股份分散化，不占有50%以上股份的股东，甚至完全不占有股份的经理人员也可能控制公司。在他们所调查的200家公司中，占公司数量44%、占公司资产58%的公司是由未拥有公司股份的经理人员控制的。因此他们得出结论：在这些公司中，所有权与经营权出现了分离，现代公司已由"受所有者控制"转变为"受经营者控制"。1966年，R.拉纳在《1929年和1963年最大200家非金融公司的控制权与所有权》一文中，按照伯利和米恩斯的方法分析了美国1963年最大200家公司的情况，并与1929年的结果相对照。结果表明，经营者控制的公司资产比例已从1929年的58%上升到1963年的85%，这充分说明了伯利和米恩斯在20世纪30年代观察到的两权分离的"经理革命"在美国大约经历了30年之后基本完成。

对于现代公司所有权与经营权分离的历史趋势，奥利弗·威廉姆森提出用3种原则，即资产专用性原则、外部性原则和等级分解原则来解释其演进过程。钱德勒1987年在《看得见的手——美国企业的管理革命》一书中通过对分部门、分行业具体案例的分析，进一步描述了现代公司两权分离的历史过程。他认为，现代公司的兴起使所有权与控制权之间的关系具有了新的内容,在多部门公司兴起之前,传统企业大多数是单一的或个人的企业,老板管理公司,管理者即老板。而现代企业的所有权变得极为分散,股东并不一定要求具有参与高阶层管理的影响力、知识和经验,职业经理人员既管理短期经营活动,也决定企业长期战略。企业成长阶段与公司制度之间的关系演变过程如图 10-1 所示。

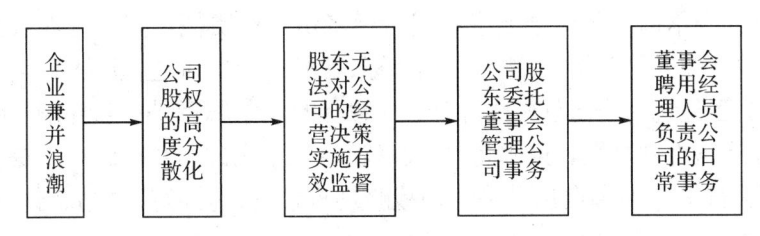

图 10-1　企业成长阶段与公司制度

企业兼并浪潮 → 公司股权的高度分散化 → 股东无法对公司的经营决策实施有效监督 → 公司股东委托董事会管理公司事务 → 董事会聘用经理人员负责公司的日常事务

所有权与控制权分离导致的直接后果是委托—代理问题的产生:作为委托人的股东怎样才能以最小的代价,使得作为代理人的经营者愿意为委托人的目标和利益而努力工作。

委托—代理关系的危险在于:公司经理可能以损害股东利益为代价而追求个人目标。经理们可能会给他们自己支付过多的报酬,享受更高的在职消费;可能实施没有收益但可以增强自身权力的投资;还可能寻求使自己地位牢固的目标;他们有可能不愿意解雇不再有生产能力的工人,或者他们相信自己是管理公司最合适的人选。然而,事实可能并非如此。

存在委托—代理关系,就存在代理成本。对代理成本的理论解释是:假设信息是完全对称的,代理人的努力程度是可以被观察到的,那么,即使是在不确定条件下,委托人也能在保证代理人得到其保留效用和努力激励的约束下,找到使自身效用最大化的对于代理人的支付方案。但如果信息不对称,也就是代理人的努力程度观察不到,那么,在存在不确定性的情况下,由于工作绩效不仅取决于代理人的努力,而且取决于环境条件的不同自然状态,此时支付方案的选择就面临最优风险分担和最优激励之间的两难选择。

代理成本包括:委托人为监督和控制代理人而花费的支出;代理人为了取得委托人的信任而做的担保;代理人的决策与使委托人利益最大化的决策之间的差异造成的委托人利益的损失;等等。

在所有权与经营权分离的现代公司中,与所有权与控制权分离相关的问题,最终都与代理问题有关。怎样克服代理问题,阻止经营者一味追求自身利益,正是公司治理的监督制衡机制。因此,所有权与管理权、所有权与控制权的分离,是公司治理问题产生的根源。控制权问题是管理层和股东之间的斗争焦点,董事会成为这一斗争的核心。

三、董事会

(一)董事会的职责

董事会具有的职责按重要程度分为:①确定公司战略、总体方向、使命或愿景;②高层经理任免权,聘请和解雇首席执行官或其他高层管理人员;

③控制、监督和指导高层管理者;④审批资源调配;⑤保护股东利益。

选聘和监督高层经理是董事会一项重要的职能,通过对高层经理的选择,保障公司战略目标能够和公司使命相匹配。作为公司最高的人事战略,也体现了董事会的战略权威,这是董事会最重要的战略参与方式。

公司高层管理者的职责通常由公司首席执行官协同各业务部门和职能部门的总裁、副总裁等共同承担。董事会要求高层管理者负主要责任。高层管理者的职责是通过激励组织中其他人的工作,来达到公司目标,其努力的方向是提升整个组织的福利。

代表高层管理者的公司首席执行官必须履行的两条职责是:实施战略领导,实现战略愿景,管理战略规划过程。具体而言,战略领导为完成公司目标的活动提供方向性指导,为此,高层管理者须亲自启动和管理战略规划过程,可通过设立战略规划部为战略管理提供支持。

(二)董事会在战略管理中的作用

董事会在战略管理中主要承担3项基本任务:表明和决定战略方向,评估和影响战略制定,监督战略实施过程。

(三)高管激励机制

高管激励机制和公司治理机制一样是解决委托—代理问题的重要机制。高管激励机制主要是通过将薪酬与企业业绩挂钩来诱使高级经理人采取与委托人目标相一致的行动。这两大机制可能对公司薪酬政策产生重大影响,从而影响高层管理人员的薪酬水平与薪酬结构。

案例 10-1　公司治理最佳实践案例之爱尔眼科

爱尔眼科医院集团股份有限公司(以下简称爱尔眼科)创立于 2003 年,目前已发展成为全球规模最大、诊疗量最高的眼科医疗连锁机构。2022 年,公司实现门诊量 1125.12 万人次,实现营业收入 161 亿元,以高质量的眼科医疗技术服务全球眼病患者。

多年来,依托科学、规范、创新的公司治理模式,爱尔眼科逐步成为眼科行业的"排头兵"、规范经营的"模范生",探索出一条极具爱尔眼科特色的公司治理模式。

1. 公司发展简况

历经 20 余年的发展,爱尔眼科在医疗网络、专业质量、技术人才、学术科研等方面形成了显著的品牌优势,并建立了眼科学院、眼科研究所、博士后科研工作站、院士专家工作站等医教研一体化平台,成为眼科行业后来居上的领先机构。伴随着口碑的日益提升,爱尔眼科在资本市场树立起了绩优规范的良好形象,自 2009 年上市至今,公司累计实现归属净利润 117.87 亿元,累计现金分红 42.39 亿元,分别为 IPO 募集资金净额的 13.36 倍、4.81 倍;公司市值从上市之初的不足 70 亿元稳步增长至 2000 亿元左右,位居 A 股 5000 余家上市公司市值排行榜前列。

得益于良好的公司治理模式,多年来爱尔眼科先后获得权威机构评选的"最佳董事会""中国最受投资者尊重的上市公司""最佳投资者关系创新奖"等百余项重要奖项,连续七年被深圳证券交易所评为信息披露A级,获得中国上市公司协会董秘履职5A级评价,吸引了淡马锡、资本集团、安本标准、中欧基金、易方达、汇添富、景顺长城、富国、交银施罗德等大批境内外知名投资机构长期持股。

2.公司治理的制度建设与实践

(1)让董事会成为群策群力的"群英会"

爱尔眼科董事会作为公司重大事项的决策主体,既强调个体智慧,又注重集体决策,不搞"一言堂",而是"群英会";既像"显微镜",对当前市场机遇清晰判断,又像"望远镜",对产业长远发展准确预见。上市十余年来,公司董事会以高质量发展为指针,统筹增长和安全,从未出现重大决策失误。

做好董事,须先懂行。公司执行董事的构成,既包括作为联合创始人的董事长、总裁,也包括统率一线的核心省区CEO,以及谙熟公司治理和政策法规的董秘。四位执行董事均深耕医疗行业二三十年,对医疗行业的大政方针、行业发展规律及公司自身条件有着丰富的实践和深刻的认识,为董事会科学决策提供了有力的支撑。

一直以来,根据股东大会授权,公司董事会在权限范围内经充分商议后进行集体决策,使董事会成为引领公司不断前进的"发动机",也是公司行稳致远的"保险杠"。公司在《章程》《董事会议事规则》《总经理工作细则》中明确了股东大会、董事会和总经理的授权体系,使最高决策机构、日常决策机构和日常经营机构边界清晰、不留漏洞。董事长不兼任高级管理人员,独立于管理层,作为战略委员会主任委员发挥引领作用。董事会强化决策前的酝酿和商讨过程,各位董事充分发表意见,并通过"一人一票"原则,淡化董事长、总经理作为创始人的天然权威,提高决策的科学性,防止公司跑偏犯错。

(2)让独立董事成为董事会的"第三只眼"

企业治理好不好,"第三只眼"更客观。公司自上市以来,独立董事制度在促进公司规范运作、保障公司科学决策、保护中小投资者合法权益等方面发挥了不可替代的作用。公司参照上市公司规范运作指引,组建了强大的独立董事"后援团",其中既有资深财务专家、法律专家,也有实践经验丰富的管理专家,以此保证董事会的专业性。公司为独立董事履职创造各项便利条件,各位独立董事从未缺席公司重大决策,对重大事项认真发表独立意见,维护公司和公众股东的合法权益,促进公司规范运作。此外,在董事会下设战略、提名、审计薪酬与考核的4个部门委员会中,除了战略委员会有内部董事任职外,其他的3个专门委员会全部由独立董事担任,充分发挥独立董事的专业优势,为公司的相关工作提出宝贵的意见及建议。

由执行董事和独立董事构成的董事会为公司进行顶层设计,他们带领公司实现了从一家普通的民营医院到明星上市公司的蜕变和升级。

(3)让证券部成为公司治理的"司号员"

公司作为全球眼科连锁机构,每年在为千万眼病患者提供医疗服务的同时,作为上市公司,也肩负着百万投资者的信托责任,因此,公司董事会特别强化了证券部的权责,使之成为公司对接监管机构和公众股东的重要桥梁,在董事会规范运作和公司治理方面充分行使职权。

与很多上市公司证券部主要负责信息披露不同,为强化证券部在公司治理中的独特作用,爱尔眼科的公司董秘既担任决策层的董事会成员又担任经营层的副总经理,从而能够全程参与、充分介入董事会的重大决策与经营层的日常执行,为其完整履职创造了制度保障。

既要当"学霸",还要做"标兵"。公司动态完善董秘和证券部履职的相关制度,包括但不限于《董事会秘书工作细则》《信息披露管理制度》《重大信息内部报告制度》,明确规定公司及其子公司必须事先向证券部报告重要信息和重大事项。长期以来,各项机制运行良好,公司保持规范运营。多年来,公司董秘获评中国上市公司协会官方认证的"5A"董秘、新财富"金牌董秘名人堂"等近百项重要奖项,同时兼任深圳证券交易所第十届上市公司委员会委员、上海财经大学 MBA 实践导师等社会职务。

(4)让中小投资者成为公司治理的"检察官"

创造条件让投资者积极主动地"用手投票",上市公司和投资者双向奔赴才能形成合力,共同实现高质量的公司治理。

公司通过一系列的制度创新,保障投资者的知情权、参与权,为公司建设创造良好的氛围。公司每年的股东大会、定期报告业绩说明会,吸引了上千名境内外投资者参加。与此同时,公司董事长及总裁经常出席各种形式的投资者交流活动,成为公司投资者关系的"首席 IR(investor relationship)"。

自 2019 年以来,公司董事会审议通过了《全国爱尔眼科医院投资者接待日制度》,已连续成功举办了四届接待日活动和数届投资者"服务体验官"活动,让各地投资者成为全国医院的"巡视员",有效激发了投资者参与公司治理的热情,持续提升公司治理的透明度和成熟度。

信息披露也是加强和改善公司治理的重要途径。除利用好传统渠道外,公司充分开发新媒体,通过投资者关系微信平台、董秘微信公众号、财经媒体专栏、雪球、微博、e 公司等渠道,提炼定期报告或重大事项公告,并通过中英文双语解读、音频解读、视频解读等创新方式,便利境内外投资者在最短的时间内掌握最重要的信息,通过高频率、全渠道、高质量的交流,董事会及时了解、合理吸纳投资者的意见和建议。

(资料来源:整理自《爱尔眼科:扩大股东"朋友圈"爱尔奏响"三部曲"》,https://finance.sina.com.cn/roll/2024-06-03/doc-inaxmwxz7858597.shtml。)

四、公司治理结构体系

(一)公司治理主体

公司的所有者是谁?从传统的公司法角度来说,股东是公司理所当然的所有者,股东的所有者地位受到各国法律的保护。公司存在的目的就是追求股东利益最大化。然而,传统的公司法是建立在以下假设基础之上的:市场没有缺陷,具有完全竞争性,可以充分地发挥优化资源配置的作用。这样,公司在追求股东利益最大化的过程中,就能实现整个社会的帕累托最优。而在现实中,市场机制并不是万能的,股东的利益作为一种个体利益在很多场合与社会公众的整体利益并不相容。另外,货币资本不再是支撑现代公司资产唯一的概念,人力资本与货币资本、实物资本一样,在公司的运行中具有同样的重要性。公司是人力资本和非人力资本缔结而成的合约组织。再者,公司是社会的公司,社会中公司广泛的利益相关者都会对其生存和发展产生不同程度的影响。由于利益相关者的利益与公司息息相关,公司必须体现他们的利益。

当前很多公司把本应内化的成本予以外化,转嫁给社会,并造成一系列的社会问题。如污染环境、滥用经济优势垄断价格、排挤中小竞争者、欺诈消费者、寻租、法人犯罪等。从整个世界的发展趋势来看,公司的经济影响力越来越强,社会财富越来越向公司集中;公司的经济力量对经济、政治、环境、科教、文艺等领域产生了重要影响。所以,强化公司的社会责任已经成为当务之急。从这个角度来说,公司不仅要追求股东的利益,而且要维护利益相关者的利益。同时,公司既是商业主体也是利益的聚焦点,除了股东的利益关系之外,公司的设立与运营会编制成一张非股东的利益关系网,这些股东之外的社会主体与公司存在利益关系。为确保公司的繁荣与发展,股东及其代理人必须与职工、债权人、消费者、客户、社区密切合作。成功的公司既需要对外增强对用户和消费者的凝聚力,也需要对内调动职工的劳动积极性。

由此可知,公司治理的主体不能仅局限于股东,而应是包括股东、债权人、雇员、顾客、供应商、政府、社区等在内的广大公司利益相关者。作为所有者,股东处于公司治理主体的核心。而债权人,如银行,尽管不一定是公司的资产所有者,但它向公司发放贷款后,出于对防范自身风险的考虑,要求对债务人的资本经营进行监督或参与治理,这是来自债权的权利。根据产权内涵的逻辑延伸,仅具有人力资本的劳动者也是产权主体,所以公司雇员通过提供人力资本而拥有了参与公司治理的权利。此外,消费者、供应商等其他利益相关者与公司之间存在程度不同的利益关系,为他们参与或影响公司治理提供了可能,当然这种可能性变成现实还需要其他条件,如利益关系的专用性、企业的制度环境等。

需要指出的是,在完全竞争的市场环境中,公司治理主体各组成部分之间的关系是建立在合作基础上的平等、独立的关系。但从他们对公司治理客体的影响看,有着核心与外围的区分,如图10-2所示。

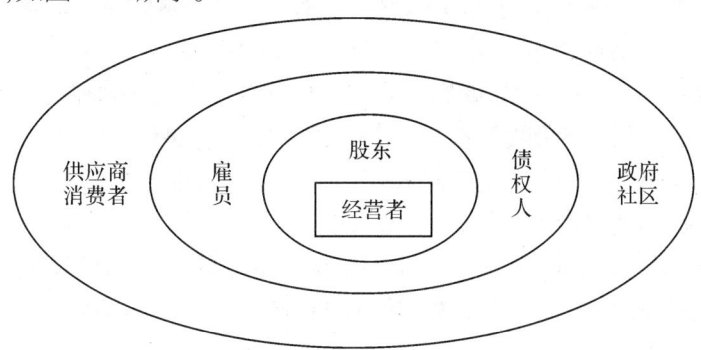

图10-2 公司治理主体及其关系

(二)公司治理客体

公司治理客体就是指公司治理的对象及其范围。追溯公司产生的原因,在于因委托—代理关系而形成的契约关系,而这种契约关系具有不完备性与信息的不对称性,因而才产生了公司治理问题。所以,公司治理的实质在于加强股东等治理主体对公司经营者的监督与制衡,以解决因信息的不对称而产生的逆向选择和道德风险问题。在现实中所要具体解决的问题就是判断公司是否有恰当的决策与经营管理。

从这个意义上来讲,公司治理的对象有两类:第一类是经营者,对其治理来自董事会,旨在关注公司经营管理是否恰当,判断标准是公司的经营业绩;第二类是董事会,对其治理来自股东及其他利益相关者,旨在关注重大战略决策是否恰当,判断标准是股东及其他利益相关者的投资回报率。

公司治理对象的范围指的是公司治理的边界,即公司权力、责任,以及治理活动的范围及程度。集团化、联盟化是当今公司形态发展的典型特征之一,或者说,现代企业的发展已进入集团化、联盟化的时代,而单一公司的独立存在已不再是普遍的情形。由于企业集团、企业联盟是一个或多个企业法人组成的非法人的经济联合体,因此,如何解决因企业集团、企业联盟的复杂性带来的公司治理问题,已经成为理论界和企业界共同面临的新课题。

(三)公司治理机制

基于战略选择的内、外部环境分析及对公司治理主体与客体的考察,公司治理过程按照公司治理权力是否来自公司出资者所有权与《公司法》直接赋予,可分为公司内部治理和公司外部治理。

公司内部治理是指按照《公司法》所确定的法人治理结构对公司进行的治理。我国《公司法》规定公司法人治理结构是由股东大会、董事会、监事会和经理组成的一种组织结构。其中股东大会、董事会、监事会和经理相互制衡并共同实施对公司的治理。在公司内部治理结构中,股东大会拥有最终控制权,董事会拥有实际控制权,经理拥有经营权,监事拥有监督权。这4种权力既相互制约,又共同构成公司的内部治理权。这种治理权力来源于以公司出资者所有产权为基础的委托—代理关系,是《公司法》确认的正式治理制度安排,它构成公司治理的基础。

除了股东、经营者等公司利益相关者外,还有其他利益相关者,如债务人、非股东融资者、经理人、雇员、供应商、消费者等,其治理公司的权力来自债权、人力资本产权或其他与公司有利益关系而拥有参与或影响公司治理的权力。这些利益相关者构成公司的外部治理,是一种非正式的制度安排。当公司被不恰当地决策与经营,而内部治理又无能为力、治理缺乏效率时,或出现内部人勾结损害外部利益相关者利益时,外部治理将限制内部人控制,出现更换董事长、总经理,或接管公司等情形。

面对不同类型的治理问题,公司会选择或创造适合的内外部机制来寻求解决问题。现有的公司治理机制的具体形式很多,常见的观点是把它们归纳为内部机制和外部机制两大类,如图10-3所示。

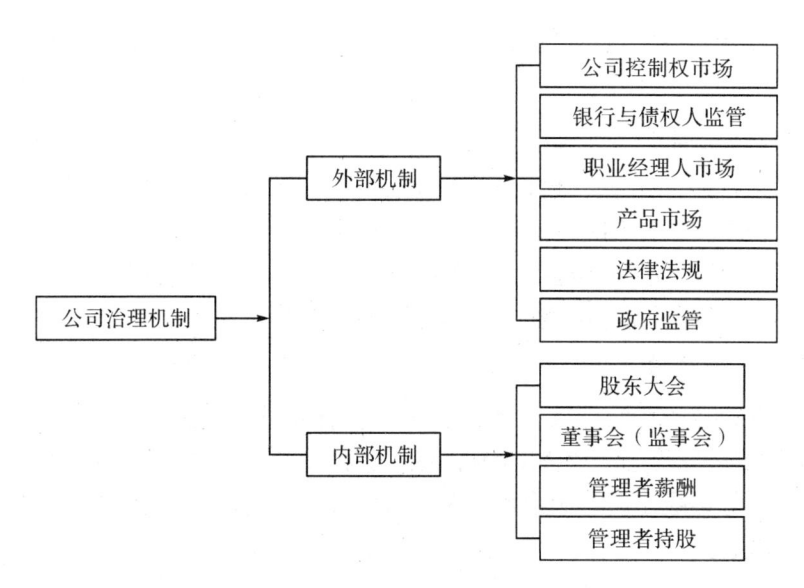

```
                              ┌─ 公司控制权市场
                              ├─ 银行与债权人监管
                   ┌─ 外部机制 ─┼─ 职业经理人市场
                   │          ├─ 产品市场
                   │          ├─ 法律法规
公司治理机制 ───────┤          └─ 政府监管
                   │          ┌─ 股东大会
                   │          ├─ 董事会（监事会）
                   └─ 内部机制 ─┼─ 管理者薪酬
                              └─ 管理者持股
```

图 10-3　公司治理机制

在现实中，公司治理机制的具体表现远比图 10-3 展示的要丰富。对于特定公司而言，每种治理机制的适用性和有效性是不同的，公司会根据自身实际情况，着重选择其中的几类治理机制进行组合、发展和细化，从而形成特有的治理结构。

总之，公司治理机制及其构成的治理结构都是在利益相关者们出于确立剩余分配规则、保护自己权益而进行的讨价还价过程中逐渐演化形成并且不断发展的。从各国公司治理现状来看，都是内部治理与外部治理的统一。所不同的是，有的强调内部治理，有的强调外部治理。

(四)公司治理的主要模式

公司治理模式是从具有高度多样性的公司治理结构中抽象出来的一些典型模式，可为现实中的公司治理实践提供借鉴。无论在研究领域还是在实践领域，公司治理模式的分类并无定论，本章参考国内外现有研究结果和实践中的最新进展，将公司治理模式分为市场主导型、内部控制型、国家主导型和关系主导型 4 类模式。

1. 市场主导型模式

这是主要倚重外部市场机制来达到治理目的的模式，即股东利用市场机制"自动地"约束和激励公司管理者。该模式的主要特征是股权分散并具备高流动性，不存在大股东或集权力量，在治理机制上侧重于通过资源的市场化流转来合理配置权力和利益，常常面临股东与管理者之间的经典代理问题。

采用市场主导型治理模式的公司通常处于比较发达的市场体系中，具体表现在：①具备成熟的股票市场和公司控制权市场；②拥有优质的劳动力市场尤其是职业经理人市场；③具有能够反映公司经营绩效的产品市场。此外，公司自身股权资本往往占据主导地位，资产负债率较低，并且能够对各种市场提供有效监管和支持的外部法律法规体系比较完善。

市场主导型模式的风险在于，市场上有大量分散和流动的小股东，其利益较难得到保障;经营者则容易产生"短视"而偏离公司战略;此外,对公司控制权市场的应用会带来较高成本。

2. 内部控制型模式

这是主要倚重大股东或大债权人等"内部人"力量的模式。该模式的特征是公司股权较为集中,资本流通性相对较弱,法人股东和银行协同公司管理层形成较为稳定的"内部人集团",对公司经营实施监控和制约。公司股东(主要是法人股东)及债权人(银行)发挥主导力量,通过董事会、监事会等开展公司治理。

3. 国家主导型模式

这是主要倚重国家政府权威的治理模式,公司核心管理层由政府委派,代表国有出资方利益来主导公司治理。该模式的特点是权力高度集中,内部治理机制基本上以"一把手负责"制下的层级化命令体系为主,而政府作为国有资本的代理人对管理层行使最终的任命权和监督权。

国家主导型模式的可能风险表现在:由于高度的集中控制,董事会和监事会难以发挥实际作用,同时,集中决策体制也可能带来战略失误和刚性风险;另外,"经营者控制"同样会带来代理问题。

4. 关系主导型模式

这是主要倚重非正式机制来开展治理的模式。情感和义务关系、信任和互惠规范、家长制式的权威和服从等非正式关系机制是公司治理的主导力量。该模式的特点是资本流动性较弱——公司所有权集中于家族或"泛家族";所有权和经营权分离程度不高——"家长"和家族成员在掌控所有权的基础上也掌握主要的经营权;"家文化"式的员工管理方式——倾向于更多采用情感、信任和非正式规范等来协调劳资双方关系。

关系主导型模式的可能风险在于,家族利益集团可能侵占小股东利益;管理者决策时容易产生"任人唯亲"现象,从而影响公司的经营管理效率;公司公开化程度较低,家族内部人与其他利益相关者之间存在明显的信息不对称,亦可能引发较严重的代理问题;另外,非正式治理机制在特定情形下的有效性问题受到质疑。

第二节　组织结构调整的战略意义

企业组织结构是组织中各种劳动分工与协调方式的总和。它是实现人与物结合的一种工具,是把人有机地组织起来以便完成特定目标的一种关系,是根据企业战略目标,给有关人员指定职位,明确责任,沟通信息,协调工作,以实现战略目标的有机结合体。

一个好的企业战略需要一个与其相适应的组织结构方能起作用。美国学者钱德勒在1962年出版的《战略与结构——美国工商企业成长的若干篇章》一书中指出:战略与结构关系的基本原则是组织的结构要服从于组织的战略,即结构跟随战略。这一原则指出企业不能仅从现有的组织结构去考虑战略,而应从另一视角,即根据外在环境的变化去制定战略,然后再调整企业原有的组织结构。

西方学者威廉姆森根据钱德勒的研究将公司内部管理的组织形态分为 U 形(一元结构)、H 形(控股结构)和 M 形(多元结构)3 种基本类型。其中,U 形结构具体可分为 3 种形式:直线型结构(line structure)、职能型结构(functional structure)和直线职能制(line and function structure)。企业战略发展阶段与组织结构之间的对应关系如表 10-1 所示。

表 10-1 战略发展阶段与组织结构的对应关系

战略发展阶段	主要的组织结构形式
第一阶段:数量扩大战略阶段	直线型结构
第二阶段:地域扩散战略阶段	职能型结构
第三阶段:纵向一体化战略阶段	集权的职能型结构
第四阶段:多元化战略阶段	分权的事业部制结构(M 形结构)

企业作为一个开放系统,总是处于不断变化着的外部环境之中。相对于企业外部环境的变化而言,战略与组织结构做出反应的时间是有差别的,钱德勒通过对美国工业企业历史发展的分析得出结论:战略首先对环境的变化做出反应,而后组织结构才在战略的推动下对环境变化做出反应。这样就形成了战略的前导性和组织结构的滞后性。

战略的实施离不开有效的组织结构,但是,战略的前导性和组织结构的滞后性表明,在应对环境变化而进行的企业战略转变过程中,总有一个利用旧结构推行新战略的过渡阶段。因此,在为战略的实施进行组织匹配的过程中,战略管理者既要认识到组织结构反应滞后性的特征,在组织结构变革上不能操之过急,又要尽量努力来缩短组织结构的滞后时间,使组织结构尽快变革以保证战略实施活动的效率。

一、组织结构调整的原则和内容

(一)组织结构的特征

组织结构是对组织的框架体系的描述。不同企业的组织结构不同,主要表现在 3 个方面:复杂性、正规化和集权化。复杂性是指组织分化的程度。一个组织越是进行细致的专业分工、具有越多的纵向等级层次、拥有越多的部门、组织单位的地理分布越是广泛,则组织的复杂性就越高,而协调人员及其活动就越困难。正规化是指组织依靠规则和程序引导员工行为的程度。集权化是与分权化相对的一个概念,是指组织内决策制定权力的分布情况。在某些组织中,决策权集中在组织的高层;而在另一些组织中,决策权则分散在组织的各个层次。

组织结构的形式多种多样,可以根据以上提出的 3 个方面组合分为两种:机械式组织与有机式组织。表 10-2 列出了两种组织模式的特点。

表 10-2　机械式组织与有机式组织结构的对比

机械式组织	有机式组织
严格的层次关系	合作（纵向、横向）
固定的职责分工	不断调整的职责分工
高度的正规化	低度的正规化
正式的沟通渠道	非正式的沟通渠道
集权的决策	分权的决策

（二）企业组织结构调整的原则

企业战略的重要特性之一便是它的适应性。适应性强调企业能运用已拥有的资源和可能拥有的资源去适应组织内部条件和外部环境的变化。这种适应是一种极为复杂的动态调整过程，它要求企业一方面加强内部管理，另一方面不断推出有一定适应性的有效组织结构。因此，推出适应性的有效组织结构不是简单的线性运动，而是一个循环上升的过程，企业组织理论界将这个过程称为适应循环。适应循环原则是企业调整组织结构的根本原则。

（三）组织结构调整的内容

与企业战略相适应的组织结构调整工作一般包括以下三方面的内容。

(1)正确分析企业目前组织结构的优势与劣势，设计开发出能适应战略需求的组织结构模式。

(2)确定具体的组织结构。这项工作主要是决定3个结构：一是纵向结构，确定管理层次和管理幅度；二是横向结构，确定部门设置；三是职权设置，确定职权在部门和层次中是如何分配的。

(3)为企业组织结构中的关键战略岗位选择最合适的人才，保证战略的顺利实施。

二、战略层次与组织结构

战略具有明显的层次结构。按照杰恩·巴尼关于战略层次的分类，企业战略的层次可以分为业务层战略、公司层战略和国际化战略。根据战略与结构的匹配原理，不同的战略层次应该有相应的组织结构与之相适应，以便保证战略的实现。

企业不同层次战略选择与组织形态特点如表10-3所示。

表 10-3　战略选择与组织形态特点

战略的选择		组织形态特点
业务层战略	成本领先	集中化、专业化、正规化
	产品差异化	分散化、扁平化、灵活化
公司层战略	多元化	多部门、事业部、协调或竞争
	国际化战略	分散或协调、正规化、混合

(一)有效贯彻业务层战略的组织结构

在一个特定的竞争环境中,业务层战略是建立在某种竞争优势上的。业务层战略关注的重点包括:建立和管理高绩效的业务组合;建立职能部门之间的协同,并将其转化为竞争优势;确定投资优化顺序,将资源导向最有吸引力的事业部;评价、改进和统一各个部门负责人所建议的经营方式和行动方案。基于竞争优势的具体形态,典型的业务层战略有成本领先战略和产品差异化战略,这两种战略可以通过组织的职能型结构来实施。

1. 成本领先战略的组织结构

企业实施成本领先的业务层战略时,注重专业化管理、集中控制和标准化生产的组织结构能发挥重要作用。专业化管理要求企业具有一定类型和数量的专业人才去完成公司任务;集中控制可以提高首席执行官或总经理的决策权威及决策实施的效率;标准化则为大规模生产相关产品提供支持。这3个要求在职能制的组织结构中可以得到充分的体现,如图10-4所示。

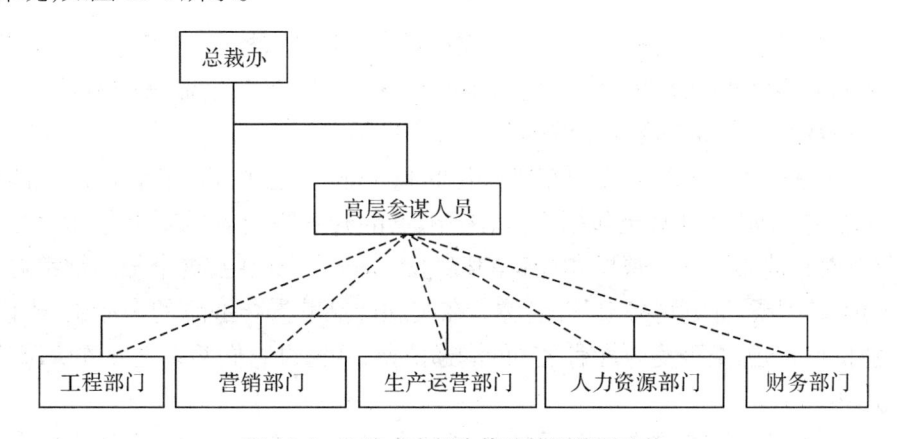

图 10-4 实施成本领先战略的职能型结构

注:图中黑实线为直线职权(指挥权力链),虚线为职能职权(参谋、咨询权)。

可以看出,在实施成本领先战略的职能制组织结构中,总经理对经营管理直接进行控制,同时,设立工程、营销、生产运营、人力资源、财务等高层管理职能部门,辅助总经理。运营管理是最重要的职能,因而生产运营部门处于高层管理部门的中间;工程部门被充分强调,以至于取代了新产品研究开发部门。明确的分工协作意味着标准化是必需的,这又为倡导低成本的企业文化提供了土壤。

这种组织结构的优点是既确定了总经理的绝对权力,又便于集中领导和生产活动的开展。

2. 有效实施产品差异化战略的组织结构

与实施成本领先战略的职能制结构不同,为保证产品差异化战略的有效实施,组织结构尽管仍然采用职能制,但高层决策机制是分权而不再是集权。整个结构更注重各职能部门的协调和整合,以此提高组织的效率。

产品差异化战略是在面临动荡不安和急剧变革的环境时提出来的,组织结构设计特别强调适应性和创新能力。因此,营销职能成为最重要的职能,处于职能型结构的中心位置。其次,新产品研究与开发职能得到强化,并且与营销部门协同合作,成为产品差异化战略结构中的两大核心职能。最后,由于在实施产品差异化战略时所面临的市场是动态的,信息是不对称的,因此,这种职能制结构需要具备一定的柔性,即组织架构不再是机械式的,而是保持一定弹性的有机式结构,如图10-5所示。

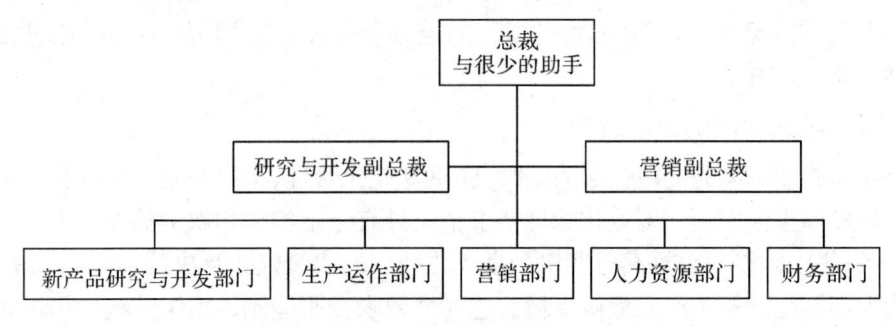

图10-5 实施差异化战略职能式结构

第一,两者的最高权力机构不一样。成本领先战略要求权力的高度集中,因此总裁需要较多的助手协助他处理日常发生的各项事务。比较而言,产品差异化战略相对分权,所以,总裁的日常事务较少,只需要少数几个助手。

第二,实施成本领先战略需要有集权化的职能部门,这个部门有较高的职能职权,协助总裁制定各项工作(甚至包括定价、采购、产品开发等所有重要事务)的程序和标准,并具有对其他部门进行督导和检查的权力。在一些企业中,这个部门常常冠以"计划部"、"预算部"或"计划财务部"等名称。在实施产品差异化战略的企业中,不设置这样的职能机构,但强调研发与营销之间的沟通协调,并通过它们两者之间的协调带动整个企业运转。

第三,成本领先战略的沟通联系是多样化的,有较多的上下沟通而较少横向沟通。产品差异化战略企业则更注重非正式的信息交流,尤其是部门之间的交流与沟通。

第四,两者的部门名称也有差别。这种差别主要体现了两者的部门性质与功能的差异。

3. 成本领先与产品差异化战略相结合的组织结构

一般而言,成本领先战略与产品差异化战略有较大的内在矛盾。成本领先战略通常强调生产制造或产品改良,较少关注产品创新。而产品差异化战略注重市场营销和研发,关注产品需求的快速变化,以建立产品独特性的形象。因此,将两种战略结合起来通常会非常困难。但随着柔性制造系统的产生,生产制造部分的刚性瓶颈问题得到部分解决,因变换产品品种而引起的成本上升已不像过去那么严重;再辅以横向跨部门的协调(如跨部门团队),有些企业已经能够有效地实施成本领先与产品差异化相结合的战略。

建立部门之间的横向联系对实行成本领先与产品差异化相结合战略的企业非常重要,但更重要的是要能创造一种企业文化,使部门之间能够自愿地沟通协作,并致力于创造成本和差异化两方面的优势。

4. 集中战略的组织结构

集中战略的组织结构较为灵活多样,主要视企业规模和市场覆盖的地理范围而定。如果企业规模较小,有机式的简单结构是最佳选择;如果企业规模较大,就需要考虑职能式结构。

实施差异化集中战略的企业,小批量、灵活性的生产能力和一定的自主研发能力是企业的核心能力,加上营销部门的支持,企业就可以对技术的变化做出快速的反应。在这样的企业中,低正规化和低集权化是非常重要的,即趋于组织结构的有机化。

实施成本集中战略的企业,对成本的严格控制非常重要,要求企业在成本控制方面建立严格的规范,相应地,所有涉及成本的审批权力要高度集中。

(二)企业公司层战略的组织结构

当企业由单一业务或主导业务型走向多元化经营时,企业就需要从公司层战略决策转变为考虑采用分部式组织结构(M-form)以适应多元化战略。通常,分部是按产品或市场来构建的,它们接受总部的领导并拥有一定的自主权。总体而言,分部式结构有共同的特点,但对于不同类型的多元化企业来说,其具体的组织结构要求仍有很大差别。

1. 相关约束多元化战略的组织结构

相关约束多元化的企业在各业务之间共享产品、技术和分销渠道,因此各业务之间的联系非常重要。为使各业务之间能够更有效地实现活动共享,提高范围经济性或技能转让,高层管理者必须鼓励各业务之间进行合作。相应地,为了协调各业务部门间的关系,部分活动的集中也非常必要。通常承担各业务部门协调职能的部门应当具有较高的地位和权威,由企业最高领导者直接领导。

除了集中,在相关约束多元化企业中,部分结构整合机制非常必要。例如,部门之间的直接沟通、在各部门之间建立联络员制度、建立临时团队和联合攻关小组等。日本电气股份有限公司为了推动它的 C&C(computer and communication,电脑与通信)战略,建立了一个跨业务部门的委员会,定期召开会议,共同探讨电脑与通信的结合问题。最终,在这种相关约束多元化的企业中可能会形成将职能和业务产品(或项目)两者结合起来的矩阵式组织结构。

为了建立业务部门之间的联系,人员的定期与不定期交换制度也是常用的方法。此外,诸如联合培训等方法对增进各业务之间的相互了解、相互合作也有重要的意义。

相关约束多元化企业采用如图 10-6 所示的合作型组织结构是一种比较好的选择。在这种组织结构中,可以共享的职能和需要在各业务之间建立协调的职能集中在上层,下层的各个业务分部在接受总部领导的同时,在业务分部之间建立广泛的联系。

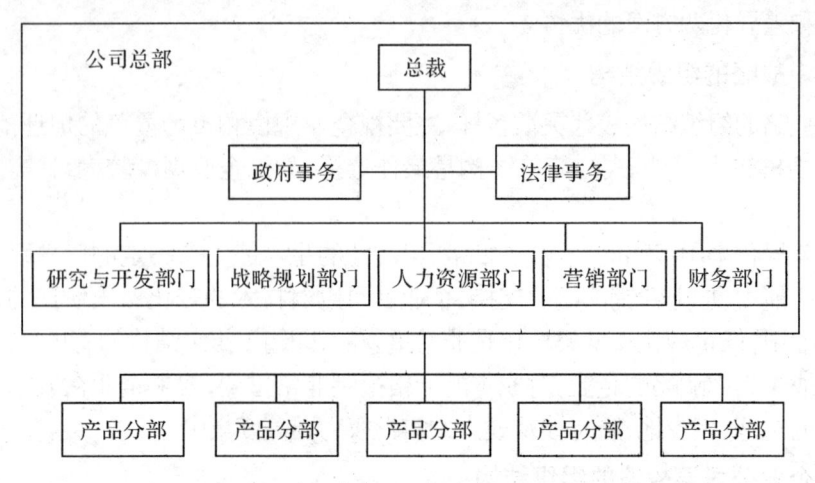

图 10-6　实施相关约束多元化战略的企业的合作型结构

2. 相关联系多元化战略的组织结构

在相关联系多元化企业,部分业务是相关的,而另一些业务则是不相关的。对这种类型的多元化企业,超事业部(战略经营单位)的结构是比较好的选择(见图 10-7)。这种结构分为三层:总部、战略经营单位和分部。首先,企业根据各项业务之间的相关性将联系较为密切的业务部门归并为一个战略经营单位,然后再通过总部将各个战略业务单位组织起来。

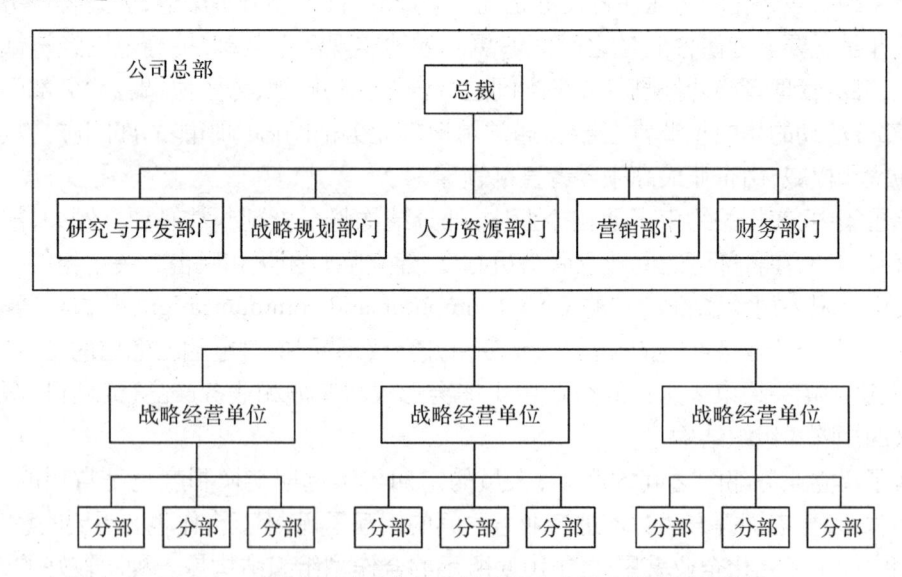

图 10-7　实施相关联系多元化战略的企业的合作型组织结构

这种结构中,每个战略经营单位都是利润中心,各自拥有较大的自主权,以便对市场做出积极的反应。

波士顿矩阵等业务组合工具对这种多元化战略仍有借鉴意义,但由于中间加入了战略经营单位这一层级,并被赋予了较大的自主权,因此总部与战略经营单位在目标上的冲突在所难免。例如,在某个集团企业内的一个战略经营单位下的一个分部是金牛单位,另一个战略经营单位下的一个分部是明星单位。按照波士顿矩阵的思想,集团总部希望将金牛单位产生的现金用到明星单位上去。但是,金牛单位通常不愿意总部把本战略经营单位的资金挪做他用,可能会提出在其管辖下的分部中有一个业务分部是明星单位,非常需要资金支持。这样,问题就不再是简单的业务经营问题,而涉及了企业内部的政治问题。

在这种结构中还有另一个问题需要注意,就是由于总部与各分部之间增加了战略经营单位,使得总部在全面、准确、及时地掌握业务变化的信息方面的能力有所削弱。为此,企业需要恰当地制定信息沟通制度,以便及时地汇集重要信息。

3. 不相关多元化战略的组织结构

实施不相关多元化战略的企业适于采用竞争型(competitive form)组织结构。在竞争型组织结构中,企业强调各个不相关业务部门相互竞争,通过竞争优胜劣汰,如图 10-8 所示。

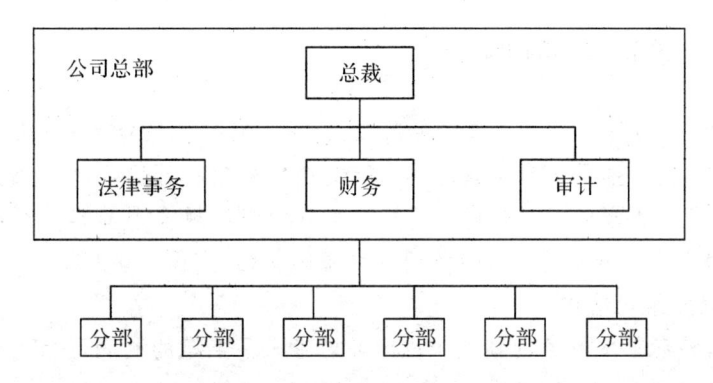

图 10-8　实施不相关多元化战略的企业的竞争型组织结构

为了保持其中立性,总部通常与各业务部门保持一定距离,除了给业务部门的主要管理者建立规范、严格的考核管理制度外,对业务部门的经营管理通常采取不干预政策。考核指标主要是投资回报率。企业对各个业务单位的资金等资源分配也主要是基于这项考核。

由于总部工作相对简化,因此总部的职能部门设置也非常简练。这种结构同前面提到的战略经营单位结构有相似之处,各战略经营单位之间存在竞争。但不同的是,在战略经营单位结构中,分部的业务是有关联的;而在不相关多元化的竞争型结构中,各分部的业务毫不相关。

在一些多元化经营的企业中,每个业务单位都是一个有限公司(法人结构),总公司全资拥有或部分拥有各业务公司,这种组织结构称为控股公司结构(H-form)。在这类公司中,总部既不强调各业务之间的相互联系,也不强调资源分配过程中的竞争。总部的人数和服务都非常有限。控股型公司最主要的特征是业务单位的自治程度,尤其是战略决策的自决权。各业务完全独立,很少有资源的相互流动。竞争型结构与此不同,它根据投资回报率的考核结果在各分部之间分配和调拨资金等资源。

最后，我们对上面讨论过的主要的不同类型组织结构做出总结，如表 10-4 所示。

表 10-4　各种多元化战略组织结构的特点

结构特点	结构形式		
	相关约束战略（合作型分部结构）	相关联系战略（战略经营单位结构）	不相关战略（竞争型分部结构）
运作的集中化	集中在公司总部	部分集中在战略经营单位	向分部授权
整合机制的使用	广泛使用整合机制	适当使用整合机制	不用整合机制
分部绩效的评价	强调主观标准	使用主、客观相结合的混合标准	强调客观（财务或投资回报率）标准
对分部的奖惩	与整个公司的绩效相联系	综合考虑整个公司、战略经营单位和分部的绩效	仅与分部的绩效相联系

案例 10-2　腾讯组织结构调整

腾讯成立于 1998 年。在发展初始阶段，腾讯只有一个核心产品 QQ，公司采用的是职能式组织架构，主要分为渠道、业务、研发和基础架构部门，另设行政、人力资源、内部审计、信息等职能部门。职能式架构在当时的组织规模下简单易行，可以发挥最优作用：COO 管渠道和业务，CTO 管研发和基础架构，上面再由 CEO 统一协调。

1. 初次确立组织结构

2002 年，移动梦网业务的顺利推进为公司带来了丰厚的利润，腾讯公司将组织架构调整为 3 个部分，如图 10-9 所示。

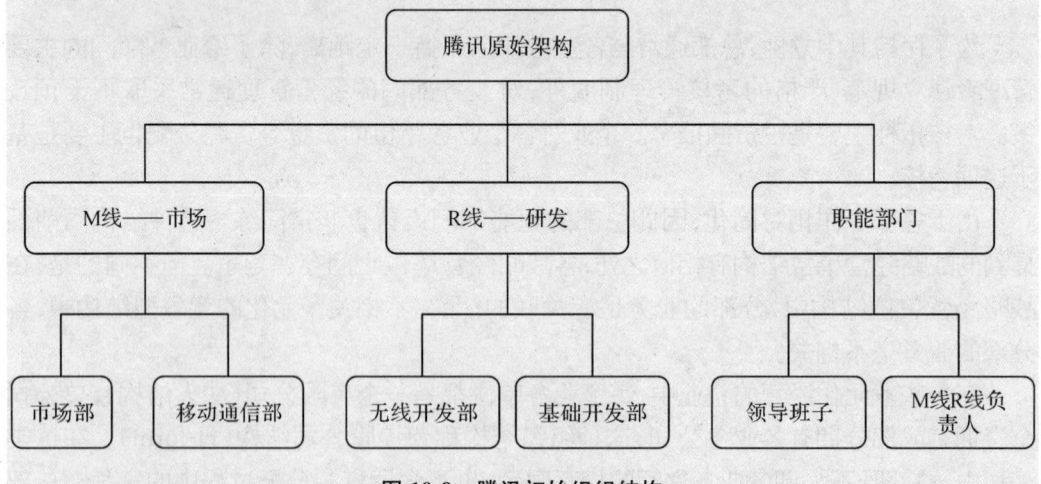

图 10-9　腾讯初始组织结构

到 2005 年年底，腾讯的多元化布局已经完成，旗下有无线业务、互联网增值业务、游戏和媒体等多种差异非常大的业务，但此时 CEO 已经很难再进行良好的协调。按照当时腾讯 CTO 张志东所述，腾讯是产品导向，以用户体验为中心，但当时所有的职能部门、研发部门不买产品部门的账,产品部门根本影响不了研发部门,产品做得好,研发部门也不受激励。职能式架构出现了很大的问题。

2. 第一次大规模组织结构调整

为解决职能式架构带来的管理混乱,腾讯开始了第一次大规模的组织变革——事业部化(business unit)。这次组织变革,腾讯的总体架构分为企业发展系统、运营平台系统、职能系统,以及B线业务系统和R线平台研发系统。B线和R线下设不同的业务单元,业务发展较为独立,如图10-10所示。

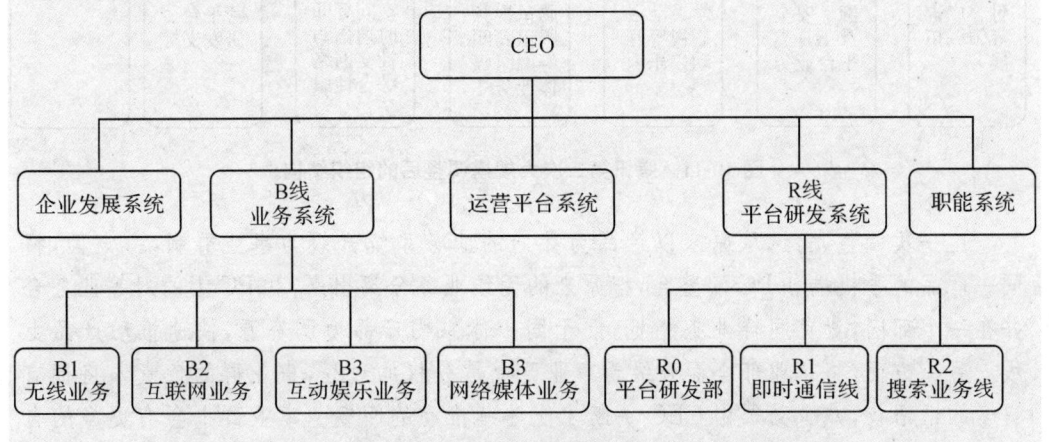

```
                          CEO
         ┌─────┬──────────┼──────────┬─────┐
      企业发展  B线         运营平台    R线      职能系统
      系统    业务系统     系统       平台研发系统
              │                      │
      ┌───┬───┼───┬───┐         ┌────┼────┐
      B1  B2  B3  B5             R0   R1   R2
     无线 互联网 互动娱乐 网络媒体   平台研发部 即时通信线 搜索业务线
     业务 业务  业务   业务
```

图10-10 腾讯第一次大规模调整后的组织结构

在这样的架构下,腾讯形成了双重分工系统,横向是业务分工,纵向则是决策分工。从横向看,业务系统可以看作生产线,主要承担一线营收职能,其他系统为其提供支持和指引。从纵向看,组织层级又分为系统—部—组三层体系,组织扁平化,提高了决策效率,每个业务单元可以快速响应环境变化。

在重点转移的过程中,组织的内耗非常严重,公司各部门开始各种竞争,需要共同推进的事项配合不力,不同部门的KPI(key performance indicator,关键绩效指标)差异也很大,很多事情需要高层协调,用户体验却没有人负责。不合理的业务单元划分严重制约了腾讯的发展,导致很多产品功能无法快速上线,也无法适应移动互联时代的竞争。

截至2011年,腾讯营收将近300亿元,净利润超过100亿元,员工人数从2000人扩张到20000人,业务单元从30个变为100个,员工积极性下降,"富二代"心态滋生,组织效率低下,内部业务交叉导致资源浪费、竞争激烈,互相推诿扯皮。

3. 第二次大规模组织结构调整

2012年,马化腾提出这样的疑问:"当团队规模变大后,很容易滋生出一些大企业病,我们如何能够克服大企业病,打造一个世界级的互联网企业?"为了便于公司相关业务的协调,减少部门间相互扯皮和恶性竞争,腾讯进行了第二次组织架构调整,如图10-11所示。将集团业务分为企业发展、移动互联网、互动娱乐、网络媒体、社交网络、技术工程6个事业群,再加上腾讯电商控股公司这7个部分。

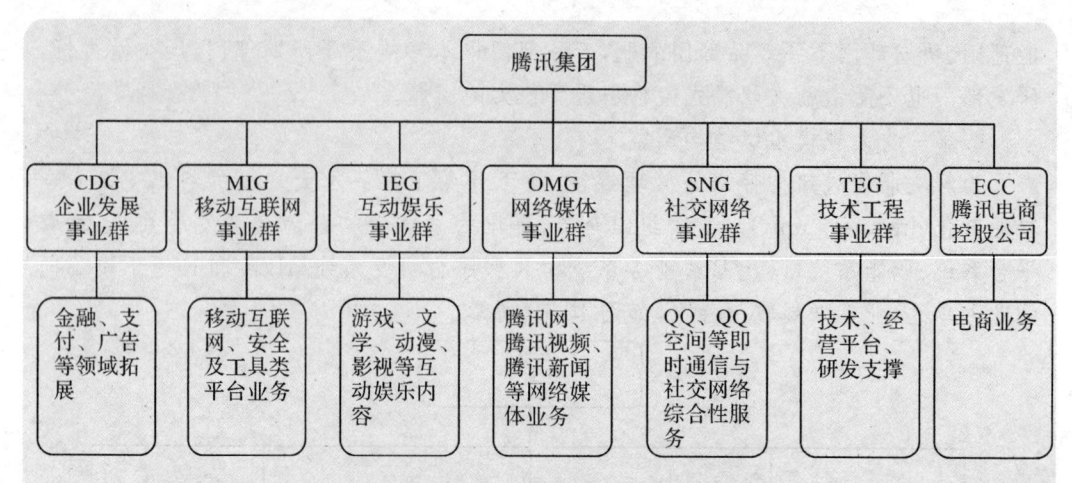

```
                              腾讯集团
   ┌──────┬──────┬──────┬──────┬──────┬──────┐
  CDG    MIG    IEG    OMG    SNG    TEG    ECC
 企业发展 移动互联网 互动娱乐 网络媒体 社交网络 技术工程 腾讯电商
  事业群  事业群  事业群  事业群  事业群  事业群 控股公司
```

CDG	MIG	IEG	OMG	SNG	TEG	ECC
金融、支付、广告等领域拓展	移动互联网、安全及工具类平台业务	游戏、文学、动漫、影视等互动娱乐内容	腾讯网、腾讯视频、腾讯新闻等网络媒体业务	QQ、QQ空间等即时通信与社交网络综合性服务	技术、经营平台、研发支撑	电商业务

图 10-11　腾讯第二次大规模调整后的组织结构

这一次调整,腾讯从原来以产品为导向的业务系统升级为事业群制,一方面,将同一产品的手机端和PC端整合,把原来的无线业务分离出来,和PC上的对等业务合并在一个部门,背负同样业务指标,便于同一体系内产品协调资源,快速推动产品上线。另一方面,将事业部全面升级为事业群也是分权的过程,事业群的负责人将拥有更多的话语权,减少必须由CEO决断才能继续推动的问题。事业群也会有更多的自主空间,可以灵活响应,适应外部快速变化的环境。

马化腾在给员工的信里对第二次组织结构调整做了说明:"这次调整的基本出发点是按照各个业务的属性,形成一系列更专注的事业群,减少不必要的重叠,在事业群内能充分发挥'小公司'的作用,深刻理解并快速响应用户需求,打造优秀的产品和用户平台,并为同事们提供更好的成长机会;同时,各事业群之间可以共享基础服务平台,创造对用户有价值的整合服务,力求在一个腾讯的大平台上充分发挥整合优势。"

4. 第三次组织结构调整

在2014年3月之后,因公司高层人员变动,腾讯于2016年进行了第三次组织结构调整。腾讯电商控股公司解散,微信事业群正式成立,O2O(online to offline,线上到线下)业务、微生活和微购物团队等部分团队并入微信事业群,如图10-12所示。腾讯微信事业群的诞生标志着社交主战场已从QQ单面转移到了微信+QQ的双社交平台。

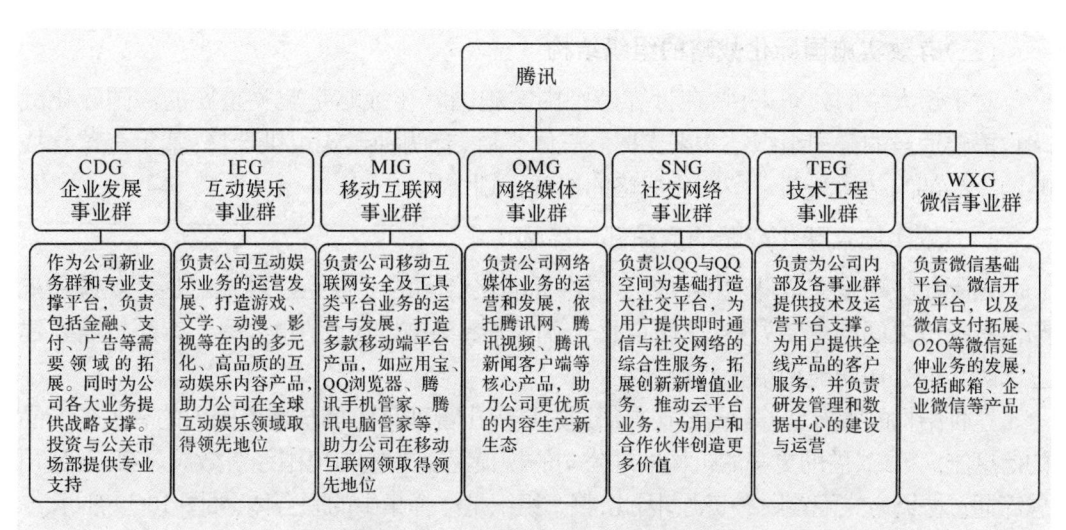

```
                                    腾讯
  ┌────────┬────────┬────────┬────────┬────────┬────────┬────────┐
  CDG      IEG      MIG      OMG      SNG      TEG      WXG
企业发展  互动娱乐  移动互联网 网络媒体  社交网络  技术工程  微信事业群
 事业群   事业群    事业群    事业群    事业群    事业群
```

CDG 企业发展事业群	IEG 互动娱乐事业群	MIG 移动互联网事业群	OMG 网络媒体事业群	SNG 社交网络事业群	TEG 技术工程事业群	WXG 微信事业群
作为公司新业务群和专业支撑平台，负责包括金融、支付、广告等需要领域的拓展。同时为公司各大业务提供战略支撑。投资与公关市场部提供专业支持。	负责公司互动娱乐业务的运营发展、打造游戏、文学、动漫、影视等在内的多元化、高品质的互动娱乐内容产品，助力公司在全球互动娱乐领域取得领先地位。	负责公司移动互联网安全及工具类平台业务的运营和发展，打造多款移动端平台产品，如应用宝、QQ浏览器、腾讯手机管家、腾讯电脑管家等，助力公司在移动互联网领取得领先地位。	负责公司网络媒体业务的运营和发展，依托腾讯网、腾讯视频、腾讯新闻客户端等核心产品，助力公司更优质的内容生产新生态。	负责以QQ与QQ空间为基础打造大社交平台，为用户提供即时通信与社交网络的综合性服务，拓展创新增值业务，推动云平台业务，为用户和合作伙伴创造更多价值。	负责为公司内部及各事业群提供技术及运营平台支撑。为用户提供全线产品的客户服务，并负责研发管理和数据中心的建设与运营。	负责微信基础平台、微信开放平台，以及微信支付拓展、O2O等微信延伸业务的发展，包括邮箱、企业微信等产品。

图 10-12　腾讯第三次组织结构调整

5. 第四次组织结构调整

2018年，流量红利进入尾声，微信用户数增长放缓；监管力度的加大，游戏版号停发，部分游戏如《天天德州》《怪物猎人：世界》甚至直接下架；朋友圈人均时长被突然崛起的抖音抢去大半；云业务面对阿里巴巴等劲敌。仅2018年前9个月，腾讯股价就下跌40%，市值蒸发近万亿元。

于是马化腾引领腾讯进行了又一次组织变革，将原有的7个事业群调整为6个，如图10-13所示，保留原有的企业发展事业群、互动娱乐事业群、技术工程事业群、微信事业群4个事业群，其他所有的 to C(to customer，面对客户)业务，包括社交、信息流、长短视频、动漫影业、新闻资讯，从原有的事业群中剥离，重新打包成一个新的事业群——平台与内容事业群。

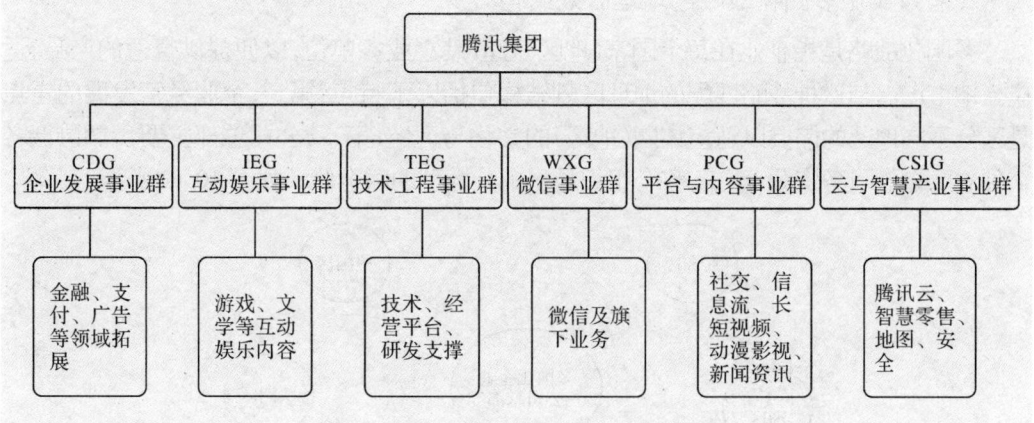

CDG 企业发展事业群	IEG 互动娱乐事业群	TEG 技术工程事业群	WXG 微信事业群	PCG 平台与内容事业群	CSIG 云与智慧产业事业群
金融、支付、广告等领域拓展	游戏、文学等互动娱乐内容	技术、经营平台、研发支撑	微信及旗下业务	社交、信息流、长短视频、动漫影业、新闻资讯	腾讯云、智慧零售、地图、安全

图 10-13　腾讯第四次组织结构调整

（资料来源：整理自《腾讯风云二十年：组织架构五次大变阵》，https://www.jiemian.com/article/8241234.html。）

(三)有效实施国际化战略的组织结构

对于超大型的公司来讲,在世界范围内实施国际化战略是至关重要的。国际化战略也需要适当的公司组织结构来支撑。具体来讲,有两种形式可供选择:基于全球化战略的产品部门结构和基于多国化战略的地理区划结构。

1. 有效实施全球化战略的产品部门结构

国际化战略是在全球范围市场上提供标准化产品的一种经营模式。鉴于规模经济与范围经济之间的重要关系,现代企业一方面需要实施国际化战略,另一方面也需要建立国际化的公司职能型结构与产品生产线。

这种结构的特点是:第一,公司总部通过集权化管理来协调全球范围内的有关本产品的信息流。第二,借助更多的机构推进公司的规模经济效应与范围经济效应。第三,公司总部通过协调方式配置财务资源,因此,整个组织是一个集中的联合体,如图10-14所示。

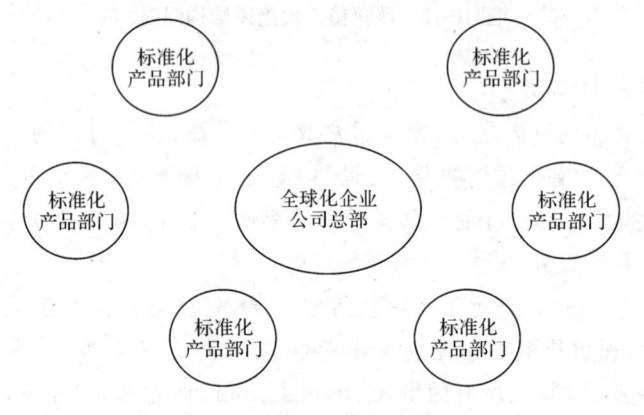

图 10-14 全球化战略的产品部门结构

2. 有效实施多国化战略的地理区划结构

多国化战略是指企业在每个国家(地区)分散设立业务单位,以便提供合适的产品,适应当地市场。与这种战略匹配的地理区划结构包括以下特点:第一,企业经营发展的重点是区分不同地区的需要以适应该国(地区)的文化与习俗;第二,公司总部主要负责协调各个独立区划的财务资源;第三,整个组织是一个分散型的联合体。如图10-10所示。

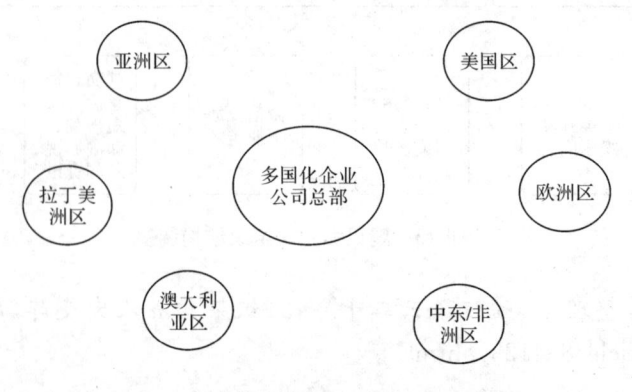

图 10-15 多国化战略的产品部门结构

三、中间结构与结构变异

(一)中间组织

上一节讲述的结构并不是截然分开的,不同的组织结构是逐渐过渡发展的。其技巧是将组织结构与环境及其本身的情况结合起来考虑。请看下面的一个例子。

一些公司经过微小的变动,可能会从职能型结构转向分部结构。由于开发新产品和市场需要资源,在职能型结构内部就会产生矛盾和冲突。最初这些问题要上报上级,直到一个级别足够高的管理人员做出决策和给出判定后才能得到解决。但是当有太多的矛盾和冲突需要这样解决时,就需要制定一些新的规则,指导如何在不同的产品间分配资源。下一步就是企业在规划过程中将这些过程、程序正式化,比如,为新的产品/市场制定预算。

在这一阶段,企业只是通过控制和改变经营方法而不是通过改变结构来解决问题。但是,当新产品/市场变得越来越重要,并且部门之间资源的竞争更加激烈时,就有必要确立部门间的联系规则,例如,可能需要设立一个委员会或者一个临时的工作小组来讨论和决定优先级。最终导致成立永久性的团体或协调人(例如产品经理)。有必要保留职能型结构的另一例子是具有独立协调作用的部门的形成,比如集中规划部门等。最后,随着多元化程度的加深和维持职能型结构的"成本"的提高,组织开始形成分部(事业部)的结构形式。

解决类似的问题常常采用混合结构。例如形成具有子公司的职能型结构,主干核心企业采用职能型结构,自己雇用绝大多数员工,而其他外围企业作为分部或子公司存在。又如形成混合型的分部结构,主干核心业务形成事业部,以加强控制和协作,而其他业务则以子公司形式存在,以便分散风险。

(二)网络型组织结构

适应组织变动的上述需要,并且又不严重影响现有结构的另一种方法,是将责任转移到企业的外部或转移到一个合营企业中。

网络型结构是指企业保留核心资源,而把非核心业务分包给其他组织完成,从而创造竞争优势。它通过以市场的、契约式的组织方式替代传统的纵向层级组织方式,实现了企业内的核心优势与市场外资源优势的有机结合,因而更具敏捷性和快速应变能力,可视为组织结构扁平化趋势的一个极端例子。但是网络型结构也有缺点,主要是对公司的主要职能活动缺乏有力的控制。

网络型组织有时也被称为"虚拟组织",即组织中的许多部门是虚拟存在的,管理者最主要的任务是集中精力协调和控制好组织的外部关系,如图10-11所示。为了获得持续性的竞争优势,组织往往需要通过建立广泛的战略联盟来保持相对稳定的联合经营。早期的网络组织只适合于一些劳动密集型行业,如服装业、钢

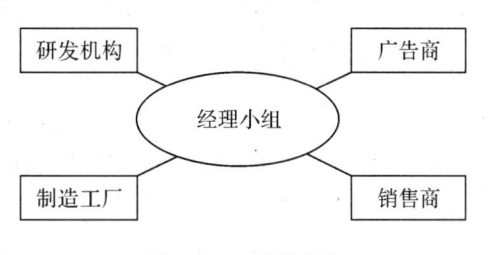

图 10-11 网络结构

铁业等。近些年来,随着网络技术的发展及外部合作竞争的加强,更多的知识型企业依靠因特网等信息技术手段,并以代加工(original equipment manufacture,OEM)、代设计(original design manufacture,ODM)等网络合作方式取得了快速响应市场变化的经营绩效。像耐克、锐步等运动鞋公司完全没有自己的工厂,国内所能见到的多数进口电器也都是以这种方式进行生产和经营。

(三)新型组织结构

从20世纪80年代初开始,消费者需求越来越呈现出个性化、多样化的特征,产品开发周期越来越短,造成市场不确定性增加,竞争规则也发生了改变。在这种非连续的竞争环境中,灵活性成为企业生存的基础,从而出现了一些新型的组织结构。

1. 团队结构

团队结构是指企业通过采用团队的方式来完成工作的结构模式。这种结构的主要特点是:打破部门界限,并把决策权下放到团队员工手中。

在实践中,有3种类型的团队结构,即解决问题型团队、自我管理型团队和多功能型团队。解决问题型团队一般由5~12人组成,重点解决组织活动中的重大问题。这种结构可以提高产品质量、生产效率及改善工作环境。自我管理团队是真正独立自主的团队,一般由10~15人组成,其目的不仅要解决问题,而且要执行解决的方案,并对工作结果承担全部责任。多功能型团队由来自同一等级、不同工作领域的员工组成。其目的是要求彼此之间交换信息,激发出新的观点,解决面临的问题,协调复杂的项目。

2. 无边界组织

无边界组织是指企业取消组织结构中的垂直界限,组织趋向于扁平化。无边界组织所追求的是减少命令链,不限制控制幅度,取消各种职能部门,用经过授权的团队来代替。其目的是打破组织与客户之间的外在界限和地理障碍。

四、流程再造

(一)流程再造的含义

流程再造(reengineering)也称企业再造工程,是指利用现代信息技术手段,对业务流程进行根本性的再思考和关键性的再设计,以取得成本、质量、服务和速度等方面的突破性进展。

寻找革新性的途径来改造业务流程,削减附加的无用之物,更经济地为顾客提供基本的产品或服务,都可以成为流程再造的内容,为企业带来巨大的优势。

(二)流程再造的特点

1. 思维模式的改变

大多数企业的运作方式和管理制度的根本原则都可以追溯到亚当·斯密在《国富论》中首次提出的劳动分工理论。因此,企业组织越庞大,工人越专业化,工作分解的步骤就越多。在管理领域中,劳动分工理论也得到了充分的体现,各管理职能不断地专业化。20世纪90年代以来,企业处在顾客、竞争与变革三大因素不同以往的经营环境中,过分强调专业化和工作细分降低了效率,也使机构臃肿、缺乏活力,丧失了竞争力和创新性。可以说,分工的管理思想和方法在一定程度上已经过时。因此,企业流程再造首先要求改变传统的思维模式,强调从根本上改变企业的工作方式,进行"零基"思考和再设计。

2. 顾客至上

企业再造的基本出发点是确保顾客满意,将顾客需求贯穿企业的各个环节。按照迈克尔·哈默和詹姆斯·钱匹的观点,企业再造的动因表现在3个方面,即顾客占主导、竞争激烈化和变化的持久性。后两个动因的结果是进一步确立和加强了顾客的主导地位。目前,越来越多的企业认识到顾客是决定企业输赢的关键因素,而且顾客的需求在不断地改变,企业对自身的不断改进是取得持久成功的关键。因此,企业流程再造在对过程进行根本性再设计时也强调坚持顾客至上的原则,从质量、价格和交货期3个主要的方面来更好地满足顾客的需求。

3. 广泛的授权

在不断变化的经营和竞争环境中,层次多、分工细及集权程度高的企业可以对环境变化做出快速反应。企业流程再造理论强调通过广泛的授权,使组织变僵化为灵活,变臃肿为精干,变低效为高效。

4. 以流程为中心进行系统改造

在再造流程的过程中,需要强调一些重要的原则:第一,把分散在各职能部门的作业,整合成单一的流程,打破组织内部各部门之间的界限,以提高效率;第二,尽可能以同步作业取代顺序作业,以缩短满足顾客需求的时间;第三,组织扁平化,促进组织内的沟通效率,从而提高工作效率。

5. 创造性地应用信息技术

在流程再造中,企业采用信息技术打破业务功能壁垒,建立起以业务流程、产品或产出为基础,而不是以职能为基础的工作系统。

从协调、整合的角度构建了组织基本业务单元后,企业的整体结构也将随着"再造"改革的深化而逐渐从以往的金字塔型的层级制结构转变为横向的水平型结构。在这种新结构中,企业内部部门之间、职能之间、专业之间的界限被打破,企业与供应商、顾客等外部单位间也建立起广泛而密切的联系、合作,甚至联盟,从而在企业内外呈现出低分化程度的"无边界组织"形态。再造后的企业往往授予跨职能、跨组织边界的团队以高强度的自主决策和自我管理的权利。随着这种管理权限的下放,管理层的队伍得到大幅度压缩,从而使管理层次趋于扁平化。在文化价值观方面,管理者不再将员工视为"车轮上的轮齿",而视为"工作的伙伴",也不再将供应商、顾客及至同业制造商视为"竞争对手",而是看作"商业伙伴",因此,信任、互动和合作成为新型组织运作的主旋律。

所以,企业再造的倡议者们相信,以面向顾客需要为出发点的、围绕工作流程而不是部门职能来构建的水平型组织,将给面临多变环境的企业提供一种前所未有的灵活性,适应变化的敏捷性、创新性和组织学习能力。

本章小结

公司治理与企业战略管理的关系,回答了在管理权和经营权相分离的现代企业中,如何在对内部资源和外部环境进行分析基础上,监督、制衡公司所有者与经营者的战略行为,以及谁对公司战略问题负责、战略决策机制如何运行等问题。公司治理包括外部治理和内部治理。外部治理包括法律、政治和管制制度、产品和投入要素市场、资本市场和控制权市场等;内部治理机制主要包括董事会、管理报酬和股权结构。从公司治理角度看,股东、高层管理人员及其他利益相关者都是通过某种制度安排参与到战略管理的活动中来的。

董事会在战略管理中除了指导和审核公司长期战略规划之外,突出表现在为公司选择一位优秀的首席执行官。高层管理者的职责通常由首席执行官协同各业务部门和职能部门的总裁、副总裁等共同承担。董事会要求高层管理者负主要责任。对公司高层管理者的良好激励可以为公司创造出优异的战略绩效。

根据战略的层次,企业应针对不同的战略层次进行结构控制。在业务层战略实施层面,讨论了两种职能制结构,即强调结构化特征的机械式结构和强调组织柔性的有机式结构;在公司层战略实施层面,讨论了3种M形结构,即基于相关约束战略关系的合作型多元结构、基于相关联系战略关系的战略经营单位结构和基于不相关战略的竞争型多元结构;在国际化战略层面,则分析了基于多元化战略的地理区划结构和基于全球化战略的产品部门结构。

思考题

1. 公司治理的观点包含哪几层含义?治理结构和治理机制的区别与联系是什么?
2. 是否公司都要建立董事会?在战略管理方面,董事会的职责是什么?
3. 企业治理的主客体分别是什么?相互关系如何?
4. 组织管理的柔性化趋势的特点是什么?柔性化组织的结构有哪些,各有什么特点?
5. 熟悉各种组织结构的特点,它们如何与相应的战略相匹配?
6. 流程再造的基本思想是什么?它给组织结构带来了什么变化?

第十章讨论题

第十一章 企业文化与战略实施

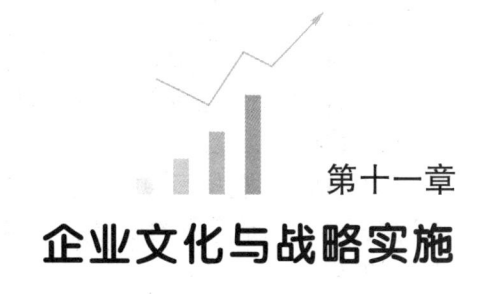

第十一章导入案例

第一节 企业文化内涵

一、企业文化的概念与组成

"文化"一词源于社会人类学。它是指人类群体或民族世代相传的行为模式、艺术、宗教信仰、群体组织和其他一切人类生产活动、思维活动的本质特征的总和。

企业文化是亚文化的范畴,它是指某家企业的经营管理哲学、价值观念和行为规范,其中价值观是企业文化的核心。具体地说,企业文化是以组织所信奉的价值观体系为基础的思维方式和行为规范,企业中的成员都自觉地维护它和遵循它,并体现在行动中。

企业文化在结构上分4个层面,即精神文化层面、制度文化层面、行为文化层面、物质文化层面。这4个层面由内到外形成如图11-1所示的企业文化系统框架。

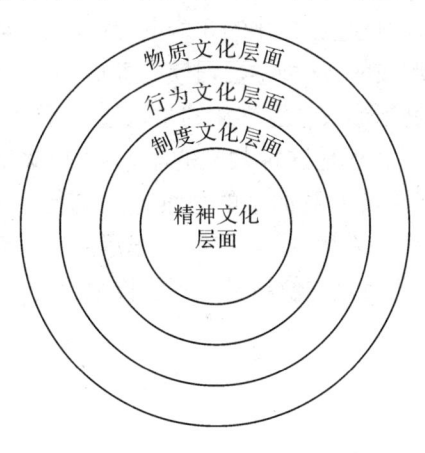

图 11-1 企业文化系统框架

第一,精神文化包括经营哲学、企业共同价值观、职业道德及精神风貌,是企业文化的核心和灵魂,是形成制度文化、行为文化和物质文化的基础和原则。

第二,制度文化主要是指对企业员工行为和企业组织产生规范性、约束性影响的部分,包括企业的工作制度、责任制度等,集中体现了精神文化、行为文化和物质文化对员工行为和组织行为的要求。

第三,行为文化包括企业的经营行为和非经营行为,都体现了企业的意志、文化品位和价值取向。

第四,物质文化层面包括厂容厂貌、产品外观及包装、企业技术工艺、设备特征等。这个层面的文化是企业的表层部分,常常折射出企业的经营理念、管理哲学、工作作风等文化特色。

二、企业文化描述的特征

企业文化所代表的共同价值观体系实际上是企业所重视的一系列关键特征,以下10个方面的特征是最常见的。

(1)风险承受度。即组织在多大程度上鼓励员工进取、创新与冒险。

(2)注意细节。即组织在多大程度上期望员工做事严谨、善于分析、注重小节。

(3)手段—结果倾向性。即组织管理人员在多大程度上集中注意力于结果而不是强调实现这些结果的手段与过程。

(4)对人的关注。即管理决策在多大程度上考虑到决策结果对组织成员的影响。

(5)团队的重要性。即组织在多大程度上以团队而不是个人工作来组织活动。

(6)冲突的宽容度。即鼓励员工自由争辩及公开批评的程度。

(7)系统的开放性。即组织掌握外界环境变化并及时对这些变化做出反应的程度。

(8)部门的一体化。即鼓励组织中的各部门以协作或相互依存的方式运作的程度。

(9)成员的一致性。即员工与作为一个整体的组织保持一致的程度,而不是只体现出他们的工作类型或专业领域的特征。

(10)报酬标准。即用什么标准来决定报酬的高低。如资历、偏爱、人品、绩效等。

学习性、分享性和传递性是企业文化的3个重要特性。学习性是指员工在实践中通过学习不断积累和沉淀而形成的,这种学习习惯的养成不可能一蹴而就,只有经过长期的坚持才能形成。分享性是指形成企业文化的学习过程不是个别人、少数人的学习,而是全体员工的共同学习过程。正是这种共同的学习和实践,才使得成员能够自愿地分享其结果,共同遵守这些基于价值观体系的思维方式与行动方式的惯例或传统。传递性是指企业文化对新成员具有教育、指导和约束作用。它教育和指导新员工按照企业的惯例或传统行事,否则企业将对这位新员工不予接纳。

第二节　企业文化的形成与学习

一、企业文化的形成

总的来说,企业文化是随着时间的累积而形成的,它是一种积淀。图 11-2 反映了企业文化形成的一般过程。

我们可以将企业文化的形成过程分成两类:自发形成与管理形成。自发形成是一种无意识的、自然形成的过程。它主要通过企业内部各个部门与员工个人之间的长期磨合而形成的。管理形成与此不同,它是管理层有意识、有计划、有系统引导和塑造,以形成企业希望的意识形态的过程。20 世纪 80 年代以前,企业文化问题并没有引起管理者和学术界的重视,企业文化主要是自发形成的。20 世纪 80 年以后,随着日本企业的崛起,形成了研究美、日等跨文化比较管理的热潮,并从中发现了企业文化对战略管理的重要作用。自此以后,企业文化建设才开始由自发形成进入管理形成的新阶段。

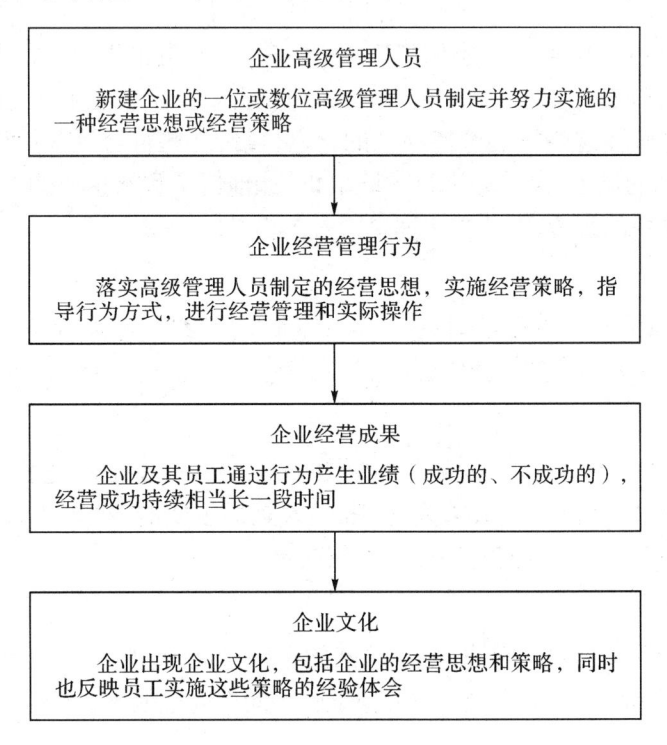

```
┌─────────────────────────────────────────┐
│           企业高级管理人员               │
│  新建企业的一位或数位高级管理人员制定并  │
│  努力实施的一种经营思想或经营策略        │
└─────────────────────────────────────────┘
                    ↓
┌─────────────────────────────────────────┐
│           企业经营管理行为               │
│  落实高级管理人员制定的经营思想,实施经营 │
│  策略,指导行为方式,进行经营管理和实际操作│
└─────────────────────────────────────────┘
                    ↓
┌─────────────────────────────────────────┐
│             企业经营成果                 │
│  企业及其员工通过行为产生业绩(成功的、  │
│  不成功的),经营成功持续相当长一段时间   │
└─────────────────────────────────────────┘
                    ↓
┌─────────────────────────────────────────┐
│               企业文化                   │
│  企业出现企业文化,包括企业的经营思想和  │
│  策略,同时也反映员工实施这些策略的经验体会│
└─────────────────────────────────────────┘
```

图 11-2　企业文化形成的一般过程

二、企业文化的学习

企业在聘用新员工时,总是根据应聘人员价值观念和行为是否与自己企业的文化相吻合来决定是否聘用。但即使是这样,新员工在进入企业前已经拥有了一套自己的价值观、思维方式和行为方式,当他进入企业后,逐渐深入接触到企业的实践模式,可能会发现个人期望与现实之间存在差异,这就产生了心理上的碰撞。没有碰撞就不会有对文化真正的适应。新成员必须能处理在碰撞阶段发现的问题,并且做出学习和调整。学习的结果将影响新员工的工作效率、对组织目标的承诺,甚至影响到员工是否能留在组织中。不能与企业文化保持一致的人,发展的机会是很有限的。

员工是怎样学习企业文化的?这个过程也被称为社会化,主要有以下方式。

(一)榜样

价值观是无形的,要使价值观为员工所接受并转化为行动,必须通过榜样的示范作用。如果说价值观是文化的灵魂,那么榜样就是这些价值观的化身。企业的创始人、高层管理人员和企业树立的模范都是员工学习的榜样。企业文化常常是创始人内心世界的外化,创始人是企业最直观的榜样,如比尔·盖茨对微软、山姆·沃尔顿对沃尔玛的影响。高层管理者通常拥有能力并能做出良好业绩,同时又适应企业文化,他们的言传身教,也是企业文化和经营思想上的表率与榜样。此外,企业往往精心挑选那些符合企业价值观念的员工作为榜样,以便员工对标。

(二)口号

企业常把核心的价值观念提炼成口号和格言,以便员工学习。如 IBM 的"尊重个人,服务顾客,精益求精";青岛海尔的"敬业报国,追求卓越"。企业应通过各种方式,向员工详细明确地解释这些核心价值观念的含义,宣传那些符合这些价值观的行为。许多企业对新招聘的员工,会首先进行入职培训,让他们了解本企业的文化;老员工需要经常进行企业文化的宣传,以让文化理念深入人心。

(三)故事

许多企业的发展过程中都会有许多故事,它们的内容多半与创业者传奇性的成功经历、组织的应急事件等有关。这些故事成为让员工了解企业发展背景、融入企业文化的载体。

(四)仪式

仪式是企业在发展过程中形成的一些惯例和传统。这些活动能表达并强化组织的核心价值观,比如什么目标是最重要的、哪些人是最重要的、哪些活动是必不可少的。这一类的仪式有工作仪式、会议仪式、奖励仪式等。

(五)物质象征

公司的独特标识、装饰、服饰,公司总部的布局,办公室的大小和摆设,高级人员的车型、衣着等,都是物质象征。这些物质象征也不同程度地强化了价值观念。

(六)语言

随着时间的推移,企业往往形成了自己特有的词汇,用来描述与业务有关的设备、关键人物、供应商、顾客、产品等。这些语言常常是企业识别"自己人"的标志。通过学习这种语言,员工可以确认他们已经接受了这种文化。一旦他们掌握了这种语言,他就与其他人有了共同特征,成为企业的一分子。

三、组织发展与企业文化

从组织发展的观点来看,组织的文化对企业不同时期发挥着不同的作用,因此企业应注重文化的形成与发展,为组织的发展创造良好的环境。

(一)在企业发展的初期,企业文化保证了组织的一致性与优势

企业文化在这个时期产生与形成,这一时期对产生良好的企业文化至关重要,决定着企业将来文化的特点,不同的企业将培育出不同的文化风格。它将对公司的发展形成积极或消极的影响,因此,这时期培养一种良好的企业文化极其重要,有利于企业员工形成共同的价值观、统一的做事风格与共同的思想认识等。便于形成强大的凝聚力,促进组织发展。

(二)在组织发展的成熟期、企业文化保证了组织的稳定性

在组织发展的成熟期,组织有了强有力的经济实力与经营能力,面临的环境比发展初期有了较大的稳定性,且组织形成了比较大的竞争优势。因此,在这个时期,长时期沉淀下来的优良企业文化也将强调其稳定性,并强调完善企业文化,提高企业组织的文化素质,促进企业做出最佳战略决策。

(三)组织达到衰退期时,必然要求改变部分文化

组织走向衰退这一变化必然会对企业文化提出挑战。因此,在此时期,应对企业内的部分文化进行革新。这种革新可以通过引进新员工,或换掉试图保留消极旧文化的员工等方式进行。

第三节 企业文化与战略的关系

一、企业文化与战略的关系

自从 20 世纪 80 年代初期提出企业文化理论以来,该理论得到了社会各界的广泛关注,成为企业管理理论几大支柱之一。企业文化与公司战略更是具有密切的关系,表现在以下几方面。

(一)企业文化引导战略定位,良好的企业文化为战略的形成提供动力

企业文化为企业战略的制定、实施、评价和控制提供正确的指导思想和健康的精神氛围。一般而言,有什么样的企业文化,将形成什么样的战略,良好的企业文化使得企业拥有文化优势。所有成员拥有共享的价值观、经营理念、思想意识等,为战略管理的实施工作者和理论工作者提供了一种新的分析企业行为的文化基础,有利于企业战略的形成。在特殊的企业文化条件下,将可能形成别具一格的企业战略,为企业的成功指明方向。

(二)良好的企业文化是战略实施的保障和成功的关键

企业文化具有导向、约束、凝聚、激励、辐射等作用,有利于激发员工的工作热情和积极性。战略的正确实施仅仅靠激励、惩罚这样的硬性管理是远远不够的。良好的企业文化能统一全体员工的意志,有助于企业各级管理人员协同高效地开展组织管理,积极有效地贯彻实施既定战略,从而使战略得到有效地贯彻和实施。企业文化还是战略评价与控制的"软性黏合剂",是规章制度、计划要求等"刚性连接件"的重要补充。共同的价值观、信念和行为规范可以促成人们的自觉行动,达到自我控制和自我协调。拥有共同价值观的企业员工会自动调整他们的个人目标和行为,使之符合企业的目标和行为。

(三)良好的企业文化与战略相互适应与协调,使战略效果最佳化

企业文化具有刚性和连续性的特点,一旦形成很难改变,因此,它对战略的制定和实施具有制约作用。一方面,新战略的推进要求与原有文化配合与协调,企业中的原有文化具有相对稳定性或称为惯性的特点,很难马上对新战略做出反应,所以企业文化既可以成为实施战略的动力,也可能成为阻力。在中小型企业中,企业内部的新旧文化必须相互适应,相互协调,为战略成功提供保证。在大型联合企业里,企业在实行多元化经营或差异化战略时,可以根据生产经营的需要,在某个事业部或经营单位中,保留它们各自的原有文化。不过,在这种情况下,企业总部要做好全局性的文化协调工作。另一方面,战略发展也需要与企业文化协调一致,例如,在企业发展过程中逐渐注入新文化、塑造新文化、完善新文化。使企业战略与企业文化更为协调一致。

因此,在战略管理过程中,企业文化起着关键性的作用,它既可以成为新战略的推动因素,又可能对战略的制定和执行产生负面影响。

二、企业文化与战略关系管理

在战略管理中,企业处理文化与战略的关系可以用下面的矩阵表示(见图11-3)。

各种组织要素的变化	无 潜在的一致性 有
多	重新制定战略 Ⅳ | Ⅰ 以企业使命为基础
少	根据文化进行管理 Ⅲ | Ⅱ 加强协同作用

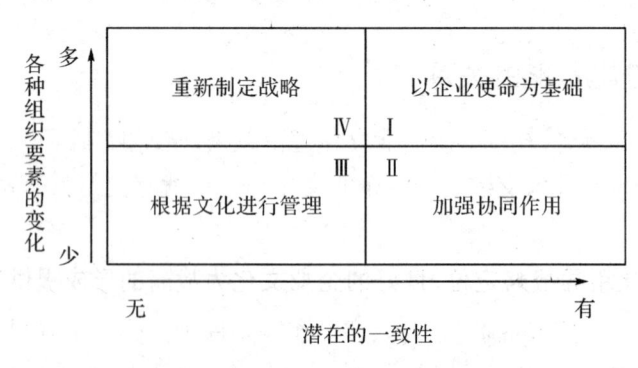

图11-3 企业文化与战略的关系矩阵

在关系矩阵里,纵轴表示在实施一个新战略时,企业的结构、技能、共同价值观、生产作业程序等各种组织要素所发生的变化程度;横轴表示企业所发生的变化与企业目前的文化相一致的程度。

(一)以企业使命为基础

在第Ⅰ象限里,企业实施一个新战略时,重要的组织要素会发生很大的变化,但这些变化大多与企业目前的文化有潜在的一致性。这种企业是那些以往效益好的企业,可以根据自己的实力,寻找可以利用的重大机会,或者谋划改变自己的主要产品和市场,以适应新的要求。这种企业由于有企业固有文化的大力支持,并且实施新战略没有大的困难,一般处于非常有前途的地位。在这种情况下,企业处理战略与文化关系的重点如下。

(1)企业进行重大变革时,必须考虑与企业基本使命的关系。在企业中,企业使命是企业文化的基础。高层管理人员在管理过程中,一定要注意变革与企业使命内在的不可分割的联系。

(2)要发挥企业现有人员的作用。现有人员之间具有共同的价值观念和行为准则,可以保证企业在文化一致的条件下实施变革。

(3)在调整企业的奖励系统时,必须注意与企业组织目前的奖励行为保持一致。

(4)要考虑进行与企业组织目前的文化相适应的变革,不破坏企业已有的行为准则。

(二)加强协同作用

协同作用是一种合力的作用,可以产生"2+2＞1"的效应。在第Ⅱ象限里,实施一个新战略时,组织要素发生的变化不大,又多与企业目前的文化相一致。处在这种地位的企业主要应考虑两个问题:一是利用目前的有利条件,巩固和加强企业文化;二是利用文化相对稳定的时机,根据企业文化的需求,解决企业生产经营中的问题。

(三)根据文化的要求进行管理

在第Ⅲ象限里,企业实施一个新战略,主要的组织要素变化不大,但多与企业组织目前的文化不大一致。因此,企业需要研究这些变化是否可能给企业带来成功的机会。在这种情况下,企业可以根据经营的需要在不影响企业总体文化一致性的前提下,对某种经营业务实行不同的文化管理。同时,企业在对像企业结构这样与企业文化密切相关的因素进行变革时,也需要根据文化进行管理。

(四)重新制定战略

在Ⅳ象限里,企业在处理企业文化与战略的关系时,遇到了极大的挑战,企业在实施一个新战略时,组织的要素会发生重大的变化,又多与企业现有的文化很不一致,或受到现有文化的抵制。对企业来讲,这是个两难的问题。

在这种情况下,企业首先要考虑是否有必要推行这个新战略。如果没有必要,企业则需要考虑重新制定战略。这就是说,企业在现实中能够实施的战略是与企业现有行为准则和实践相一致的战略。反之,在企业外部环境发生重大变化时,企业的文化也需要相应做出重大变化,这时企业考虑到自身的长远利益,不能为了迎合企业现有的文化,而将企业新的战略修订成与现行文化标准一致,这是不符合企业利益的。

第四节 企业文化与战略的协调

正是由于企业文化对战略有着重要的影响,而公司的战略常常是一种适应性的创新战略,这必然要求培育出创新型的企业文化,与战略协调一致。如何培养出创新型的企业文化?可以从以下几方面进行。

一、构建学习型文化

在构建出一种学习型文化后才能孕育出学习型组织。而构建学习型文化的关键在于建立企业的共同愿景、培养团队精神、加强员工培训和鼓励员工个人学习。

第一,共同愿景是企业成员所拥有的共同的远期景象,它可在组织内部产生高度的凝聚力,产生巨大力量推动组织发展,促进制定与实施良好的战略。为此,我们应从鼓励员工建立个人愿景、塑造组织整体形象、融入企业理念、培养双向沟通技术、忠于真相等多角度加以锤炼。建立共同愿景是一个长期的过程,领导者必须将其当成日常工作的中心要素,持续进行。

第二,培养团队精神是很多成功企业的做法,企业领导应特别重视"感情投资",尽可能了解熟悉每一个员工,让员工对企业有"家"的感觉,才能有效发挥主人翁的责任感,提倡"天地之间以和为贵"的中国儒家文化的思想。

第三,加强员工素质培训,让员工的业务素质与员工的基本素质有机结合起来,可以采用多种培养模式。如德国采用"双元制"培训模式,即学校与企业结合,共同培养学生,以企业为主;理论与实践结合,以实验为主。此外,还有企业办大学模式,即企业通过自己办大学进行员工素质培训;驻外培训模式,即让自己企业成员在其他地方锻炼、训练,以适应他国文化传统、法规、政策,从而有利企业国际化战略的制定和实施;岗位培训模式,即让员工熟悉一定范围内的所有业务,使员工成为多面手,从而增强员工的工作能力,提高企业的经营柔性,日本企业主要采取这一模式;互联网培训模式,这是互联网出现后而产生的一种新的培训模式。

第四,鼓励员工个人自觉学习。建立学习型文化应从个人自觉学习开始,个人学习是团队学习的基础,更是组织学习的基础。企业应营造促进个人自觉学习的环境,让员工克服学习障碍,活到老、学到老。

二、构建知识共享型文化

所谓知识共享就是指员工个人知识财富(包括显性知识和隐性知识)通过各种交流方式(如座谈会、电话和网络等)为组织其他成员共同分享,从而转变为组织财富的过程。知识共享可以实现 $1+1>2$ 的效果,并且在知识共享的过程中,容易产生创新。因此,构建知识共享型文化应做好以下几方面工作。

第一,建立知识共享的技术基础,使用好优良的、大众化的信息技术,为员工知识共享搭建好技术平台。如建立局域网或在互联网上设立站点,以实现知识的交流、传播。

第二,建立企业的知识库,这样可以让员工了解企业情况。如企业的人力资源状况,公司内每个职位需要的技能和评价方法,公司过去现在发生的重大事件,公司的竞争环境、合作关系、将来的战略规划等多方面的信息知识。从而在了解的基础上为企业将来的发展、战略出谋划策。

第三,培养员工的知识共享意识。企业应以多种方式来培养员工的知识共享意识。让"共享"二字时时出现在员工脑海中。

第四,发挥企业管理层的示范作用。领导应在工作生活中树立良好的知识共享形象,起典范与榜样的作用,从而推动企业全体员工无意识的学习,实现知识共享。

第五,建立和采取积极的机制与措施,促进员工知识共享,对知识共享表现突出者给予奖励与晋升。

三、构建顾客满意型文化

企业要生存发展,战略要可行与合理,就必须要使企业的产品与服务让顾客满意,从而赢得市场。这要求企业应将顾客放在第一位,形成顾客满意(customer satisfaction,CS)的企业管理理念。要实现这一理论,需要企业构建顾客满意型文化。

顾客满意文化是指企业以提高顾客满意指标和顾客满意等级度为核心,从顾客的角度出发,分析、判断、调整企业的生产经营活动的文化。要建立顾客满意文化,就需建立一套完整的顾客满意的管理机制。

第一,要建立好顾客需求的感知系统,让企业员工尽可能地了解顾客,对顾客信息保持高度的敏感,全面捕捉顾客的需求。

第二,要建立好顾客需求的满足系统。即在获取顾客需求后,企业应调整部分产品和服务,尽可能地满足顾客的需求。

第三,要建立让顾客满意的反馈系统。通过反馈可以了解到顾客对上次产品或服务的满意程度,发现成绩与不足。以便发扬成绩,完善不足之处,为将来提供更好的服务打下基础,实现更高的顾客满意度。

总之,企业文化对战略有着重大的影响,应加强企业文化与战略的协调。不断地完善企业战略,完善企业文化。当然,良好的企业文化的构建与培育不是一蹴而就的事,需要企业长期坚持不懈地精心培养。

第五节　实现组织文化变革的策略

如果发现企业文化已经出现病灶,或者发现企业文化已对必须采取的新战略形成阻碍,就要下决心进行文化变革。管理者如何来推动企业文化变革呢?其重要的一点就是对现有的文化进行解析,而这需要一个全面的、协调的战略过程。

第一,组织文化分析。解冻的最佳出发点是进行企业文化分析,这包括进行文化审核以评估现有的文化,即分析现有文化与环境及战略是否适应;确定与环境和战略适应的文化内容;将现有文化与预期的文化作比较,进行差距评价以确定哪些价值观及文化要素需要变革。

第二,向员工宣传变革企业文化的必要性和紧迫性。虽然危机可以作为解冻强文化的一种契机,但危机并不是组织的所有成员都能意识到的。因此,管理当局必须向员工明确说明,如果不马上推行变革,组织的生存就会受到致命的威胁。若是员工没有意识到文化变革的必要性和紧迫性,那就很难使一种强文化对变革的努力做出反应。

第三,任命具有新观念的新领导者。任命新的最高层领导者本身就是一个信号,它预示着一场重大的变革正在发生。新的领导者常会带来新的观念和行为标准,大胆地推动文化的变革。当然,新领导者需要把他的新观念尽快地注入组织中,又往往需要将关键管理职位的人员调换成忠于这一观念的人。例如,美国的克莱斯勒公司曾成功地进行了文化的变革,首先公司任命了新的首席执行官李·艾柯卡,而他又迅速对公司高层经理做了大量调整,这为文化变革打下了坚实的基础。

第四,发动一次企业重组。伴随着主要管理人员的调整,发动一次企业重组也具有重要的意义。设立一些新单位,或者将某些单位合并或取消,这些都传达出管理层下决心将组织引入新方向的信号。

第五,引入新口号、新故事、新仪式、新物质象征来传播新价值观。新的领导者也要尽快创造出新的口号、故事、仪式、物质象征等来取代原有的文化载体,以便更好地向员工传播组织的主体价值观。这需要立刻着手进行,耽搁只会使新领导者与现有文化为伍,从而关闭推行变革的大门。

第六,围绕新的价值观体系,树立新的榜样。管理层还要改变人员的选聘和社会化过程,以及绩效评估和奖酬制度,树立新的榜样,以便对认同组织所期望的价值观的员工形成有力的支持。

采用上述策略,也并不能立刻实现强烈的企业文化变革。变革的推动者要有足够的耐心,并坚持不懈。

案例 11-1　海尔企业文化发展历程

海尔的企业文化经历了4个阶段,每个阶段都反映了海尔对内外部价值的关注和企业文化理念的深化。

第一代企业文化(1984—2005):以"海尔,中国造"为精神,强调"无私奉献、追求卓越",作风上"迅速反应、马上行动"。这一阶段,海尔注重内部员工的价值,但尚未完全关注外部顾客的价值。

第二代企业文化(2005—2016):转变为"海尔,世界造",海尔精神变为"创造资源、美誉全球",作风上"人单合一、速决速胜"。这一阶段,海尔开始全面普及市场导向理念,全员为用户服务,视用户为上帝,提出了"服务用户、放弃自我"的口号,标志着企业文化从内部顾客价值阶段向外部顾客价值阶段的转变。

第三代企业文化(2016—2019)：以"海尔，网络造"为精神，强调"诚信生态、共享平台"，作风上"人单合一、小微引爆"。这一阶段，海尔的精神和作风进一步发展，提出了"人单合一"的管理模式，并开始探索物联网时代的企业管理创新。

第四代企业文化(2019至今)：以"海尔精神、海尔作风"延续，但具体内容有所更新。海尔精神变为"诚信生态、共赢进化"，作风上"人单合一、链群合约"。这一阶段，海尔的企业文化进一步发展，强调与用户一起进化，体现了一种去中心化的用户自信任和去中介化的价值自传递的理念。

(资料来源：整理自海尔集团官网，https://www.haier.com/about-haier/culture/?spm=net.history_pc.header_128848_20200630.5。)

第六节 企业战略实施与绩效评价

一、企业战略实施的步骤

企业战略实施的步骤包括：战略规划、战略推进、战略控制、战略绩效评价，主要工作内容如表 11-1 所示。

表 11-1 企业战略的实施步骤

实施流程	业务活动	主要工作内容
战略规划	进行企业 SWOT 分析，确定战略指导文件，确定企业战略目标，形成战略目标体系，制定企业政策	分析企业内外部环境、确定企业使命、愿景、价值观及文化，明确企业的战略目标，经调整、审核后最终形成符合企业总体目标的战略目标体系，制定指导人们实施战略的政策细则
战略推进	组织管理、计划管理、预算管理和流程管理	培育支持战略实施的企业文化，建立有效的组织结构，制定预算、中短期计划、行动方案及完成任务的最佳工作程序
战略控制	评价工作成绩，采取纠正措施	评价工作成绩、派专人跟踪、限期解决或调整计划(在规划执行过程中产生实际结果与预定目标有明显差距时采取)
战略绩效评价	进行年度总结并滚动修改	每年一次详细的工作总结，重新审视外部与内部因素、度量业绩和采取纠正措施、对业务计划做滚动修改(局部性修订、职能性修订或总体战略修订)

(一)战略规划

1. 概念

战略规划是指一家企业制订的，使企业的经营目标与它的经营能力及变化中的营销机会相适应的一系列计划。企业的战略规划通常包括企业使命、价值观、目标、财务、人力、生产、营销、研发等职能部门的业务计划。

2. 企业战略规划的特点

(1)谋求长期的战略目标。

(2)要求具备各种可能的可行性方案来应付各种风险,强调有一套系统性的应变反应和调节措施,具有一定弹性。

(3)着重于前景分析、竞争分析、战略组合分析,更强调对未来的把握。

(4)要求调动企业资源去适应环境,利用战略实施去影响环境、改变形势,使企业处于主动地位。

进行战略规划的主要步骤有:企业环境分析、确定战略指导文件、确定企业战略目标、形成战略目标体系、制定企业政策。具体主要工作内容包括:分析企业内外部环境,确定企业使命、愿景、价值观及文化,明确企业的战略目标,确定战略执行过程中的重点,调整、审核并最终形成符合企业总体目标的战略目标体系。例如,企业综合战略的重点是确定企业使命、划分事业单位、确定关键单位的目标;事业战略的重点是如何贯彻企业使命、如何进行环境分析、如何确定二级单位的目标,以及如何制定实现目标需要的具体措施。最后是制定指导人们实施战略的政策细则,如制订行动计划、划分阶段,并给出行动措施。企业战略目标确定的流程如图11-4所示。

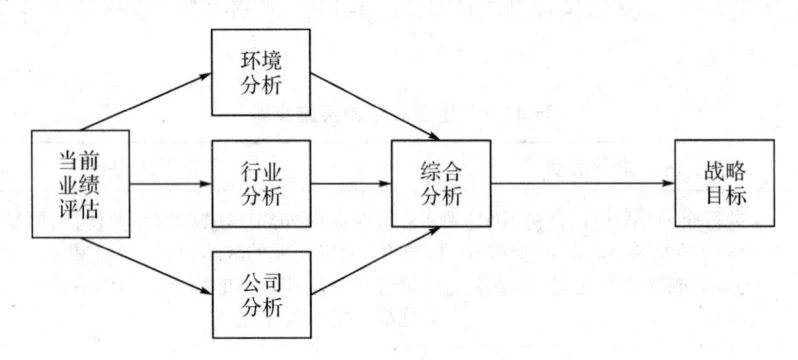

图 11-4 企业战略目标确定的流程

(二)战略推进

战略推进是保障企业战略成功实施的重要部分。企业战略的推进包括3个阶段:第一,企业战略规划制定;第二,企业战略政策的确定;第三,关键战略要素的匹配。主要涉及组织管理、计划管理、预算管理和流程管理。具体工作内容包括:建立有效的组织结构(详见第十章),培育支持战略实施的企业文化(详见本章前面部分),制订中短期计划、预算、行动方案及完成任务的最佳工作程序等。

(三)战略控制

战略控制主要是指在企业经营战略的实施过程中,检查企业为达到目标所进行的各项活动的进展情况,评价实施企业战略后的企业绩效,把它与既定的战略目标与绩效标准相比较,发现战略差距,分析产生偏差的原因,纠正偏差,使企业战略实施得更好。

具体工作内容包括:评价工作成绩、派专人跟踪战略开展情况、限期解决或调整计划(在规划执行过程中产生实际结果与预定目标有明显差距时采取)。

战略控制的重要目标是使企业实际的效益尽量符合战略。战略控制一般分为4个步骤:①设定绩效标准;②审视战略基础;③衡量并评价企业绩效;④设计并采取纠正偏差的措施,以顺应变化的条件,保证企业战略的圆满实施。包括激励战略控制的执行主体,以调动其自控制与自评价的积极性,从而保证企业战略实施的切实有效,如图11-5所示。

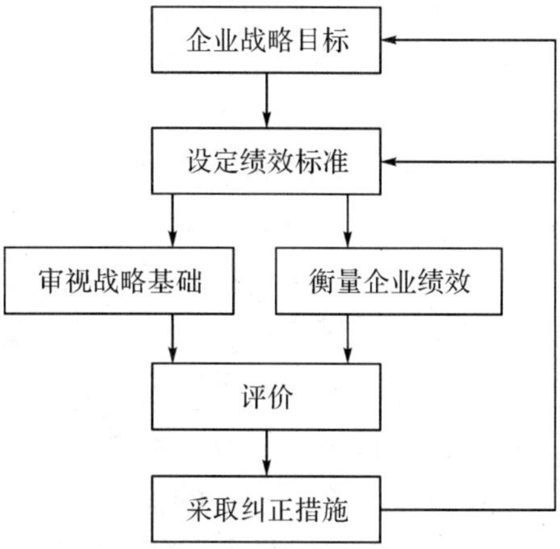

图11-5 战略控制的过程

战略控制是战略管理过程中的一个不可忽视的重要环节,它伴随战略实施的整个过程。

1. 战略控制的特征

战略控制具体而言,就是将每一阶段、每一层次、每一方面的战略实施结果与预期目标进行比较,以便及时发现偏差,适时采取措施进行调整,以确保战略方案的顺利实施。如果在战略实施过程中,企业外部环境或内部条件发生了重大变化,则控制系统会要求对原战略目标或方案做出相应的调整。

企业的战略控制是一个动态的过程。这个过程有如下特征。

(1)渐进性

真正的战略往往是在实践中逐步形成的。企业面对复杂多变的环境做出一系列决策,这些决策在和外部环境的交互作用下产生了结果,使最高管理层中的主要成员有了对行动的新的共同看法,从而管理层积极有效地把这一系列行动和事件逐渐概括成新的战略。

因此,高级经理们常常有意识地用渐进的方式来进行战略控制。他们制定很多带有试验性质的战略方案,随时准备在适当的时候进行复审和修正。对一些前景不太明朗的战略方案,他们希望对其先进行一定的检验,并借此了解外界的反应。实践证明,为了改善战略控制过程,最好谨慎地、有意识地以渐进的方式开展,以便决策能够与新出现的信息相吻合。

(2)交互性

现代企业面临的环境控制因素的多样性和相互依赖性,决定了企业必须与外界信息来源进行高度适应性的互相交流,并学会利用所获得信息的有利刺激。许多富有创造力的公司,如英特尔公司正是借助这种交互性在设计上领先许多大型电子公司。

对企业战略实施来说,首先应有明确的目标,以便确定主要行动的范围。但是战略的有效实施需要一定的时间,这需要企业积极地、源源不断地投入智力和资源。战略控制要求保持高质量的工作效果,提升服务态度和形象等,以此提高战略可靠性。由于许多复杂因素的影响,企业必须进行适当的检验、反馈,注重信息收集、分析,以唤起人们的关注,形成集体意识,促成联合行动。

(3)系统性

有效的战略一般是从制定一系列战略的子系统的过程中产生的。子系统指为实现某一重要的战备目标而相互作用的一组活动或决策。每一子系统均有自己的、与其他子系统不相关的时间和信息要求,但它又在某些重要方面依赖于其他子系统。

子系统主要为解决企业的某个具体问题,如产品系列的布局、技术革新、产品的多种经营、收购企业、出售产业、与政府及外界的联络、重大改组或国际化经营等,是企业总战略的关键组成部分。不过每个战略子系统在时间要求和内部进度方面,很少能完全匹配其他战略子系统的需要,而且各子系统有着各自的限制,因此必须采取有目的的、高效率的系统性管理技巧把各个子系统整合在一起。

2. 战略控制的主要原则

(1)面向未来原则

战略实施控制的重点是企业的目标和方向,管理者不能被眼前的局部得失所纠缠,在允许的范围内,应当坚定不移的实施既定战略,面向未来。

(2)保持弹性原则

企业战略首先是一个方向,战略的实施方法可以多种多样,战略实施的控制也因此具有多样性,并在时间进度、数量要求等方面保持一定的余量,因此,战略实施控制系统应具有弹性。只要能保持方向的正确性,具有弹性的控制,往往比刚性控制的效果更好。

(3)战略重点原则

在战略实施控制的过程中,面对的事件非常多,战略实施控制应优先控制对战略实施有重要意义的事件,以及超出预先确定的容许范围的例外事件,抓住战略实施的重点,不能事无巨细、面面俱到。

(4)自我控制原则

如果企业内各单位和部门,即各个子系统,能自己发现战略实施偏差而及时采取纠正措施,则控制的效果会更好。

(四)战略绩效评价

1. 概念

绩效评价是指评价主体运用数理统计和运筹学方法,采用特定的指标体系,按照一定的评价标准和程序对评价客体的管理业绩做出客观、公正和准确的价值判断的过程。战略绩效评估是在战略执行的过程中对战略实施的结果从财务指标、非财务指标进行全面的衡量。

战略绩效评价本质上是一种战略控制手段,即通过战略实施成果与战略目标的对比分析,找出偏差并采取措施纠正。主要是年度总结和滚动修改。具体工作内容包括:每年一次详细的工作总结、重新审视外部与内部因素、度量业绩和采取纠正措施、对业务计划做滚动修改(局部性修订、职能性修订、总体战略修订)等。

2.战略绩效评价的内容

战略绩效评价的一般步骤如下：第一，明确公司战略和发展目标；第二，找出实现目标的关键成功因素。关键成功因素是指对企业总体竞争地位和企业战略目标的实现有重大影响的变量，它是制定关键绩效指标的重要依据。关键成功因素一般来自顾客、竞争和变化。第三，设计恰当的绩效指标体系。从顾客、竞争、变化3个角度来分析，战略绩效评价指标的具体设计应包括：客户评价指标、技术创新和智力投资评价指标、质量评价指标。第四，对绩效评价制度进行修改、完善。

二、企业战略规划制定与实施的组织保证

(一)战略委员会

战略委员会通常是直线职能型组织结构的附加形式，一种跨越职能界限的协调机构。

战略委员会的工作范围与职责主要是负责企业的战略规划和组织变革。图11-6为一般的战略委员会的结构图。

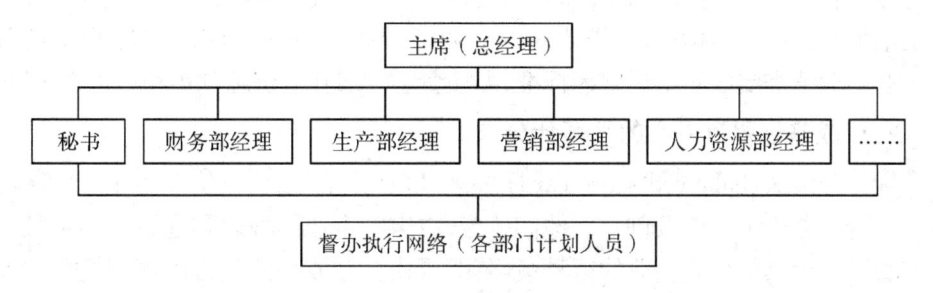

图 11-6　战略委员会结构示意

(二)参与人员与责任

企业内不同层级的所有员工都对战略规划的制定与实施承担着不可推卸的责任。通常，总经理对业务计划的制订和执行负全面的责任。

战略管理委员会负责指导和协调企业各部门发展计划和管理计划的制订，以及每年对企业发展计划和各部门的管理计划的修改。

部门经理是制订企业发展计划的主要参与者，并对部门管理计划的制订、实施和修改负全面责任。

三、企业战略绩效的评价方法

战略绩效评价通过战略实施成果与战略目标的对比分析，找出偏差并采取措施纠正，其本质是一种战略控制手段。西方的绩效评价发展可以分为4个时期。19世纪以前，主要是观察性绩效评价；工业革命以后至20世纪初，以成本绩效评价成为主流；20世纪初至20世纪90年代是财务绩效评价时期；20世纪90年代以后是战略绩效评价时期。

(一)基于财务的战略绩效评价方法

经济附加值法(economic value added,EVA)是经典的基于财务的战略绩效评价方法。经济附加值也被称为资本所增加的经济价值、附加经济价值或经济增加值等。EVA 指标设计的基本思路是:理性的投资者都期望自己所投出的资产获得的收益超过资产的机会成本,即获得增量收益;否则,他就会想方设法将已投入的资本转移到其他方面去。

EVA 指标最重要的特点是从股东角度重新定义企业的利润,考虑了企业投入的所有资本(包括权益资本)的成本。EVA 的一般计算公式为

$$EVA = 税后营业净利润 - 资本总成本 \tag{11-1}$$

(二)利润轮盘模型

罗伯特·西蒙斯提出了利润轮盘模型(profit wheel model)理论,其中的 3 个轮盘分别指利润轮盘、现金轮盘和净资产收益率(return on equity,ROE)轮盘。

(三)以非财务指标补充财务指标

德鲁克和罗伯特·霍尔(以下简称霍尔)认为,业绩评价应在现有财务业绩评价的基础上增加非财务业绩指标,以作为对财务业绩指标的补充。提出的"四尺度论"认为评价企业的业绩需要以 4 个尺度为标准,即质量、作业时间、资源利用和人力资源开发。

(四)以战略过程为中心的平衡计分卡

平衡计分卡法(balanced score card),简称 BSC 评价法,该评价模型于 1996 年由罗伯特·卡普兰和戴维·诺顿创立。他们认为,应当以企业的战略和远景目标为核心,把企业的长远目标具体化为企业的行动策略,即寻找企业成功的关键因素,并进一步转化为可以度量的财务、顾客、内部运作过程、学习与成长 4 个维度的业绩衡量指标体系。

平衡计分卡方法的优点是:第一,该模型特点是简单、易操作,应用比较广泛;第二,以企业战略而非控制作为核心,有助于决策者快速而全面地考察企业,也有利于决策者制定战略经营目标。

案例 11-2 联想集团平衡计分卡评估系统

2002 年 4 月,联想集团贯彻实施"自由联想,互通互联"战略,开始介入移动通信领域;该财年联想移动首战告捷,手机销量令业界瞩目;第二年联想移动确立年度目标,规划进一步提升销量;更将 2006 财年的目标定为成为国内一流、国际著名的手机厂商。

为提高企业的团队执行能力,实现愿景,联想集团引入平衡计分卡业绩管理架构,目的是构建与公司经营发展状态相适应的业绩管理体系,将战略目标分解成可操作的战术动作,然后以脚踏实地的务实精神和不达目的誓不罢休的毅力去贯彻落实。

在实施初始阶段,联想向员工强调了平衡计分卡的特点和功能,并从 3 个方面介绍了平衡计分卡业绩管理体系在公司中的具体运用。

1. 平衡计分卡能保障公司业绩管理体系的稳健性和平衡性的原因

平衡计分卡从以下4个不同的视角,提供考察价值创造的战略方法。

(1)财务视角:其目标是解决"股东如何看待我们?"这一类问题。表明自身的努力是否对企业的经济收益产生了积极的作用,因此财务指标是其他3项指标的出发点和归宿。财务指标包括销售额、利润额、资产利用率等。

(2)顾客视角:其目标是解决"顾客如何看待我们?"这一类问题。通过顾客的眼睛来看公司,从时间(交货周期)、质量、服务和成本几个方面关注市场份额及顾客的需求和满意程度。顾客视角体现了公司对外界环境变化的反应。顾客指标包括送货准时率、客户满意度、产品退货率、合同取消数等。

(3)内部运作流程视角:其目标是解决"我们擅长什么?"这一类问题,关注公司内部效率如生产率、生产周期、成本、合格品率、新产品开发速度、出勤率等。内部过程是公司改善经营业绩的重点。

(4)学习与成长视角:其目标是解决"我们是在进步吗?"这一类问题。如员工士气、员工满意度、平均培训时间、再培训投资和关键员工流失率等。

财务、顾客、内部运作流程、学习与成长4个方面的因果关系是:员工的素质决定产品质量、销售渠道等,产品/服务质量决定顾客满意度和忠诚度,顾客满意度和忠诚度及产品/服务质量等决定财务状况和市场份额。

2. 平衡计分卡保障公司业绩管理体系的稳健性和平衡性的方法

平衡计分卡业绩管理包含3个层面:公司整体、部门和员工。因此,作为一个完整的业绩管理方案,3个层面联系密切、缺一不可。其中,清晰的公司战略目标是业绩管理体系建设的一个重要前提。

围绕平衡计分卡的建立流程,其实施过程大致可分为4个阶段,并构成循环。

(1)确定战略愿景。包括澄清愿景和取得一致。
(2)沟通和链接。包括沟通和培训、确定目标、绩效和激励挂钩。
(3)规划并设定指标。包括设定指标、制订行动计划、分配资源、设定里程碑。
(4)反馈和学习。包括明确共同的愿景、信息反馈、战略评审和学习。

3. "平衡计分卡"保障公司业绩管理体系的稳健性和平衡性的具体运用

首先,所有的工作都必须紧紧围绕一个中心:公司的愿景和战略。具体的指导思想和设计原则如下。

(1)基本架构。根据平衡计分卡的基本原理,联想从满意度指标、财务指标、关键能力指标及业务进展评估等4个维度来构建公司和部门的业绩管理体系。

(2)重点考核关注点。根据20/80原则,公司80%的绩效来自20%的主要工作指标。因此,在通盘考虑影响公司经营成果因素的基础上,必须突出各部门考核重点。

(3)岗位平衡计分卡的设置。根据平衡计分卡所提供的架构,通过对公司年度规划目标进行纵横向的分解,使得公司年度目标与部门年度目标高度一致,初步具备可执行性。之后,各部门将2003财年年度部门目标根据员工岗位定位和职责再次细化,责、权、利落实到人。

通过平衡计分卡这个工具,联想将公司的愿景和战略(包括年度目标)转化成了与员工朝夕相伴、如影相随的小目标,渗透到了员工的日常工作中。

2004年,联想手机销量增长63%,2005年增长109%,出货量达到604万台,市场排名第四,仅次于诺基亚、摩托罗拉、三星等国际巨头,位居中国品牌第一。

(资料来源:根据网络相关资料整理。)

目前,常用的公司经营业绩评价指标主要有:投资收益率、附加值指标、股东价值、高层管理人员的评价、关键表现域指标(获利能力、市场地位、生产率、产品领先、人才开发、职工态度、社会责任、长短期目标的平衡)等。

▶ 本章小结

在急剧竞争的时代,企业需要全新的战略,全新的战略来自企业的内在战略意识——资源、企业家精神、企业文化。资源决定企业战略,是战略成功的物质基础;企业家精神是战略成功的关键;企业文化是企业获取长久持续合理战略的文化基础,是战略成功实施的保障。

企业文化为企业战略提供了动力,是战略成功实施的保障,良好的企业文化将促进创新,促成战略形成与实施,因此,应加强企业文化与战略的关系管理,培育创新企业文化,构建学习型文化、知识共享型文化和顾客满意型文化。

本章也介绍了企业战略实施的4个步骤,包括企业战略规划、战略推进、战略控制和战略绩效评价。战略规划指引着战略实施的基本方向,而战略推进则是企业战略实施中的核心内容,战略只有通过不断的推进才能更好地发挥作用。战略绩效评价是通过战略实施成果与战略目标的对比分析,找出偏差并采取措施纠正。战略绩效评价本质上是一种战略控制手段。

▶ 思考题

1. 简述企业文化的含义和特征。
2. 员工是如何学习企业文化的?如何培育与战略相匹配的企业文化?
3. 如何进行企业文化的变革?
4. 详细叙述战略控制的过程。
5. 平衡计分卡方法考虑了哪些层面的目标?如何区别于普通的财务绩效目标?
6. 结合一个你熟悉的企业,探讨适合的战略控制类型。

第十一章讨论题

第十二章
战略领导者与公司创业

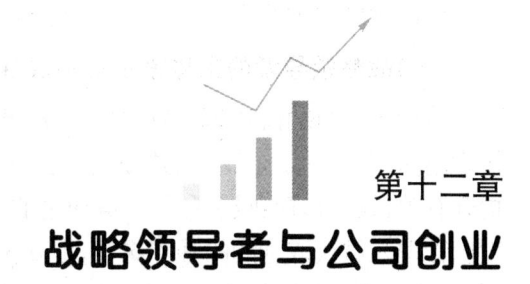

第十二章导入案例

20世纪中期之前,战略制定者们在制定企业战略时,常常依赖于对企业生存的外部环境(政策法律、产业结构与性质、人文习惯等)与内部环境(企业文化、资源优劣势、核心竞争力、企业员工素质等)的综合分析,然后制定出合理的战略,并加以实施。可以说企业的战略来自环境,环境决定战略。

然而,21世纪以来,企业赖以生存发展的环境发生了重大变化。世界经济正朝着区域化、全球化的方向发展,企业面临着来自世界各地其他企业的竞争,且竞争日趋激烈。同时,在这创新不断的时代里,每天都有新技术的出现,并得到广泛的运用,顾客需求也呈现出多样化和个性化的趋势,很多影响企业的环境因素正发生着深刻的变化,这些因素让企业的生存环境变得高度不确定且越来越复杂,企业前景变得越来越难预料。因此,企业不可能像稳定市场时期那样做出详尽的长期战略规划,然后慢慢调整实现。在新时代里,企业的战略应该是一种适应性战略,与急剧变动的环境相协调。换句话说,企业必须发展战略灵活性,以拥有一系列可以在需要时实施的战略替代方案。创造未来的业务需要不断寻找新出现的机会。

第一节　战略领导者与战略实施

源于客户需求的高度差异性和多变性、竞争对手的超竞争性、技术的高度动态性和商业模式的快速迭代性,战略变得高度动态。外部环境的变化迫使企业在战略管理实践中,将战略分析、战略制定,以及战略实施与评价这3个阶段更多地融合在一起。

因此,企业决策层的战略前瞻和动态调整,已经成为新常态。企业要想保证战略实施过程的效率,战略领导者的作用越来越关键。事实上,对任何一个企业而言,战略领导者都是保障企业战略实施和控制效果的最重要条件。

一、战略领导者

战略领导者需要具一定的远见且能保持一定的灵活性,并授权他人在必要时进行战略变革的能力。战略变革是企业选择和实施战略所带来的变革。换句话说,战略领导是组织中的一种复杂的领导形式。一个具有战略领导技能的经理应当具备引领公司在竞争中获得优势的能力。战略领导者这一概念至少包括以下两个方面的基本内涵：一是战略领导主体的明确定位，二是战略领导的角色界定。

(一)战略领导者的主体是企业高层管理者

乔治·斯坦纳曾对250多个企业进行过深入研究，他让企业的高层经理按作用大小排列出85个有助于企业成功的因素，结果表明，前4个因素都与战略领导主体的培养和提升有关，具体包括：吸引和留住高质量的高层管理者，为持续经营培养未来经理人，激发出管理人员获取利润的强烈愿望，提高管理层的判断力、创造力和想象力。该研究表明，企业战略能否取得成功与高层领导的战略领导能力密切相关。

(二)对战略领导者角色的界定

即明确战略领导者在战略制定与实施过程中所起的关键性作用，而且，在不同时间和空间需要扮演不同的角色，承担不同的责任。一个战略领导者需要扮演多种角色，如幻想家、企业家、战略家、战略执行者、文化建设者、资源分配者、能力建设者、流程组合者、政策制定者、政策强化者、问题解决者、业绩控制者、谈判代表、鼓动者、仲裁人、主管、教练、发言人等，这就需要企业战略领导者在不同的时间和场合，扮演好自己的角色，出色地完成自己的职能和责任，为企业战略实施过程提供有力的保证。

二、战略领导者的管理任务与类型

(一)战略领导者的管理任务

1. 制定公司的战略方向

战略领导者必须制定公司的战略方向。战略方向指明了公司在未来一段时间内想要塑造的形象和特征，为了确定战略方向，战略领导者需要评估公司未来3～5年内将要面临的形势(如外部环境中的机会与威胁)。

2. 建立高效的环境

在战略实施过程中，战略领导者必须确保不断开发核心竞争力，并用这些核心竞争力来生产和分销能为顾客创造价值的产品。尤其是一些实施相关多元化战略的大型公司，经常会通过各行业单位和产品的共享来开发核心竞争力。对公司的资源组合及战略实施过程进行有效管理的能力是战略领导力的关键要素。管理资源组合需要整合资源，并通过战略实施来利用这些资源建立竞争优势。

3. 吸引并管理人力资本(这可能是战略领导者技能中最关键的部分)

作为管理公司资源的一部分，战略领导者必须开发人力资本。有效的战略领导者将人力资本视为一种最大化的资源而不是应该最小化的成本。因此，需要开发和运用特定的项目来培训现在的和未来的战略领导者，使他们具有培养公司其他人力资源的技能。此外，有效的战略领导者会建立和维持内外部的社会资本。内部社会资本可以促进单位内及不同单元间的合作和协调。外部社会资本则为公司提供有效竞争所需的资源。

4. 有效地管理公司的运营

有效地管理公司的运营包括维持有效的组织文化并建立平衡的组织控制。塑造公司文化是有效的战略领导者的核心任务。恰当的组织文化有助于员工形成创业导向,并培养员工在必要的时候进行文化变革的能力。开发和使用平衡的组织控制是有效的战略领导力的另一个构成要素。战略控制和财务控制的有效平衡可以使核心竞争力的运用更加灵活。

(二)战略领导者的类型

战略领导者的能力必须与战略相匹配才能有效地实施战略。CEO 是最关键的战略领导者。不同的战略需要匹配不同的管理才能。例如,并购战略对 CEO 能力的要求与稳定战略对总经理能力的要求是不一样的,CEO 的具体能力应当适合于特定的战略。

中国工业科技管理大连培训中心开展了一项研究,从服从性、社交性、能动性、成就压力和思维方式等 5 个方面,分析总结了战略领导者的不同类型特征,如表 12-1 所示。

表 12-1 战略领导者的类型与特点

类型	行为方面	类型特点
开拓型	服从性	非常灵活,富有创造性,偏离常规
	社交性	性格明显外向,在环境的驱动下具有很强的才能与魅力
	能动性	极度活跃,难以休息,不能自制
	成就压力	容易冲动,寻求挑战,易受任何独特事物的刺激
	思维方式	非理性知觉,无系统的思维,有独创性
征服型	服从性	有节制的非服从主义,对新生事物具有创造性
	社交性	有选择的外向性,适于组成小团体
	能动性	精力旺盛,对"弱信号有反应",能够自我控制
	成就压力	影响范围逐渐增加,考虑风险
	思维方式	有洞察力,知识丰富,博学,具有理性
冷静型	服从性	强调整体性,按时间表行事,求稳
	社交性	与人友好相处,保持联系,受人尊重
	能动性	按照目标行动,照章办事,遵守协议
	成就压力	稳步发展,通过控制局势达到满足
	思维方式	严谨、系统、具有专长
行政型	服从性	循规守矩,例行公事
	社交性	性格内向,有教养
	能动性	稳重沉静,照章办事,等待观望
	成就压力	维持现状,保护自己的势力范围
	思维方式	执着于以往的处理方式

续 表

类型	行为方面	类型特点
理财型	服从性	官僚,教条,僵化
	社交性	程序控制型
	能动性	只做必做的事情,无创造性
	成就压力	反应性行为,易受外部影响
	思维方式	墨守成规,按先例办事
交际型	服从性	在一定的目标内有最大的灵活性,有一定的约束性
	社交性	通情达理,受人信任,给人解忧,鼓舞人的信念
	能动性	扎实稳步,有保留但又灵活
	成就压力	注意长期战略,既按目标执行又慎重考虑投入
	思维方式	有深度与广度,能够进行比较思考

三、企业战略与战略领导者类型的匹配

根据企业发展的速度,可以将战略划分为剧增战略、扩充战略、连续增长战略、巩固战略、抽资转向战略、收缩战略。在企业追求不同的战略时,不同类型的战略领导者与战略的匹配关系和成功机会是不同的。例如,图 12-1 表明,开拓型的战略领导者在剧增战略、扩充战略、连续增长战略中的作用是递减的;而在巩固、抽资转向和收缩这 3 类战略中,开拓型 CEO 很难发挥作用。

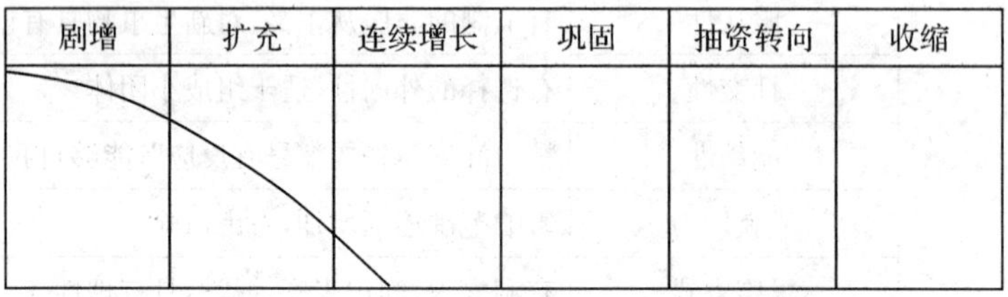

图 12-1 开拓型战略领导者的效应

图 12-2 表明,交际型战略领导者在实施剧增战略中未能发挥作用,在连续增长和收缩战略中发挥的作用相对比较大。这是由于交际型战略领导者追求稳步发展、缺乏必要的创造力导致的。

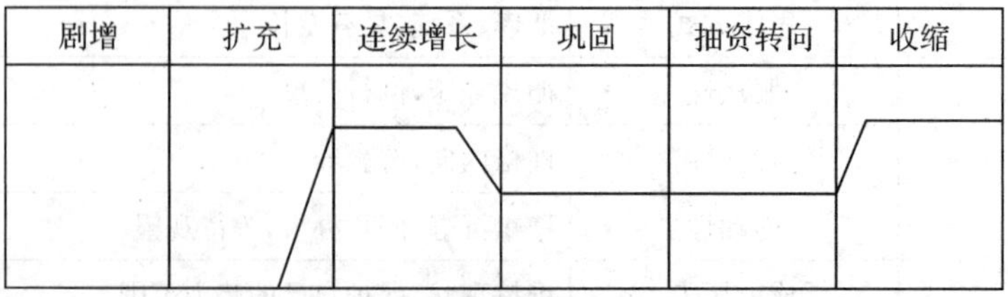

图 12-2 交际型战略领导者的效应

案例 12-1　张瑞敏与海尔集团

海尔集团原董事局主席兼首席执行官张瑞敏带领海尔从一家濒临倒闭的集体小厂成长为享誉世界的知名家电品牌,并率先在全球创立生态品牌。因其对管理模式的不断创新,国内外管理界给予其高度关注和赞誉。世界一流战略大师加里·哈默评价他是互联网时代 CEO 的代表。

张瑞敏认为,组织变革是一个持续努力的过程,是远大梦想(大胆的商业模式)和微小细节(掌握打造支持性组织文化所需的细微选择)的结合成果。40 年来,张瑞敏不断做出新的尝试,但始终坚持相同的几条原则:优质的客户体验、创业能量的价值,以及与创造价值的人分享所创造的价值。

在 21 世纪早期的时候,张瑞敏便意识到,环境的变化和客户体验的日益复杂需要企业具备更强的领导力,而这种领导力需要在海尔社区更下沉和更广泛的范围内重新分配。为此,他对成立于 20 世纪 80 年代的海尔进行重新的思考,并带领海尔不断变革,创造出了更多对市场的观点,更多对未来的想法和更多的领导机会,微型企业、平台化、生态系统等想法就是在这个过程中产生的。这些理念不仅是对组织的重新设计,更是对领导角色的英雄式重铸。它们从根本上扩大了组织内部的自主权,同时模糊了组织与生态系统利益相关者之间的界限,并更新人们对商业组织的看法:在这里,关系比资产更重要,客户体验塑造着创造和分享价值过程中的每一个活动。

在海尔集团的整个转型历程中,张瑞敏秉承德鲁克所呼吁的精神:全体员工把自己当成 CEO,不断对海尔内部进行重新配置,以使每一个员工都能真正把自己当成 CEO,并付诸行动。他发现,员工会欣然接受自己被赋予的不同寻常的自治权。在这个过程中,海尔的基本工作单位变得越来越小,并在如今成为一个真正的"微型企业"。

2016 年,海尔收购美国通用电气的家电业务(General Electric Appliances,GEA),这一交易使得 GEA 成为海尔旗下的一大品牌。海尔将自己"人单合一"的管理模式引入 GEA,减少中间层级,提高员工积极性。将每条产品线变为内部小微公司,负责人被任命为公司副总裁,承担盈亏责任,同时营销、采购等部门不直接面向客户,改为向小微公司服务。

经过海尔的治理整顿后,GEA 从 2016 年起连续 7 年成为美国成长最快的家电公司,2022 年重夺美国最大的家电公司地位,2023 年继续保持。GEA 的首席执行官凯文·诺兰发现自己的工作就是让组织单位变得更小,同时去发现更多的领导者。

张瑞敏认为"我们正在进入一个管理控制消退的时代"。员工不再是过去那种接受和执行命令的传统角色,而是要在一个市场体系里为了自己的未来而主动承担责任。因此,对员工的管理和控制便由每个员工的企业家梦想所取代。这一结果有助于组织产生出更大的能量、更高的员工参与度、越来越多的新奇想法,以及更高的发挥员工才能的可能性。

目前,海尔集团是许多初创企业的加速器,它已经成为帮助人们尝试并推动其想法获得成功的平台,而这个过程加快了可扩展性学习的速度。世界的不确定性日益增长,由于技术和个性化的融合,客户需求越来越复杂。张瑞敏把海尔设计成了一个无边界的学习型组织。公司战略是在有客户参与的第一线制定的。在这种组织模式下,每个员工都可以把自己想象成真正的领导者,产生丰富的能量、洞察力、新颖的想法,更好地发挥其才能。

衣服一沾污渍,便即时清洗;躺在床上,对着天花板就能看电影……员工的一个念头、用户的无心之语,一经海尔创客的手,很快就能成为闪亮登场的新产品——可手持的便携式"咕咚洗衣机"和可360度投影的智能微型投影电脑。"雷神"是由三位"85后"男生发起的海尔内部创业组织所推出的游戏笔记本电脑产品。仅仅诞生4个月,其月均销售成绩已经达到3000台左右。

海尔在重新思考组织方面的胆量,以及它在建立全球市场领先企业方面的成功,并没有被商业媒体和学术观察家所忽视。哈佛商学院的第一个海尔案例写于1998年,到2015年,其又增加16个海尔案例,如今,这一数字已升至27个。

2015年11月,张瑞敏应邀到伦敦参加全球最具影响力的"50大管理思想家"颁奖典礼,被授予"Thinkers 50杰出成就奖之'最佳理念实践奖'",是唯一一位且第一位获得此奖项的中国企业家。

2021年6月,全球领先的洞察与咨询公司凯度首次颁发BrandZ™历史上的首个个人荣誉,张瑞敏荣膺"BrandZ™最具价值全球品牌——物联网生态品牌创立者"称号。

(资料来源:整理自《张瑞敏的领导力遗产:不要管理者,要更多领导者》及海尔集团官网等相关资料,https://baijiahao.baidu.com/s?id=17156519612107475558&wfr=spider&for=pc。)

四、战略领导团队

企业战略的成功实施,对战略领导者的能力提出了多方面的要求。在现实世界中,战略领导者个人很难完全满足战略的要求。因为个人的能力、知识、阅历和经验以至精力都是有限的。因此,成功制定并实施一项战略,单靠总经理个人是远远不够的,还必须挑选一批助手组成一个战略管理团队。有了一个合理的战略管理团队,总经理可以集中大家的智慧,群策群力,发挥集体力量,取长补短,确保战略的成功制定与实施。

在组建战略管理团队时,应遵循成员能力匹配的原则,使团队各成员之间能力互补、相互匹配,形成战略领导团队的能力优势。对于一个战略管理团队需要什么样的能力组合,美国学者艾夏克·阿代兹(以下简称阿代兹)提出了4种能力组合的模型。这4种能力分别如下。

(1)P(productivity,生产率):提供劳务或产品的生产技术能力。

(2)A(administration,管理能力):计划、组织和控制集团活动的管理技能。

(3)E(entrepreneur ability,企业家能力):适应动荡环境、创造新劳务和承担风险的企业家资质。

(4)I(intergrating ability,综合能力):调节、平衡、统一集团活动与目标的综合才能。

阿代兹的模型对于理解经理班子能力的组合具有很重要的意义。它说明：第一，一个人能够具备 P、A、E、I 这 4 种能力组合的可能性很小，所以应在战略领导团队中寻求这 4 种能力的组合。第二，P、A、E、I 的最佳比例，即对 P、A、E、I 各个要素的重视程度，应因时而异，因公司而异。相应的比例取决于公司的战略，尤其取决于公司所处的生命周期阶段和它所面临的环境。如果是新创企业，首先要偏重于 E；而一旦企业步入正轨，就必须重点注意 P；随着企业的发展，A 的重要性与日俱增；当企业壮大成为金牛单位时，对 E 的需求不高，而对 A、I 的综合能力则应给予相当的重视；面临"发展中危机"的大企业则在思考着如何激发变革和革新，又重新强调 E，并注重有利于战略变革的 P、A、I 能力。

采用阿代兹模式来组建战略领导团队时，应首先根据企业生命周期和企业面临的环境来确定所需要的各种管理能力组合及侧重点；然后考虑 CEO 的能力，考虑团队中其他成员的互补情况，实现能力的匹配。当然，一个公司实际上可以选择 P、A、E、I 的不同的组合模式来与管理能力的匹配。但共同点是要根据新战略的要求，对管理能力的组合进行调整和组建，尽最大可能缩小最新战略领导团队与现有战略领导团队成员能力的差距。

第二节　公司创业与战略实施

创新(innovation)是对付剧变时代的法宝，是制定合理战略的有力武器。早在 1912 年，约瑟夫·熊彼特(以下简称熊彼特)在他的经典著作《经济发展理论》一书中就谈到"创新是一种创造性的破坏"。通过创新可以找到新的创造财富的机会与资源，创造出有别于其他竞争对手的产品和服务，推动产品、服务的质量提高、功能健全和成本降低，并且让顾客获取到超额的价值享受，从而得到市场的认可，最终战胜对手，赢得竞争。因此，创新能提高企业的战略竞争能力，能够不断创新的企业才是拥有光明前途的企业。

创新不仅包括技术上的创新，还包括过程创新、管理创新、文化创新等多方面的内容。研究表明，在全球竞争中，创新越多的企业所得到的回报将越多，更容易获取超额利润。作为市场领导者，企业必须经常性地开展创新。这意味着企业应当将创新视为几乎所有经营活动的一个内在组成部分。

在熊彼特看来，企业家从事的是创新工作，即创业，是对生产要素进行"新组合"。在全球竞争格局中，创业(entrepreneurship)活动是推动许多国家经济发展的经济引擎。创新和创业对于各行各业年轻或年老、大的或小的组织都非常重要。

一、创业与创业者

(一)创业

关于创业(entrepreneurship)，不同学者提出过不同定义。例如，伊斯雷尔·柯兹纳认为,创业是正确地预测下一个不完全市场和不均衡现象在何处发生的套利行为。霍华德·斯蒂文森认为,创业是不拘泥于当前资源条件的限制下对机会的追寻,将不同的资源组合以利用和开发机会并创造价值的过程。

本章中将创业定义为:个人、团体或组织识别并追求创业机会的过程,并且这些机会不会直接受到现有资源的约束。当市场上出现需要新商品或新服务来满足某种需求的情形时就产生了创业机会(entrepreneurial opportunities)。创业机会可能以不同形式出现,如开发和销售新产品的机会、在新市场上销售现有产品的机会等。无论创业机会出现在何时何地,企业都要善于追求和把握。

(二)创业者(企业家)

创业者(entrepreneurs),也被称为企业家,是指独立行动的或作为组织组成部分的个人,他们寻找创业机会,并不顾现有资源,冒着风险进行创新以利用这一机会。

创业者(企业家)与一般经理人或企业主不同。德鲁克指出,能够成为企业家的人,是那些极个别的、优秀的、能发现机遇、抓住机遇的人才,而不是那些把时间耗费在所谓的"解决问题上"的人。这里的"企业家"强调一种创新精神、冒险精神,而不是一般管理者保守、循规蹈矩的工作作风。企业家往往有以下特征。

1. 开拓创新

开拓创新精神是企业家的本质特征,是企业家精神得以实现的基本条件。企业家们对环境、机会有着敏锐的洞察力,他们能明察秋毫,从平凡中发现新奇,善于捕捉信息,把握商机。

2. 追求卓越

追求卓越是企业家精神的主要特征。他们有着强烈的成功欲望,这是一种争创一流的不满足感,同时对自己充满必胜的信心,勇于拼搏,敢于直面困难。只有具有这种精神,企业家们才有信心战胜一切困难,展现傲视群雄、勇往直前的英雄气概。

3. 敢于冒险

冒险精神是企业家特有的一种精神素质。他们具备敢于承受风险的气魄和胆略,但同时对冒风险有适度的节制。有研究者将企业家称作是"勇猛的突击队长",认为他们是冒险者,但绝不是有勇无谋的武夫、脱缰的野马,而是站在理性的平台上去冒风险。

4. 系统思维和辩证思维能力

企业家应当善于发现问题、提出问题,能从多角度看待问题,对问题思考全面具体,善于分析问题。

5. 知识和好奇心

企业家知识面广,对自己从事的行业有很深的了解。对事物都有好奇心,有进一步探索的欲望,广博的知识造就了企业家们事业成功的知识土壤。

6. 独立思考能力很强

富有独立意识,不会人云亦云。但会认真听取各方面的意见,获取各种信息,以便充分分析,做出决策。

在一定程度上,真正的创业者(企业家)是先天和后天因素共同作用而形成的。他们与传统管理者在主要动机、时间导向、主要活动、风险容忍、对待失败的态度等方面截然不同,如表12-1所示。

表12-1 创业者与传统管理者比较

角度	传统管理者	创业者(企业家)
主要动机	晋升及其他传统的公司奖赏,如拥有办公室、僚属和权力	独立性、创新机会、财务收益
时间导向	实现短期目标	实现5~10年的企业成长
主要活动	授权和监督	直接参与
风险容忍	低	适度
对待失败的态度	避免	接受

案例12-2 拼多多创始人

1980年,黄峥出生在杭州的一个普通工人家庭,小学时候曾在奥数竞赛中获奖,之后从杭州外国语学校被保送到浙江大学竺可桢学院,学习计算机专业。大学毕业后,黄峥选择继续深造,于2002年考入美国威斯康星大学的计算机专业。

2004年,黄峥在实习期间接触到初创期的谷歌,并在硕士毕业后作为系统工程师留在了那里。当时的谷歌发展非常迅速,在谷歌的这段工作经历,让黄峥对互联网快速开悟。

2007年,黄峥从谷歌离职开始创业。在大学同学丁磊介绍的投资人段永平的扶持下,黄峥首次创业上线的欧酷网取得了巨大的成功。

2009年,主营手机和电子教育类产品的欧酷网成为排名前3的电商网站,年营收超过6000万元。随后,黄峥在2009年成立乐其电商,主营电商代运营。乐其电商从品牌策略、数据营销、顾客体验和仓储物流4大服务入手,仅用时3年就成为年销售额过亿元行业领袖。

有一次生病,黄峥在家刷了一天微信,他发现,社交APP的时耗占比与电商类APP间存在近40倍的差距,且二者实则存在一定的强关联。黄峥顿悟:社交是电商突围的新方向。

黄峥先以社交电商雏形小程序进行测试,结果两个月间订单就增加了20万单。于是,2015年,拼多多的前身拼好货正式成立,社交电商时代就此开始。

黄峥瞄准中国最大的下沉市场,即三线城市及其以下的城镇与农村地区。这些地区具有人脉资源最积聚的社交扩散属性,拥有追求性价比的最大消费人群。

2016年,拼多多与拼好货战略合并,用"拼着买更便宜"的口号集中火力攻陷下沉市场。同时,拼多多的开店门槛业内最低,甚至推出0元开店政策,使得拼多多成为无数电商创业人的首选平台。在最短时间内完善商家经营类目的策略使拼多多成了一个"无货不有"的性价比消费平台。

初期的拼多多假货横行，黄峥又推出百亿补贴和品牌专区，来鼓励正品阵营，对敷衍商家惩罚力度极大，这深度保障了消费者的权益，使得拼多多成为客诉响应率第一的电商。

2018年，拥有3亿注册量的拼多多正式赴美上市，在纽约和上海同时敲钟，成为国内首家同时在两个国家敲钟的互联网企业，打入境内三大电商阵营。

2021年，黄峥从7亿用户的拼多多激流勇退，辞任拼多多董事长，并将自己3.37%的财富捐给慈善基金会。2022年，黄峥以1200亿财富位列2022年胡润全球富豪榜第93名。

（资料来源：根据网络相关资料整理。）

二、公司创业

(一) 概念

公司创业(corporate entrepreneurship)是发生在现有组织中的创新和创业，公司创业是营利性组织和公共机构生存和成功的法宝。

具体而言，公司创业是对公司层面的创业活动的研究，核心是在公司战略中注入创业精神。创业是建立在识别市场机会和对资源进行重新组合的基础之上的，以创新和战略变革为核心组织行为和组织特征。公司创业旨在创新和变革。目的在于激发公司活力、提高公司的创新能力、增强公司的柔性和对环境的反应速度，使已建公司恢复创业活力。在公司创业中，从高层管理者到生产产品的基层员工，都有可能成为创业者。

(二) 公司创业的动因

1. 通过开发员工的创造力保持企业的竞争力

现有大企业不断地感受到来自新创企业的威胁。这些新创企业往往具有更好的技术或商业模式，能在比较短的时间内颠覆大企业赖以生存的行业规则。为此，现有企业不得不提高警觉性，以激发和利用内部员工的创造力。而公司创业正是实现这一目的的重要手段。

2. 突破现有产品和业务生命周期的局限

产品和业务进入衰退阶段后，企业需要寻找新的增长点，以克服生命周期的局限，实现向上突破式的发展。

3. 拓展产品业务领域，增强企业的获利能力

随着时间的推移，已有产品和业务会逐渐成熟，产业内的厂商数量会逐渐增加，激烈的竞争导致企业的边际利润率下降。在此背景下，现有企业会尝试进入新兴的、利润率相对较高的产业或业务领域。这就需要现有企业能够恢复创业初期的创业精神，抓住环境中的机会并且创造性地加以利用，适时进入，提高企业的获利能力。

4. 为有能力的员工搭建施展才华的平台

企业必须想方设法留住人才,除了"待遇留人"外,企业更要做到"事业留人",这样才能真正留住优秀人才的心。而公司创业战略的实施及创业项目的启动恰好可以给企业内部人才充分的施展才华的机会,实现其个人价值,满足其自我实现的需要。

5. 为安置企业内部冗余员工提供解决方案

企业可以将一些次要的业务独立出去,让老员工去经营和管理,这样不仅可以安顿好老员工,而且有利于企业集中精力发展核心业务。

(三)公司创业与个体创业的异同

创业一般指个体创业,即由独立自然人完成机会的识别和利用并创造价值的过程。除了个体外,在位企业同样可以从事机会的识别利用及价值创造的活动。具体来说,现有企业以组织的形式,把识别和利用创业机会作为常态化的、有意识的任务,并由此还专门成立风险投资部门、业务发展部门等机构来承担相应的职能,从而使自身成为创业的主体。因此,公司创业与个体创业同属创业活动,具有一些共同的特征,如机会导向、创造性地整合资源、价值创造、超前行动、创新和变革等。公司创业与个人创业的异同如表12-2所示。

表 12-2　公司创业与个体创业异同表

维度	个体创业	公司创业
风险与报酬	创业者承担风险	公司承担风险
	个体一次失误可能意味着生涯失败	公司具有更多容错空间,可以容忍失败
	低保障	高保障
	缺乏安全网	有一系列安全网
	创业者拥有商业概念	公司拥有商业概念及其知识产权
	创业者拥有全部或大部分业务	内部创业者拥有部分甚至可能很少的股权
	理论上讲,对创业者的回报是无限的	内部创业者能获得回报是有限的
	受外部环境影响较大	受外部环境影响较小
独立性	创业者具有相对独立性	内部创业者更多地受到团队支持
	在过程和方向的改变上具有灵活性	公司的程序和官僚体系会阻碍策略调整
	决策迅速	决策周期长
初始条件	严重的资源限制	在各种资源占有上具有优势
	在创业创意上,可以沟通的人少	在创业创意上,可以沟通的人多
	初创阶段的规模经济和范围经济有限	能很快地达到规模经济和范围经济

案例12-3 百度公司创业史

1999年,互联网方兴未艾,李彦宏从美国硅谷回国。2000年1月1日,基于"超链分析"技术,李彦宏创立了百度在线网络技术(北京)有限公司(以下简称百度)。与大多数互联网初创企业不同,百度一开始就将技术研发置于企业发展的核心位置,立足于提供高质量的搜索引擎服务。在互联网泡沫破裂的年代,百度以其技术创新和稳健的发展脱颖而出,成为全球最大的中文搜索引擎。

随着中国互联网的发展,百度逐渐壮大成为搜索巨头。从2006年开始,百度陆续推出C2C搜索、知道、贴吧等系列产品,形成庞大的搜索生态系统。2008年,百度成立了移动云事业部,全面布局移动互联网。2011年,百度的日均搜索量达到1亿次,成为中国搜索市场的领导者。在这个阶段,百度不断拓展产品线,致力于打造连接人、信息、服务的生态体系。

在人工智能时代到来之际,百度积极转型,成为全球领先的人工智能公司之一。2013年,百度成立了深度学习实验室,致力于人工智能领域的研究。2017年,百度发布了DuerOS语音交互系统,成为全球最大的中文语音生态系统。2019年,百度推出了Apollo自动驾驶开放平台,成为全球领先的自动驾驶公司之一。在语音识别、自然语言处理、计算机视觉等领域,百度取得了重大突破,在应用层面落地的AI新业务收入占比超过四成。

如今,百度已经成为中国人工智能领域的领军企业之一。在未来的发展中,百度将继续秉持技术创新的精神,推动人工智能的发展,为中国和全球的科技进步做出更大的贡献。

从一家初创公司成长为全球最大的中文搜索引擎,再到全球领先的人工智能公司之一,百度用20多年的时间演绎了一个精彩的创业故事。在这个过程中,百度以其技术创新和坚守初心的精神一步步实现梦想。

正如李彦宏所说:"百度一直坚持围绕用户需求持续创新,我们始终不渝地相信技术改变世界的力量。"

(资料来源:整理自《百度:二十年璀璨之路》,https://baijiahao.baidu.com/s?id=1766665543738290915&wfr=spider&for=pc。)

三、创业的战略意义

企业家是急剧竞争时代经济大潮中的佼佼者。他们与传统管理者在战略态度上截然不同,拥有优秀企业家精神的创业者追求卓越、创新,他们的工作重点是决定企业的发展战略,以一种进取的姿态寻求企业机会,从企业生存环境中找到合理的发展路径,并成功地制定与实施战略。而传统管理者则很少谈及战略,他们常把工作集中在很多例行的琐碎事务上。因此,就像前面提到的,只有极个别的、优秀的、能发现机遇并抓住机遇的人才能够成为企业家。企业家与传统管理者对待战略问题的思考有如下区别(见表12-3)。

表12-3 战略问题的思考次序

典型的官僚型管理者	典型的创业者(企业家)
我控制的资源是什么？	机会在哪里？
什么结构决定了我们的组织与市场的关系？	我怎么向这个机会投资？
在我力所能及的范围内,我怎么使各种因素的冲击最小化？	我需要什么资源？ 我怎么取得对这种资源的控制？
什么机会是适当的？	什么结构是最好的？

企业家的战略重点是由对机会的感觉驱动的,而不是由现有的资源驱动。企业家的倾向是密切监视环境的变化以从中发现可利用的机会,重要的是产生投资的创意,至于手中掌握多少资源则是次要的。正如熊彼特认为的,企业家们既没有生产任何形式的产品,也没有创造任何有新意的生产方式;但是他们别具一格地、更加合理地、更加充分地运用了现有的生产方式。

一旦发现机会,企业家就开始寻求利用机会的方式。企业家的性格决定了他们总是相信机会一定能被开发出来。不仅如此,企业家不惜冒财务风险、不惜冒职业生涯的风险和家庭关系的风险,或是不惜承受心理压力,也要将新企业办起来。企业家不会过多地考虑新创企业在成功率方面的严峻统计数字,比如,一般拥有少于10名雇员、开办第一年的生存率仅略超过75%、仅有大约1/3的企业能够维持4年或更长的时间。但是,凡是那些发现了机会的企业家,都坚定地相信自己属于统计数字中成功的那一部分。

企业家在发现了机会和开发机会的途径之后,才开始考虑所需的资源。企业家思考的优先次序是：首先了解需要什么资源,然后再决定怎么得到它们。与此形成鲜明对照的是,典型的官僚型管理者是根据自己掌握的资源来决定能够开发哪些机会。此外,企业家通常能够富于想象力地和高效地利用非常有限的资源,当企业家的创业活动越来越普遍时,支持新风险企业的金融资源也随之增加。风险投资公司使这一切成为事实,即只要一个新设想足够有吸引力,则总能找到相关的投资人。

最后,资源障碍被克服,企业家将把组织结构、人员、营销计划和其他各种必须的要素组合在一起去实现整体战略。

四、公司创业的战略思维特征

与传统战略思维相比较,公司创业具有以下战略思维特征。

(一)强调资源导向

传统业务战略思维强调资源导向,因为其外部环境相对稳定,在理性选择业务组合、建构相应的资源基础后,其竞争优势就能维持相对较长时间。因此,传统业务战略思维强调在分析企业内外部环境之后,重点依据

实践链接12-2

自身的资源基础来选择相应的业务组合,并以此获取竞争优势。而公司创业战略强调机会导向,强调在不考虑企业自身已有资源基础的情况下对机会的把握和利用。企业战略决策的关键在于先抓住机会,然后再创造性地整合资源并利用机会,进而为企业创造价值。公司创业战略并不将资源尤其是企业已拥有的资源作为战略决策的主要依据,而是突出机会本身的重要意义。

(二)积极把握机会

传统业务战略思维对机会的反应相对较为缓慢,企业通常是在充分考虑资源现状的基础上,尽量收集决策支持信息,进行复杂的决策程序,宁可错失时机也要设法降低风险。而公司创业战略思维在机会面前则强调超前的认知和前瞻性行动,理性的冒险并设法转移风险,积极把握和利用机会。

(三)超越已有资源

在传统业务战略中,企业出于降低市场风险和实现采购规模经济性的目的,往往通过正式的资金预算系统和正式的计划系统,大批量的采购和储存资源,以库存来降低未来的不确定性。而公司创业战略强调企业应当在不考虑企业已有资源的前提下,识别机会和利用机会,企业的工作重心放在对环境的扫描和有价值机会的发掘上,事先获取资源并非企业的核心要务。同时,传统业务战略思维强调尽可能地占有与控制资源,并由此为构建竞争优势奠定基础。而公司创业战略思维认为各类资源重要性不等,不一定要拥有或者占有所有类型的资源,而是可以采用临时使用或租用的方式。

(四)开发未来需求

传统业务战略思维认为保持与顾客的亲密关系是一个理想的组织目标。公司创业战略思维认为企业应在满足现有顾客需求的前提下,考虑未来市场和顾客需求,前瞻性地预测和布局,考虑新技术与未来市场需求的结合,对有前景的技术和市场进行超前的投资和开发,将满足现有顾客需求与开发未来顾客需求两者并行推进。

(五)柔性组织架构

传统战略思维往往偏爱官僚制的层次组织架构,而扁平化组织架构和非正式组织的发展是公司创业战略思维所强调的。

(六)持续组织学习

在传统业务战略思维中,环境是相对稳定的,因此企业通过"干中学"所积淀下来的经营和管理知识会被视为"真理",企业的经验和知识被高度制度化。而在公司创业战略思维中,环境被认为是高度动态变化的,今天的"成功经验"会成为明日的"失败原因"。企业成功的关键在于认识到"真理"是在不断变化的,要动态地接近"真理"必须依靠持续的组织学习。

五、公司创业的主要障碍

阻碍公司创业主要因素如下。

1. 体制

现有企业通常依赖一系列经多年发展所形成的正规管理体系,包括预算体系、员工奖励和评估体系等。这些体系保证了日益复杂的企业内部环境的稳定有序与协调,但恰好成为公司创业的巨大障碍。同样的,企业的预算体系可能没有去扶持新业务和新项目的创造,这样创业行为的推进就会受到影响。此外,苛刻的控制体系、武断的成本分配体系,以及过度严格、正规的规划体系都会对公司创业战略产生一定的负面影响。

2. 组织架构

在组织架构方面,典型的问题是层次和等级太多,沟通渠道,尤其是自下而上的沟通渠道有限,甚至没有,这样一来,员工的一些新的想法就没有办法有效地向上沟通或传递。当企业存在很多层级时,寻找市场机会的能力、重新分配资源的能力、承担风险的能力都会出现一定的问题。在传统管理模式下,随着企业的不断壮大,管理者的控制幅度有可能逐步缩小,并且分工越来越细化,其结果是员工被牢牢地局限在狭小的业务领域内,他们所拥有的创造或即兴发挥的空间较为有限。此外,员工可能会各自为政,相互之间的交流减少,不利于思维的碰撞和创新思想的涌现。

3. 战略方向

如果企业的高层管理者没有确定明确的方向,即使员工具有从事公司创业的动力,也很难做好。因为对于新产品、新市场和新业务的开发来说,如果没有明确的目标及完成目标的战略,结果将很难预料。

4. 政策和程序

公司创业要成功,需要企业政策和高层的支持与投入。很多企业的高层管理者没有将公司创业战略制度化,没有制定相应的激励制度,缺乏资源的投入,公司创业成为无源之水。反过来,如果有政策和高层的支持,那么公司创业战略的实施往往会比较顺利。此外,企业内部创业项目的审批程序也很重要,如果程序复杂,项目审批周期很长,那么项目批下来的时候,最好的创业时机可能已经失去,"机会窗口"已经关闭。

5. 员工

创业就是要进行变革并对变革的过程进行管理,但人往往有抵制变革的倾向。一般情况下,员工会希望按部就班,按以前的方式做事情。他们注重可预测性和稳定性,对进行变革的必要性和可行性多持有怀疑态度。变革往往被他们视作一种威胁,进而对变革持有警惕和狭隘的态度。尤其当变革没有及时起到应有的作用时,情况更是如此。因此,员工会成为实施公司创业战略时最大的障碍。如何改变员工的观点,赢得员工的支持,是一个重要的问题。

6. 组织文化

许多以创新和创业闻名于世的企业都有一种强烈的创新型组织文化。组织文化是企业的血液,对公司创新战略的实施具有重大影响。保守、傲慢与自大的组织文化不利于公司创业的开展,而崇尚变革和捕捉机会的组织文化将有效推动公司创业。

六、克服创业障碍的策略

(一)构建适合创业的组织架构

创业活力较强的企业往往具有相对扁平化的组织架构,组织的高层管理者提出愿景和战略方向,权力则高度下放给员工。同时,各种想法往往是从下往上传达,且传递速度极快。例如,研究表明,扁平化的组织结构可以为跨职能团队提供支持,帮助团队整合不同组织职能的各种创新活动;当跨职能团队的工作更为协同的时候,企业可以快速完成新产品的开发过程,同时提升新产品的商业化效率,从而有利于公司创业。

(二)设计合理的控制体系

过度强调严格遵守规定的控制手段无法与创业活动和快速变化的环境相适应。因此,对于期望创业的企业而言,应当坚持适度控制原则,要让企业内部存在一定的冗余,尤其是人力资源的冗余,给予员工一定的"自由时间",鼓励员工自由探索和创新,为员工创业活动提供支持,以切实推进公司创业战略。同时,企业应当通过分权,提高下属各部门和业务单元的自治程度,允许自主处理问题。

(三)选择合适的人力资源管理策略

选择合适的人力资源管理策略,营造良好的创业氛围和支持创业的环境,亦是实施公司创业战略的重要内容。研究表明,人力资源管理当中的岗位设计、招聘与筛选、培训与发展、绩效评估和薪酬等要素均对公司创业有着直接的影响,尤其是高质量人才,如对明星科学家的管理等。

(四)发展有利于创业的企业文化

企业要顺利实施公司创业战略,必须塑造有利于创业的组织文化。创业文化的基本要素主要有以下几个方面:承担风险、超前行动、通过创新和变革创造价值、注重授权、随机应变、容忍失败、承诺和个人责任、强调未来和紧迫感等。这些要素都有必要融入企业的核心价值观,从而确立真正有利公司创业的文化。

▶ 本章小结

战略领导是组织中的一种复杂的领导形式。战略领导者需要具备一定的远见并能保持一定的灵活性,并授权他人在必要时进行战略变革的能力。一个具有战略领导技能的经理应当具备引领公司在竞争中获得优势的能力。战略领导者这一概念至少包括以下两个方面的基本内涵:一是战略领导主体的明确定位,二是战略领导的角色界定。在企业追求不同战略时,不同类型的战略领导者与战略的匹配关系和成功机会是不同的。企业战略的成功实施需要有一个合理的战略管理团队。在组建战略管理团队时,应遵循成员能力匹配的原则,使团队成员之间能力互补,形成战略领导团队的能力优势。

创业指的是个人、团体或组织识别并追求创业机会的过程,并且这些机会不会直接受到现有资源的约束。当市场上出现需要新商品或新服务来满足某种需求的情形时就产生了创业机会。无论创业机会出现在何时何地,企业都要善于追求和把握。创业者,也被称为企业家,是指独立行动的或作为组织组成部分的个人,他们寻找创业机会,并不顾现有资源,冒着风险进行创新以利用这一机会。企业家们拥有开拓创新、追求卓越、勇于创新、敢于冒险、充满信心等精神才能制定出别具一格的战略,并在其卓越才能下成功实施,使企业获取竞争优势,走向成功。

▶ 思考题

1. 战略领导者在企业战略实施过程中有什么特别的意义?
2. 认识高层领导团队的组成对战略管理的意义。
3. 战略领导者有哪些基本类型,如何与战略相匹配?
4. 公司创业与个体创业有何联系与区别?
5. 在新技术不断涌现、新商业模式层出不穷的背景下,公司创业对企业有哪些特殊的意义?
6. 你所了解的公司创业现象有哪些?请举例说明。

🔍 第十二章讨论题

参考文献

AGRAWAL A, MCHALE J, OETTI A. How stars matter: recruiting and peer effects in evolutionary biology, Research Policy, (2017)46:853-867.

ANSOFF H I. Corporate strategy. New York: McGraw-Hill,1965.

BARNEY J B. Firm Resources and sustained competitive advantage. Advances in strategic management,1991,17(1):3-10.

CHANDLER A. Strategy and structure: chapters in the history of the industrial enterprise. Cambridge, MA: MIT Press,1962.

COASE R H. The nature of the firm. Economica,1937(4):386-405.

DRUCKER P. Innovation and entrepreneurship. Harper & Row Publishers,1986.

GLUECK W F. Business policy and strategic management. New York: McGraw-Hill, 1980.

HITT M A. Strategic management: competitiveness and globalization (concepts). South-Western College Publishing,2001.

MINTZBERG H, MCHUGH A. Strategy formulation in an adhocracy. Administrative science quarterly,1985(30):160-197.

PENROSE E. The theory of the growth of the firm. New York: Wiley,1959.

PORTER M E. Competitive advantage. New York: The Free Press, 1985.

PORTER M E. Competitive strategy. New York: The Free Press,1980.

PRAHALAD C K, Hamel G. The core competence of the organization. Harvard business review,1990(5-6):79-93.

QUINN J B. Strategies for change: logical incrementalism. Homewood, IL: Irwin, 1980.

SCHENDEL D E, HATTEN K J. Business policy or strategic management: a view for an emerging discipline. Academy of management proceedings,1972(1):99-102.

SCHERER F M. Industrial market structure and economic performance. Boston: Houghton Mifflin,1980.

SMITH D K, ARNOLD R C, BIZZELL B G. Business strategy and policy. Boston: Houghton Mifflin,1988.

STEINER G A, MINER J B. Management policy and strategy: text, readings and cases. New York: Macmillan,1977.

TEECE D J, PISANO G, SHUEN A. Dynamic capabilities and strategic management. Strategic management journal,2009(6):509-533.

YOUNG-HYMAN T. How formal organizational power moderates cross-functional interaction in project teams. Administrative science quarterly, 2017（62）: 179-214.
巴尼. 获得与保持竞争优势. 王俊杰,杨彬,李启华,译. 北京:清华大学出版社,2003.
贝赞可,德雷诺夫,尚利. 公司战略经济学. 武亚军,译. 北京:北京大学出版社,1999.
邓纯雅. 理查德·科克:关注"20％"的战略管理者. 中外管理,2014(6):72-74.
科特勒. 营销管理. 10版. 梅汝和,梅清豪,译. 北京:中国人民大学出版社,2001.
戴维. 战略管理. 10版. 李克宁,译. 北京:经济科学出版社,2006.
高丽华. 互联网企业的合并效应与启示:基于携程并购去哪儿网的财务绩效分析. 浙江经济,2019(4):60-61.
胡国栋,王晓杰. 平台型企业的演化逻辑及自组织机制:基于海尔集团的案例研究. 中国软科学,2019(3):143-152.
黄旭. 战略管理:思维与要径. 4版. 北京:机械工业出版社,2020.
蓝海林,张平. 战略管理. 北京:中国人民大学出版社,2013.
李维安. 公司治理学. 4版. 北京:高等教育出版社,2020.
刘志则,张吕清. 一路顺丰:"快递之王"的传奇人生. 北京:北京时代华文书局,2017.
波特. 竞争战略. 陈小悦,译. 北京:华夏出版社,1997.
希特,爱尔兰,霍斯基森. 战略管理:竞争与全球化. 8版. 吕巍,等译. 北京:机械工业出版社,2009.
希特,爱尔兰,霍斯基森. 战略管理:概念与案例(英文版第13版). 北京:中国人民大学出版社,2022.
孟卫东. 战略管理:创建持续竞争优势. 2版. 北京:科学出版社,2014.
汤姆森,斯迪克兰德. 战略管理:概念与案例. 段盛华,王智慧,译,北京:北京大学出版社,2000.
魏江,邬爱其. 战略管理. 北京:机械工业出版社,2018.
项保华. 战略管理:艺术与实务. 北京:华夏出版社,2001.
肖智润. 企业战略管理:方法、案例与实践. 北京:机械工业出版社,2017.
徐文迪. "方太儒道"的人本管理案例研究:基于公司治理的视角. 中国物价,2021(11):96-98.
斯密. 国民财富的性质和原因的研究. 郭大力,王亚南,译. 北京:商务印书馆,1981.
杨国佐,李达,张峰,等. 互联网旅游企业并购策略:以携程为例. 经济问题,2018(2):118-122.
杨锡怀. 企业战略管理:理论与案例. 北京:高等教育出版社,1999.
张华,胡海川,卢颖. 公司治理模式重构与控制权争夺:基于万科"控制权之争"的案例研究. 管理评论,2018(8):275-289.
张阳,周海炜,李明芳. 战略管理. 北京:科学出版社,2009.
周三多,邹统钎. 战略管理思想史. 上海:复旦大学出版社,2002.